新世纪
高等学校
教材

历史学
系列教材

历史教师教育系列教材

中学历史课程标准与教材解析

Analysis of the Curriculum Standards and Textbooks of Secondary School History

薛伟强　主编
全国九所重点师范大学联合编写

北京师范大学出版集团
BEIJING NORMAL UNIVERSITY PUBLISHING GROUP
北京师范大学出版社

图书在版编目（CIP）数据

中学历史课程标准与教材解析/薛伟强主编. —北京：北京师范大学出版社，2022.8（2025.8 重印）

新世纪高等学校教材. 历史学系列教材. 历史教师教育系列教材

ISBN 978-7-303-27818-3

Ⅰ. ①中… Ⅱ. ①薛… Ⅲ. ①中学历史课—课程标准—高等学校—教材 Ⅳ. ①G633.513

中国版本图书馆 CIP 数据核字（2022）第 030292 号

营 销 中 心 电 话　010-58808006
北京师范大学出版社新史学策划部微信公众号　新史学 1902

ZHONGXUE LISHI KECHENG BIAOZHUN YU JIAOCAI JIEXI
出版发行：北京师范大学出版社 www.bnup.com
北京市西城区新街口外大街 12-3 号
邮政编码：100088
印　　刷：三河市兴达印务有限公司
经　　销：全国新华书店
开　　本：730 mm×980 mm　1/16
印　　张：22.75
字　　数：412 千字
版　　次：2022 年 8 月第 1 版
印　　次：2025 年 8 月第 6 次印刷
定　　价：56.00 元

策划编辑：刘东明　　责任编辑：赵雯婧　尹　栋
美术编辑：王齐云　　装帧设计：王齐云
责任校对：段立超　　责任印制：马　洁　赵　龙

前　言

习近平总书记指出："教育是提高人民综合素质、促进人的全面发展的重要途径，是民族振兴、社会进步的重要基石，是对中华民族伟大复兴具有决定性意义的事业。"①中国学生发展核心素养及各学科核心素养的相继发布，标志着一场新的课程改革拉开帷幕。中共中央办公厅、国务院办公厅2017年9月印发的《关于深化教育体制机制改革的意见》明确提出："要注重培养支撑终身发展、适应时代要求的关键能力。"党的十九大明确要求："要全面贯彻党的教育方针，落实立德树人根本任务，发展素质教育，推进教育公平，培养德智体美全面发展的社会主义建设者和接班人。"②2018年颁布的《普通高中历史课程标准》确定了中学历史课程的基本理念：以立德树人为历史课程的根本任务，坚持正确的思想导向和价值判断，以培养和提高学生的历史学科核心素养为目标。如何落实立德树人，如何培养中学生的历史学科核心素养，对于广大一线教师来说是严峻的挑战，对于高等院校的"历史课程标准与教材分析"相关课程来说，也是一个急迫的任务。

21世纪以降，我国的课程改革如火如荼。截至目前已经先后颁布了5个中学历史课程标准，出版了多个系列的中学历史教材(不含上海改革试验区的课标与教材)。历史课程标准规定了中学历史学科的课程性质、课程目

① 习近平：《做党和人民满意的好老师——同北京师范大学师生代表座谈时的讲话》(2014年9月9日)，2页，北京，人民出版社，2014。

② 习近平：《决胜全面建成小康社会，夺取新时代中国特色社会主义伟大胜利》(二〇一七年十月十八日)，见中共中央党史和文献研究院编：《十九大以来重要文件选编》(上)，32页，北京，中央文献出版社，2019。

标、内容目标、实施建议等，是历史课程的“宪法”。历史教材是具体化了的课程标准，是历史教学重要的课程资源。它们都是引领历史新课程改革的核心文本。近20年来，虽然越来越多的高等院校开设了“历史课程标准与教材分析”相关课程，但其专门的教材一直缺失，这显然不能满足时代和社会的需要。有鉴于此，2019年夏，由江苏师范大学牵头，联合天津师范大学、山西师范大学、华南师范大学、吉林师范大学、贵州师范大学、北华大学(含原吉林师范学院)、南宁师范大学、阜阳师范大学等国内九所重点师范大学组成了团队开始协作编写。

本书是我国第一部中学历史课程标准与教材分析课程的专门教材，力求实现理论联系实践、宏观和微观结合、国际国内兼顾，便于读者深入理解中学历史课程标准和中学历史教材，掌握研究历史课程标准与分析历史教材的基本思路与方法。

本教材包含3大模块。第一模块为中外历史课程改革与发展概览，从总体上分析中外历史课程改革的趋势与特点，以便借鉴吸收。第二模块为课程标准解析，包括初中历史课程标准解析和高中历史课程标准解析，以及国际中学历史课程标准比较。第三模块为教材分析。理论部分包含中学历史教材演变及特点、中学历史教材分析原理、中学历史教材整体分析。实践部分包含初中历史教材分析及示例，分为中国古代史、中国近现代史、世界史3个部分；高中历史教材分析及示例，涉及中外历史纲要、国家制度与社会治理、经济与社会生活、文化交流与传播等内容。每一个部分都包含至少一个典型的课时教材分析案例。

除了教材中大量的经典案例，本书还通过二维码提供了相关的电子案例，方便读者借鉴参考。每一章末尾的拓展阅读部分推荐了精选的经典论著和最新代表作，强烈建议有兴趣的读者加以关注。本书既适合有志历史教育的本科生和研究生，也适用于一线中学历史教师及申请中学历史教师资格者。

本书具体编写分工如下：

绪论：薛伟强(江苏师范大学)

第一章：林红玲(北华大学)

第二章第一节、第二节：薛伟强

　　　第三节、第四节：刘方富(南宁师范大学)

第三章第一节、第二节、第五节：薛伟强

　　　第二节、第四节：林红玲

第四章：薛伟强

第五章：樊百玉(山西师范大学)

第六章第一节：樊百玉

　　　第二节：杜海燕(天津师范大学)

第七章：王雅克(贵州师范大学)

第八章：梁丽红(华南师范大学)

第九章：柏松(吉林师范大学)

第十章第一节、第二节：柏松

　　　第三、第四节：郭从杰(阜阳师范大学)

　　　第五节：王雅克

案例5(《抗日战争》)及案例10(《古代西亚、非洲文化》)由江苏省溧水高级中学谈娟编写，其他8个课时教材分析案例由所属章节的编者撰写。孙珮景、杨明山等研究生也参与了资料搜集工作和部分初稿的撰写。初稿完成后由全体编委交叉审稿，最后由主编薛伟强统稿、定稿。

受学术水平和实践经验的限制，编写团队对于一些复杂的新问题，虽然勇于创新，也难以作出令人满意的解答；加之本书由集体编写，编写者各自的背景和理念有异，故本书出现疏漏、不足乃至错误之处在所难免。我们诚挚地希望各位读者和同仁批评指正，以待日后修正完善。

薛伟强

2022年5月

目　录

绪论

第一节　中学历史课程标准与教材的关系

习近平总书记指出："'十四五'时期，我们要从党和国家事业发展全局的高度，全面贯彻党的教育方针，坚持优先发展教育事业，坚守为党育人、为国育才，努力办好人民满意的教育，在加快推进教育现代化的新征程中培养担当民族复兴大任的时代新人。"①课程标准是国家课程的基本纲领性文件，是国家对基础教育课程的基本规范和质量要求。历史课程标准是教育部颁布的教学指导文件，"规定历史课程的性质、理念、目标、内容和实施，同时也是编写教科书的准绳，以及进行教学和评价的依据"②。新世纪初，我国于2001年和2003年分别颁布了《全日制义务教育历史课程标准(实验稿)》及《普通高中历史课程标准(实验)》。现行中学历史课程标准是《义务教育历史课程标准(2011年版)》及《普通高中历史课程标准(2017年版2020年修订)》。

广义的教材指课堂上和课堂外教师和学生使用的所有教学材料，比如课本、练习册、填图册、活动册、配套读物、音像资料等。狭义的教材指教科书，即某门课程中师生共用的最核心的教学材料(课本)。本书的历史教材一般取狭义，指初中及高中历史教科书。

---

① 习近平：《在教育文化卫生体育领域专家代表座谈会上的讲话》(2020年9月22日)，2页，北京，人民出版社，2020。

② 赵亚夫：《中学历史教育学》，126页，北京，北京师范大学出版社，2019。

2001年教育部印发的《基础教育课程改革纲要》明确说明，国家课程标准是教材编写、教学、评估和考试命题的依据，是国家管理和评价课程的基础。基于此，中学历史课程标准与中学历史教材具有以下关系。

一、中学历史课程标准是中学历史教材编写的根本依据

课程标准与教材之间是“源”与“流”的关系。历史教材编写者必须领会和掌握历史课程标准的基本思想和各部分的内容，并在教材中予以充分体现。课程标准是教材的编写指南和评价依据，教材又是课程标准最主要的载体。教材的编写思路、框架、内容不能违背课程标准的基本精神和要求。

二、中学历史教材是对中学历史课程标准的一次再创造、再组织

历史课程标准只是一个最低限度的要求，是一个基本性的要求，这为编写教科书提供了广阔的空间。如《义务教育历史课程标准(2011年版)》设计的课程内容留有余地，以增强历史课程的开放性和弹性，一方面为教材编写留下一定的空间，另一方面也为各地区进行乡土历史的教学提供便利，各地区可根据实际情况开发课程资源。

在“一纲多本”时代，不同版本的历史教材具有不同的编写体例、切入视角、呈现方式、内容选择及图像系统。历史教材统编以后，在课程标准的框架下，仍有一定的空间。例如，《普通高中历史课程标准(2017年版2020年修订)》规定的《史学入门》和《史料研读》2个选修模块，其定位为选修课程的参考，各学校可以根据自身的情况选用、改编或新编。

历史教材必须达到课程标准的基本要求，同时又不能无限制提高难度，教材的内容设计、呈现方式要符合青少年身心发展水平及特殊需要，要有利于改善学生的学习方式，这些都离不开再创造和再组织。

三、中学历史教材的编写与使用可以检验中学历史课程标准的合理性

一方面，历史教材编写可以检验历史课程标准的可行性和合理性；另一方面，通过对历史教材的试用、使用可以检验并完善教材和课程标准。通过使用新教材，教师可以更加深刻地了解课程改革的理念和课程标准的实质，同时又为进一步完善和丰富课程标准奠定基础。例如，21世纪之初

的两个中学历史课程标准，在课程内容组织上都大力贯彻专题史，但经过长期的实践检验，被证明存在很大的局限，因此此后的课改对其进行了大力改善。

在实践中，基于课程标准的教学，教师要避免“教教材”。教师要以课程标准为依据，利用课程标准提供的弹性空间，围绕特定的内容，将学生已有的相关知识经验、相关社会生活的新变化、相关史学研究新成果等进行整合，即对教材内容进行有意识的开发、改造、丰富和完善，使之更好体现课程标准的有关要求，真正成为学生赖以拓展思维并实现超越的坚实平台。教师在进行教学设计时，要树立“尊重教材，而不拘泥于教材”的理念，灵活、创造性地使用好教材，从“教教材”向“用教材教”转变。

课程标准是教师教学的参考与指针，它对课程性质、课程目标、内容目标、实施建议等都给出了明确的指导方向。教材是教师贯彻课程标准的桥梁，教师通过教材可以反映和体现课程标准的具体内涵，教材是教师践行课程标准的载体。教师的教学行为，就是通过教材这个桥梁，把课程标准的具体内涵传递给学生。如果把课程标准比作旗帜的话，教材就是旗杆，教师就是扛旗的人，教学行为就是把旗帜交给学生、化为学生自身的东西的方式、手段。

《历史教科书编写指导原则和内容选择》

第二节　中学历史课程标准与教材解析内容简介

“中学历史课程标准与教材解析”是历史教育专业本科生和研究生的学科教师教育的重要内容，本教材力求理论联系实践，宏观和微观结合，国际国内兼顾，以便职前和职后教师深入理解中学历史课程标准和中学历史教材，并通过丰富的案例初步掌握历史教材解析的一般原理和步骤。绪论之外，本教材正文共计9章，包含3大模块。

表1 《中学历史课程标准与教材解析》内容结构

模　块	内　容
总　论	绪论
概　览	第一章　历史课程改革与发展趋势
课程标准解析	第二章　初中历史课程标准解析
	第三章　高中历史课程标准解析
	第四章　国际中学历史课程标准比较
教材解析(理论)	第五章　中学历史教材演变及特点
	第六章　中学历史教材分析原理
	第七章　中学历史教材整分体分析
教材解析(实践)	第八章　初中历史教材分析及示例
	第九章　高中历史教材分析及示例
	第十章　高中历史教材分析及示例

一、第一模块内容简介

第一模块为中外历史课程改革与发展概览，包含第一章，主要内容有历史课程改革与发展的背景、外国历史课程改革与发展、中国历史课程改革与发展。本模块使读者从总体上了解中外历史课程改革的趋势与特点，以便借鉴吸收。

在基础教育新课程实施中，课程标准是国家对不同学段的学生规定的通过该门课程的学习，在知识与技能、过程与方法、情感态度与价值观或学科核心素养等方面应达到的基本要求，是对学生经过某一学段之后的学习结果的行为描述。教材是具体化了的课程标准，是师生实现新课程目标的最重要的课程资源。把握课程标准、利用好教材是实施新课程、实现新课程目标的重要保障。

课程标准是教材编写的直接依据，教材是具体化了的课程标准。因此，教师一定要首先解析和把握课程标准，这样才能明确教材编写者的意图、思想和教材的寓意，做到全面而准确地把握教材、创造性地处理教材，使教材真正成为教学用的材料。

二、第二模块内容简介

第二模块为课程标准解析，包含第二章、第三章和第四章，主要包括：初中历史课程标准解析，主要内容有初中历史课程的性质和理念、初中历史课程目标、初中历史课程内容、初中历史课程标准实施建议；高中历史课程标准解析，主要内容有高中历史课程的性质和理念、历史学科核心素养与课程目标、高中历史课程的结构与内容以及高中历史课程的学业质量与教学、评价建议；中学历史课程标准比较，主要内容有中学历史课程标准的国际比较、中学历史课程标准的国内比较。

三、第三模块内容简介

第三模块为教材解析，又分成理论和实践 2 大部分。

教材解析的理论部分首先从整体出发，把握国内外中学历史教材演变趋势、中学历史教材解析原理、中学历史教材整体规律、历史教材的整体结构思路、编写指导思想和原则。只有从整体上解析教材，才能认识局部内容在整体中所处的地位，认识局部内容在知识、能力、情感等方面与其他内容之间的联系，搞清楚教材如何从整体上和局部上体现课程目标，解析教材的编写意图、内容选取、程度要求、风格特点和内容分布等。

教材解析的理论部分包含第五章、第六章和第七章，包括 3 部分：中学历史教材演变及特点，主要内容有国外中学历史教材演变及特点、国内中学历史教材演变及特点；中学历史教材分析原理，主要内容有中学历史教材分析的原则、中学历史教材分析的内容、中学历史教材分析的方法；中学历史教材整体分析，主要内容有历史教材背景分析、历史教材外部联系分析、历史教材内部联系分析。

教材解析的实践部分主要是对一个模块、一章(单元)及某一课时的教材进行全面解析。通过实践层次的教材解析，可以明确一个模块、一章(单元)、某一课时的教材中所包含的内容及其相互关系，与其他章节之间的关系，以及与课程目标、课程具体内容标准的关系。

教材解析的实践部分包含第八章和第九章，包括 2 大部分：初中历史教材分析及示例，主要内容有中国古代史教材分析及示例、中国近现代史教材分析及示例、世界史教材分析及示例；高中历史教材分析及示例，主要内容有《普通高中教科书·历史·必修·中外历史纲要(上)》教材分析及示例、《普通高中教科书·历史·必修·中外历史纲要(下)》教材分析及示例、《普通高中教科书·历史·选择性必修1·国家制度与社会治理》教材分析及示例、《普通高中教科书·历史·选择性必修2·经济与社会生活》教材分析及示例、《普通高中教科书·历史·选择性必修3·文化交流与传播》教材分析及示例。每一个模块都包含至少一个典型的课时教材分析案例。

总之,"中学历史课程标准与教材解析"是一门知识与方法并重的课程。本课程作为知识性课程,希望学生借助该课程的学习熟悉中学历史课程改革的背景与趋势,理解历史课程的基本理念与实施方法,熟悉中学历史教材的基本脉络与基本内容。本课程作为方法性课程,希望学生能由此掌握解析历史课程标准与历史教材的基本思路与方法,能为课堂教学打下坚实的基础。

第三节　中学历史课程标准与教材解析的价值与意义

历史课程标准和教材是中学历史课程的核心组成部分,教师能否把握好课程标准并利用好教材,是历史新课程改革成败的关键。而把握历史课程标准和利用历史教材的前提是教师能够科学地对其进行解析,其主要内容和步骤包括:解析课程标准、解析课程目标、解析课程内容标准、教材的宏观和微观解析。

一、中学历史课程标准解析的价值与意义

(一)解析课程标准有助于全面准确地把握教材

课程标准是教材编写的直接依据,教材是具体化了的课程标准。历史课程标准是国家对中学历史课程的基本规范和质量要求,解析教材首先要解析与其相关的课程内容,以明确学习和教学的基本任务。中学历史课程标准体现了国家对不同阶段的中学生在知识与技能、过程与方法、情感态度与价值观、核心素养等方面的基本要求,规定了历史课程的性质、目标、内容框架,提出教学和评价建议。因此,教师一定要首先解析课程标准,深入理解历史课程的性质、目标、内容,把握教材编写者的意图、思想和

教材的寓意，做到全面而准确地把握教材、创造性地处理教材，使教材真正成为教学用的材料。

（二）解析课程标准有助于科学制订教学目标

课程目标是对学生通过一门课程学习所要达到的目标的高度概括，它为教材的编写提出了总体指导思想和要求。课程目标中的总体目标是概括程度较高的目标，具体目标则是对总体目标的进一步细化，更便于教师的操作。解析课程目标即解析目标领域的划分、各目标领域的内容范围和各领域学习水平层次的划分，课程目标是我们制订课时目标的重要依据和参考。很多老师在制订课时目标方面存在不足，正是因为对课程目标的理解和把握不够。

根据布鲁姆的教育目标分类理论，结合我国的教学实际，《义务教育历史课程标准(2011 年版)》将历史课程具体目标分为 3 个领域，即知识与能力、过程与方法和情感、态度与价值观，并从内容和学习水平上对各领域目标作出了相应的规定。三维目标是一个整体，即知识与能力是过程与方法和情感、态度与价值观发展和提高的平台，而过程与方法是知识与能力和情感、态度与价值观发展和提高的关键因素，后两者制约着知识与能力目标的达成，三者相互制约并相互促进，是一个整体。过程与方法通过知识与能力的获得加以优化，情感、态度与价值观在过程与方法中得到提升，在知识与技能的发展过程中受到潜移默化的影响，教师要注重过程与方法在知识与能力和情感、态度与价值观之间，起着承上启下的关键性作用。

《普通高中历史课程标准(2017 年版 2020 年修订)》提炼出唯物史观、时空观念、史料实证、历史解释、家国情怀等 5 大历史学科核心素养，明确了学生学习该学科课程后应达成的正确价值观念、必备品格和关键能力，对知识与技能、过程与方法、情感态度价值观三维目标进行了整合。历史课程目标亦分别对应 5 大核心素养，并明确学生完成历史学习任务后学科核心素养应该达到的水平，各水平的关键表现构成评价学业质量的标准。

（三）解析课程标准有助于有效构建课程内容

课程内容是为实现课程目标而选择的学科的事实、概念、原理、方法、策略和价值观等课程要素。在课程标准中，课程内容按照特定的方式被加以组织和呈现，以体现学科教育的特点。历史课程内容的构建，以培养学生的历史学科能力为目标，应有利于课程目标达成，应体现历史学的学科特性，应满足学生的学情需要。[①] 初中历史课程分为中国古代史、中国近代史、中国现代史、世界古代史、世界近代史、世界现代史 6 个学习板块。依照历史发展的时序，在每个板块内容设计上，以“点—线”结合的呈现方式。“点”是具体、生动的历史事实；“线”是历史发展的基本线索。教师应通过“点”与“点”之间的联系来理解“线”，使学生在掌握历史事实的基础上理解历史发展的过程及规律。

普通高中历史课程由必修、选择性必修、选修 3 类课程构成，采用通史与专题史相结合的方式。必修课程采取通史方式，旨在让学生掌握中外历史发展大势；选择性必修课程和选修课程采取专题史方式，旨在让学生从多角度进一步了解人类历史的发展。这样的结构，既有利于对学生历史学科核心素养的培养，也使高中历史课程与义务教育历史课程有所区别和衔接。高中历史课程在结构设计和内容编排上，既注意到与义务教育历史课程的衔接与贯通，又注意到两者的区别，凸显高中历史课程与义务教育历史课程的不同，使学生在义务教育的基础上进一步掌握历史知识和技能，拓宽历史视野，强化历史思维，确立正确的历史观念。

二、中学历史教材解析的价值与意义

教材解析是教师的一项最基础、最重要的工作，每个教师都应掌握解析教材的一般方法，具备解析教材的基本能力。教材是帮助学生达成某门课程学习要求的重要工具，学生不必掌握教材的所有内容。历史教材是学生学习历史的最重要的课程资源，但绝非全部的课程内容。由于历史教材文本抽象，资料信息有限，学生仅靠教材文本难以有效达成课程标准规定的目标要求，教师必须依据课标要求以及具体学情等重构课程内容。可以说，教材解析的深度和广度直接影响课堂教学的质量。

（一）教材解析有助于知识形式的转化

书本上的知识是一种贮存状态的知识，课堂教学过程就是要把这种贮存状态的知识首先转化为传输状态的知识，然后通过学生的学习再把传输状态的知识转化为学生头脑中的贮存状态的知识。而这两种知识形式的转

① 参见薛伟强、范红军、陈志刚主编：《中学历史课程与教学概论》，76～83 页，北京，北京师范大学出版社，2019。

化过程与方法，由于受多种形式的制约，课本是很难把它们全都写出来的。因此，教师不经过对教材的解析与研究，就难以把握和完成知识形式的这两次转化，难以让新知识与旧知识有效联结，从而改变学生原有的认知结构。

（二）教材解析有助于把握规律和本质，紧扣重点、难点

对于教材中所讲的知识，教师要将其放在知识整体中去认识，进行全方位、多角度的解析研究，才能真正掌握它的内容，认识它在整个教材结构中的地位，认识它与其他知识之间的联系。这一点对提高教学质量十分重要。如果只照本宣科，书本上怎么写，就照本宣科地讲，对教材缺乏解析，便很难把握概念、规律的本质及它们间的联系，抓不住教材的重点、难点。例如，统编高中新教材课时内容相较以往增加了数倍，教师如果不能通过教材解析紧扣重点难点，合理取舍，即使每一课时只讲基础知识，时间也远远不够。

（三）教材解析有助于培育学生历史思维能力

在教学过程中如何促进学生的发展、培养学生的能力，是现代教学思路的一个基本着眼点。教学过程不仅是知识的传授过程，而且是能力的培养过程。培养能力需要认识和比较各种知识的能力价值。而知识的能力价值和情感态度价值等具有隐蔽性，表现为“不思则无、深思则远、远思则宽”。例如，英国《权利法案》所蕴含的法治意识，英国“光荣革命”所体现的妥协精神，在中学历史教材中基本没有体现。因此，教师只有通过对教材的深入解析，才可能挖掘出教材本身没有写出来的知识的能力价值，以利于对学生能力的培养。

（四）教材解析有助于选择适当的教学模式和方法

课堂教学的重要环节是设计教学过程、选择教学方法。教学过程与教学方法的确定不是随意的，既受教学思想的指导，又受教学内容、教师教学风格及教师综合素养等的制约。进行教材解析，需要教师全面分析教材，深入挖掘教材，灵活整合教材，① 同时也要酝酿教学过程和设计教学方法。教学内容的学习目标、难易程度、容量大小等因素，都将对教学模式和方法的选择产生重要的影响。

---

① 参见安富海：《促进深度学习的课堂教学策略研究》，载《课程·教材·教法》，2014(11)。

第一章　历史课程改革与发展趋势

学习目标

1. 了解历史课程改革与发展的背景。
2. 了解外国历史课程发展历程及趋势。
3. 熟悉中国历史课程发展历程及趋势。
4. 理解核心素养背景下的历史课程改革方向。

从人类教育发展的历程来看，教育革命是生产方式演进的必然产物。面向21世纪的技术革新，各国对教育图景展开了新的谋划，人的现代化问题再次受到关注。基础教育改革的展开和人的素养的构建与培育，成为各国面向21世纪人类社会发展的重要策略。互联网技术的深度发展和人工智能时代的到来，使知识传播的限制越来越小，知识的边界变得日益模糊。工业时代以来教育的制度化、模式化、大众化和同质化的问题逐渐凸显出来。全球范围内的教育改革和经验的扩展以及知识融通和泛化的速度远远超过旧的技术时代。教育的现代化和现代化的人的发展成为我们今天必须要探讨的问题。

第一节　历史课程改革与发展的背景

一、历史课程改革面临的困境

我们的历史课程经历了从知识立意到能力立意再到今天的素养立意的

变革，不断探讨着“培养什么样的人”和“怎样培养人”的问题。那么，谁是历史课程的中心，在我们强调学生核心素养的同时教师是否能够全面担负起培育学生核心素养的责任，历史课程是否有充足的教育资源可以利用，我们的教育管理体制和教育观念是否能够跟上素养教育的步伐，这些问题都有待我们去解决。

（一）教育实践者观念更新滞后于改革

大多数教育实践者长期以来形成的知识观、教学观很难被快速改变，教育教学的超常惯性使得知识和教学理念与方法的更新速度迟缓。与新课程改革密切相关的建构主义理论、合作学习、讨论学习、跨学科学习、STEAM融合教育、多元文化教育、生涯教育、去学科化主题式教学、AP课程(大学先修课程)等教育理论、教学模式和方法，很少能够被一线历史教师接受和实践。面临新技术革命背景下的新教育形势，我们的教育实践者还未做好准备：第一，大多数历史教师并未思考过自己是否有足够的知识储备来应对知识共享时代历史课程体系的构建；第二，大多数历史教师并未思考过如何展开大概念教学，引导学生进行项目式学习和深度学习，以应对智能时代课堂形态的转变；第三，大多数历史教师并未系统思考过自己如何完成教育角色的转型，以应对大数据时代学业评价智能化的新形势；第四，大多数历史教师面对由信息技术带来的家校无缝衔接的新形势，并未思考过如何自主构建虚拟学习空间，引导学生进行个性化学习、精准学习和自适应学习。

我们今天的历史课堂在主流上仍是以讲授法为主，课后以传统的习题作业为主，给学生留下的思考和自主探究的时间不多，课程内容和设计很难有差别，学生的个性化学习很难实现。历史教材仍是大多数教师教学和学生学习的基本资源，历史课程很难引导学生观察、实践、交流、体验和质疑反思。

（二）教师的核心素养存在不足

历史教师的核心素养包括史学素养、教育实践技能、学科融通和学习创新能力、沟通合作能力和师德素养等。然而大多数历史教师在必备素养上存在不足。

首先，历史知识陈旧、视野狭窄。部分历史教师的原有知识体系和史学理念与方法同高中新课程内容结构存在代际差异，在史料的收集与辨别、实证方法和科学精神的形成、史学前沿问题的探究、历史的关联与对比及历史学科核心素养的理解与实践等方面存在不足。历史课应回归史学的教育功能①，史学素养的不足是历史教师核心素养的根本性问题。

其次，教育实践技能的缺失。教师行走方式的改变，应该体现为教育技巧的不断积累和教育智慧的不断增进。这是每个教师改进日常教育教学的必要条件。② 大多数历史教师缺乏对教育学和心理学的经典理论与实践的深入理解，很少有教师能在教学科研实践中自如运用维果茨基最近发展区理论、赞科夫教学与发展理论、布鲁纳课程结构理论、脑科学、学习科学等经典的理论。很多历史教师未能构建良好的教育学和心理学知识体系，欠缺教育研究与实践的科学方法，能够驾驭的教育学和心理学知识处在较低的水平。

最后，缺乏学科融通和学习创新能力。第三次科技革命以来，学科交叉和学科综合趋势增强，学科边际日益模糊，独立的学科化教学不断受到挑战。这要求历史教师拥有更广博的知识体系和接触更多学科的认知方法，具有不断学习和探索创新的意识与能力，但大多数历史教师缺乏基本的学科融通和学习创新的意识与能力，很难引导学生适应正在到来的知识型社会和学习型社会。

（三）历史课程地位的长期弱化

历史课程在我国中学的课程结构中，无论是在学科课时的设置上，还是在高考的分值上，一直处于弱势地位。上一轮课程改革并未改变历史课程的实际地位，人们对于历史课程教育功能的认同有限。文理分科以理为主的选科教学体系、课时分配和教学评价的方式都不利于历史课程地位被广泛认可。本次课程改革，很多省份采取3+1+2模式，历史学科地位虽弱于语文、数学和英语，但与物理并列，地位高于政治、地理、化学、生物等学科。然而短期内历史学科的地位不会有质的变化。因为高考在一定时期内仍是中学教学的导向，学校、教师、家长、社会在改革后的一定时期

① 郑林：《历史课程教材教法研究》，1页，北京，社会科学文献出版社，2018。

② 张荣伟：《我们需要怎样的教育：中国基础教育改革概论》，114页，北京，科学教育出版社，2012。

内还会以高考分值比例来认识学科的地位和作用。因此改革后的历史课程定位、历史课程目标预期、内容结构构建、教学深度设计与历史课程的实践仍然会存在矛盾。在高考仍为主要的教学评价方式的教育体制下，历史课程境遇不容乐观。历史课程改革的预期和现状之间形成了一个张力结构，这一结构夹杂着教师的无奈和学校功利性的发展需求，以及社会对于教育成果的短期价值期待与评价导向。历史学科的教育功能在教学实践中很难全面体现。

二、教育信息化与人的现代化

互联网、大数据、虚拟现实、增强现实、人工智能等先进信息技术与现代教育走向融合，教育信息化成为21世纪教育发展的潮流，要求培育具有高度的“信息文明”的人，进而推动人的现代化。

（一）新技术带来的新变化

越来越多的教育平台开始涌现，教育大数据和大资源将为开放灵活的现代化教育体系建设提供全面而精准的服务。历史知识的载体更加多样化，历史知识的传播方式更加开放，历史教育的空间得到无限拓展，历史学习渠道空前拓宽，碎片化的历史知识膨胀，人们的历史学习视野将空前广阔。传统的历史教育观念、组织方式、教与学的模式面临着全新的机遇与挑战，素养立意的新教育改革全面展开，人们期待着更加美好的历史教育。传统的师生关系面临着转型，个性化和个别化历史学习在技术上具有了可能性，智慧课堂正在进入学校和家庭，教育服务模式和人才培养模式正在经历巨大的转变。智能时代的教育形态，以人类利益共同体为动力系统，学习内容侧重学习能力、设计创造和社会责任，学习方式转向泛在学习、协同建构、真实学习和个性化学习，学习环境体现了无边界、任意地点和任意时间的特点。① 在智能化的教育生态下，学校教育、社会教育和家庭教育的边界日益模糊，历史教育与历史学习系统可能将重新构建。

（二）教育赋能时代的到来

信息技术将为历史教育的发展赋能，智能教学系统将被广泛应用于教

① 黄荣怀、王运武等：《教育信息化》，197页，北京，科学出版社，2018。

育领域，智慧教室将取代传统教室。重复性的教学与教育管理工作必然由人工智能系统来完成，更加具有灵活性、包容性和有效性的教育系统即将被构建起来。历史教师的工作将更富有弹性和智力需求，人工智能将释放教师生产力，成为教师角色转变的催化剂。① 历史教师的能力结构将发生质的变化，历史教师的工作将更多地侧重于与学生情感的沟通、对学生创造性思维的培育、品格的塑造以及对学生个性化发展与个性化生活的引导。

（三）智能教育的实验

很多国家开展了智能教育的探索。美国建立了一些实验学校，探索了全新的育人方式。阿尔特学校依靠平板电脑和软件完全突破了传统模式的育人方式，实现了学生的个性化学习。萨米特公立学校利用个性化技术腾出更多时间让学生进行项目式学习，顺利毕业的学生比同类学校多10%。一人学校(School of One)运用学习算法针对每个学生的优势、需求和最佳学习方法，制订独一无二的每日学习计划。其教育模式的特色表现在开放式教室、多个学习角的设置、可移动桌椅和可选择的合作式学习等。在可汗实验学校(KLS)中，学生没有作业和测试，没有传统的同龄班级。学生不用整天待在教室里，而是在现代开放的功能性教室里，在自己的个人平台上，按照软件提供的最佳进度和方案，完成个性化的学习目标。② 这些实验的成果虽然还不能被迅速地推广，但是为我们展示了未来新技术背景下育人方式的图景，也为全景式个性化教育模式提供了技术上的可行性。

美国新媒体联盟曾预测世界教育信息化的发展前景，称将在基础教育阶段实现覆盖云计算、协作环境、移动应用程序、平板电脑程序、数字身份、基于游戏的学习、学习分析、个人学习环境、增强实境、自然用户界面、语义互联应用、21世纪学习技能评价等教育技术的应用。③ 这些在中国也正在实践中。历史教育将面临新的发展机遇。

---

① 黄荣怀、王运武等：《教育信息化》，201页，北京，科学出版社，2018。

② [英]安东尼·塞尔登、奥拉迪梅吉·阿比多耶：《第四次教育革命：人工智能如何改变教育》，144～150页，北京，机械工业出版社，2019。

③ 上海教育现代化研究项目组：《上海教育现代化2035战略图景研究》，89页，上海，上海人民出版社，2019。

《优先发展、育人为本、改革创新、促进公平、提高质量》

三、全球范围内的基础教育改革浪潮

进入21世纪，经济全球化使各国之间教育的横向联系不断增强，也使各国将提高本国教育竞争力作为重要的国家发展战略。越来越多的国家认识到教育不再仅仅局限于对国家人才的培养，而更加强调国际性人才、世界性公民的培养，重视对学生国际性视野、开发性思维的培养。[①] 面向21世纪的基础教育改革在世界范围内展开，各国都不断反思传统教育的问题，并积极推动新育人体系的构建、开放性课程体系的开发、教学模式的创新、学生发展观和教师发展观的转变、教育行政模式的转型、教育资源的拓展和教育共同体的建设等。

（一）关注教育质量与公平的统一

教育质量与教育公平较早被关注，但往往被认为是2个独立的问题。在教育现代化发展的今天，越来越多的国家开始强调教育质量与教育公平的统一。如美国小布什政府提出《不让一个孩子掉队》法案，奥巴马在提出“竞争卓越”计划后又发布《改革蓝图：初等与中等教育法的重新授权》法案和《让每一个学生成功法案》等，既推行高学业标准，又兼顾需要保障的社会群体，在追求教育质量的基础上兼顾教育公平。2001年以来中国的教育改革开始重新重视教育公平的问题，缩小城乡差异；课程结构内容、设置体现均衡性、选择性和多样性，促进学生的不同需求和个性发展；缩小群体差异，平等关注每个孩子，为每一个孩子提供适合的教育。[②] 效率与公平的协调成为21世纪以来基础教育领域中被探讨的重要问题，教育如何公平发

---

① 孙宽宁、路书红：《基础教育改革专题》，29页，北京，教育科学出版社，2018。

② 郝志军：《课程与教学改革研究》，71页，长沙，湖南教育出版社，2017。

展、优质发展、创新发展，至今仍是教育改革关注的重点。

（二）强调学生自主学习力和个性发展

在新技术和国际信息交流的背景下，未来世界将朝着指数级增长、数字化进步和组合式创新发展，适应这样时代的唯一途径就是扩展和强化人的能力，尤其是激发出每个人的潜力、智力和创造力。① 因此各国的教育改革都不断转向对学生自主学习力和个性发展的关注。一般采用减少教学内容、缩短课时、增加活动课程、综合融通课程等方式，主张增加学生自主学习、自主思考和实践，提高学生适应未来社会的能力。如日本出台了《学习指导纲要》，英国的 2013 年国家课程大纲强调了“成功的学习者”、“自信的个人”、“有责任的公民”等核心目标。德国则在国家统一课程之外允许地方和学校开发特色教学资源，开设符合现实情况和需要的选修课程。② 中国《普通高中历史课程标准(2017 年版 2020 年修订)》强调，高度关注学生个性化、多样化的学习和发展需求，着力提高学生的学习能力。中国国务院办公厅于 2019 年发布《国务院办公厅关于新时代推进普通高中育人方式改革的指导意见》，提出普通高中全面实施新课程新教材，以促进学生全面而有个性的发展。学生的自主学习力和个性发展是世界范围内的教育关注点。

（三）聚焦学生核心素养

1997 年，经济合作与发展组织(CECD)展开了“素养的界定与遴选：理论和概念基础”的教育研究项目，开启了世界范围内的学生素养研究的序幕。2003 年经济合作与发展组织的最终研究报告提出了学生核心素养框架体系，超越了传统意义上的知识与技能。③ 2002 年欧盟发布《知识经济时代的核心素养》，并于 2006 年通过《以核心素养促进终身学习》的建议案，提出了学生核心素养框架体系。欧盟成员国在此影响下纷纷研究并发布本国的核心素养。2002 年，美国启动面向 21 世纪的核心技能研究项目，之后于 2007 年公布框架体系。在 21 世纪的第一个 10 年，学生核心素养的研究与

---

① 上海教育现代化研究项目组：《上海教育现代化 2035 战略图景研究》，6 页，上海，上海人民出版社，2019。

② 孙宽宁、路书红：《基础教育改革专题》，52～54 页，北京，教育科学出版社，2018。

③ 周靖、罗明主编：《核心素养：中学历史学科育人机制研究》，11 页，上海，复旦大学出版社，2018。

体系构建成为基础教育领域的重要改革方向。中国于2013年由教育部基础教育司委托北京师范大学及国内外高校和研究机构的专家学者，组成“中国学生发展核心素养研究”课题组，研究成果于2016年公布，直接影响了2017年国家课程标准的革新。

（四）重视教师基本素养

21世纪国际教育委员会提出我们无论怎样强调教学质量以及教师质量的重要性都不会过分[①]，教师素养的高低决定着教育改革的成败和教学质量的提升与否，因此受到广泛关注。美国奥巴马政府出台了教师教育改革的“卓越教师培养”计划和监测制度。日本立法提高教师资格标准并保障教师进修。英国同样提高了教师入职标准，并在全国建立了教师培训网络。德国在保证教师数量的同时还建立了严格的继续教育制度。2016年联合国教科文组织国际教师政策对话论坛提出了“教育2030”的教师目标，强调了教师的专业化发展等问题。教师的专业知识、专业能力、专业技术、专业自觉和专业道德等素养受到关注。

经济全球化和信息化改变着教育的面貌，我们今天改革的目的是为学习者提供优质公平、兼顾个性发展、多样可选的教育，我们有必要借鉴过去和国外教育改革的可取经验，认识历史教育的现状，展望历史教育的新图景。

第二节　外国历史课程改革与发展

近代以来，伴随着时代的发展，各国对于历史课程的认识不断深化，历史课程改革带有鲜明的时代特征。改革一般从相对具有代表性的英美等发达国家展开，其成果传播到其他国家和地区。历史课程基本经历了近代化、探究化和标准化的发展历程。

一、历史课程的近代化

工业化国家根据社会发展的现实需求设计面向大众的历史课程，将学

---

① 孙宽宁、路书红：《基础教育改革专题》，54页，北京，教育科学出版社，2018。

生放置在工业社会需要的公民素养培育的生产线上。这种课程设置与以往相比有了更加明确的目的性和方向性，但也不可避免地使历史教育具有功利主义的特征和突出的政治色彩。

（一）历史课程近代化的时代背景

19世纪，伴随着工业革命的深化发展，人口流动促进了欧美城市化社会的演进。城市人口膨胀，涌入学校的青少年增多，中等学校开始扩张式发展。工人与进入城市的农民以及外来移民希望子女受到城市教育，以改变家庭的困境和子女的未来。他们对教育均等充满企盼，教育去阶级化成为当时的社会需求。新技术的普及和工业的发展既对劳动者提出了新的要求，也为劳动者提供了更多的就业机会，而高等教育不能满足社会发展的需求，基础教育便成为国家与社会广泛关注的教育领域。欧美工业化国家基础教育开始走上普及化的道路，历史课程作为独立的学科，地位逐渐提高，并在中学普遍开设。历史学科因其能够帮助学生认识并理解世界、形成共同的文化道德和价值观念、建构民族与国家认同而受到关注。人们日益认识到历史学科对于公民素养培育和国民精神塑造的重要价值，认识到历史学科独特的社会教育、政治教育和文化教育功能。

（二）美国的教育探索

19世纪后半期，大批历史专业学者涌现，史学期刊和历史研究的学术性组织出现，史学走向专业化和科学化。史学的进步使历史学科在中学的地位有了学术上的保障，历史学科逐渐成为中学的核心学科。1893年美国中等教育研究委员会成立了由大学校长、教授、教育专员、中学校长组成的“十人委员会”，发布报告规范了历史课程，确定了历史学科作为中学9大基础学科之一的地位。报告要求历史教育在基础教育阶段应保证6～8年、每周至少3课时且在学程后半期每周不少于3小时的历史学习。报告对历史课程进行了规范性的设计，目标是帮助学生成长为民主国家的合格公民。学习内容一般从传记和神话传说开始，本国史和欧洲史所占比重较大，还包括对“公民政府”的认识。

19世纪末，美国历史学会建立了主要由大学教授组成的“七人委员会”，进一步强调了历史学科在中学课程中的核心地位，以及历史课程的科学价值、人文价值和教育价值。在教学资源的收集与运用上强调史料实证的科学精神，在教学方法上强调多元性和学科交叉与融合。所以这一时期的美国历史教育既能明确历史学科作为独立学科和核心学科的地位，又能够从宏观上处理美国与欧洲、世界的关系以及历史学科与其他学科之间的关系。

（三）英国的教育实践

19 世纪工业的发展和新技术的演进导致了史无前例的殖民扩张，欧洲传统的殖民国家和新兴的工业国家都焦虑于如何进一步扩展生存空间，思考民族发展的现实和出路。因此，这一时期欧洲的历史教育进一步强化了民族文化认同。英国作为老牌的殖民国家因受到后起国家的冲击而融入了这场民族文化教育和爱国主义教育的浪潮。1905 年，英国教育委员会在《对在公共小学工作的教师和其他人的建议》中指出，历史课程可以帮助学生获得对民族特质的认知。[①] 因此历史教育与道德教育和政治教育联系起来，承担了明确的公民培养任务，帮助学生形成对民族和国家的基本认同。

20 世纪初的历史教育研究者已经认识到运用史料和史学研究的科学方法，帮助学生完成专业化的历史学习；在教学方法上开始运用多元的能够激发学生学习兴趣和专业性较强的方法展开历史教学，认识到历史教育需要承担训练学生思维的重要责任。但是在教学实践上，这种认识的实践范围很小。

这一时期，欧美的中学历史教育关注到历史学科可以帮助学生认识人类发展历程，感知个体与民族、国家在人类社会发展中的地位与作用，认识到历史学科对于学生个体的培育不仅是道德性的，还涉及思维、习惯养成等。但是这些都是国家对工业时代公民素质的认识，所以历史教育还有明显的宣教特征，绝大部分仍以知识灌输和死记硬背为主。

历史学科在 19 世纪的欧美成为独立学科，并面向大众。中学历史教育能够理性思考教育价值、目的和设计教学目标，能够宏观认识学科间关系，能够展现学生个体与民族、国家和世界的关系。历史教育展现了工业时代公民教育的全新途径，是近代化的必然趋势。

① 张天明：《从“大传统”走向“新历史科”——20 世纪英国历史教育百年嬗变述略》，载《河北师范大学学报(教育科学版)》，2014(2)。

二、历史课程的探究化

历史课程探究化是第二次世界大战后历史教学发展的突出特点。20世纪六七十年代，全球范围内基础教育改革从发达国家向发展中国家扩展，一些国际组织也作了积极的探索与引导。历史课程探究化是指中学历史课程的以下发展倾向：以学生兴趣为出发点，以史料教学和问题探究为教学途径，渗透历史研究前沿成果和新方法，灵活开展专题探究或选修课程，以培养学生发现问题、探究问题和解决问题的能力。

（一）历史课程探究化的背景

20世纪，伴随科技革命的深化发展，人们的经济生活和社会生活呈现着日新月异的变化，社会学、教育学、心理学等人文学科的研究方法受自然科学研究的影响而出现了蓬勃发展的态势。史学研究和中学历史教育面临着挑战，其他学科对史学研究的弱化，以及历史学和中学历史教育的意识形态化、教学方法的陈旧和学生主体地位不被认可等，使20世纪上半期英美等国的历史学科的独立地位受到挑战，第二次世界大战后其地位进一步下降，历史学科的教育价值也受到了质疑。

传统史学受到批判，一些历史学家提出拓宽历史研究的视野，拓展历史研究的领域，突破政治史研究的局限，将研究触角延伸到整个人类的发展史，大量引进和吸收其他学科的研究方法和研究手段，大胆借鉴其他学科的新的研究成果，构建一个宏观的史学研究体系。史学研究的这一重大变化加之视听媒体的逐渐普及和交通条件的改善，为中学历史课程的重新构建和中学历史学科真正突破被动学习模式，走向探究化提供了可能，历史课程的拓展具备了更为广阔的空间。

（二）历史课程探究化的主要表现

美国中学教育关注学科结构，主张恢复学术标准和让学术进课堂。因此美国历史课程具有极强的学术特征，主要表现在：第一，把学科专家和研究方法引入中学，培养学生探究和发现的能力。第二，由学科专家主持学术性选修课程的开发，涉及多元史学领域，关注课程的广度、深度和难度。第三，专题史因其易于被探究而受到青睐。第四，在教学方法上强调探究法和发现法。第五，布鲁纳的结构主义教育理论加快了历史学科结构化和学术化的转变。[①]

第二次世界大战后，英国以新的历史课程理念为指导制定了国家课程计划，并探索和设计了教学大纲、历史教科书和历史评价方案，开启了“新历史科”的课程体系与教学改革。这一时期，英国历史课程的探究化表现在：第一，一些教师不再灌输传统观念和强调权威性的观点，肯定了历史问题商议与探讨的民主氛围。第二，中学历史教学过程采用了历史研究的基本方法——史料实证。师生更多通过鉴别史料、运用史料来探究历史问题，尝试重建史实。[②] 第三，一些历史教师开始强调学生的历史学习的过程性，将学生发现问题、探究问题和解决问题的过程体验作为历史课程的学科目标，把学生历史思维能力的养成作为学生学科体验的重心。第四，历史课程内容更贴近学生生活，帮助学生学会思考与自己息息相关的社会问题，与现实相关的现代史和世界史受到青睐。[③] 第五，历史探究融合了布鲁纳的学习理论和皮亚杰的认知发展理论。[④]

中学历史课程的探究化倾向是历史研究发展的结果，展示了历史教育的科学化图景，更为深刻地渗透了学科内核理念和方法，将学生放在了教育的主体位置上，学生的主动性和基本权利受到了尊重。但是探究化倾向也使中学历史教学忽视了学生的知识水平和认知能力，选修课程的泛滥冲击了基础课程的教学，教学结果两极分化明显，违背了中学教育普及性的宗旨。

三、历史课程的标准化

20 世纪晚期，全球范围内的基础教育改革进入深化期，具有面向 21 世纪的教育展望特色。英美等国出现了中学历史课程的标准化趋势，颁布了相关教育法规和国家统一的历史课程标准，再次确认了历史学科的核心课程地位和教育价值。

---

① 薛伟强、范红军、陈志刚主编：《中学历史课程与教学概论》，24 页，北京师范大学出版社，2019。

② 李稚勇：《历史教育学新论》，36～37 页，北京，人民教育出版社，2010。

③ 李稚勇：《历史教育学新论》，36 页，北京，人民教育出版社，2010。

④ 张天明：《从“大传统”走向“新历史科”——20 世纪英国历史教育百年嬗变述略》，载《河北师范大学学报》，2014(2)。

（一）国家立法和课程标准的制定

英国于1988年颁布了《教育改革法》，规定从1989年起英国在全国中小学推行统一的国家课程。历史课程属于必修基础课程，历史学科的国家课程标准也随之制定和颁布。20世纪90年代英国共推出了3个课程标准，即1991年历史学科国家课程标准、1995年历史学科国家课程标准、1999年历史学科国家课程标准。国家课程标准明确了学生的合法权利和学习目标，提出了教育教学评价的方式和标准，精简了内容，结构更严密合理。2003年，英国在学生应具备的“核心技能”中又增加了思考技能，其目的在于强化学生处理信息的技能、推理技能、探究技能、创造性思考技能和评价技能。[①] 2007年，英国再次修订历史学科国家课程标准。英国国家课程标准越来越重视明确核心知识，同时也关注每一个学生个体获得发展的基本权利，还要保证课程标准的实施具有灵活性。但2012年历史与档案议会组织的报告指出，课程标准的教学进度与内容过于简略，难以让学生全面地学习历史并具备时代感。[②] 2014年英国教育部颁布中学阶段国家课程标准，课程目标大幅删减，强调基础性、核心性知识。课程结构上以编年史为主、主题史为辅。课程标准仍强调历史课程的灵活性和历史认识与探究的方法与过程以及史料在历史认知中的基础性作用，更强调教师对课程实践的选择权，注重培养学生的国际视野，鼓励学生探索发现和作出基于证据评估的判读。

1993年，美国颁布《2000年目标：美国教育法》，从国家教育的整体发展考虑，决定编撰并颁行学科国家课程标准。1994年，美国颁布了第一个《国家历史课程标准》，两年后颁布了修订本。各州在遵循统一的课程标准的指导外，还有很大的灵活性，可以颁布自己的课程标准，可以自主设计学科知识体系和选择学科关联与融合的方式。在国家课程标准的指导之下，美国设计了历史学科国家标准的课程体系，同时开始重视学科整合与知识融通以及跨学科知识结构的构建。

（二）历史课程的变化

这一时期，历史课程在继承20世纪七八十年代历史课程改革成果的基

---

① 赵亚夫：《世界基础教育改革与历史课程发展走向》，载《中学历史教学参考》，2018(17)。

② 赵亚夫、张汉林主编：《国外历史课程标准评介》，10页，北京，北京师范大学出版社，2017。

础之上，继续深化发展。

第一，因为统一的国家课程标准的颁布和国家课程体系的建设，历史课程有了明确的国家层面的标准依托。但是国家课程标准的权威性并未抹杀地方与学校的自主性，历史课程的标准化、基础性、多样性和灵活性都得到关照。新的课程改革希望能够在传统的知识目标和新历史课程的能力目标方面达到平衡，既兼顾传统又适应社会发展的新需求。本次改革将个人的发展放在了主体的地位上。“快乐”、“卓越”等成为一些国家的新课程标准的关键词汇。对于历史教师的要求也从学术型向实践技能型过渡。这一时期的改革较为注重学生能力的全面发展，包括语言能力、数字运用的能力、信息技术与互联网的运用能力、合作与交流能力、历史共同记忆的理解能力以及文化理解的涵养和世界眼光。

第二，历史学科的能力与素养要求不断拓展，各国提出了重视历史时序思维能力、历史理解能力、历史解释能力以及对问题的分析与决策能力等历史思维能力。历史课程的具体实施注重吸纳新的史学研究成果，历史研究中的史料选用更为专业和多元，特别重视对不同原始史料的运用，历史研究方法更好地渗透到学生历史认知的过程中来。教学内容采用历史时序与历史专题相结合的单元结构，将历史发展的横向和纵向脉络很好地整合起来。这一时期的历史教学实践强调以史料帮助学生体验历史情境，历史教学的方法更为多元和灵活，比如历史想象法、角色扮演法、游戏法、讨论法、问题探究法等得到广泛应用，强调学生对于课堂的参与，重视学生在质疑、批判与思考中体验认知的过程与方法而非对知识的识记。

信息技术的广泛应用和互联网＋时代的到来，使得原有工业化时代的秩序文化受到挑战，信息技术的发展加快了知识的膨胀与更新的速度，也对人们应具备的技能提出了动态的需求，学习型社会的构建受到重视。加之经济全球化时代的文化宽容与理解的增进，这些都改变着教育的生态。21世纪经济全球化和数字化时代的教育承载着新时代人们对于新知识与新技能的企望。学科的边界逐渐模糊，学科间融通与综合化的要求更加迫切，跨学科和综合课程更受重视。同时课程得到不断简化，教师的授课自由度和学生学习的选择性增强，关注学生生活、终身学习和职业生涯规划等也是这一时期各国历史教育改革的重要特征。

至此，历史课程完成了从关注课程内容向培育学生能力再向关注学生素养的转变。

《标准运动和国家历史课程标准的出台》

第三节　中国历史课程改革与发展

历史课程的设置在中国有着悠久的历史，长期以来担负道德教化的育人功能，因此深受历代统治者重视。受到西方工业文明的影响，我国历史课程开始走向近代化。中华人民共和国成立后，历史课程开始担负起社会主义的育人任务。改革开放40多年来，经过不断调整，我国的历史课程更加富有生命力。

一、历史课程的萌芽与发展

（一）古代的历史课程

中国的学校教育起源较早，夏商时期已有专门的教育场所。春秋时期各诸侯国都由史官编撰史书。《尚书》《春秋》《左传》《公羊传》《穀梁传》，这些史书可算作是中国早期的历史学科教学材料。自孔子修订“六经”开始，读经与读史逐渐结合起来，章学诚甚至提出“六经皆史”的说法。汉武帝“罢黜百家，独尊儒术”，规定《诗》《书》《礼》《易》《春秋》为“五经”，这些儒家经典成为国家规定的教科书，五经博士教授的内容不分经史。南朝宋文帝在都城设立专科学校，其中一科为“史”，历史学科与经学分开，成为一门独立的学科。唐以后，历史学科知识在科举考试内容中占据重要份额，因此是读书人必修的学习内容。五代以来，书院教育在中国逐渐兴盛起来，历史成为书院学生的必修课程，经典教材一般选用《史记》《汉书》和《后汉书》

等。此后历代统治者都重视历史教育，历史课程是中央官学如太学、国子监的必修课程。

在古代童蒙教育中，历史教育所占的比重也不小，历史蒙学教材有李瀚的《蒙求》、邹彦春的《春秋蒙求》、王令的《十七史蒙求》、朱熹的《小学》、胡寅的《叙古千文》、许衡的《稽古千文》、黄继善的《史学提要》、陈栎的《历代蒙求》、李元纲的《厚德录》、赵南星的《史韵》、吴化龙的《左氏蒙求》等。① 影响最大的《三字经》《百家姓》《千家诗》等启蒙教材，也包含大量历史知识。历史蒙学教材通俗易懂，朗朗上口，易于记诵，成为青少年塑造道德、养成品格、积累知识和开阔视野的主要媒介。

（二）近代的历史课程

1. 晚清历史课程

洋务运动时期兴办的洋务学堂皆设置历史课程，一般分为“中国史”和“外国史”。此后的近代学堂都开设历史课程，但课程内容的设置和教材的选用没有统一的标准，服务于学堂创办时的政治理想。清末“新政”时期，清政府颁布近代学制《钦定中学堂章程》，以立法的形式正式确立了历史学科在近代中学课程体系中的地位。1904年清政府颁布《奏定中学堂章程》②，将历史课程名称由“中外史学”改为“历史”，并正式确立了历史学科的独立学科和正式学科的地位。

2. 民国初期和北洋军阀政府的历史课程

南京临时政府时期，历史课程要求与共和国家的建设紧密相连，其课程目标是培养共和国民。1913年，北洋政府教育部颁布《中学校课程标准》，规定中学开设本国史、东亚各国史、西洋史，课程简单，没有具体规定各阶段(如上古、中古、近古)教学时间的分配，也没有提出历史教材、教具的选择及教学方法的运用，只规定了课程和课时。所以，历史课程标准颁布后，各地中学校因时因地酌情增添课程及课时。③ 1916年课程标准的修订主要集中在高等小学学段，增加了教学目标和世界史的部分内容。

---

① 李良品：《试论古代蒙学教材的类型、特点及教育功能》，载《甘肃社会科学》，2004(3)。

② 《奏定中学堂章程》于1904年被颁布，史称“癸卯学制”，是中国由国家颁布的第一个在全国范围内实行的系统学制，也是我国第一个近代学制。

③ 朱汉国、郑林主编：《新编历史教学论》，19页，上海，华东师范大学出版社，2008。

1922年，北洋军阀政府颁布“壬戌学制”，规定民国初期独立设置的历史科与公民、卫生、地理一共4科，在初等小学合并融入社会科，在高等小学则继续单独开设，目的在于减轻学生的负担。初级中学和高级中学开设历史课程，包括中国史和世界史。1923年，北洋军阀政府颁布《初级中学历史课程纲要》，规定初级中学历史课程属于社会科，内容采用中外历史混合编制的形式。高级中学历史课程分为公共必修课、分科专修课以及纯粹选修课，文化史为必修课程，选修课程一般为本国史和西洋近代史。高中必修的文化史基于1923年颁布的《高级中学公共必修的文化史学纲要》，包含中国文化史和世界文化史，共计116课，每学期58课，要求教师一年讲完，显然课时非常紧张。

3. 南京国民政府的历史课程

自1929年起，南京国民政府分别针对小学、初中和高中的历史课程先后颁布了5个相关的课程标准，使我国的中学历史课程趋向正规化、统一化和标准化，大大推进了中学历史教学的前进步伐。该时期，小学历史并入社会科，相关基本要求体现在5个小学社会课程标准中。1929年，南京国民政府分别颁布了《初级中学历史暂行课程标准》《高级中学历史暂行课程标准》，此后两个课标都于1932年、1936年、1940年和1948年历经4次修订，但整体变化不大。① 中学历史课程的主要目标是培养学生的民族精神和进取精神，加深对三民主义的理解。初中中国史与世界史分开，不再中外混编。历史课程在初级中学和高级中学都是12学分，仅在国文、外国语和数学(初级中学为算学和自然学科)之下。

抗日战争时期，南京国民政府鉴于历史课程的重要性，颁布了初中和高中的新历史课程标准，进一步提升了历史课程的地位，强调民族意识、责任意识与爱国主义精神的培育。抗战胜利后国民政府再次颁布新标准，减少世界史内容，且穿插进中国史，中国史地位提高。

民国以来，各种教育思潮纷至沓来，历史教科书的编写受到了各种新思潮、新主义的影响②，加上中国政局动荡，政府无暇顾及，所以历史教材

---

① 何成刚：《民国时期中小学历史教育发展研究》，60～74页，长沙：岳麓书社，2008。

② 石鸥、吴小鸥、方成智：《中国近现代教科书史》(上册)，332页，长沙：湖南教育出版社，2012。

版本呈现出多元甚至有些杂乱的局面，出版社也没有统一规定，商务印书馆、中华书局、开明书店等都曾出版过历史教材。

4. 中共根据地的历史教育

中国共产党在革命时期根据形势发展和革命的需要，探索了独特的历史教育方式和课程。土地革命时期，苏区没有独立的中学，但是设置了干部学校和职业学校，开设独立的历史课程，地位较为重要。1934 年，中华苏维埃共和国中央教育人民委员会制定《短期职业中学试办章程》，历史教育包含在社会科学课程中。苏区的初级列宁小学的历史课程被融入国语课程中，高级列宁小学的历史课程包含在社会常识课程中，内容侧重革命史，特色鲜明。这一时期没有编写独立的历史教材。

抗日战争时期，历史课程地位提高，高级小学和中学学段设立独立的历史学科，也开始编写历史教材。有的地区如陕甘宁边区将史地课程合并。这一时期的历史教育以近代革命史为主，以抗日救国为指归，注重培养学生的革命精神和爱国主义、国际主义思想。因为形势严峻，各地历史课程没有统一的要求，差异很大。

解放战争时期，各解放区纷纷编写自己的历史教材，出版社也较为分散，如高级小学阶曾出现过晋冀鲁豫版、晋察冀版、晋绥东北版、山东版、苏北版等版本的教材。历史课程以唯物史观为指导，渗透革命和阶级斗争思想，强调反帝反封建的历史任务，新内容包括毛泽东思想和新民主主义革命理论等，有突出的意识形态特色。

二、新中国历史课程的转向

（一）历史教育的过渡

中华人民共和国成立后，面临国家转型，中国教育经历了一段过渡时期，当时的方针是以老解放区新教育经验为基础，吸收旧教育有用经验，借鉴苏联经验。① 历史学科借鉴了南京国民政府时期的课程结构，但在内容上增加了具有时代特色的新民主主义革命史。教材选用了老解放区和旧中国历史教育较为常用的课本，现代史选用新编《新民主主义革命史》。历史

① 廖盖隆、庄浦明主编：《中华人民共和国编年史》，9 页，郑州，河南人民出版社，2000。

教学以马克思主义唯物史观为指导，剔除了旧思想，更强调历史发展的规律和中国道路选择的必然性，历史教育有明确的政治方向性。

（二）苏联模式与中国特色

1953年，教育部组织制定了关于历史教材的指导方针与原则，秋季按照苏联历史课程结构推行历史课程改革，改变了一直以来的中国史优先开设的做法，将外国史提前，而且在比重上与中国史平分秋色。整体上仍然是体现古代、近代、现代的时序性安排，初中和高中历史教学内容不再重复。因此未升入高中的学生的历史学习是不完整的，缺失了中国近现代史和世界现代史的学习内容。

为了适应社会主义革命形势发展的需要，人民教育出版社从1955年开始陆续出版统编的中小学各科新教科书，并于1956年秋季在全国逐步使用，由此开启了新中国"一纲一本"的教科书时代，也确立了人民教育出版社作为唯一的国家教科书编撰出版机构的地位。1956年，新中国第一套统一的中小学历史学科教学大纲颁布。人民教育出版社新版历史教科书引入了唯物史观和新的史学研究成果，内容按照苏联模式设置世界古代史、中国古代史、世界近代史、中国近代史，突出了中苏友好交往史，体现国家"一边倒"的外交政策。整套教材按照时序编写，强调小学、初中和高中的思维层次性。教材中政治史比重较大，有较为浓厚的政治色彩和时代烙印。在历史课程的安排上，初中阶段考虑到学生的认知水平有限，所以仍是以中国史为优先。初高中都讲授完整的历史，高中阶段历史教学难度加深。

（三）历史课程的政治化

20世纪50年代末，中苏关系恶化，中国国内政治风向发生巨大变化，因此去苏化和封闭化是这一时期历史课程的突出变化。课时减少，教学内容"厚今薄古"，高中仅有中国史和世界现代史两个内容。各地学校自编教材，采用语录体书写形式，压缩常规课，授课方式强调"辩论课""现场课""访问课"等实践课形式。在"大跃进"的影响下，1957年8月，教育部要求精简小学语文、历史、地理教材，小学历史课程课时大幅缩减，由两年减为一年。

1963年教育部再次改革历史课程，初中开设中国史，高中开设世界史。高中课程还分为必修课和选修课2个部分。1964年春，改革夭折，缩短学制、精简课程、精简教材的呼声越来越响[①]，历史课程从学时到内容被大幅删减，中外历史仅编写一本教科书，且历史课程几乎变为了“政治理论课程”。

三、新时期历史课程的调整

（一）历史课程的拨乱反正

“文化大革命”结束后，国家对各项政策进行了调整，教育领域也出现了较大变化，中学历史课程在初中二、三年级开设中国古代史和近代史，高一年级开设世界史。为规范中学历史教学，1978 年教育部颁布了《全日制十年制学校中学历史教学大纲(试行草案)》，该大纲成为中学历史教材编写和教学活动开展的基本依据，中学历史教学回到正常轨道。但由于各地情况不同，落实程度也很不均衡。初中升高中的学生数量有限，未升入高中的学生无法学习世界史，这与国家开放的发展形势不符。

1980 年，人民教育出版社以“实事求是，拨乱反正”思想为指导，对初高中历史教材进行了修订。这次修订调整了初中历史教材中中国历史的古今比例及部分内容的篇、章、节、目；增写了刘少奇、彭德怀等老一辈无产阶级革命家的活动；用阶级分析和历史唯物主义相结合的观点，重新评价了一些历史人物的是非功过。[②]

1981 年，教育部颁发《全日制六年制重点中学教学计划(试行草案)》和《全日制五年制中学教学计划(试行草案)修订意见》。初中历史课程的总课时数由 128 课时增加至 170 课时。[③]

1982 年，人民教育出版社再次修订中学历史教材，调整了教材呈现结构和形式，填补了必要的基础知识，扩展了体现更多视角的内容，并在修订时力求能够全面客观地认识和评价历史。本次修订从难度的调整到对语言生动性的关注再到插图插页的配置，都可以体现出对学生的兴趣、认知水平和历史本身与历史学科的生命力的思考。但是基础教育阶段历史课程

---

① 朱汉国、郑林主编：《新编历史教学论》，24 页，上海，华东师范大学出版社，2008。

② 陈辉：《我国九年义务教育初中历史课程改革述评》，载《西南民族学院学报(哲学社会科学版)》，1999 年(S1)。

③ 陈辉：《我国九年义务教育初中历史课程改革述评》，载《西南民族学院学报(哲学社会科学版)》，1999 年(S1)。

的完整性和连贯性的问题还没有得到很好解决，课程的设置和教材的选用缺乏针对性和灵活性，还没有兼顾到中国多元的教育形势。

（二）义务教育历史课程的改进

1986年，全国人大通过《中华人民共和国义务教育法》，与之相适应的教学计划很快颁布；同年12月，中学历史教学大纲颁布并于1987年开始执行。初中历史课程在初一和初二年级开设，学生先学习中国史，而后学习世界史。虽然世界史内容和课时不多，但基本解决了长期以来初中历史课程内容结构不完整的弊病。初级中学教学计划经不断修改后于1992年8月正式颁布，第二年秋季在全国推行。教学计划与教学大纲共同构成了“课程方案”，成为义务教育的指导性文件，在课程设置上兼顾了国家统一安排与地方自主相结合的方式。初中历史课程课时再次增加，共为234或238课时①。历史学科受到重视，地位提高。人教版、北师大版、上海版、川教版等诸多版本的义务教育教材陆续出版并得到使用，“一纲多本”的局面开始形成。小学历史科课程与小学社会科课程合并为小学社会课程。小学历史课程正式退出小学课程体系，改变了中国近代百年来小学基本都有专设历史科的局面。

（三）高级中学历史教育的变革

1990年到1993年，国家教育委员会先后颁布了多个纲要性质的文件，对高级中学历史课程进行了调整。中国近现代史与世界近现代史都被设置为必修课，中国古代史被设置为选修课。1996年，高中历史教学大纲颁布，2000年高中课程计划颁布，再次肯定了必修课和选修课两种课程类型。在教学模式上，探究课和活动课发展起来。在教学内容上，地方史受到关注。在课程体系上，高级中学开设中国史和世界史，保证了学生认知的完整性。在教材编写上，逐步实现了“一纲多本”的多元化格局。在教材审查上，实现了“国定制”向“审定制”的过渡，统一性与灵活性得以结合。

（四）课程标准的制定与修订

21世纪初，历史课程的重大变化表现在课程标准逐渐取代教学大纲成

---

① 这一时期初级中学包括“五四”制和“六三”制两类，“五四”制初中历史课程为238课时，“六三”制为234课时。

为主要的历史教学指导性文件。这种改变源于教育理念的变化，中学历史教学更加强调学习的过程而非结果，注重作为一个完整个体发展的3个领域，即认知、情感与动作技能，而不仅仅是知识方面的要求。[①] 教材方面，继续实行“一纲多本”的教材制度。

1. 2001年版义务教育历史课程标准及教材

2001年，《全日制义务教育历史课程标准(实验稿)》颁布，提出了知识与能力、过程与方法、情感态度与价值观三维目标，倡导学生积极主动地参与教学过程，勇于提出问题，学习分析问题和解决问题的方法，改变学生死记硬背和被动接受知识的学习方式，强调高度尊重学生的个性，充分发挥学生自身的能力和特长。[②] 初中历史教材采用时序加主题的编写体例，以历史发展的脉络作为整体线索，每册再以多个主题单元的形式将内容呈现。

2. 2003年版高中历史课程标准及教材

2003年版高中历史课程标准在课程目标的设定上与初中相衔接，也采用三维目标体系。在体例上最大的变化是以专题为主、时序为辅，强调古今贯通、中外相连。在内容上更强调历史的完整性。

人教版高中历史必修教材分为政治史、经济史与社会生活史、思想文化史与科学技术史3册，选修教材共计“历史上重大改革回眸”“近代社会的民主思想与实践”“20世纪的战争与和平”“中外历史人物评说”“探索历史的奥秘”“世界文化遗产荟萃”6类。教材呈现方式多样，国家、地方、校本课程并行，教师成为教学方案的开发者，探究式学习和学生的自主性学习被广泛提倡，教学实践追求知识传授、能力培养和情感教育的有机结合。[③]

3. 2011年版义务教育历史课程标准及教材

2012年，《义务教育历史课程标准(2011年版)》颁布，强化了时序性，突出历史发展的基本线索和特征，使学生形成历史发展的整体意识。为学生减负和吸收史学最新成果是该课标的特色。

新课程标准强调学生的情感、态度、价值观、知识、技能和实践等的

---

① 陈其主编：《历史课程改革的理论与实践》，230页，北京，人民教育出版社，2008。

② 李景旺主编：《中学历史教学论》，37页，郑州，大象出版社，2012。

③ 陈其主编：《历史课程改革的理论与实践》，234页，北京，人民教育出版社，2008。

共同增进，教师和学生的发展都被尊重，知识、学习者和社会发展形成一个互动的体系，知识的逻辑、能力的养成和社会的需求以及学生的兴趣与认识水平都被纳入这个动态的体系中。

人教版统编初中历史教材分为中国历史和世界历史2部分，其中中国古代史2册，中国近现代史2册，世界史2册。教材沿用了时序加主题的编写体例，整体线索以通史体例呈现，单元被冠以主题后以不同视角铺陈。2017年秋季，全国所有初中一年级学生开始使用教育部统编历史新教材。

4. 2017年版高中历史课程标准及教材

《普通高中历史课程标准(2017年版)》明确指出，普通高中历史课程是在义务教育历史课程的基础上，进一步运用历史唯物主义观点，以社会形态从低级到高级发展为主线，展现历史演进的基本过程以及人类在历史上创造的文明成果，揭示人类历史发展的基本规律和大趋势，促进学生全面发展的一门基础课程。

2017年版高中历史课程标准提出3条最为重要的基本理念：以立德树人为历史课程的根本任务；坚持正确的思想导向和价值判断；以培养和提高学生的历史学科核心素养为目标。凝练历史学科5大核心素养及制定历史学业质量评价标准，是该课标的两个重大创新。

新课标的课程设置沿用必修与选修相结合的方式，必修课程以通史为主，选择性必修课程与选修课程都以专题史为主。

按教育部通知精神，依据2017年版课程标准编写的统编高中历史教材于2019年秋季学期首先在北京、天津、辽宁、上海、山东、海南6省(市)开始被正式使用，其后被陆续推广至全国。

四、核心素养视域下的历史课程改革

2014年，新一轮课程改革开始酝酿，普通高中课程标准进入修订时期。2018年年初，教育部颁布《普通高中历史课程标准(2017版)》，核心目标是坚持落实立德树人的根本任务。学生通过对历史课程的学习，形成现代公民应具备的历史学科核心素养，促进全面发展、个性发展和持续发展。① 核

① 中华人民共和国教育部制定：《普通高中历史课程标准(2017版)》，6页，北京，人民教育出版社，2018。

心素养是“一套具有系统规划和设计的完整的育人目标系统”[①]。此次课程标准的修订总结了“2003 年以来高中历史课程改革经验与问题和充分借鉴国际优秀成果的基础上，主要在文本结构、课程结构、课程内容以及实施要求方面发生了重大修订变化”[②]。

（一）5 大学科核心素养

新课程标准明确指出历史教学的目标是培养学生的唯物史观、时空观念、史料实证、历史解释、家国情怀 5 项核心素养，还指出了 5 项素养的地位。[③]

第一，唯物史观是历史学科诸素养得以达成的理论保证。

第二，时空观念是历史学科诸素养中学科本质的体现。

第三，史料实证是历史学科诸素养得以达成的必要途径。

第四，历史解释是历史学科诸素养中对历史思维与表达能力的要求。

第五，家国情怀是历史学科诸素养中价值追求的目标。

历史学科核心素养的提出，立足于实现历史教育从知识本位向育人本位和学生素养发展本位的转变。

（二）新的课程结构

新课程结构包括必修课程、选择性必修课程和选修课程，兼顾前后课程的衔接，将课程的基础性、多样性和选择性融合起来，构建基础性、多视角、多类型、多层次的课程体系，服务于学生价值观念、必备品格和关键能力的形成。

2017 年版课程标准将必修部分修订为通史体例，分为中国古代史、中国近现代史和世界史 3 个部分，统称为“中外历史纲要”，分为上下 2 册，帮助学生认识人类历史发展演进的历程和规律。另设“国家制度与社会治理”、“经济与社会生活”和“文化交流与传播”为选择性必修模块，以专题史为切入点，依照时序发展表述，帮助学生从不同视角深化对历史发展的认知。

---

① 李军：《〈普通高中历史课程标准（2017 年版）〉的主要修订》，载《北京教育学院学报》，2018(2)。

② 李军：《〈普通高中历史课程标准（2017 年版）〉的主要修订》，载《北京教育学院学报》，2018(2)。

③ 中华人民共和国教育部制定：《普通高中历史课程标准（2017 版）》，4 页，北京，人民教育出版社，2018。

另设“史学入门”、“史料研读”为选修课程模块，为学校开发校本选修提供支持，重在引导学生掌握基本的历史理论、方法和技能。

（三）新的评价方法与标准

此次课程改革将学分制落实到位，面向全体学生的必修课程占4学分，较以往减少；选择性必修课程每个模块2学分，共6学分；选修课程由学校决定，不作统一规定。

学业评价包括阶段性评价、学业水平合格性考试和等级性考试。其中高中学生在完成必修课程的学习后参加学业水平合格性考试，达到学业质量水平2即为达到历史学习的合格要求，获得学分作为认定毕业的标准和依据。学业水平等级性考试的命题依据是学业质量水平4级。[①] 在学业质量水平3级和4级阶段，学生应根据高校要求、自身素质和需求自主选择“选择性必修课程”和“选修课程”，高校参考学业质量检测结果完成招生录取工作。

目前初中仍沿用2011年版历史课程标准，但学科核心素养已经对初中历史教学产生了深刻的影响，与核心素养接轨的新课程标准也正在修订中，预计2022年将修订完成，新版初中统编教材也正在编写中。

本章小结

本章重点探讨了历史课程改革的时代背景和古今中外历史课程嬗变的历程，以便于全面客观地认识历史教育的源头、方向和价值。历史课程改革与发展的主要背景包括历史课程改革面临的困境、教育信息化与人的现代化、全球范围内的基础教育改革浪潮。外国历史课程改革与发展以英美等发达国家为代表，基本经历了近代化、学术化和标准化的发展历程。中国历史课程改革与发展经历了历史课程的萌芽与发展、新中国历史课程的转向、新时期历史课程的调整、核心素养视域下的历史课程改革四个阶段。

学习反思

1. 反思历史课程改革与发展的主要背景。

---

① 中华人民共和国教育部制定：《普通高中历史课程标准(2017版)》，44页，北京，人民教育出版社，2018。

2. 反思国际历史课程改革与发展的基本历程。

3. 反思中国历史课程改革与发展的基本历程。

拓展阅读

1. 聂幼犁、任世江：《建设务实有效的21世纪的中学历史课程——著名教学研究专家聂幼犁先生访谈录》，载《历史教学》，2003(1)。

2. 聂幼犁：《假如在事实上不想被时代和学生抛弃——我国中学历史课程改革再议》，载《历史教学》，2003(9)。

3. 聂幼犁、刘立新：《獒奶、狼奶、狗奶和人奶——新课程背景下中学历史教育的反思、机遇和责任》，载《中学历史教学参考》，2006(Z1)。

4. 聂幼犁、郑流爱：《功德无量的事业——中学历史教育——著名学者聂幼犁教授访谈录》，载《历史教学》，2006(8)。

5. 徐金超：《教学观·历史观·教学个性——课程改革背景下历史教学的统一与个性》，载《历史教学》，2006(10)。

6. 王桂艳：《我国基础教育八次课程改革的历史研究及启示》，载《辽宁教育行政学院学报》，2011(5)。

7. 宁连华、吕林海：《我国基础教育新课程改革的十年审思与展望——基于历史定位、所获成绩与存在问题的探析》，载《教育研究与实验》，2012(5)。

8. 薛伟强：《一节好课应当把握的四个度——以四节公开课为例》，载《中学历史教学》，2014(10)。

9. 黄牧航：《十年新课程历史科高考命题改革的回顾与分析(下)》，载《中学历史教学》，2016(9)。

10. 薛伟强：《中学历史学科特质述论》，载《历史教学》，2016(1)。

11. 李军：《〈普通高中历史课程标准(2017年版)〉的主要修订》，载《北京教育学院学报》，2018(2)。

12. 赵亚夫：《世界基础教育改革与历史课程发展走向》，载《中学历史教学参考》，2018(17)。

13. 薛伟强：《社会主义核心价值观融入中学历史教育研究》，载《中学教学参考》，2018(31)。

14. 刘克明：《历史课程改革如何回应中华优秀传统文化教育》，载《课程·教材·教法》，2019(1)。

15. 李稚勇：《历史教育学新论》，北京，人民教育出版社，2010。

16. 赵亚夫：《中学历史教育学》，北京，北京师范大学出版社，2019。

17. 薛伟强、范红军、陈志刚主编：《中学历史课程与教学概论》，北京，北京师范大学出版社，2019。

第二章　2011年版初中历史课程标准解析

学习目标

1. 理解初中历史课程的性质和理念。
2. 理解初中历史课程目标。
3. 熟悉初中历史课程内容。
4. 理解初中历史课程标准实施建议。

《义务教育历史课程标准(2011年版)》在总结10年课改成就与经验的基础上，体现了国家对初中历史教育的基本要求，反映了推进新课改不断深化的精神，是今后初中历史教育的纲领性、指导性文献。[①] 切实执行《义务教育历史课程标准(2011年版)》的要求，是历史教师做好初中历史教学工作的重要前提和保障。历史教师必须理解和掌握《义务教育历史课程标准(2011年版)》中的历史课程性质和理念、课程目标、课程内容及实施建议，领会新课程标准的精神以及历史课程编制与历史课程目标之间的关系，将新课程标准所提出的各项要求转化为自己的教学指导思想和教学策略，并落实到自己的教学实践中。

第一节　初中历史课程性质

《义务教育历史课程标准(2011年版)》明确指出历史课程具有思想性、

① 叶小兵：《简述新初中历史课程标准的取向》，载《课程·教材·教法》，2011(11)。

基础性、人文性和综合性等课程性质，课程理念是以普及历史常识为基础，将正确的价值判断融入对历史的叙述和评判中，倡导教学方式和评价方式的创新，使全体学生都得到发展。《义务教育历史课程标准(2011 年版)》确定了历史课程的指导思想，阐释了历史课程的教育功能和对学生发展的重要意义。

一、历史课程的思想性

历史课程具有铸造民族精神、坚定政治信念和拓展国际视野的功能。《义务教育历史课程标准(2011 年版)》明确指出，历史课程的思想性，就是坚持用唯物史观阐释历史的发展与变化，使学生认同中华民族的优秀文化传统，增强爱国主义情感，坚定社会主义信念，拓展国际视野，逐步树立正确的世界观和人生观。

（一）坚持用唯物史观阐释历史的发展与变化

唯物史观是马克思主义哲学的核心所在，是马克思主义史学的灵魂，是史学研究的理论根据和基本方法。坚持用唯物史观阐释历史的发展与变化，一是要求中学历史教师具有坚实的唯物史观修养和对唯物史观坚定不移的信仰，二是中学历史教师在历史教学过程中必须坚持科学贯彻和落实唯物史观。

历史就是过去存在或发生过的客观事实。用唯物史观指导中学历史教学，首先必须承认历史，尊重历史，只有承认历史，才能够尊重历史。教师应该通过具体的史实，逐渐引导学生理解并运用生产力与生产关系的原理分析历史，引导学生认识阶级社会的阶级构成、掌握阶级在阶级社会中的作用，引导学生正确认识人民群众及个人在历史上的作用，引导学生运用继承和发展的观点去认识历史，引导学生运用联系和发展的观点去认识历史。

（二）认同中华民族的优秀文化传统

对祖国悠久历史、深厚文化的理解和接受，是爱国主义情感培育和发展的重要条件。传统文化是指在长期的历史发展过程中形成和发展的，保留在每一个民族中间的具有稳定形态的文化。优秀传统文化负载着一个民族的价值取向，影响着一个民族的生活方式，聚集了一个民族自我认同的凝聚力。中华优秀传统文化是中华民族之魂，是中华民族团结奋进的不竭动力。当今世界，奉行霸权主义的国家往往借助文化渗透的方式推销自己的价值观念，企图削弱和取代别国的民族文化。这说明认同中华民族文化的教育十分必要和迫切。

从内容上看，传统文化应包括古代思想观念、思维方式、价值取向、道德情操、生活方式、礼仪制度、风俗习惯、宗教信仰、文学艺术、教育科技等诸多层面的内容。缺乏民族精神的民族没有前途，而缺乏传统文化的民族必然要走弯路。当然，中国传统文化既有精华也有糟粕，我们必须坚持取其精华、去其糟粕的原则，坚持古为今用、推陈出新，不忘本来、辩证取舍。

初中历史课程使学生了解包括汉族和各少数民族在内的中华民族的优秀文化传统的内涵与特点、形成和发展，知晓我们民族的优秀传统、宝贵财富在哪里以及为人类作出了哪些贡献。有了这些最基本的认识，才能够更加认同中华民族的文化传统，才能够更加热爱自己的国家。

（三）增强爱国主义情感，坚定社会主义信念

爱国主义即对祖国的忠诚和热爱，是中华民族的崇高品德和优良传统；是中国共产党领导中国人民反对外来侵略和压迫，争取民族独立和解放，谋求国家统一和富强，建设社会主义强国的精神力量。在当代中国，爱国与爱社会主义在本质上是一致的。建设中国特色社会主义、拥护祖国统一，是新时期爱国主义的主题。我们要始终高扬爱国主义旗帜，着力培养爱国之情、砥砺强国之志、实践报国之行，使爱国主义成为全体中国人民的坚定信念、精神力量和自觉行动。

《义务教育历史课程标准(2011 年版)》通过对中国史内容的编排，呈现了中华民族精神的内涵和爱国主义的传统。在近代中国，围绕反帝反封建和独立富强的爱国主题，全国各族人民斗争不绝，变革不断，体现了中华民族与时俱进的强烈变革精神。从“师夷之长技以制夷”的思潮和“洋务运动”，到甲午战败后的变法改良、共和革命的兴起，再到“五四”新文化运动出现、中国共产党的诞生等，集中反映了近代中国不断探索、不断前进的时代精神。从近代中国演变发展的脉络中我们可以深切体会到，“只有社会主义才能救中国”是中国社会变革的历史选择。通过对这些内容的学习，学生将认识中国共产党在中国革命、建设和改革事业中的决定性作用，树立中国特色社会主义理想信念，初步形成对国家、民族的认同感，增强历史责任感。

（四）拓展国际视野，逐步树立正确的世界观和人生观

在经济全球化的浪潮中，世界逐渐连成一个整体。不同民族文化的相互交融，要求人们在认同本民族文化的前提下，尊重其他民族的文化。各国的历史课程都强调对国际意识的培养，这首先要处理爱国主义与国际意识二者之间的关系。《义务教育历史课程标准(2011 年版)》既关注对民族认同感的培育，也关注对其他国家和民族文化的理解；既注重在经济全球化时代表现民族自豪感，彰显自身的民族特色，也注意理解和尊重世界各国、各民族的文化传统，学习和汲取人类创造的优秀文明成果。

《义务教育历史课程标准(2011 年版)》编排了世界史的相关课程内容，如使学生通过对世界古代史的学习，了解亚、非、欧文明古国产生与发展的历程，从中感悟人类文化的多样性、共融性和发展的不平衡性，培养理解、吸收其他民族文化精华的开放心态。近代国民意识形成，无不以公民对其民族、国家和历史所具有的认同感、尊严感为基础。因此，培育对国家的忠诚一直是历史课程的主旨。我国的社会主义现代化建设的发展，更需要未来的公民具有正确的国家意识和国际意识。我们要把弘扬爱国主义精神与扩大对外开放结合起来，尊重各国历史特点、文化传统，尊重各国人民选择的发展道路，善于从不同文明中寻求智慧、汲取营养，促进人类和平与发展的崇高事业，共同推动人类文明发展进步。

二、历史课程的基础性

义务教育阶段的历史课程，属于公民教育中基础性的历史教育，其明显的课程性质就是基础性和普及性。[①]《义务教育历史课程标准(2011 年版)》明确指出，历史课程的基础性，就是根据学生的心理特征和认知水平，以普及历史常识为主，引领学生掌握基本的、重要的历史知识和技能，逐步形成正确的历史意识，为学生进一步学习与发展打下基础。也就是说，义

① 叶小兵：《简述新初中历史课程标准的取向》，载《课程・教材・教法》，2011(11)。

务教育历史课程要面向每个学生，其标准是绝大多数学生能够达到的，主要着眼于公民基本素质。

所谓“普及”，一是指课程的内容是属于历史学的基础知识，是一个人的历史素养中应具备的常识性知识；二是指历史课程作为学校的必修课，是每个学生都要学习的课程，以此达到普及的目的；三是指有关课程的要求和内容是面向全体学生的，能让学习这门课的所有学生都达到《义务教育历史课程标准(2011年版)》规定的课程目标。课程标准的制定，既考虑到了我国不同地区学生的学习需要和条件，也考虑到了初中学生的心理特征和认知水平，着眼于学生全面发展的需要。因此，教学实践中教师必须克服专业化和成人化倾向，避免追求过全、过深、过细的历史叙述。教学中教师不必过多涉及一些较深奥的内容，避免从课程的广度和深度上超出初中学生的认知能力，增加学生的学业负担甚至使学生失去学习历史的兴趣。[①]

所谓“历史常识”，就是历史上最主要的、众所周知的无须解释或加以论证的历史知识，或对一个理性的人来说是合理的一般性的历史知识。与高中和大学相比，初中历史课程的学习内容只是常识性的历史知识，是基础性的必备的历史知识。初中课程内容的选择和课程目标的确定，有别于高中和大学的历史课，即知识相对浅显通俗，课程难度较小。课程内容的选择，应充分考虑到初中学生的学习兴趣和生活经验，使相关的内容贴近现代社会，贴近学生的生活，避免抽象的历史概念和艰深的理性知识。

从知识范围看，初中历史课程的6大板块的内容展示了不同时期的重要历史人物、历史事件或历史现象，以及历史发展的基本线索，学生能够在此基础上了解和认识人类社会的发展历程。从内容上看，初中历史课程的六大版块的内容既有与政治制度、战争和改革有关的政治史，也有与社会经济发展相关的经济史，以及与宗教、哲学、文学和艺术有关的思想文化史，还有科技史和社会史，涉及较多的领域。

近代许多教育先驱者都认识到了历史教育对提高人的基本素养的价值，因此强调历史学科的重要性。夸美纽斯在《大教学论》中强调，熟悉历史是

---

① 徐蓝：《〈义务教育历史课程标准(2011年版)〉的新思路与新变化》，载《历史教学(中学版)》，2012(9)。

整个人生的教育中最重要的因素，是他终身的眼目。洛克认为历史是持重与公民知识的主宰。卢梭则把历史作为“爱弥儿”的第四期即教育的最后一个时期(15岁以后)的最重要的学科。[①]

三、历史课程的综合性

历史是包罗万象的综合性很强的学科，集文学、史学、地理学甚至自然学科于一体。历史学科不仅与其他人文社会学科，而且与自然学科之间，都存在着既相互交叉又相互渗透的联系。历史不仅让我们了解过去所发生的事情，而且还让我们知道了如何认识过去。历史是过去的东西，但它也能照亮现实和未来。《义务教育历史课程标准(2011年版)》明确指出，历史课程的综合性是指注重人类历史不同领域发展的关联性，注重历史与现实的联系，使学生逐步学会综合运用所学知识和方法对历史和社会进行全面的认识。

思想政治学科中的哲学内容，为历史学科的学习提供了基本的理论、观点和方法指导。历史知识为理解哲学的观点和方法提供了史实依据和素材。历史学科涉及各个民族、各个国家、各个时期的政治、经济、思想文化和社会生活等方面的内容，在人文社会学科中处于核心地位，没有历史学素养的人也很难学好其他人文社会学科的内容。历史是人类知识的宝库，储存着人们世世代代积累起来的知识成果，是促进人类智慧发展的永不枯竭的源泉。

克罗齐曾说，一切历史都是当代史。历史与现实紧密相接，彼此难分，浑然一体。历史课程既要着眼于现实，也需反思历史。历史课程的开发与执行者要有强烈的时代意识，关注国际国内大事，关注社会生活，并能将历史与现实紧密有机结合。历史课程的综合性特点，要求其承担传承人类文化财富的重任。

四、历史课程的人文性

与自然科学相比，人文社会科学以作为独立个体的人和人类社会为研

---

① [日]佐藤正夫:《教学论原理》，92～93页，北京，人民教育出版社，1996。

究对象，关注的是人的思想境界，主要探讨人与人、人与社会、人与自然之间的关系。《义务教育历史课程标准(2011年版)》明确指出，历史课程的人文性，就是以人类优秀的历史文化陶冶学生的心灵，帮助学生客观地认识历史，正确理解人与社会、人与自然的关系，提高人文素养，逐步形成正确的价值取向和积极向上的人生态度，适应社会发展的需要。

如果说科学的价值在于探究客观世界的奥秘，历史学的价值则主要是关注人类自身生存意义的人文关怀。人类可以从历史研究中获得相关的经验与智慧。我们要理解历史，理解科学之外乃至更高层次上的某些东西，如价值、目的、理想、信念。它们不属于科学实证的范围，是科学所不能证实或证伪的，却又是人生和人的历史不可或缺的东西。因此，历史课程不仅承担着向学生传授历史知识的任务，还要承担对学生进行人文教育的重任。

人们对自己的定位常常以过去为参考，包括自己的家庭以及成长与受教育的地方等。这些大多与历史的内容有关。人对其家庭和居住地区的历史、民族和国家的历史，以及他生活在其中的更大范围的文化历史的记忆，构成了认识自己过去的资源。这样的记忆有助于自身定位，有助于认识个人在历史长河中的位置，以及个人与全体人类的联系。过去的记忆，不仅会影响我们看待现实的态度，也会影响我们在现实中的行动。以过去的记忆为基础的自我意识是个人全面发展和负责任的公民身份所赖以形成的基础。

历史学习的过程就是增长生活阅历的过程，历史上什么事都有，历史上什么人都有。通过对相关历史的学习，学生可以从中加深对人生的思考并获得人生的智慧，从中学到应世处事和待人接物的经验。这样的学习经验，对学生来说至关重要，因为认识现实的社会与认识历史的社会的方法，在本质上是相同的。它有利于学生在增长历史知识的基础上理解人性和人际关系，有利于社会性情感的形成和人文素养的提高。

如果从历史教学价值中抽掉历史思维，历史课将变得毫无意义。以历史思维为核心的历史学习有利于增强学生的历史思考力，培养一种独特的思考方式和意识。在当今信息化和经济全球化的时代，死记硬背的知识不可能帮助学生应对错综复杂的社会现象和问题，而增强学生的历史思考力，是历史课程培养有行动力之公民的基本要求。

第二节　初中历史课程目标

一、课程目标制定的总体思路

课程目标是对一门课程学习的总体要求，包括在学生的学习过程、学习方法、学习效果等方面所要达到的教学目的，反映了国家和社会对课程的教育宗旨和基本要求。学校的教育目标和课程目标必须适应时代发展的需要，因此，义务教育阶段的历史课程要能够反映出当代世界发展潮流和当今中国社会发展的要求，以培养和提高学生的人文素养为宗旨，充分发挥历史课程的教育功能，使学生通过历史课程的学习得到全面的发展。

义务教育阶段历史课程目标的研制，遵循以下的指导思想和原则。

（一）以培养和提高历史素养为宗旨

以人为本、以学生的发展为本是教育的灵魂和终极目的。《义务教育历史课程标准(2011 年版)》在课程基本理念中明确提出历史课程要充分体现育人为本的理念，在课程设计思路中，又提出要以培养学生的历史素养和人文素养为出发点，因此课程目标贯彻这样的指导思想。正在修订中的《义务教育历史课程标准》，也将全面落实历史学科五大核心素养。

（二）根据年龄特点和认知水平确定课程目标

课程目标要从学生的年龄特征和认识水平出发，强调打好学生学习历史的基础。在课程内容上，必须选择处于历史发展主线上的反映历史发展趋势的重要史实，培养学生学习历史的最基本方法和技能。比如阅读历史书籍和观察文物图片、提取历史信息、对历史事物的准确理解，以用口头、书面等方式陈述历史等能力。只有适合学生年龄的课程目标加上适合学生学习的实施方案，才能使学生学好课程内容，达到课程目标的要求。

（三）培养学生正确的世界观和人生观

初中阶段是人生成长的关键时期之一，人生观和世界观开始形成，做什么样的人、怎样做人的问题在初中生的脑子里逐渐清晰。对这个年龄段的学生的思想和观念进行正确、科学的引导非常重要。历史课程在这方面具有得天独厚的优势，因为历史长河中不仅有许许多多鲜活的历史人物，还有很多使人启智的史事，它们会对这个年龄段的学生产生潜移默化的影响。相关的典型人物和事件有助于培养学生正确的价值判断，使学生具有对祖国和人类的责任感，以及为中国特色社会主义事业、人类和平和进步事业作出贡献的人生理想。

（四）引导学生积极主动地学习历史

课程目标的着眼点是全体学生，提出的是课程学习的最基本要求。课程目标的制定，要有利于促进学生积极主动地学习历史，要有利于提高学生自觉学习的愿望和积极性，要有利于学生在学习过程中进行独立思考和解决问题。教师在教学过程中，要重视学生的主体地位，启发、指导和培养学生进行积极主动的学习。

二、知识与能力目标

《义务教育历史课程标准(2011年版)》在表述知识与能力目标时，将其细化成5个部分。其中，第一部分涉及的是历史知识的目标要求，第二至第五部分是关于能力方面的要求。

第一部分是知道重要的历史事件、历史人物及历史现象，知道人类文明的主要成果，初步掌握历史发展的基本线索。这就是要求学生掌握最基本的历史知识。一般来说，历史知识是由历史事件、历史现象、历史人物及历史发展的基本线索构成的。学生在义务教育阶段对历史课程的学习，主要是知道中外历史上重要的历史事件、历史人物和历史现象，了解人类历史发展的基本线索。

第二部分是了解历史的时序，初步学会在具体的时空条件下对历史事物进行考察，从历史发展的进程中认识历史人物、历史事件的地位和作用。学生学习历史，需要掌握具体的历史时间概念，了解历史时期在时间上的持续时长与顺序，逐步形成历史的时序意识；还需要掌握必要的、基本的历史地理知识，了解不同区域的历史地理特征，初步认识地理环境对人类活动的影响。只有具备历史时空的观念，才能更好地对历史上出现的人物和事件等进行客观的认识，提高认识历史的能力。

第三部分是了解多种历史呈现方式，包括文献材料、图片、图表、实物、遗址、遗迹、影像、口述以及历史文学作品等，提高历史的阅读能力和观察能力，形成符合当时历史条件的一定的历史情景想象。这里包括2层含义：一是要求学生通过历史学习，了解历史信息多样化的承载方式，了解历史知识的来源是记录和反映历史情况的各种材料；二是要求学生在学习历史的过程中学会对历史材料进行阅读和观察，逐步具有从历史材料中获取有效信息的能力，并能够根据材料形成对历史的合理想象。

第四部分是初步学会从多种渠道获取历史信息，了解以历史材料为依据来解释历史的重要性；初步形成重证据的历史意识和处理历史信息的能力，逐步提高对历史的理解能力，初步学会分析和解决历史问题。这部分的要求主要包括：第一，获取历史信息的能力，即通过多种渠道搜集各种类型的历史信息的能力；第二，处理历史信息的能力，即对历史材料进行整理、分析和辨析，初步学会运用可靠的历史材料来说明历史问题的能力；第三，历史思维能力，即历史的理解、分析能力以及解决历史问题的能力。

第五部分是学会用口头、书面等方式陈述历史，提高表达与交流的能力。这里涉及的是表达与交流能力。学生学会对历史的叙述，能够准确地表达出自己对历史的看法，这也是学好历史的体现。通过学习，学生初步学会有条理地讲述历史上的事情，能够概述历史发展的基本进程，比较清晰地说出重要历史事件的发生、发展及结果，以及重要历史人物的事略、重要历史现象的基本情况，从而提高语言表达和文字写作能力。

需要指出的是，知识与能力目标既有联系也有区别。对历史知识的理解和掌握，需要一定的学习能力；而历史学习能力又以历史知识为载体，是运用历史知识的表现。这就要求教师在教学过程中把两者有机地结合起来。例如，在有关清朝前期统一多民族国家的巩固和发展这一课题的教学中，教师不仅要使学生了解清朝在台湾的建制、对西藏地区的有效管辖以及巩固西北边疆的史实，而且可以通过材料研习，使学生深入了解与这一课题相关的材料，提升学生辨析和运用材料的能力；通过问题讨论，使学生对统一的多民族国家的巩固与发展有清晰的认识，提升学生的分析、综合、概括等方面的能力。这样，学生既能够掌握历史知识的基本知识，也能在历史思维能力方面得到培养和提高。

《义务教育历史课程标准(2011年版)》在课程目标以及课程内容中所使

用的行为动词，大致可以分为了解、理解和运用3个层次。其中出现较多的是知道、了解、列举、讲述、简述、观察等，这些都属于了解层次，符合初中生的认知特点以及基础性学习的要求。教师需要认识到，在初中生学习历史的能力当中，阅读能力、观察能力和想象能力是基本的、重要的能力，尤其是阅读和观察能力，是了解历史的重要技能。

三、过程与方法目标

新一轮课程改革中提出了三维目标，过程与方法的目标是其中亮点之一。所谓“过程”，是指学生的学习过程。把学习过程作为一个目标提出来的理论基础是建构主义学习理论。建构主义学习理论认为学生对知识的获得不能简单地依赖教师的传授，而必须通过学生自身已有的经验、方式和信念，在作为认识主体的学生与作为认识客体的知识之间的互动中，以主动、积极的建构方式获得。因此，教师在教学时应当注重引导学生参与学习的过程，培养学生逐步形成正确的学习态度、掌握必要的学习方法并且能够根据学习的需要调整学习的策略。

《义务教育历史课程标准(2011年版)》分5部分来表述“过程与方法目标”，其中前3部分涉及学习过程，后2部分涉及学习方法。

第一部分是通过多种途径感知历史，学会从当时的历史条件理解历史上的人和事，并经过分析、综合、概括、比较等思维过程，形成历史概念，进而认识历史发展的时代特征和历史发展的基本趋势。这里阐述了学生学习历史是一个由浅入深的过程，首先是感知历史事物，在此基础上理解历史，进而思考历史问题，经过思维形成历史概念和历史认识，从宏观上把握历史发展的时代特征和基本趋势，这一过程符合学生的历史认知规律和特点。学生要学好历史，必须经过这一过程中的每个环节。其中，分析、综合、概括、比较等是思维运作的基本和主要的方法。

第二部分是在学习历史的过程中，逐步学会运用时序与地域、原因与结果、动机与后果、延续与变迁、联系与综合等概念，对历史事实进行理解和判断。这里指的是历史理解和历史解释的过程，也是指历史认识的过程。如果说历史事件、历史人物、历史现象和历史发展线索构成了历史知识的概念，那么时序与地域、原因与结果、动机与后果、延续与变迁、联系与综合等则构成了历史认识的概念，它们也是具有历史学科特质的关键概念，对于历史的理解与解释不可或缺。

第三部分是在了解历史事实的基础上，逐步学会发现问题、提出问题，初步理解历史问题的价值和意义，并尝试体验探究历史问题的过程，通过搜集资料、掌握证据和独立思考，初步学会对历史事物进行分析和评价，并在探究历史的过程中尝试反思历史，汲取历史的经验教训。这里主要是指探究历史的过程，即在学习的过程中，不仅能够掌握历史的基础知识，还要能够发现问题和提出问题，进而能够分析问题和解决问题，并通过对历史问题的评述得到历史的启示，获取历史的智慧。

关于历史学习方法的目标，《义务教育历史课程标准(2011 年版)》在课程目标的前几部分中有所涉及，又在第四和第五部分中作了专门的阐述，提出了一些具体的方法。按由浅入深的逻辑顺序，可以把它们归纳成 3 个层次的学习方法。首先是技能层次的学习方法，是指学生学习历史所必须具备的技能型方法，如正确计算历史年代的方法、识别和运用历史地图和图表的方法、查找和收集历史信息的方法。其次是理解层次的学习方法，如在学习基本历史知识的过程中，运用阅读、记忆、体验、表述、归纳、质疑、比较等来发现问题、提出问题、初步理解历史问题的方法，以及运用材料具体分析历史问题的方法。最后是运用层次上的学习方法，如运用时序与地域、原因与结果、动机与后果、延续与变迁、联系与综合等概念，对历史事实进行理解和解释的方法，以及对历史事物进行分析和评价的方法。

教师在教学中要将知识与能力目标、过程与方法目标与历史学习方法的目标有机结合，在传授历史知识和培育能力的过程中注重对学生的学法指导，使学生得到全面发展。

四、情感・态度・价值观目标

（一）情感・态度・价值观的意义

新一轮基础教育课程改革中制定的课程标准，将“思想教育”目标升级为“情感・态度・价值观”目标。最主要的原因是“思想教育”目标多是从教育者的角度来说的，而“情感・态度・价值观”目标则是定位在学生发展的角度上的，将历史学习与学生人文素养的发展紧密结合起来，将历史教学与学生的全面发展紧密结合，使学生学会做人、懂得做人。因此，“情感·态度·价值观”目标的确定，体现了“以学生发展为本”的教育理念，体现了历史课程的教育功能与学生的全面发展紧密结合。

（二）情感·态度·价值观的内涵

培养学生做什么样的人，具有什么样的情感、态度、价值观，既是历史课程重要的目标，也是历史教育的主要内容。《义务教育历史课程标准（2011年版）》对此作出了全面的阐释，从6个方面具体而明确地提出了学习目标的要求。第一、第二两个方面是通过对中国历史的学习，使学生认识中国的具体国情，认同中华民族的优秀文化传统，认识统一的多民族国家和中华民族多元一体，认识中国共产党在中国革命、建设和改革事业中的决定作用，树立中国特色社会主义理念，继承和弘扬以爱国主义为核心的民族精神，认识到国家统一、民族团结和社会稳定是中国强盛的重要保证，初步形成对国家，民族的认同感，增强民族自信心和自豪感。第三个方面是通过对世界历史的学习，使学生了解人类社会历史发展的基本趋势及人类文化的多样性，理解和尊重世界各国、各民族的文化传统，学习汲取人类创造的优秀文化成果，认识和平与发展是当今时代的主题，逐步形成面向世界的视野和意识。第四个方面是使学生通过学习认识到人类历史上物质文明、精神文明和政治文明发展的重要性。第五个方面是使学生认识科学技术的发展对人类历史进步的推动作用，逐步形成尊重科学、崇尚科学的意识，树立求真、求实和创新的科学态度。第六个方面是从学会做人的角度，使学生通过对历史的学习认识到个人与群体、个人与社会的关系，逐步树立积极进取的人生态度，形成健全的人格和健康的个性品质。这6方面内容，都是结合历史课程内容的教育意义，从提升学生人文素养的角度上进行阐述的，目的就是使学生成为具有社会主义核心价值观的合格公民。

（三）培养情感·态度·价值观的原则

1. 体现国家意志和时代精神

历史课程中的情感、态度、价值观教育，既是历史学科教育共有的教育因素，又是国家意志的体现，也是时代前进和社会发展对历史教学的要求。

2. 紧密结合具体的教学内容

在历史教学中进行的情感、态度、价值观的教育方面，课堂教学是主要的渠道，历史教师的讲授和引导是主要的方式，但要密切结合具体的教学内容，进行自然的渗透，避免牵强附会和人为拔高。

3. 感情和理智结合

情感、态度、价值观的教育既是一种理智的教育，也是充满了真情实感的教育。因此，教师只有展现出充沛饱满、积极健康的感情，才会对学生的内心体验和感受产生感召力和影响力。

4. 符合学生的实际

进行情感、态度、价值观方面的教育，要考虑到学生的年龄特征和心理特征，甚至要考虑到学生个体的具体情况，努力做到有的放矢，而不是揠苗助长。

历史课程的三维目标，构成了对学生学习历史的基本要求，它们相互依存、相互渗透，互为条件、互相转化，每一方面都可以在一定程度上成为其他两个方面的中介，它们是一个相互联系不可分割的有机整体。虽然课程标准对它们进行了分别的表述，但是在落实目标的实际过程中，三者之间的相互联系、相互配合是非常重要的。

第三节　初中历史课程内容

一、中国古代史编排体例分析

中国古代史的内容分为史前时期、夏商周时期、秦汉时期、三国两晋南北朝时期、隋唐时期、宋元时期和明清时期 7 个历史时期，总共 39 个学习要点。中国古代史的内容编排，在设计思路上体现出以下特点。

突出主线，强调时序性。中国古代史部分按照历史发展的阶段和顺序，编排具体的内容，突出义务教育历史课程的基础性，呈现历史的基本知识和基本线索，在历史发展时期的框架下进行编排，为学生以后高中的历史学习打下基础。

体现少而精的原则。中国古代史部分突出重点知识，选取典型的、最基本的知识，删除了一些过难过偏的学习内容，以降低难度，减轻学生不必要的学习负担。如在史前时期部分，原始人类部分主要突出北京人，远古传说部分主要突出炎帝和黄帝，对于我国境内其他的远古人类和传说，则不作硬性规定。

充分反映民族交流、交往、交融与共同发展。中国是一个统一的多民族国家，中国的历史是由各族人民共同缔造的，各族人民在历史上都对国家的发展和中华民族的壮大作出过贡献。中国古代史的内容，体现出历史上的民族交流、交往、交融与共同发展，体现出中华民族的多元一体。

二、中国古代史内容简析

1. 史前时期

《义务教育历史课程标准(2011 年版)》将中国古代历史的第一个时期定为“史前时期”，指的是从我国有正式历史记载之前的人类活动时期，亦是国家产生之前的历史时期。本部分包含以下 3 个知识点：北京人的发现；半坡居民、河姆渡居民的生活和原始农业的产生；炎帝与黄帝的传说故事。

2. 夏商周时期

这一时期是从约公元前 2070 年夏朝建立开始，至公元前 256 年东周灭亡结束，涉及夏朝、商朝、西周及春秋战国的历史，是我国早期国家的建立与发展、中华民族早期交融与壮大的历史。本部分包含以下 6 个知识点：夏、商和西周的历史；青铜器和甲骨文；春秋战国时期诸侯相争和社会动荡；商鞅变法；都江堰；百家争鸣。

3. 秦汉时期

这一时期的历史涉及秦朝和两汉时期，课程内容从公元前 230 年秦国发动灭六国的战争开始，至东汉末年的黄巾起义结束，包括秦的统一与灭亡、西汉的兴盛、东汉的动荡，以及秦汉时期的科技文化发展。本部分包含以下 6 个知识点：秦统一中国；秦末农民起义；“文景之治”和汉武帝的“大一统”；丝绸之路；东汉历史；两汉时期的文化和科技。

4. 三国两晋南北朝时期

这段历史是从东汉末年的群雄割据到三国鼎立局面的形成，至 581 年隋朝建立前夕。这一时期的大部分时间中国家处于多个政权分治、战事不休的状态。然而，中华民族在这种动荡中进一步交流、交往与交融，因此，这一时期也是中华民族交融与发展的重要历史时期。本部分包含以下3个知识点：三国鼎立；两晋南北朝时期的历史；两晋南北朝的科技文化。

5. 隋唐时期

这一时期从581年隋朝建立开始，至五代十国结束，主要涉及隋朝与唐朝的历史。这一时期的制度建设、经济和文化发展、民族和睦、对外交流等方面，都有着辉煌的成就，影响深远。本部分包含以下5个知识点：隋朝的统一与覆灭；唐太宗时期的“贞观之治”和唐玄宗前期的“开元盛世”；唐代民族和睦与中外文化交流；从社会与文化的角度认识盛唐气象；唐朝后期以及五代十国的历史。

6. 宋元时期

这一时期从960年北宋建立开始，至元朝灭亡结束。无论是辽、宋、夏、金时期的政权并立，还是由少数民族贵族建立的统一王朝——元朝，中华民族在这一时期都在进一步交融和发展，社会经济与科技文化更是取得了很大成就。本部分包含以下6个知识点：北宋的统治；辽、西夏与北宋的对峙局面；两宋时期南方经济的发展；元朝的历史，主要涉及成吉思汗统一蒙古、元朝的统一以及元朝对西藏地区的管辖；宋元时期的商业贸易、都市生活和宋词元曲；宋元时期的科技。

7. 明清时期(鸦片战争前)

这一时期的历史从公元1368年明朝建立开始，至1840年鸦片战争前夕结束。明清时期，统一多民族国家的整体格局进一步巩固，各民族得到进一步共同发展。本部分包含以下10个知识点：明朝的政治；郑和下西洋和戚继光的抗倭斗争；明代的重要建设；明代的科技；明朝的灭亡；清朝时期统一多民族国家的巩固和发展；清朝前期的社会经济发展；君主专制在清代的极端强化；清代的文学艺术；清朝中期以后的政治与社会。

三、中国近代史编排体例分析

中国近代史的课程内容在编排上坚持了以下几个原则：

第一，突出中国近代历史发展的基本线索。近代中国100多年的发展历程中始终贯穿着两条主线，一条是中国人民为争取民族独立、政治民主而不断斗争，直至革命胜利的主线；另一条是中国人民在革命斗争中，不断推动中国社会向现代化迈进的主线。这两条主线相互交汇，构成了近代中国历史发展的全过程。中国近代史的课程内容，清晰反映了上述两条发展主线。

第二，全面反映近代中国社会的变迁。中国近代史是中国历史发展的重要阶段，其课程内容应精选重要历史事件和历史现象，全面反映近代中国历史发展的全貌，不仅要考虑政治、军事、外交等领域的重要事件，而且要考虑文化、思想、社会等领域的内容。

第三，突出无产阶级革命家的丰功伟绩。历史是人创造的，叙述历史离不开人的活动。课程标准提到的近代重要历史人物有18位，尤其突出了老一辈无产阶级革命家在领导中国新民主主义革命斗争中的丰功伟绩，以便让学生感悟历史人物的品格，完善自己的人格，坚定为祖国的现代化建设事业奋斗终生的信念。

四、中国近代史内容简析

中国近代史始自1840年中英鸦片战争爆发，止于1949年中华人民共和国成立，历经清王朝晚期和中华民国时期。中国近代史是中国半殖民地半封建社会逐渐形成到瓦解的历史，也是中华民族对外反抗帝国主义侵略，对内反对封建专制统治，为求得民族独立和人民解放、努力实现国家富强和人民富裕而奋斗的历史。

1. 晚清时期列强的侵略与中国人民的抗争

自第一次鸦片战争起，外国列强不断发动对中国的侵略战争，经第二次鸦片战争、甲午中日战争到八国联军侵华战争，中国与外国列强的矛盾日趋激烈，中华民族的危机不断加剧，中国人民在国势日益沉沦中顽强抗争。本部分包含以下3个知识点：鸦片战争是中国近代史的起点；鸦片战争后，中国逐步沦为半殖民地半封建社会；面对外国侵略，中国人民表现了不畏强暴、敢于斗争的大无畏精神。

2. 近代中国救亡图存的早期探索

鸦片战争后，随着外国列强的入侵，中国的民族危机和社会危机日益加深，社会各阶级、各阶层都面临着“中国向何处去”的问题。农民阶级、地主阶级洋务派、资产阶级维新派，他们从各自立场出发，对国家的出路进行了探索，先后提出自己的主张。本部分包含以下5个知识点：洪秀全和太平天国的兴衰过程；洋务派创办的主要军事工业和民用工业；认识洋务运动的作用和局限性；维新派的代表人物；百日维新的主要内容。

3. 辛亥革命与中华民国的成立

鸦片战争后，中国社会各阶级、各阶层为寻找救亡图存之路，曾进行了各种探索，最后都归于失败。以孙中山为代表的资产阶级革命党人，总结以往经验教训，举起革命旗帜，发动了辛亥革命，推翻了清王朝统治，建立了中华民国。本部分包含以下3个知识点：孙中山与辛亥革命；袁世凯和北洋军阀统治；新文化运动。

4. 五四运动与新民主主义革命的兴起

五四运动是中国革命史上具有划时代意义的事件，它标志着中国新民主主义革命的开端。新民主主义革命的兴起是中国近代史的重要内容，它反映了中国革命的艰难历程。本部分包含以下4个知识点：五四运动；共产党成立；工农武装起义；红军长征。

5. 中华民族的抗日战争

抗日战争是一百多年来中国人民反对资本主义、帝国主义侵略的第一次取得完全胜利的民族解放战争，成为中华民族由衰落到重新奋起的转折点，为中国的独立和解放奠定了基础。本部分包含以下6个知识点：九一八事变；七七事变；西安事变；国共第二次合作；抗日战争胜利的原因和意义；中国抗日战争的"全民族性"。

6. 人民解放战争

人民解放战争是关系中国前途和命运的决战，也是中国新民主主义革命迅速走向胜利的阶段。本部分包含以下3个知识点：重庆谈判；中国人民解放军从战略防御转入战略进攻的过程；人民解放战争胜利的原因。

7. 经济、社会与文化教育

近代中国社会结构经历了从传统社会向近代社会逐步转型的过程，而经济、社会、文化教育作为社会转型的重要组成部分和标志，自然是中国近代历史的重要内容。本部分包含以下4个知识点：近代中国民族工业发展；中国近代教育发展；近代中国社会习俗变化；近代中国文化发展。

在学习上述内容时，教师应尽可能地利用各种教学资源并通过多种途径，加深学生对近代中国社会变化的认识和感受，培养学生对历史发展的进程感；同时，还可以引导学生就其感兴趣的社会现象开展历史探究，增强通过多种途径获取并处理历史信息的能力。

五、中国现代史编排体例分析

中国现代史把纵向的历史发展时序和横向的建设领域的进展成就结合在一起，主要突出了以下几点。

第一，体现少而精的原则。突出历史发展的主线，强调历史进程的持续性。精选最基本、最重要的史实，把知识学习与能力培养结合起来。对于以往过难过偏的内容加以删除，以减轻学生的学习负担。

第二，突出新中国取得的巨大成就。中国现代史的主题是建设和改革，中国现代史的内容编排充分反映了新中国在经济、政治、科技、外交、国防、社会、国家统一等各个方面所取得的巨大成就，这既是历史事实，也是进行爱国主义教育的生动素材。

第三，不回避新中国遭遇的挫折和失误。在探索社会主义建设道路过程中，新中国遭遇了“大跃进”“文化大革命”等挫折与失误。既然它们是历史发展中的客观存在，中国现代史也没有回避，当然，这还需要教师引导学生正确分析和看待挫折与失误。

六、中国现代史内容简析

中国现代史的内容从1949年中华人民共和国的成立直到今天为止，是离我们最近的历史。《义务教育历史课程标准(2011年版)》中这一部分内容的导言，按照时序的发展，概述了中国现代历史发展的基本线索和脉络，点出了经济建设、政治建设、文化建设、社会建设、生态文明建设，以及国防和军队建设、祖国统一大业、对外交往等方面的巨大成就，提纲挈领地论述了中国现代史所涵盖的内容。

新中国成立初期，中国共产党领导开展土地改革运动、镇压反革命运动和进行抗美援朝战争，巩固了人民民主专政的国家政权，恢复了遭受多年战乱破坏的国民经济。本部分包含以下2个知识点：新中国的成立；抗美援朝和土地改革。

从1953年开始，中国共产党有计划地实行社会主义工业化，并对农业、手工业和资本主义工商业进行社会主义改造。1956年，社会主义基本制度得以确立，中国进入社会主义初级阶段。此后，在探索社会主义建设道路的过程中，取得了经济文化建设等方面的重大成就。但是，也发生了“大跃进”的严重失误和“文化大革命”的内乱。本部分包含以下5个知识点：“一化三改”和中国进入社会主义初级阶段；中国特色社会主义民主政治；中国的民族政策；中国建设社会主义道路的曲折和人中国人民的艰苦奋斗精神；“文化大革命”。

1978年，中国共产党十一届三中全会实现了历史性的伟大转折，中国进入改革开放和社会主义现代化建设的新时期。中国共产党开辟了中国特色社会主义道路，创立了中国特色社会主义理论体系。本部分包含以下4个知识点：中国共产党十一届三中全会；农村改革和深圳特区的改革；改革开放所起的重要作用；社会主义市场经济体制。

新中国成立以来，特别是改革开放以来，经济建设、政治建设、文化建设、社会建设、生态文明建设，以及国防和军队建设、祖国统一大业、对外交往等方面都取得了巨大成就，综合国力大幅度增强，人民生活水平显著提高。本部分包含以下7个知识点：中国的科学技术的发展；中国的外交政策；“一国两制”政策与祖国统一大业；中国的国防和军队建设；中国的经济发展与人民生活；中国共产党第十六次代表大会以来中国取得的新成就；中国特色社会主义理论体系。

七、世界古代史编排体例分析

世界古代史共编排34个学习要点，其中上古部分有16个学习要点，中古部分有18个学习要点，涵盖了主要文明发展历程及其成果，主要体现了以下几个特点。

第一，“点—线”结合的呈现方式。每个学习要点都采用“点—线”结合的呈现方式，使学生在掌握历史事实的基础上，理解历史发展的脉络。世界古代史选取每一个文明、每一个历史发展时期最具典型性和代表性的知识点，由此架构起世界古代各文明发展的进程和脉络。

第二，遵循普及性、基础性原则。世界古代史的内容，无论在时间或空间上距离初中生的现实生活都很遥远，是学生比较陌生的内容。因此在选择课程内容时，重视基础历史知识，减少艰深的历史学科概念，删除过难过偏的学习内容，突出历史教学的故事性，做到深入浅出。

第三，体现时代性和发展性。在选择课程内容时，力求站在现实问题和现实社会需求的高度，注重人类文明演进过程的持续性，关注人类文明的多元性。注重不同文明从相对隔离、彼此分散向逐步融合、互相影响发展的过程，关照人类文明的共容性和整合性，同时也注意到不同文明发展的不平衡性，体现了史学研究的新成果。

八、世界古代史内容简析

世界古代史从早期人类的出现开始，直到 15 世纪末期结束，其间大体经历了原始社会、奴隶社会和封建社会，但有一些民族、国家未经过奴隶社会、封建社会的连续发展过程。

1. 古代埃及

尽管古埃及文明的产生稍晚于两河流域的苏美尔文明，但学界通常将古埃及作为世界历史的开篇，这大概与古埃及历史较长、留下来的史料也更为丰富有关。本部分包含以下 3 个知识点：古埃及文明产生的地理环境；法老和木乃伊；金字塔。

2. 两河流域

两河流域是美索不达米亚平原的另一个称呼。美索不达米亚本义为“两河之间的地方”，即幼发拉底河和底格里斯河之间的地方，人们一般认为，人类文明最早在此地诞生。本部分包含 2 个知识点：两河文明的基本演进历程；《汉谟拉比法典》。

3. 古代印度

古代印度基本上是一个地理概念，涵盖今天的印度、巴基斯坦和孟加拉国等国。古印度文明可以追溯到公元前 3000 年，当地的达罗毗荼人创造了哈拉巴文化。公元前 2500 年，印度河两岸出现了一些小国。本部分包含以下 2 个知识点：种姓制度和婆罗门教；佛教的创立及其早期情况。

4. 古代希腊

作为人类五个古代文明中心之一，古希腊文明给人留下的最深刻印象是它的城邦制度。古希腊不同于现代希腊，数以百计的城邦分立并存。古希腊文明给后世留下的最宝贵财富是它的民主制度和理念，雅典城邦是其典型代表。本部分包含以下 3 个知识点：希腊城邦；雅典民主；亚历山大帝国对东西方文化交流的作用。

5. 古代罗马

公元前 8 世纪，在希腊城邦纷纷形成之时，意大利半岛中部的台伯河畔也出现了一个城邦——罗马，它突破了城邦体制，最终演变成为一个囊括整个地中海世界的帝国，并成为最典型的奴隶制国家。本部分包含以下 3 个知识点：罗马城邦制和古罗马历史的基本线索；罗马对外征服不断获得成功的原因；帝国的建立对罗马的主要影响。

6. 希腊罗马古典文化

古希腊、古罗马在人类历史上创造了一个文化盛世，实现了全面繁荣，在神话、文学、艺术、哲学、科学、史学、法学等各个方面都创造了令后世赞叹的成就，并为后世提供了精神源泉。本部分包含以下 3 个知识点：希腊罗马古典文化主要成就；希腊罗马古典文化主要特征；希腊罗马古典文化历史地位。

7. 法兰克王国和中古西欧文明

西罗马帝国灭亡之后，原来的废墟上逐渐产生了新的文明——西欧文明。本部分包含以下 2 个知识点：法兰克王国；中古西欧文明。

8. 基督教的传播及其历史作用

基督教产生于公元 1 世纪的巴勒斯坦，创始人为耶稣。中古时期是世界三大宗教广泛传播的时期，基督教文化在中世纪欧洲取得了万流归宗的地位。本部分包含以下 2 个知识点：基督教的传播；基督教在欧洲中世纪历史发展中的作用。

9. 西欧庄园生活

庄园是中世纪西欧乡村典型的基层组织形式。庄园生活反映了西欧乡村的生活面貌，也是窥见中世纪西欧社会的生动视角。本部分的知识点为：西欧庄园生活是西欧中世纪社会的基础。

10. 西欧中世纪城市

城市的发展是文明形成的一个重要标志。西欧中世纪的城市的兴起有其独特性。本部分包含以下 4 个知识点：中世纪的城市是工商业者的聚集地；中世纪的城市是一个相对自治的共同体；行会组织；城市兴起对中世纪西欧社会发展的影响。

11. 欧洲早期大学

12 世纪前后，西欧出现了一批新的学术机构，为学术研究提供了正规化的场所，其中重要的机构就是现代意义上的大学。本部分的知识点为：欧洲的早期大学。

12. 《查士丁尼法典》及拜占庭帝国的历史地位

395 年，罗马帝国分裂为东罗马帝国和西罗马帝国。东罗马帝国以巴尔干半岛为中心，其首都君士坦丁堡坐落于古代希腊移民城市拜占庭的旧址之上，因而东罗马帝国又被称为拜占庭帝国，它的法制尤其是查士丁尼时期编纂的法典对西方社会的法制建设产生了重大影响。本部分包含以下 2 个知识点：《查士丁尼法典》；拜占庭帝国的基本情况和历史地位。

13. 大化改新及日本古代社会

现代日本在国际社会上具有重要的地位，古代日本的历史进程体现了东亚文明的一些特征。7 世纪中叶，日本发生大化改新，告别以血缘关系为基础的部民制。12 世纪，源赖朝建立政权，日本进入幕府统治时期，天皇实权旁落。本部分包含以下 4 个知识点：日本古代社会的历史线索；大化改新的相关内容；大化改新以后的经济和政治制度；庄园和幕府。

14. 伊斯兰教的传播及阿拉伯帝国的贡献

阿拉伯半岛位于亚洲西南部，是世界上最大的半岛，被红海、阿拉伯海和波斯湾从西南东三面围绕，大部分地区是沙漠和草原，略有一些绿洲。伊斯兰教的创立迅速将该地区带入文明社会，并使该地区出现统一国家。本部分包含以下 2 个知识点：伊斯兰教的传播；阿拉伯帝国在文化上的贡献。

九、世界近代史编排体例分析

世界近代史的体例编排，依照时序，根据世界近代史主要是资本主义制度在西方产生、确立、发展并向整个世界扩张的历史，也是世界日益形成一个密切联系的整体的历史的特点来编排，在学习要点的选择上，主要遵循以下两个原则。

第一，注重时序，突出主要线索。世界近代史内容的安排，按照“点—线”结合的原则，构建了一个按时序发展的知识体系：既包括各民族、各国家和地区纵向发展的历时态客观过程，又包括各民族、各国家和地区在横向空间的共时态并列发展；既突出了人类社会形态从封建社会向资本主义社会的演变过程，又揭示了世界从分散走向整体的发展趋势。

第二，减负原则。根据初中生的认知水平和心理特点，选取最重要的历史事件和历史人物、历史现象和人类文明的重要成果，删除过偏过难的内容，例如，不再要求初中生掌握宪章运动及伏尔泰等启蒙思想家的内容。

十、世界近代史内容简析

世界近代史的时限大约是从 16 世纪初至 19 世纪末，起于 1500 年前后的文艺复兴和新航路开辟，止于 19 世纪末的一系列历史事件。在这一历史阶段中，世界各地区前资本主义文化的相对孤立和相互隔绝状态，被日益发展的资本主义世界市场和血腥的殖民扩张所打破，人类逐渐步入相互联系、相互依赖的阶段，进而产生了真正意义上的世界历史。

世界近代史的课程内容，共有 15 个学习要点。根据资本主义发展的两个依次递进的历史时期呈现。第一个时期是 14 世纪到 17 世纪，这是资本主义的产生及初步发展的历史，也是世界开始连成一个整体的时期，涉及 4 个学习要点；第二个时期是 17 世纪至 19 世纪，这是资本主义制度在欧美等国确立以及资本主义发展的历史，也是世界完全连成一个整体的时期，包括资产阶级革命和改革、工业革命、马克思主义的产生、殖民地人民的反殖民斗争、科学文化与社会生活等内容，涉及 11 个学习要点。

第一阶段：14 世纪到 17 世纪

从 14 世纪到 17 世纪，地中海和大西洋沿岸地区出现了资本主义手工工场和租地农场，而文艺复兴运动、新航路的开辟和早期的殖民掠夺，则促进了资本主义经济的发展。本部分包含以下 4 个知识点：文艺复兴；欧洲近代早期的资本主义萌芽；新航路的开辟；早期殖民掠夺。

第二阶段：17世纪到19世纪

从17世纪到19世纪，资产阶级通过革命或改革，相继在欧美主要国家和亚洲的日本取得了政权，资本主义制度得以确立。在此期间，以牛顿、达尔文等为代表的科学巨匠的产生，极大地丰富了人类的自然科学知识，为工业革命和其他科技创新提供了重要前提。从18世纪中叶开始，主要资本主义国家先后开始或完成的工业革命，使生产力获得迅猛发展，社会面貌发生翻天覆地的变化，文学艺术空前繁荣。另一方面，工业化在带来经济大发展的同时，对人类生存环境的破坏问题已经显现。到了19世纪末，随着拥有先进技术的欧美人对大洋洲和太平洋岛屿的殖民，世界完全联系成一个整体，以西方资本主义国家为核心和主宰的世界市场不断扩大，初步形成了西方先进、东方落后的局面。

资本的残酷剥削和列强疯狂的殖民扩张，使资产阶级和无产阶级的阶级矛盾以及资本主义列强与殖民地、半殖民地国家的民族矛盾空前激化，工人运动、社会主义运动和民族解放运动蓬勃发展。19世纪中叶，马克思主义的诞生为国际共产主义运动指明了方向。

本部分包含以下11个知识点：英国资产阶级革命；美国独立战争；法国大革命；第一次工业革命；马克思主义的诞生；殖民地人民反抗殖民统治的斗争；俄国的改革；美国内战；日本明治维新；第二次工业革命；近代科学与文化成就。

十一、世界现代史编排体例分析

世界现代史的课程内容，大体上相当于整个20世纪和21世纪第一个10年的历史。从时间跨度来说，是叙述20世纪初以来世界历史发展的基本进程；从地域跨度来讲，则涵盖了全球不同地区、不同国家和不同的文明。世界现代史的课程内容构建，体现了以下几个原则：

第一，宏观性原则。通过对世界历史的纵向发展和横向发展的重大内容选择，从宏观上把握世界现代史发展的整体线索。从纵向来说，既包括资本主义、社会主义、民族解放运动的发生发展，也包括科学技术的进步和社会生活的巨大变化，以及人类社会面临的各种问题。从横向来看，既包括两次世界大战和“冷战”所带来的国际格局的演变，也包括不同文明以和平方式的交流互动与相互依存，还包括经济全球化的曲折发展。

第二，时代性原则。世界现代史是距离我们最近的历史，而且在不断延伸和变化之中。因此课标把历史的长镜头推到19世纪末20世纪初，把历史的短镜头拉到21世纪初。根据时代的发展，吸收史学研究的新成果，从新的视角来看待和评价一些重大事件。发挥世界现代史的育人为本功能，在普及世界现代史基本知识的同时，融入正确的价值判断。这样的设计，不仅贴近现实，贴近学生的生活，也体现了时代的高度。

第三，适度性原则。课程内容的每一个学习要点都包括生动具体的历史事实，让学生能够初步了解世界现代史的发展主线。同时，鉴于九年级学生已经初步具备对历史知识的理性思考能力，也适度培养学生的归纳概括能力和抽象思维能力。

十二、世界现代史内容简析

进入20世纪以来，世界日益成为一个密不可分的整体，构成了世界各国既相互依存又相互竞争的复杂局面，完整意义上的世界历史终于形成。

世界现代史的课程内容，共有18个学习要点。这些学习要点，实际上是根据3个依次递进的历史时期呈现的。这3个历史时期是：从19世纪末20世纪初至1945年第二次世界大战结束为第一个时期，涉及8个学习要点；从1945年第二次世界大战结束至1991年“冷战”结束为第二个时期，涉及7个学习要点；从1991年以苏联解体为标志的“冷战”结束至2011年的世界历史为第三个时期，涉及3个学习要点。

1. 19世纪末20世纪初至1945年第二次世界大战结束

20世纪上半期发生了两次世界大战。第一次世界大战期间爆发的俄国十月社会主义革命，在世界上建立了第一个社会主义国家，将社会主义的理想变成了现实。第一次世界大战结束后，战胜国对战后世界的安排，为第二次世界大战埋下了祸根。资本主义在经历了短暂的和平与繁荣之后，于1929年爆发了空前的经济大危机。在应对危机的过程中，美国实行了以国家调控经济为主要内容的罗斯福“新政”；德、意、日等国家则力图以对外扩张寻求出路，并最终发动了第二次世界大战。战争以法西斯国家的彻底失败而告结束。本部分包含以下8个知识点：第一次世界大战；俄国十月社会主义革命；第一次世界大战后战胜国建立了战后世界的新秩序；苏联社会主义建设的主要成就和问题；两次世界大战之间发生在亚洲的民族解放运动；20世纪30年代资本主义世界经济大危机；日本、德国和意大利侵略集团；第二次世界大战。

2. 1945年第二次世界大战结束至1991年"冷战"结束

第二次世界大战后，社会主义从一国发展到多国，开创了世界历史的新局面。人类维护世界和平的意识和能力大大提高。尽管第二次世界大战结束后不久世界便进入"冷战"时期，但是在整体上保持了和平状态。在这种和平环境中，现代资本主义国家通过一系列自我调节措施，经济在高科技的推动下迅速发展，社会生活发生了巨大变化。苏联和其他社会主义国家的建设也在改革中曲折前进。东欧剧变和苏联解体，只是社会主义的一种已经僵化的模式的失败，并非整个社会主义制度的失败。世界殖民体系在民族民主运动的冲击下最终全面崩溃，这是人类历史的巨大进步。独立后的民族国家在维护国家主权、振兴民族经济、促进社会发展和改变旧的、不合理的国际政治经济秩序方面进行着不懈努力。本部分包含以下7个知识点：第二次世界大战后"冷战"的发生与美、苏对峙局面的形成；战后资本主义的发展问题；苏联的改革、变化和解体及东欧剧变；战后殖民体系的崩溃和亚非拉国家的发展；联合国和世界贸易组织；"冷战"后的世界多极化趋势；现代人类社会的发展及面临的挑战。

3. 1991年以苏联解体为标志的"冷战"结束至2011年的世界历史

持续半个世纪的"冷战"，以苏联解体为标志而结束。当今世界正处在大变革、大调整之中。世界多极化和经济全球化的趋势在曲折中发展，和平和发展仍然是时代的主题，成为世界人民的共同追求。联合国在捍卫世界和平、发展全球经济中发挥着重要作用。中国作为联合国安理会常任理事国，积极参加联合国的活动。人类在享受高科技带来的丰富多彩的、多元文化的现代社会生活的同时，也面临着各种日益严重的全球性问题。这些问题只有通过国际合作才能得到克服和解决。本部分包含以下3个知识点：联合国和世界贸易组织；"冷战"后的世界多极化趋势；现代人类社会的发展及面临的挑战。

第四节　初中历史课程标准实施建议

《义务教育历史课程标准(2011年版)》最大的特点是力图使课程标准具有可操作性，但是有了较理想的课程标准，也未必能保证课程改革实现课程标准所确定的目标。为了取得良好的实施效果，《义务教育历史课程标准(2011年版)》从教学、评价、教材编写以及课程资源的开发与利用4个方面提出了翔实的建议。

一、教学建议简析

相对于实验稿，《义务教育历史课程标准(2011年版)》的教学建议，最主要的变化体现在4个方面。

第一，完整准确地把握历史教学三维目标。三维目标不是3块，而是一个整体。在具体教学实践层面，三维目标相互依赖、不可分割。不是一节课分成3个环节，分别完成3个目标，而是三维目标统一于一节课之中。

第二，充分激发学生的历史学习兴趣。当前有不少初中生对历史课不感兴趣甚至产生厌恶之情，这极大影响了其历史学习的效率。在教学中教师应当注意使学生明白学习历史是很有价值的，通过精心设计的问题鼓励学生打破思维定式，培养学生的创新思维。教学建议倡导创造性学习，培育学生学习历史的兴趣；引导自主发现，催化学生学习历史的兴趣；增强教师自身魅力，激发学生学习历史的兴趣。

第三，注重对基本史实进行必要的讲述。新课改以来，有些地区的教育管理者将某种教学方式视为唯一正确的教学方式，采用强硬手段加以推行，而不顾地区、学校、师生尤其是学科课程内容的具体情况，要求必须用某种方式来进行教学，甚至强行规定课堂教学的步骤，限制教师在课堂上进行必要的讲授。[①] 讲授法受到了猛烈的批判，中学历史教学中也存在轻视基本史实教学的倾向，有些学校甚至强行规定，每一节课上教师的讲授

① 叶小兵：《简述新初中历史课程标准的取向》，载《课程·教材·教法》，2011(11)。

不能超过10分钟，剩下的都是学生的自主学习和集体活动时间。实际上，因为大部分历史知识都与学生的生活有遥远的距离，很多基本的史实一旦脱离教师精心的讲授和引导，学生就很难通过自学和互学加以理解和掌握。因此，课程标准的这条建议，具有重要的现实指导意义。

第四，注重培养学生的创新意识和实践能力。培养学生的创新意识和实践能力是现代教育的一项现实而紧迫的任务。要培育学生的创新意识，教师首先要具备良好的素养和创新精神，坚持教学民主，建立新型的师生关系，营造良好的教学氛围，精心设置问题情境，引导学生深入思考、大胆争论。在历史教学中培养学生的实践能力，要鼓励和引导学生运用所学知识，积极参与社会实践，接触自然和社会，动手、动嘴、动脑解决实际问题，通过解决问题来培养能力。

二、评价建议简析

历史教学评价既是对学生的学习效益的评价，也是对教师的历史教学水平、能力与教学效益的评价。从教学管理的角度看，历史教学评价可以为决策者提供制定政策的依据。从教学研究角度看，历史教学评价具有调控教学过程的作用。从教师发展角度来看，历史教学评价能为教师专业发展提供重要的参考。《义务教育历史课程标准(2011年版)》中评价建议的相关阐述，既比较详细，又通俗易懂，主要体现了以下3个原则。

第一，全面性原则。历史教学评价既要全面遵循课程标准，又要从实际出发，面向全体学生。

第二，广泛性原则。教学评价主体要具有广泛性，在老师评价之外，还应该有学生的个人自评和小组互评以及家长评价甚至社区的评价。

第三，多样性原则。教学评价的方式应该具有多样性，从多视角、多渠道对学生进行评价，应该将终结性评价、诊断性评价、形成性评价相结合，对学生进行全面、科学的评价。

教师应在平时的教学过程中按照课标的要求，对学生的“过程与方法”、“情感·态度·价值观”培养目标进行考核。这种考核难度很大，不可能在一堂课或者几堂课内完成。历史教师必须有耐心、细心、责任心，制订出一个可行的长期计划。这要求教师在教学中仔细观察、鼓励学生，创造良好的环境让学生敢于表现，锻炼学生的语言表达能力，将“过程与方法”“情感・态度・价值观”培养目标评价真正落在实处。

三、教材编写建议简析

教材编写建议的对象是历史教材的编者，与普通中学老师的关系相对比较遥远。但历史教材是历史教学最重要的教学资源，建议历史教师注意以下几点。

第一，理性客观地评价教材。中学历史教材的编写是一项非常复杂艰辛的工作，既要体现国家意志，又要符合学生的认知基础，还要凸显历史学科的特质。教材的容量有限，文字必须简洁、生动，但中外历史时间跨度大、内容庞杂。面对诸多的艰难挑战，目前世界范围内成功的经验并不多。因此，虽然教材依据课程标准编写，但也很难完全体现和落实课程标准的理念及要求，难免存在局限和不足，对此我们要理性客观地看待教材。

第二，实事求是地看待教材中的史实与观点。历史教材是编者在特定的时空背景下编写出来的，难免会受到主观和客观因素的局限。最明显的是，史学研究在不断发展，但即使是学界取得共识的研究成果，进入教材也需要相当长的时间。因此，我们应当依据党和国家的最新精神，参考历史学研究的最新共识，实事求是地对待历史教材中的史实与观点。

第三，避免单纯地教“教材”。虽然历史教科书是历史教学最重要的教学资源，但它不是唯一的历史教学资源，我们也绝不能把教科书当作唯一的历史教学资源，绝不能仅仅局限于教材的内容、结构和顺序，只凭历史教材来组织教学。教师应该从实际出发，对历史教材进行增删、合并，重构教学体系，做到用“教材”教，而不是单纯地教“教材”。

四、课程资源的开发与利用建议简析

历史课程资源是指有利于历史课程目标实现的各种资源的总和。它既包括物质的，也包括人力的；既包括校内的，也包括校外的；既包括传统的教科书图书资料，也包括现代的网络和多媒体。历史课程资源的开发应该注意以下几点。

第一，因地制宜。历史课程资源的开发与利用要根据实际情况量力而行，不要盲目跟风。如在城市和发达地区，可以充分利用网络资源、图书馆、博物馆、纪念馆等。而在农村和不发达地区则应高度重视开发和利用身边的历史资源，如历史教材、家庭族谱、地方史资源、历史故事、历史遗址遗迹等。

第二，教师和学生是最重要的课程人力资源。教师是课程资源优化整合的设计者和执行者，教师的积极性和主动性是课程资源开发与利用的关键，历史教师自身便是非常宝贵的课程资源。同理，学生的经历、见闻、感想等也是重要的课程资源，但这些资源容易被大多数老师所忽视。

第三，引导学生树立历史课程资源意识。提升学生开发与利用课程资源的能力，是提高课程资源开发与利用效益的重要途径。教师要引导学生精读教材，提取有效信息；利用手边的历史地图册、填图册等教辅资料，解决课堂学习中遇到的问题；学会利用互联网、图书馆资源等进行学习，充分利用乡土和社区课程资源进行学习。

总体来看，《义务教育历史课程标准(2011年版)》在课程的定位上更为明确，在课程的目标上更为清晰，在课程的内容体系上作了新的调整，在教学的难度上有所下降[①]，这些都为历史教师做好初中历史教学工作提供了更为有利的条件。

本章小结

《义务教育历史课程标准(2011年版)》明确指出历史课程具有思想性、基础性、人文性和综合性等性质，课程理念是以普及历史常识为基础，将正确的价值判断融入对历史的叙述和评判中，充分体现育人为本的教育理念，倡导教学方式和评价方式的创新，使全体学生都得到发展。

义务教育阶段历史课程目标分为“知识与能力”“过程与方法”“情感·态度·价值观”3部分，遵循以下的指导思想和原则：以培养和提高学生历史素养为宗旨，根据学生年龄特点和认知水平确定课程目标，培养学生正确的世界观和人生观，引导学生积极主动地学习历史。

初中历史课程包含古今中外的历史，共计6个模块。中国古代史起于史

① 叶小兵：《简述新初中历史课程标准的取向》，载《课程·教材·教法》，2011(11)。

前，止于1840年前，总共39个学习要点。中国近代史始自1840年中英鸦片战争爆发，止于1949年中华人民共和国成立，共计28个知识点。中国现代史的内容，从1949年中华人民共和国的成立直到今天为止，共计18个知识点。世界古代史从早期人类的出现，直到15世纪末期，总计34个学习要点。世界近代史的时限大约是从16世纪初至19世纪末，共有15个学习要点。世界现代史的课程内容大体上相当于整个20世纪和21世纪第一个10年的历史，共有18个学习要点。

为了取得良好的实施效果，《义务教育历史课程标准(2011年版)》从教学、评价、教材编写以及课程资源的开发与利用4个方面提出了翔实的建议。

学习反思

1. 反思初中历史课程的性质与理念。
2. 反思初中历史课程目标。
3. 反思初中历史课程标准实施建议。

主要参考文献

1. 齐世荣主编:《义务教育历史课程标准(2011年版)解读》，北京，北京师范大学出版社，2012。

2. 肖川主编:《义务教育历史课程标准(2011年版)解读》，武汉，湖北教育出版社，2012年。

拓展阅读

1. 赵亚夫:《追寻历史教育的本义——兼论历史课程标准的功能》，载《课程·教材·教法》，2004(3)。

2. 徐蓝:《〈义务教育历史课程标准(2011年版)〉的新思路与新变化》，载《历史教学(中学版)》，2012(9)。

3. 徐蓝、钱丽欣:《历史：以时序性突出历史发展的主线——〈义务教育历史课程标准(2011年版)〉热点问题访谈》，载《人民教育》，2012(6)。

4. 叶小兵:《简述新初中历史课程标准的取向》，载《课程·教材·教法》，2012(11)。

5. 马赞：《研读新课标 共议新教改——2011年版初中历史课程标准专题访谈》，载《中国教师》，2012(17)。

6. 任世江：《初中历史课程“点—线”结合设计思路的构想——2011年版初中历史课程标准中国古代史课程内容选择建议》，载《历史教学问题》，2013(4)。

7. 王德民：《对〈义务教育历史课程标准〉(修订版)若干问题的反思——以美国〈历史科国家课程标准〉为参照》，载《现代基础教育研究》，2013(1)。

8. 林科：《基于课程标准的初中历史教学设计与实施——以“辛亥革命”一课为例》，载《中学历史教学参考》，2017(22)。

9. 薛伟强：《培育初中生历史思维的三大路径》，载《历史教学(上半月刊)》，2019(10)。

10. 中华人民共和国教育部：《义务教育历史课程标准(2011年版)》，北京，北京师范大学出版社，2012。

11. 魏恤民、吴美娟主编：《初中历史教学关键问题指导》，北京，高等教育出版社，2017。

第三章　2022年版初中历史课程标准解析

学习目标

1. 理解初中历史课程的性质和理念。
2. 理解初中历史课程目标。
3. 熟悉初中历史课程内容。
4. 理解初中历史学业质量与课程实施建议。

习近平总书记多次强调，课程教材要发挥培根铸魂、启智增慧的作用，必须坚持马克思主义的指导地位，体现马克思主义中国化最新成果，体现中国和中华民族风格，体现党和国家对教育的基本要求，体现国家和民族基本价值观，体现人类文化知识积累和创新成果。[①]《义务教育课程方案(2022年版)》指出："国家课程标准规定课程性质、课程理念、课程目标、课程内容、学业质量和课程实施等，是教材编写、教学、考试评价以及课程实施管理的直接依据。"[②]课程标准是国家规范基础教育课程运作的纲领性文件，也是教育行政部门推进课程改革行动的指导性文件。

2022年版义务教育课程标准主要包含"课程性质、课程理念、课程目标、课程内容、学业质量和课程实施"6个板块，其中课程性质是对历史课程的"定性"，主要回答历史是一门什么样的课程，其育人价值和教育意义

① 参见中华人民共和国教育部制定：《义务教育历史课程标准(2022年版)》，1页，北京，北京师范大学出版社，2022。

② 中华人民共和国教育部制定：《义务教育课程方案(2022年版)》，11页，北京，北京师范大学出版社，2022。

是什么；课程理念是对本次课程改革和建设的“定位”，主要阐述历史课程改革的立场、方向和观点；课程目标是对学生学习历史课程所应达到的发展水平和最终结果的预设和期待；课程内容是历史课程所规定的学习范围和对象；学业质量是学生在学完历史阶段性内容之后的学业成就表现；课程实施是根据课程标准进行的教材编写、教学、评价考试等活动。这6个板块“相对完整地阐述了义务教育历史课程的主要教育教学问题”。[①] 义务教育历史课程标准是国家教育意志在历史课程的体现，是落实立德树人根本任务的体现。

第一节 初中历史课程性质

课程性质是对一门课程的“定性”，主要回答历史是一门什么样的课程，这门课程的育人价值和教育意义是什么。历史学是在一定的历史观指导下叙述和阐释人类历史进程的学科。马克思主义指导下的历史学，以探寻历史真相、总结历史经验、认识历史规律、认清历史发展趋势为其重要功能。

义务教育历史课程是学生在马克思主义唯物史观指导下，了解中外历史发展进程、传承人类文明、提高人文素养的课程，具有思想性、人文性、综合性、基础性特点，具有鉴古知今、认识历史规律、培养家国情怀、拓宽国际视野的重要作用。

一、历史课程的思想性

历史课程具有铸造民族精神、坚定政治信念和拓展国际视野的功能。《义务教育历史课程标准(2022年版)》明确指出，历史课程的目标是“落实立德树人根本任务，体现历史课程的育人功能，培养学生的核心素养，引导学生初步树立正确的历史观、民族观、国家观、文化观，明理、增信、崇德、力行”[②]。学习和探究历史应充满人文情怀并关注现实问题，热爱家乡，

---

① 余文森、龙安邦：《论义务教育新课程标准的教育学意义》，载《课程·教材·教法》，2022(6)。

② 中华人民共和国教育部制定：《义务教育历史课程标准(2022年版)》，6页，北京师范大学出版社，2022。

热爱祖国，放眼世界，以服务于国家富强、中华民族伟大复兴和人类命运共同体的构建。

（一）坚持用唯物史观阐释历史的发展与变化

唯物史观是马克思主义哲学的核心所在，是马克思主义史学的灵魂，是史学研究的理论根据和基本方法。坚持用唯物史观阐释历史的发展与变化，一是要求中学历史教师具有坚实的历史唯物史观修养和对历史唯物史观坚定不移的信仰，二是要求中学历史教师在历史教学过程中必须坚持科学贯彻和落实历史唯物史观，三是要求学生初步学会在唯物史观的指导下看待历史。

用唯物史观指导中学历史教学，教师应该通过具体的史实，逐渐引导学生理解生产力和生产关系的矛盾运动、经济基础和上层建筑的矛盾运动是社会历史发展的根本动力；知道在阶级社会中存在着阶级矛盾和阶级斗争，阶级斗争是推动历史发展的直接动力；引导学生正确认识人民群众及个人在历史上的作用，运用继承和发展的观点认识历史；引导学生运用联系和发展的观点认识历史，初步了解人类社会形态从低级到高级的发展趋势。

（二）认同中华民族的优秀文化传统

对祖国悠久历史、深厚文化的理解和接受，是爱国主义情感培育和发展的重要条件。传统文化是指在长期的历史发展过程中形成和发展的，保留在每一个民族中间具有稳定形态的文化。中华优秀传统文化是中华民族之魂，是中华民族团结奋进的不竭动力，聚集了中华民族自我认同的凝聚力。当今世界，奉行霸权主义的国家往往借助文化渗透的方式推销自己的价值观念，企图削弱和取代别国的民族文化。这说明认同中华民族文化的教育十分必要和迫切。

从内容上看，中国传统文化应包括中国古代思想观念、思维方式、价值取向、道德情操、生活方式、礼仪制度、风俗习惯、宗教信仰、文学艺术、教育科技等诸多层面的内容。缺乏民族精神的民族没有前途，而缺乏传统文化的民族必然要走弯路。当然，中国传统文化既有精华也有糟粕，我们必须坚持取其精华、去其糟粕的原则，坚持古为今用、推陈出新，不忘本来、辩证取舍。

（三）增强爱国主义情感，坚定社会主义信念

爱国主义即对祖国的忠诚和热爱，是中国共产党领导中国人民反对外来侵略和压迫，争取民族独立和解放，谋求国家统一和富强，建设社会主义强国的精神力量。在当代中国，爱国与爱社会主义本质上是一致的。建设中国特色社会主义，拥护祖国统一，是新时期爱国主义的主题。我们要始终高扬爱国主义旗帜，使爱国主义成为全体中国人民的坚定信念、精神力量和自觉行动。

《义务教育历史课程标准（2022年版）》通过中国史内容的编排，呈现了中华民族精神的内涵和爱国主义的传统。从“师夷之长技以制夷”的思潮和“洋务运动”，到甲午战败后的变法改良、共和革命的兴起，再到“五四”新文化运动出现、中国共产党的诞生等，反映了近代中国不断探索、不断前进的时代精神。从近代中国演变发展的脉络中可以深切体会到，“只有社会主义才能救中国”是中国社会变革的历史选择。通过这些内容的学习，使学生“把握习近平新时代中国特色社会主义思想的核心要义，树立中国特色社会主义道路自信、理论自信、制度自信、文化自信”，“形成对家乡、国家和中华民族的认同”。①

（四）拓展国际视野，逐步树立正确的世界观和人生观

在经济全球化的浪潮中，世界已经逐渐连成一个整体。不同民族文化的相互交融，要求在认同本民族文化的前提下，尊重其他民族的文化。各国的历史课程都强调国际意识的培养，这首先要处理爱国主义与国际意识二者之间的关系。《义务教育历史课程标准（2022年版）》既关注民族认同感的培育，也关注对其他国家和民族文化的理解；既注重在经济全球化时代表现民族自豪感，彰显自身的民族特色，也注意“了解人类文化的多样性，理解和尊重世界各国、各民族的文化传统，认识中国历史与世界历史相互关联；了解中华文明对世界文明进步作出的突出贡献，体现立足中国、面向世界的视野和胸怀，初步树立构建人类命运共同体的意识”②。

---

① 中华人民共和国教育部制定：《义务教育历史课程标准（2022年版）》，7页，北京，北京师范大学出版社，2022。

② 中华人民共和国教育部制定：《义务教育历史课程标准（2022年版）》，8页，北京，北京师范大学出版社，2022。

《义务教育历史课程标准(2022年版)》编排了世界史的相关课程内容，展现了古代文明的产生、发展与多元面貌，资本主义的产生、发展与全球扩张，社会主义从空想到科学的发展，以及殖民地半殖民地人民争取民族解放的斗争历程；讲述了两次世界大战、“冷战”与国际格局的新发展，社会主义从理想变为现实，社会主义力量从壮大到遭遇挫折，殖民体系的崩溃与发展中国家的发展，以及和平、发展、合作、共赢成为时代潮流。通过世界史的学习，使学生从中感悟人类文化的多样性、共融性和发展的不平衡性，培养理解、吸收其他民族文化精华的开放心态，把弘扬爱国主义精神与扩大对外开放结合起来，尊重各国历史特点、文化传统，尊重各国人民选择的发展道路，善于从不同文明中寻求智慧、汲取营养，促进人类和平与发展的崇高事业，共同推动人类文明发展进步。

二、历史课程的人文性

与自然科学相比，人文社会科学以具有独立个体的人和人类社会为研究对象，关注的是人的思想境界，主要探讨人与人、人与社会、人与自然之间的关系。《义务教育历史课程标准(2022年版)》明确指出，学习和探究历史“应充满人文情怀并关注现实问题，热爱家乡，热爱祖国，放眼世界，以服务于国家富强、中华民族伟大复兴和人类命运共同体的构建”。通过历史学习，“逐步确立积极进取的人生态度，形成健全的人格，具有为家乡、国家和世界发展贡献力量的远大理想和责任担当”。①

如果说科学的价值在于探究客观世界的奥秘，历史学的价值则主要是关注人类自身生存意义的人文关怀。人类可以从历史研究中获得相关的经验与智慧。我们要理解历史，理解科学之外乃至更高层次上的某些东西，如价值、目的、理想、信念。它们不属于科学实证的范围之内，是科学所不能证实或证伪的，却又是人生和人的历史不可或缺的东西。因此，历史课程不仅承担着向学生传授历史知识的任务，还要承担向学生进行人文教育的重任。

---

① 中华人民共和国教育部制定：《义务教育历史课程标准(2022年版)》，6页，北京，北京师范大学出版社，2022。

人对其家庭和居住地区的历史、民族和国家的历史，以及他生活在其中的更大范围的文化历史的记忆，构成了认识自己过去的资源。这样的记忆有助于自身定位，有助于认识个人在历史长河中的位置，以及个人与全体人类的联系。过去的记忆，不仅会影响我们看待现实的态度，也会影响我们在现实中的行动。以过去的记忆为基础的自我意识是个人全面发展和负责任的公民身份形成所依赖的基础。

历史学习的过程就是增长生活阅历的过程，历史上什么事都有，什么人都有。通过相关历史的学习，可以使学生从中加深对人生的思考并获得人生的智慧，从中学到应世处事和待人接物的经验。这样的学习经验，对学生来说至关重要，因为认识现实的社会与认识历史的社会的方法，在本质上是相同的。它有利于学生在增长历史知识的基础上理解人性和人际关系，有利于社会性情感的形成和人文素养的提高。

三、历史课程的基础性

义务教育是基础教育中的基础，义务教育要培育的是基础维度、基础层面的核心素养，义务教育阶段课程培育的核心素养应体现基础性、起始性，为高中阶段乃至终身发展打根基。义务教育阶段的历史课程，“属于公民教育中基础性的历史教育，其明显的课程性质就是基础性和普及性”。①历史课程的基础性，是根据学生的心理特征和认知水平，以普及历史常识为主，引领学生掌握基本的、重要的历史知识和技能，逐步形成正确的历史意识，培育历史学科核心素养，为学生进一步的学习与发展打下基础。也就是说，义务教育历史课程要面向每个学生，其标准是绝大多数学生能够达到的，主要着眼于公民基本素质。

义务教育历史课程的内容属于历史学的基础知识，是一个人的历史素养中应具备的常识性知识；义务教育历史课程作为学校的必修课，是每个学生都要学习的课程，以此达到普及的目的；义务教育历史课程的要求和内容是面向全体学生的，能让学习这门课的所有学生都达到2022年版初中历史课程标准规定的课程目标。

---

① 叶小兵：《简述新初中历史课程标准的取向》，载《课程·教材·教法》，2011(11)。

从知识范围看，初中历史课程7大板块的内容展示了不同时期的重要历史人物、历史事件或历史现象、历史发展的基本线索，以及跨学科主题学习，学生能够在此基础上了解和认识人类社会的发展历程。从内容上看，既有政治制度、战争和改革有关的政治史，也有与宗教、哲学、文学和艺术有关的思想文化史，还有科技史和社会史，以及跨学科主题，涉及较多的领域。

四、历史课程的综合性

历史是包罗万象的综合性很强的学科，集文学、史学、哲学、地理学，甚至自然学科于一体。历史学科不仅与其他人文社会学科，而且与自然学科之间，都存在着既相互交叉又相互渗透的联系。历史不仅让我们了解过去所发生的事情，而且还让我们知道了如何认识过去，以此照亮现实和未来。历史课程的综合性是指注重人类历史不同领域发展的关联性，注重历史与现实的联系，使学生逐步学会综合运用所学知识和方法对历史和社会进行全面的认识。

历史学科涉及各个民族、各个国家、各个时期的政治、经济、思想文化和社会生活等方面的内容，在人文社会学科中处于核心地位，没有历史学的素养也很难学好其他人文社会学科的内容。历史是人类知识的宝库，储存着人们世世代代积累起来的一切知识成果，是促进人类智慧发展永不枯竭的源泉。

历史与现实紧密相接，彼此难分，浑然一体。历史课程既要着眼于现实，也需反思历史。历史课程开发与执行者要有强烈的时代意识，关注国际国内大事，关注社会生活，并能将历史与现实紧密有机结合。历史课程的综合性特点，要求其承担传承人类文化财富的重任。

课程的综合化和跨学科化是义务教育课程改革的世界性走向，凝练义务教育阶段课程培育的核心素养必须体现这一特性，注重挖掘各门课程对培育学生综合素养应做的贡献。因此本次历史课标修订也新增了跨学科主题学习部分。

第二节　初中历史课程理念

课程理念是对本次课程改革和建设的“定位”，主要阐述课程改革的立场、方向和观点。《义务教育历史课程标准(2022 年版)》的课程理念部分主要涉及历史课程的目标理念、内容理念、教学理念、评价理念，阐述了相关领域的根本方向和价值追求。

一、立足学生核心素养发展，充分发挥历史课程的育人功能

历史课程是落实立德树人根本任务的重要课程，注重培育学生核心素养。核心素养是党的教育方针的具体化，是连接宏观教育理念、培养目标与具体教育教学实践的中间环节。核心素养是学生通过课程学习逐步形成的正确价值观、必备品格和关键能力，是课程育人价值的集中体现。通过核心素养的培育，落实立德树人根本任务。历史课程要培养的核心素养，主要包括唯物史观、时空观念、史料实证、历史解释、家国情怀五个方面。《义务教育历史课程标准(2022 年版)》明确指出：“通过发掘人类优秀文化遗产的育人功能，使学生树立正确的历史观、民族观、国家观、文化观，增强责任意识和社会担当，成为德智体美劳全面发展的社会主义建设者和接班人。”①

历史教育的本质是人文素质教育，历史教育对培养学生道德品质，提高学生的人文素养，有着特殊的作用。这是历史教育的基本功能。爱国主义教育、民族团结教育、国际意识教育等只有用历史的内容来支撑，才能避免出现流于形式的现象。一个民族要强大，不仅要靠科技实力，也要靠人文实力。史学教育可以提升一个民族的精神文化素质，是增强综合国力的必然要求。因此，充分发挥历史教育的育人功能，有助于立德树人，促进学生的全面发展。

---

①　中华人民共和国教育部制定：《义务教育历史课程标准(2022 年版)》，2 页，北京，北京师范大学出版社，2022。

通过生动有效的历史教育，让学生树立认识社会、评价事物的标准，用这些方法分析复杂的历史现象和现实问题，在这个过程中树立正确的历史观、民族观、国家观、文化观，形成崇尚科学的意识，养成追求真理，积极进取，不断创新的科学态度。教师应以生动可感的历史事实为切入点，教导学生不忘历史、以史为鉴，树立居安思危的思维和辩证唯物主义的历史观，激发家国情怀和使命担当意识，提高辨别和自觉抵制历史虚无主义等错误观念与思潮的意识和能力。通过对中华优秀传统文化的学习和传承，让学生感受到博大精深的中华文化背后的高尚道德修养和情趣的灵魂，树立坚持为人民与社会服务的责任意识，激发将自己的命运与祖国、人类命运捆绑在一起的使命感。

二、以中外历史进程及其规律为基本线索，突出历史发展的阶段性特征

“强调知识的结构化、整合化，防止知识的孤立化、片面化，是将知识转化为核心素养的基本要求。”[①]故此，将知识进行组织和整合，从而形成有机联系的整体，是培育学科核心素养的必经之路。历史的发展脉络是指历史发展过程中发生的重大事件及其相互关系，它是历史发展的连接点和关键点，也是思维的线索。历史的发展脉络，主要是时间性的，也必然包含空间性。中外历史在时间上、空间上都有纵横复杂的联系。梳理历史脉络，并非只要学生建构过去事情的编年秩序，而是希望学生能古今中外纵横联系，形成前后一贯的解释，并能开始了解事物之间在时间面相以外的关系。通过梳理，建立一条时空线索，有利于归纳前因后果、认识变迁与延续、理解进步与倒退，从而更好的在整体上洞察诸多历史事实之间的关联。

初中历史课程内容主要包括中国历史、世界历史和跨学科主题学习。中外历史采用“点—线”结合的方式呈现。“点”是具体的历史事实，“线”是历史发展的基本线索。通过以“点”连“线”、以“线”穿“点”，系统揭示人类社会从古至今、从分散到整体、社会形态从低级到高级的发展历程，并通过对政治、经济、文化等多方面的叙述，勾勒中国历史和世界历史发展的主要线索和大趋势，努力构建具有中国特色的义务教育历史教材的学术体

① 余文森：《核心素养导向的课堂教学》，179页，上海，上海教育出版社，2017。

系和话语体系。使学生在掌握历史事实的时候避免时序的混乱，把握历史发展的阶段性特征。跨学科主题学习板块的设计，旨在加强学生对中外历史进程及其发展特征的总体性把握和比较性认识，并体现历史课程与其他课程学习的有机结合。

例如，世界古代史选取每一个文明每一个历史发展时期最具典型性代表性的知识点，由此架构起世界古代各文明发展的进程和脉络。每个学习要点都采用“点—线”结合的呈现方式，使学生在掌握历史事实的基础上，理解历史发展的脉络。世界近代史内容的安排，按照“点—线”结合的原则，构建了一个按时序发展的知识体系：既包括各民族、各国家和地区纵向发展的历时态客观过程，又包括各民族、各国家和地区在横向空间的共时态并列发展；既突出了人类社会形态从封建社会向资本主义社会的演变过程，又揭示了世界从分散走向整体的发展趋势。

三、精选和优化课程内容，突出思想性、基础性

课标修订组认真学习领会习近平总书记关于教育的重要论述，全面落实有理想、有本领、有担当的时代新人培养要求。课标修订组准确理解和把握党中央、国务院关于教育改革的各项要求，全面落实习近平新时代中国特色社会主义思想，将社会主义先进文化、革命文化、中华优秀传统文化、国家安全、生命安全与健康等重大主题教育有机融入课程，增强课程思想性；将党的教育方针具体化细化为本课程应着力培养的核心素养，体现正确价值观、必备品格和关键能力的培养要求。

义务教育历史课程内容的选择坚持正确的思想导向和价值引领；精选基本的、重要的、典型的史事，注重吸收史学研究的新成果；充分反映人类文明的灿烂成就、社会主义先进文化、革命文化、中华优秀传统文化，以及世界其他国家和地区的优秀文化。

与高中相比，初中历史课程的学习内容是常识性的历史知识，是基础性的、必备的历史知识。初中课程的知识相对浅显通俗，课程内容的选择应充分考虑到初中学生的学习兴趣和生活经验，使相关的内容贴近现代社会，贴近学生的生活，增强课程内容的生动性，避免抽象的历史概念和艰深的理性知识。

四、树立以学生为主体的教学观念，鼓励教学方式的创新

“以学生为本”或“以学生为主体”，是在教学活动中以学生为主，教师负责组织、引导、帮助和监控，引导学生学会认知、学会做事，让学生经历获取知识的过程，关注学生的成长与发展，促进学科思维能力和学科核心素养的全面发展，建立学生自主探索、合作学习的课堂模式，创设和谐、宽松、民主的课堂环境。

“以学生为主体”强调学习过程的重要性。要求教学过程适应学生身心发展规律，把教学活动看成是形成民主平等的心理气氛的过程，是人际关系彼此作用的过程。认知的进行、创造性的开发，都是在这种课堂心理气氛下潜移默化地进行的。因此，学生偶有错失，主要采取规劝方法。教学功能在于充分发展学生身心，使他们适应未来社会生活，因而比较注重生活教育。

初中历史老师们面临的挑战是激发儿童凭借一套与现今主流看法大不相同的观念和态度去理解过去的社会，这是一个比一般人的想象要困难得多的巨大挑战。对于少年而言，过去是外国甚至火星，人们在那里做与当今社会完全不同的事情。英国多年的系列实证研究都表明，儿童学习历史的确会遭遇困难，且相对于其他学科是极其困难的活动。[①] 这也是数十年来一直困扰所有历史教师的挑战。

历史课程的教学以学生为本，充分考虑学生学习历史、认识历史的特点，通过学生自主探究的学习活动，体现学生在教学中的主体地位，实现历史课程育人方式的变革。提倡选择多样化的教学资源，探索多样化的教学方式和方法，鼓励将现代信息技术与历史教学深度融合。培养学生学会学习、发现和解决问题的能力，为创新型人才成长奠定基础。

五、综合运用多种评价方式和方法，发挥评价促进学习和改进教学的功能

《义务教育历史课程标准(2022 年版)》明确，历史课程评价“以考查学生

---

① 薛伟强、范红军、陈志刚主编：《中学历史课程与教学概论》，228 页，北京，北京师范大学出版社，2019。

核心素养的发展状况为目标；综合运用诊断性评价、形成性评价、终结性评价等多种方式；注重评价主体多元化，让学生在自评、互评的过程中学会反思和自我改进；倡导将评价融入教学设计，实现‘教—学—评’一体，发挥评价促进学习和改进教学的功能”①。

学习者的能力是多方面的，每个学习者都有各自优势。学生在意义建构过程活动中，表现出来的能力不是单一维度的数值反映，而是对多维度、综合能力的体现，因此对学生学习评价应该是多方面的。多元评价理论要求评价主体多元化，评价方法多样化，以促进学生全面发展。

评价主体是指那些参与教育评价活动并按照一定的标准对评价客体进行价值判断的个人或团体。评价主体多元化主要体现在：参与评价活动的人除了教师外，还可以包括专职的评价机构、教育决策机构、学校管理人员、学生家长、学生群体和个体以及学校以外的其他有关人员。充分发挥评价主体的作用，可以使评价结果更为客观，激发学生的学习积极性。依据评价主体不同，可采用自我评价和他人评价。自我评价是学习者按照一定的评价目的与标准，对自身的工作、学习、品德等方面的表现进行价值判断；他人评价是指学习者以外的人所进行的评价。自我评价能充分调动学生学习积极性，而他人评价可信度较高，具有一定权威性。

根据评价在教学中功能的不同，可分为诊断性评价、形成性评价和总结性评价 3 种。诊断性评价又称前置评价，是指在教学活动开始之前，对学生的现状进行检测。一般来说，学年或教程开始之前的诊断性评价主要用来确定学生的入学准备，确定教学的起点，制定教学计划，并对学生进行安置；教学进程中的诊断性评价，主要用来确定学生学习困难及原因，为因材施教做准备。诊断性评价侧重于寻找问题及原因。

形成性评价是在教学活动进行过程中，对教学效果进行检测，以便及时调节教学策略，保证教学目标顺利实现。形成性评价的目的在于了解被评价者在活动中所获得的知识、技能以及存在的问题，以便及时改进工作过程。因此，又称为“及时评价”。形成性评价是一种贯穿教学全过程的评

---

① 中华人民共和国教育部制定：《义务教育课程标准(2022 年版)》，3 页，北京，北京师范大学出版社，2022。

价，边教学，边评价，边调整，使教学过程处在不断提升的动态之中。形成性评价侧重检查教学的效果。

总结性评价，也称终结性评价或事后评价，是以预先设定的教学目标为基准，在一个学习阶段，如一学期或一门课程终结时，对教学效果、学生学习成绩的总评。其目的是对教师的教学技能、教学态度和教学效果进行全面的评定，考查学生学习效果与教学目标的达成度。总结性评价注重的是结果，期中、期末以及毕业考试属于此类范畴。

依据评价性质不同，可采用量化评价和质性评价，量化评价是指运用数学、统计学工具，收集、处理评价对象的资料，通过数量化的分析和计算，进而对评价对象作出价值判断的评价方法，一般包括标准化测验、常模测验等；质性评价是指确定评价对象主流是否积极、方向是否正确而对某些细节和小的利弊得失采取模糊评价的方法，一般包括表现性评价、课堂观察、项目调查、书面报告、作业分析等方法。依据评价手段不同，可采用人工评价和计算机评价。

第三节　初中历史课程目标

课程目标是对学生学习这门课程所应达到的发展水平和最终结果的预设和期待。新的课程目标凸显历史学科特质，指向核心素养，由学科立场向教育立场(学生发展)转型。这是课程观的根本变革，也是新时代历史教育探索的重要成果。

一、历史学科核心素养的内涵及要求

历史课程内容的选择、组织、建构围绕和体现核心素养，并最终转化为核心素养。历史学科核心素养是学生通过历史课程学习逐步形成的正确价值观、必备品格和关键能力，是历史课程育人价值的集中体现，包括唯物史观、时空观念、史料实证、历史解释和家国情怀5个方面。历史学科核心素养的确定体现了历史课程性质，反映了历史课程理念，能够很好地支撑学生核心素养的构建。

（一）初中历史学科核心素养的内涵和要求

1．唯物史观

唯物史观是揭示人类社会历史客观基础及发展规律的科学的历史观和方法论。唯物史观使历史学成为一门科学，只有运用唯物史观的立场、观点和方法，才能对历史有全面、客观的认识。要求学生初步学会在唯物史观的指导下看待历史，结合史实进行阐述和说明。学生需要知道：

(1)劳动在人类社会发展中的重要作用；

(2)物质生产是人类生存和人类社会发展的基础；

(3)人民群众是物质生产的主要承担者和历史的创造者；

(4)生产力发展的重要性，生产力和生产关系的矛盾运动、经济基础和上层建筑的矛盾运动是社会历史发展的根本动力；

(5)在阶级社会中存在着阶级矛盾和阶级斗争，阶级斗争是推动历史发展的直接动力；

(6)人类社会形态从低级到高级发展。

通过将唯物史观应用于历史学习，学生逐步学会运用唯物史观解决更广泛的问题。

2．时空观念

时空观念是在特定的时间联系和空间联系中对事物进行观察、分析的意识和思维方式。要求学生能够在具体的时空条件下考察历史，准确理解史事。包括：

(1)了解历史发展的时间顺序和空间要素，初步掌握计算历史时间和识别历史地图的方法，并能够在历史叙述中运用这些方法；

(2)能够将事件、人物、现象等置于历史发展的特定或总体进程及具体的地理空间中加以考察，并从历史发展的角度认识其地位和作用。

教师需引导学生认识历史发展的节奏、周期和规律，以及历史发展的阶段特征和发展脉络，引导学生认识不同时态下的史料、观点和评价，初步建立历史、现实、未来的联系。还应帮助学生通过空间定位观察历史，认识历史关系和特征，能够建立地区、国家和世界历史发展的联系。认识历史时空提供的历史情境和历史条件，理解多维时空下历史发展的多样性。

3. 史料实证

史料实证是指对获取的史料进行辨析，并运用可信史料努力重现历史真实的态度与方法。要形成对历史的正确、客观的认识，必须重视史料的搜集和解读，并在学习和探究活动中加以运用。要求学生初步学会依靠可信史料了解和认识历史。包括：

(1)了解史料的主要类型，初步学会从多种渠道获取历史信息，提高对史料的识读能力；

(2)能够尝试运用史料说明历史问题，学会根据可信史料对历史进行论述；

(3)初步形成重证据的意识和处理历史信息的能力。

学生需知道不同类型的史料具有不同的价值，初步学会搜集、整理和辨析史料的方法，在学习和探究活动中运用可信史料了解历史，形成对历史的正确、客观的认识，并能够基于可信史料构建自己的历史解读。

4. 历史解释

历史解释是指以史料为依据，客观地认识和评判历史的态度和方法。所有历史叙述本质上都是对历史的解释，即便是对基本事实的陈述也包含了陈述者的主观认识。只有通过对史料的搜集、整理和辨析，辩证、客观地描述历史，揭示历史表象背后的深层因果关系，才能不断接近历史真实。要求学生初步学会有理有据地表达自己对历史的看法。包括：

(1)能够初步区分历史叙述中的史实与解释；

(2)能够客观叙述和分析历史，有理有据地表达自己的看法；

(3)在理解和辨析相关史料的基础上，尝试发现和提出新的问题，加以论证，形成自己的历史认识。

学生需在多维时空中区分史事的呈现方式，运用比较、联系、归纳等方法，提出历史的延续与变迁、因果和异同中的问题，运用简单的术语和恰当的表述方式进行客观、公正、合理地解释和评价。

5. 家国情怀

家国情怀是学习和探究历史应具有的人文追求与社会责任。学习和探究历史应充满人文情怀并关注现实问题，热爱家乡，热爱祖国，放眼世界，以服务于国家富强、中华民族伟大复兴和人类命运共同体的构建。要求学生形成对家乡、国家和中华民族的认同，具有国际视野，有理想、有担当。具体表现为：

(1)能够从历史的角度认识中国国情，认识中华民族多元一体的历史发展趋势，增强热爱家乡、热爱祖国的情感，铸牢中华民族共同体意识；

(2)了解并认同社会主义先进文化、革命文化、中华优秀传统文化，认识中华文明的历史价值和现实意义，增强民族自尊心、自信心和自豪感；

(3)了解中国历史上的英雄人物，崇尚英雄气概，传承民族气节；

(4)培育和践行社会主义核心价值观，把握习近平新时代中国特色社会主义思想的核心要义，树立中国特色社会主义道路自信、理论自信、制度自信、文化自信。

学生需要学会处理个人与集体、地方与国家、国家与世界、历史与现实等关系，树立正确的国家观、民族观、文化观和历史观，辨别不同时代、不同空间的价值判断，在认识历史发展源流的基础上形成对民族、国家、文化、理论、制度、道路的认同，理解其内涵，形成自信、积极的世界观、人生观和价值观。

（二）各素养之间的关系

历史学科各素养是不可分割的有机整体。唯物史观是历史学习和探究的"核心理论"与"指导思想"，是学生经过历史学习而形成的"立场""观点"和"方法"，[①] 是其他素养得以达成的理论保证；时间和空间是历史存在的基本形式，时空观念是历史学科本质的体现，其他素养的达成都需要在一定的历史时空下，因此时空观念是历史学科素养达成的基础条件；史料实证是历史学习的必备技能，是历史学习的核心过程和方法，其他素养需依托史料实证和实证精神得以达成；历史解释是对历史思维与表达能力培养的基本要求，"体现的是历史学的阐释学属性，是历史学科核心素养的综合体现"[②]，是其他素养得以达成的集中体现；家国情怀体现了历史学习的价值

---

① 教育部基础教育课程教材专家工作委员会组织编写，普通高中历史课程标准修订组编写，徐蓝、朱汉国主编：《普通高中历史课程标准(2017 年版)解读》，67 页，北京，高等教育出版社，2018。

② 教育部基础教育课程教材专家工作委员会组织编写，普通高中历史课程标准修订组编写，徐蓝、朱汉国主编：《普通高中历史课程标准(2017 年版)解读》，65 页，北京，高等教育出版社，2018。

追求，是其他素养得以达成的情感基础和理想目标，“是实现历史教育育人功能的重要标志”①。

二、历史学科核心素养的价值

（一）学生发展核心素养的下位支撑

中国学生发展核心素养是指学生应具备的、能够适应终身发展和社会发展需要的必备品格和关键能力，以培养“全面发展的人”为核心，包括3大领域、6种素养、18个要点。② 学生发展核心素养是各学科教学实践的总目标，各学科核心素养是学生发展素养的基础性支撑。初中历史课程是义务教育阶段的必修课程，其课程目标的设定是对学生发展核心素养的学段化和学科化转化，是学生发展核心素养的具体化和细化的重要环节。历史课程的实施是学生发展核心素养构建的重要途径。

（二）与高中历史学科核心素养接轨

义务教育历史课程要培养的学生核心素养与普通高中历史学科核心素养基本保持一致，同时依据初中学生特点明确具体要求，形成基础教育阶段历史教育育人价值的连续体。初中5大核心素养的名称和内涵与高中一致，名称完全一样，内涵的个别表述有微调。最重要的变化是目标要求和高中不一样，充分适应初中生的认知特点。目标要求上体现出来儿童相关的特点最明显的就是3个“初步”：初步学会在唯物史观的指导下看待历史，初步学会依靠可信史料了解和认识历史，初步学会有理有据的表达自己对历史的看法。初中生绝大部分是介于12岁到15岁之间的儿童，由于认知基础的限制，在唯物史观、史料实证、历史解释方面很难形成全面成熟的认知，因此使用“初步”加以限定。其他两个目标要求没有使用“初步”，说明对于时空观念和家国情怀，在初中的要求也比较高。

---

① 教育部基础教育课程教材专家工作委员会组织编写，普通高中历史课程标准修订组编写，徐蓝、朱汉国主编：《普通高中历史课程标准(2017年版)解读》，67页，北京，高等教育出版社，2018。

② 林崇德：《构建中国化的学生发展核心素养》，载《北京师范大学学报(社会科学版)》，2017(1)。

《七年级儿童历史学习的主要障碍》

第四节　初中历史课程内容

一、编排体例分析

（一）课程内容的结构分析

义务教育课程标准呈现的课程内容，主线突出，强调时序性。在结构上以一条线索统领，即人类社会的不断演进；以 2 大空间支撑，即中国与世界；以 3 个时段为基础呈现，即古代、近代和现代。课程内容以主题为引领，立足于问题的解决，在方法论上强调了历史学科的专业方法与多学科的融会贯通；在教学模式上，强调了大概念、大单元教学；在学科素养上，强调了学生素养的层次性和关联性，突出了学生核心素养的整体性和可塑性。

（二）大通史小专题的叙事结构

除了跨学科主题，新课程在整体上采用通史叙事的结构，上陈百万年前的人类活动，下叙鲜活的当代，中外历史内容包括中国古代史、中国近代史、中国现代史、世界古代史、世界近代史、世界现代史 6 大板块。中外历史采用“点—线”结合的呈现方式。“点”是具体的历史事实，“线”是历史发展的基本线索。通过以“点”连“线”、以“线”穿“点”，使课程内容依照人类历史发展的时序，循序渐进地展开叙述，展示中外历史从低级到高级发展的基本过程，以原始社会、奴隶社会、封建社会、资本主义社会和共产主义社会 5 种社会形态勾勒人类社会发展的一般序列。通史叙事展现了亘古至今宏大的历史图景，突出了人类社会生产力与生产关系基本矛盾的运动规律和趋势，同时使学生在掌握历史事实的时候避免时序的混乱，把握历史发展的特征。

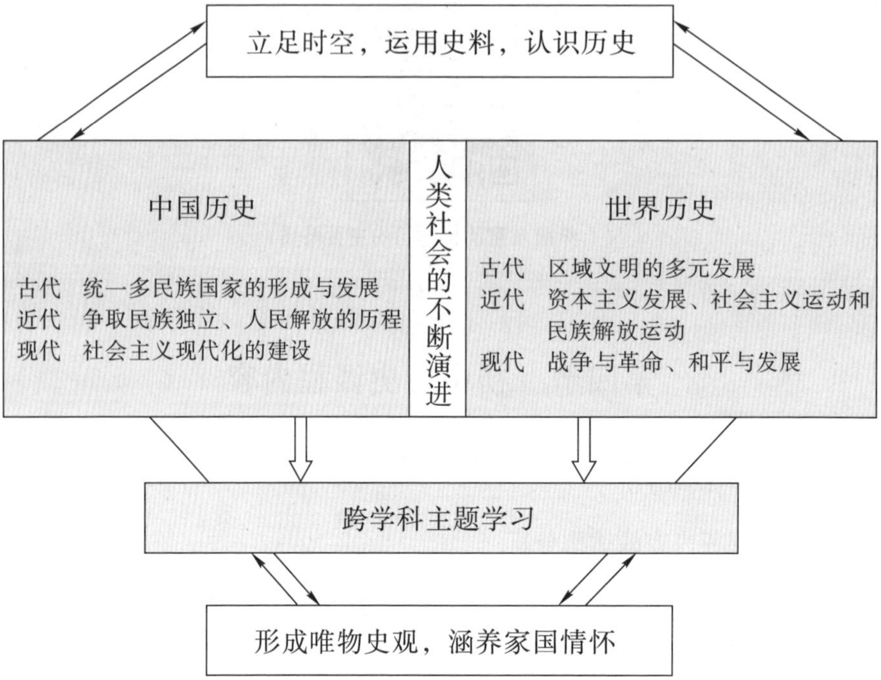

图 1　历史课程内容结构示意图

新课程的大通史叙事框架内，“依据大概念来设计和选择课程内容”①，包含中国史 17 个专题和世界史 14 个专题。每个专题既展示历史发展的阶段性特征，又呈现相对完整的阶段性知识结构。这些专题是教材中学习单元的组成部分。单元的主题是围绕某个历史时期的核心内容或关键问题确定的，它构成了一个完整的学习情境和学习范围。专题史注重局部历史深度认知和共时性特征的发掘，“在通史叙事基础上，使学习内容更加结构化、系统化、整体化”②，便于教师在专题内构建学习框架和融入重大主题教育。“以大任务、大问题来统领整个学习过程，引领学生建构合理的历史知识结构，避免碎片化，促进学生掌握探究历史的方法和路径，拓宽学生认识历

① 徐蓝：《明理、增信、崇德、力行——义务教育历史课程标准(2022 年版)解读》，载《基础教育课程》，2022(9)。

② 徐蓝：《明理、增信、崇德、力行——义务教育历史课程标准(2022 年版)解读》，载《基础教育课程》，2022(9)。

史的视野。”①

二、中外历史课程内容

课程标准重视对学生历时性思维和共时性思维的培养。课程内容以历史时序为线索纵向铺排，中外历史分成古代史、近代史、现代史 3 段，共计 6 个板块，沟通了历史与现实。同时关照一定历史发展阶段社会系统内部各因素之间的关系，因此在每个历史发展阶段还会细化分期，横向剖析历史发展的阶段性特征和史事的共时关联，构建史事的共时情境，形成时代感。

每一板块课程内容依次为知识概述、内容要求、学业要求、教学提示。后面 3 个部分缺一不可、相互关联。“内容要求”指向“学什么”——强调在结构中的、扎实的基础知识学习的重要性，防止知识虚化；“学业要求”指向“学得怎样”——结合教学内容要求，提出素养发展目标；“教学提示”指向“怎么教，怎么学”——学习这样的内容、达到这样的要求，老师应该采用哪些方法和策略，学生必须经历哪些基本的、典型的学科实践活动，让课程“活”起来、“动”起来，让学生进入课程，让课程内容变为学生主动学习的活动。课程内容从学习的角度完整地回答了 4 个最重要的问题：学什么，学得怎么样，怎么教，怎么学，实现了“教—学—评”一体，这是 2022 年版初中历史课程标准的一个重要的特色。

（一）中国古代史

1. 时限与分期

中国古代史从中国境内早期人类活动开始，到 1840 年鸦片战争结束，分为史前、夏商西周与春秋战国、秦汉、三国两晋南北朝、隋唐五代十国、辽宋夏金元、明清时期(至鸦片战争前)7 个阶段。

2. 内容要求

中国古代史重点叙述 5000 多年中华文明的演进，以及统一多民族国家的起源、建立、巩固和发展的历程。

2.1 史前时期

通过了解元谋人、蓝田人、北京人等旧石器时代的人类及其文化遗存，

---

① 徐蓝：《明理、增信、崇德、力行——义务教育历史课程标准(2022 年版)解读》，载《基础教育课程》，2022(9)。

知道中国境内原始社会时期的人类活动；通过了解河姆渡、半坡、良渚、陶寺等新石器时代的文化遗存，知道中国的原始农耕生活；了解私有制、阶级和早期国家的产生；知道考古发现是了解原始社会的重要依据；通过古代文献中记述的黄帝、炎帝等神话传说，了解其中蕴含的历史信息。

2.2 夏商西周与春秋战国时期

知道甲骨文是已知最早的文字；通过了解甲骨文、青铜铭文、其他文献记载和典型器物，知道具有奴隶制特点的夏、商、西周王朝的建立与发展，了解西周分封制等重要制度；知道老子、孔子的生平与思想；通过了解这一时期的生产力水平和社会关系的变化，初步理解春秋时期诸侯争霸局面的形成、战国时期商鞅变法等改革和“百家争鸣”局面的产生；通过《黄帝内经》和名医扁鹊，了解这一时期的医学成就；通过都江堰工程，感受古代劳动人民的智慧和创造力。

2.3 秦汉时期

通过了解秦朝统一、陈胜和吴广等领导的秦末农民起义、西汉“削藩”和尊崇儒术，知道统一多民族封建国家建立和早期发展的过程；通过了解休养生息政策、“文景之治”、张骞通西域、“丝绸之路”的开辟、汉武帝的大一统，知道西汉从建立之初的社会残破发展到国力强盛的变化及原因；通过了解西汉末到东汉的政治、社会动荡，了解佛教传入和道教产生的背景；知道这一时期的重要文化和科技成就，如司马迁与《史记》、蔡伦与造纸术、张仲景与《伤寒杂病论》、华佗的故事等。

2.4 三国两晋南北朝时期

通过了解三国两晋南北朝时期的政权更迭和北魏孝文帝改革、人口迁徙和区域开发，认识这一时期民族交往交流交融的历史特点及其对中华民族发展的意义；通过了解这一时期的科技和艺术成就，如祖冲之的数学成就，认识传统文化的继承与创新。

2.5 隋唐五代十国时期

通过了解隋朝的兴亡、“贞观之治”与“开元盛世”，知道隋朝速亡和唐朝兴盛的原因；了解科举制度创建、大运河开通、文成公主入藏、鉴真东渡、玄奘西行等史事，从制度、经济、文学艺术、民族交往、中外文化交流等方面认识隋唐王朝在世界历史上的重要地位；通过了解“安史之乱”后藩镇割据和五代十国的局面，认识唐末五代的社会危机。

2.6 辽宋夏金元时期

认识北宋面临的新形势，了解辽、宋、西夏的并立与北宋强化中央集权和重文轻武的政策；通过了解宋金之战、南宋偏安和南方地区的经济繁荣，知道中国古代经济重心的进一步南移；通过了解蒙古兴起和元朝统一，设立行省、宣政院等制度，知道西藏在元代正式纳入中国版图，理解元朝统一对中华民族进一步交融的重要意义；通过了解这一时期的城市和商业发展、科技创新、文学艺术成就和对外交流，认识宋元时期繁荣的经济、文化在中国历史上的重要地位；通过岳飞、文天祥等人的英雄事迹，体会中华民族英勇不屈的精神；通过印刷术、指南针、火药的应用和外传，认识中国古代的重要发明对世界文明发展的贡献。

2.7 明清时期(至鸦片战争前)

通过了解明清时期加强皇权的举措，初步认识君主专制带来的社会弊端；通过了解明清时期的经济改革和全球性经济互动，初步认识这一阶段中国经济发展的内因和外因；通过郑和下西洋、戚继光抗倭等史事，了解明朝的对外关系；通过了解郑成功收复台湾、清朝在台湾的建制、册封达赖和班禅以及设置驻藏大臣等中央政权在边疆地区的各种举措，认识西藏地区、新疆地区、南海诸岛、台湾及其包括钓鱼岛在内的附属岛屿是中国的领土，理解统一多民族国家版图奠定的重要意义；通过了解《本草纲目》《天工开物》《农政全书》，认识明朝的科技成就及其影响；通过了解小说、戏曲的繁荣，知道明清时期文学艺术的特色；通过明末李自成起义，清中叶以来的政治腐败、故步自封和19世纪的国际局势，认识当时中国社会面临的严重危机。

3. 学业要求

3.1 能够了解中国古代历史的基本线索和重要的事件、人物、现象，知道重大史事发生的时间和地点、原因和结果，初步养成历史时序意识和历史空间感。(唯物史观、时空观念)

3.2 能够知道中国古代遗留至今的各类史料是了解和认识中国古代历史的证据，能结合语文、地理、艺术等课程的学习，初步理解古代史料的含义，尝试运用史料说明历史问题。(史料实证、历史解释)

3.3 能够对中国古代历史上的重要事件、人物、现象等形成合理想象，进行初步分析，认识其意义和影响。（唯物史观、历史解释、家国情怀）

3.4 能够通过中国古代的经济、科技成就，了解生产力发展对政治、社会、文化变革的推动作用；通过古代历史上治乱兴衰的史事，认识阶级社会中阶级斗争在历史发展中的作用。（唯物史观、历史解释、家国情怀）

3.5 能够通过了解中国古代历史发展的总体趋势，认识统一多民族国家形成、巩固和发展的重要历史意义；通过中国古代历史上各民族的交往交流交融，认识中华民族共同体的形成是中国历史发展的必然结果，树立正确的中华民族历史观；通过了解中国古代文明的辉煌成就，认识中华优秀传统文化的独特价值和突出优势，提高民族自尊心、自信心和自豪感，增强民族凝聚力。（唯物史观、家国情怀）

4. 教学提示

· 中国古代史教学需通过情境再现、问题引领、故事讲述和多样化的资源运用等方法，激发学生的求知欲，以感性的、易理解的、多元的方式展开教学。

· 注重历史学习方法指导，引导学生学会阅读、理解教材，学会解读多种类型史料、运用可信、典型史料论证问题，表达看法。

· 充分利用博物馆、档案馆、图书馆、历史遗址、古代建筑、古村落，以及爱国主义教育基地、历史文化名城等课程资源，尽量发掘和利用网络资源及乡土历史资源。

· 引导学生制作时间轴和历史大事年表，学会识读各时期疆域图，尝试阅读古代文献材料、图像材料，运用重大考古工程及其成果认识中华文明的起源，开展专题活动和综合性问题探究等。

· 运用板报、电子信息报、历史图集、微型科技图片展、故事会、角色扮演等多种方式和活动，交流、展示、分享历史探究成果和方法。

（二）中国近代史

1. 时限与专题

中国近代史从 1840 年鸦片战争开始，到 1949 年中华人民共和国成立结束，包括晚清时期的内忧外患与救亡图存、辛亥革命与中华民国的建立、近代社会生活变化、中国共产党成立与新民主主义革命的兴起、中华民族的抗日战争、人民解放战争 6 个专题。

2. 内容要求

重点叙述列强侵略中国，中国逐渐成为半殖民地半封建社会；中华民族对外反抗列强侵略，对内反对封建专制统治，最终由中国共产党团结带领全国各族人民实现了民族独立、人民解放，夺取了新民主主义革命的伟大胜利。

2.1 晚清时期的内忧外患与救亡图存

通过了解林则徐虎门销烟、英法联军火烧圆明园、俄国割占中国北方大片领土等 2 次鸦片战争期间的主要史事，以及《南京条约》等不平等条约的签订，初步认识鸦片战争对中国近代社会的影响；了解太平天国运动的兴衰；了解洋务运动的主要内容，初步认识洋务运动的作用和局限性；了解 19 世纪中后期的边疆危机和中法战争，知道甲午中日战争的主要战役和《马关条约》的主要内容，初步认识《马关条约》与中国民族危机加剧的关系；了解戊戌变法的主要史事，认识变法的意义和局限性；知道义和团运动和抗击八国联军侵华的史事，结合《辛丑条约》的主要内容，认识《辛丑条约》对中国民族危机全面加深的影响。

2.2 辛亥革命与中华民国的建立

通过了解孙中山等民主革命先行者早年的革命活动、武昌起义及中华民国成立的史事，认识辛亥革命的历史意义及局限性；知道民国初期北洋军阀的统治，了解新文化运动的基本内容，知道陈独秀、李大钊、胡适、鲁迅等新文化运动的代表人物，认识新文化运动在中国近代思想解放运动中的地位和作用。

2.3 近代社会生活变化

通过了解张謇兴办实业的典型事例，知道近代中国民族工业发展的艰辛历程；通过了解开办京师大学堂、废除科举制度等近代新式教育发展的主要史事及民国以来社会生活的变化，知道中国走向现代化的曲折过程。

2.4 中国共产党成立与新民主主义革命的兴起

通过了解五四运动的基本史事，理解五四精神的内涵，认识五四运动是中国新民主主义革命的开端；通过了解陈独秀、李大钊传播马克思主义和中国共产党第一次全国代表大会的召开等史事，认识中国共产党成立的历史意义，理解伟大建党精神；了解第一次国共合作和北伐战争等国民革命的主要内容；知道南京国民政府的成立及性质；通过了解南昌起义、八七会议、秋收起义、毛泽东与朱德井冈山会师、古田会议等基本史事，认识中国共产党创建人民军队和农村革命根据地的意义；认识遵义会议在中国革命史上的地位；通过了解长征途中红军爬雪山过草地等艰难历程的史事，感悟长征精神。

2.5 中华民族的抗日战争

通过了解九一八事变、东北抗联、一二·九运动、西安事变、七七事变、南京大屠杀、正面战场和敌后战场的抗战等史事，认识日本侵华的罪行，认识中国人民十四年抗战的艰苦历程，认识中国共产党是全民族抗战的中流砥柱，知道中国战场是世界反法西斯战争的东方主战场，体会中国军民在抗日战争中孕育的抗战精神，认识抗日战争胜利在中华民族伟大复兴中的重要历史意义；通过了解中共七大，认识确立毛泽东思想作为党的指导思想的重大意义。

2.6 人民解放战争

知道重庆谈判，理解中国共产党为争取和平民主作出的努力；了解全面内战的爆发、中共中央转战陕北和刘邓大军挺进大别山等史事；通过了解解放区的土地改革，辽沈、淮海、平津三大战役，中共七届二中全会，知道国民党反动统治的覆灭和人民解放战争迅速胜利的主要原因，以及中国共产党领导人民取得新民主主义革命胜利的意义。

3. 学业要求

3.1 能够了解中国近代历史的基本线索，以及中国近代历史上重要的事件、人物、现象等，知道这些史事发生的时间和地点、原因和结果，初步养成历史时序意识和历史空间感。(唯物史观、时空观念)

3.2 能够初步阅读和理解中国近代史的史料，并运用这些史料分析近代中国逐步成为半殖民地半封建社会的原因；认识中国近代史是中国人民对外反抗列强侵略、对内反对封建专制统治的历史；知道争取民族独立和人民解放是近代中国的历史任务。(唯物史观、史料实证、历史解释)

3.3 认识捍卫国家主权和民族尊严是中华民族的优良传统；认识和感悟五四精神、伟大建党精神、长征精神、抗战精神等，继承革命传统，培养

优良作风。（历史解释、家国情怀）

3.4 通过学习近代历史，知道民族民主革命的艰巨性，认识没有中国共产党就没有新中国，学习仁人志士为救国救民而英勇斗争的精神，坚定为中华民族伟大复兴而奋斗的信念。（历史解释、家国情怀）

4. 教学提示

・利用近代史料丰富多样的优势，运用近代的文字资料、影像资料等再现历史情境，使学生观察、感受近代历史的真实情况。

・充分利用历史报刊、历史论著、历史照片、历史绘画、历史影片、历史实物等各种课程资源，特别是用好红色资源，如革命遗址遗迹、纪念馆、博物馆、展览馆等；重视与近代历史有关的乡土资源和口述史资源的利用。

・观察、绘制、展示和解释近代历史地图。

・举办革命故事会、近代革命歌曲演唱会、革命精神研讨会、毛泽东重要著作读书会、毛泽东重要著作研讨会等，观看近代历史题材的影视作品，总结收获和感悟。

・比较分析近代同类史事并绘制图表，用板报等形式展示。

・采用个人与小组相结合的方式，搜集史料，深入研讨中国近代重要史事，撰写历史小论文。

（三）中国现代史

1. 时限与专题

中国现代史自中华人民共和国成立至今，分为中华人民共和国成立及向社会主义过渡、社会主义革命和社会主义建设道路的探索、改革开放与中国特色社会主义建设、中国特色社会主义进入新时代4个专题。

2. 内容要求

中国现代史叙述全国各族人民在中国共产党领导下，进行社会主义革命、建立社会主义制度、推进社会主义建设、进行改革开放、走中国特色社会主义道路、建设社会主义现代化国家、开创中国特色社会主义新时代的历程，展现了中华民族从站起来、富起来到强起来的伟大飞跃。

2.1 中华人民共和国成立及向社会主义过渡

了解中国人民政治协商会议召开、开国大典，认识中华人民共和国成立对中国和世界历史的伟大意义；知道抗美援朝、土地改革，理解其对巩固人民民主政权的意义；通过《中华人民共和国宪法》的制定，以及人民代表大会制度、中国共产党领导的多党合作和政治协商制度、民族区域自治制度的确立，认识当代中国政治制度的内涵及意义；了解“一五”计划、“三大改造”、开创独立自主的和平外交，理解建立社会主义制度的重要意义。

2.2 社会主义革命和社会主义建设道路的探索

知道中共八大；了解“大跃进”运动、人民公社化运动等错误与调整国民经济的“八字方针”；认识这一时期取得的政治、经济、外交、国防、科技等成就及其具有的开创性、奠基性意义；了解毛泽东对中国社会主义革命和社会主义建设的贡献，认识毛泽东思想的重要指导意义；了解以王进喜、雷锋、钱学森、邓稼先、焦裕禄等为代表的广大干部群众艰苦奋斗的事迹；了解“文化大革命”的严重危害及主要教训。

2.3 改革开放与中国特色社会主义建设

知道中共十一届三中全会，了解农村改革、城市改革、经济特区建设、沿海港口城市开放、上海浦东开发开放、加入世界贸易组织等史事，认识邓小平对改革开放所起的重要作用，认识改革开放对中国社会发展的重大意义和对世界的重要影响；了解社会主义市场经济体制的建立与完善；知道“一国两制”对实现祖国完全统一的意义；了解改革开放后的外交成就；了解邓小平理论、“三个代表”重要思想、科学发展观对社会主义现代化建设的重要指导意义。

2.4 中国特色社会主义进入新时代

知道中共十八大以来，中国特色社会主义进入新时代，党和人民面临的主要任务是，实现第一个百年奋斗目标，开启实现第二个百年奋斗目标新征程；了解习近平新时代中国特色社会主义思想；通过新时代中国在经济建设、政治建设、文化建设、社会建设、生态文明建设等领域取得的成就，以及综合国力和国际影响力不断提高的史事，特别是取得脱贫攻坚的伟大胜利、全面建成小康社会的史事，认识中国特色社会主义建设对中国社会发展的意义及对世界的贡献；认识中国共产党百年奋斗的历史意义和历史经验。

3. 学业要求

3.1 能够了解中国现代史发展的基本线索和重要事件、人物、现象；能

够理解中国走社会主义道路的历史必然性和探索这条道路的艰巨性和曲折性。（唯物史观、时空观念、历史解释）

3.2 能够搜集、分析重要的历史文献资料，学会社会调查的方法，加强对所学内容的理解与解释。（史料实证、历史解释）

3.3 能够知道中国社会主义初级阶段的基本国情，认识社会主义现代化建设是一个漫长而曲折的过程，了解"两个一百年"奋斗目标；认识毛泽东思想、邓小平理论、"三个代表"重要思想、科学发展观、习近平新时代中国特色社会主义思想对社会主义现代化建设和实现中华民族伟大复兴的重要指导意义。（唯物史观、历史解释、家国情怀）

3.4 能够通过改革开放以来中国在各个领域取得的成就、家乡的巨大变化和综合国力的不断提高，增强爱祖国、爱家乡的情感，培育和践行社会主义核心价值观，坚定中国特色社会主义道路自信、理论自信、制度自信和文化自信。（历史解释、家国情怀）

4. 教学提示

·根据历史课程特点，贯通历史与现实，既以古代、近代的历史帮助学生理解现代史，又以现代史帮助学生理解古代、近代的历史。

·将社会主义核心价值观教育、社会主义先进文化教育、革命文化教育、中华优秀传统文化教育、法治教育、国家安全教育、民族团结进步教育、生态文明教育等，有机融入历史过程的讲述。

·师生共同搜集、开发和利用课程资源，选取贴近社会、贴近生活、贴近学生的情境素材，加深学生的情感体验和实际感受。

·通过实地考察和访谈等方式开展社会调查，深入了解改革开放以来人民生活和社会的变化，形成调查报告，进行交流。

·通过互联网、图书馆、博物馆等进行与国计民生有关的数据检索和统计，绘制成统计表，运用统计表中的数据说明现代中国社会发展的情况。

·搜集、整理有关抗美援朝精神、铁人精神、雷锋精神、"两弹一星"精神、改革开放精神、抗疫精神、脱贫攻坚精神，以及杂交水稻、载人航天等方面的图文材料，制作展板，设计墙报，以讨论会、报告会等多种方式宣传和交流。

·围绕党史、新中国史、改革开放史、社会主义发展史中的重要内容，开展项目学习，撰写研究报告或小论文，举办项目学习成果研讨会、报告会。

（四）世界古代史

1. 时限与分期

世界古代史从早期人类的出现到15世纪，划分为古代文明和中古世界2个阶段。

2. 内容要求

世界古代史展现古代文明的产生、发展与多元面貌。其间大体经历了原始社会、奴隶社会和封建社会，但有一些民族、国家未经过奴隶社会、封建社会的连续发展过程。

2.1 古代文明

初步了解原始社会时期的人类活动；通过金字塔、《汉谟拉比法典》，以及种姓制度和佛教的创立，了解亚非古代文明及其传播；知道建立在奴隶制基础上的希腊城邦和罗马共和国，了解希腊、罗马的古典文化成就，以及亚历山大帝国、罗马帝国对文化传播和交流的作用。

2.2 中古世界

通过封君封臣制、庄园生活、基督教的传播，以及欧洲城市和大学的兴起，了解中世纪西欧封建社会的发展变化；知道《查士丁尼法典》，初步了解拜占庭帝国的历史地位；通过伊斯兰教的创立、阿拉伯帝国的崛起、日本大化改新，以及非洲、美洲的社会发展概况，初步了解中古世界历史发展的多样性。

3. 学业要求

3.1 能够知道世界古代史上重要的事件、人物、现象，知道史事发生、存在的时间和地点，原因和结果；知道古代世界文明的多元特点；能够在具体的时空条件下认识古代世界各个文明的发展状况和代表性成果。（时空观念、历史解释）

3.2 能够梳理教材的叙述，了解史事发生的背景和意义，对世界古代史的一些问题提出自己的看法。（史料实证、历史解释）

3.3 能够认识劳动人民的生产实践在古代、中古文明发展中的作用。（唯物史观）

3.4 能够了解古代文明之间的交流、互动；初步理解、尊重各个文明之

间的差异。(唯物史观、时空观念、历史解释、家国情怀)

4. 教学提示

·利用考古发掘的实物材料、典型的图片材料和文字材料等，有选择地运用相关影视作品，进行情境创设。

·具体、形象地讲述典型的文明成果和重要史事，解读重要历史概念。

·重点概括世界各个区域文明的主要特征，梳理各区域文明互动的过程及其结果。认识人类文明起源的多源性和各大文化区域的文明成果构成人类文明的多元性特点。

·引导学生回顾、联系中国古代史的学习内容，了解中国古代文明在世界文明中的地位。

·加强对学生学习世界史的学法指导，引导学生掌握世界古代历史地图的要素，绘制地理范围示意图，对比古今地图，加深对古代多元文明的理解。绘制平面图，并据此解说历史。

·搜集、整理材料，以板报、电子报等形式展出。

·编写世界古代人物小传，组织探讨古代世界各文明特点的讨论会。

（五）世界近代史

1. 时限与专题

世界近代史从 16 世纪初至 19 世纪末，包含近代早期西欧经济和社会变化、新航路的开辟、英美法资产阶级革命、第一次工业革命和马克思主义的诞生、殖民地人民的反抗与资本主义制度的扩展、科学技术的发展与第二次工业革命、近代科学与艺术成就 7 个专题。

2. 内容要求

世界近代史重点展现资本主义的产生、发展与全球扩张，社会主义从空想到科学的发展，以及殖民地半殖民地人民争取民族解放的斗争历程。在这一历史阶段中，世界各地区前资本主义文明的相对孤立和相互隔绝状态，被日益发展的资本主义世界市场和血腥的殖民扩张打破，人类逐渐步入相互联系、相互依赖的阶段，进而产生了真正意义上的世界历史。

2.1 近代早期西欧经济和社会变化

通过了解资本主义性质的手工工场和租地农场的出现，初步理解近代早期西欧社会经济的重要变化；通过了解欧洲兴起的文艺复兴运动及其代表人物和作品，如《神曲》、莎士比亚的戏剧，初步理解“人文主义”的发展及其对人的思想解放的意义。

2.2 新航路的开辟

通过哥伦布、麦哲伦等航海家的探险活动，以及新航路开辟后的殖民扩张、物种交换和全球贸易，了解资本原始积累的野蛮性和残酷性，认识新航路开辟的世界影响，理解世界逐渐形成一个整体。

2.3 英、美、法资产阶级革命

知道英国1640年革命、美国独立战争和法国大革命的进程，了解《权利法案》《独立宣言》、1787年宪法和《人权宣言》《拿破仑法典》等文献的主要内容，初步认识这些资产阶级革命的历史意义。

2.4 第一次工业革命和马克思主义的诞生

通过了解珍妮机、蒸汽机、铁路和现代工厂制度，初步理解第一次工业革命的影响；通过了解早期工人阶级的斗争，马克思、恩格斯的革命活动和《共产党宣言》的发表，理解马克思主义诞生的历史意义；通过了解第一国际成立、巴黎公社，理解马克思主义的传播和国际工人运动的发展。

2.5 殖民地人民的反抗与资本主义制度的扩展

通过了解拉丁美洲独立运动与印度民族大起义等史事，理解殖民地民族解放斗争的正义性和艰巨性通过了解美国内战、日本明治维新、俄国1861年改革等史事，初步认识资本主义世界体系的形成。

2.6 科学技术的发展与第二次工业革命

通过了解第二次工业革命的主要领域和代表性成果，初步理解科学技术发展带来的社会进步和社会问题。

2.7 近代科学与艺术成就

通过了解牛顿、达尔文、巴尔扎克、贝多芬等人的成就，初步理解科学和文化在近代社会发展中的重要作用。

3. 学业要求

3.1 能够了解世界近代史上的重要事件、人物和现象，找出重要史事之间的关联，以及历史发展的基本线索。（唯物史观、时空观念、历史解释）

3.2 能够利用并分析可信史料，初步理解近代世界政治、经济和思想文化之间的关系。（唯物史观、史料实证、历史解释）

3.3 能够认识劳动人民的生产实践对推动科学技术发展的重要作用，理解人民群众是历史的创造者。（唯物史观）

3.4 能够认识无产阶级革命和殖民地半殖民地人民反抗斗争的曲折、艰苦过程，理解其正义性，并树立正义必胜的信心。（唯物史观、历史解释、家国情怀）

4. 教学提示

·引导学生运用唯物史观认识世界近代历史发展的规律。

·从全球视角把握近代以来世界整体发展的脉络和重要的历史发展节点，理解世界逐渐形成一个整体。

·引导学生对同类史事进行比较、概括和综合。

·利用历史读物、历史影像、美术音乐作品、图书馆和数字博物馆等资源，创设历史情境。

·将世界近代历史的重要事件与历史地图中的信息结合起来，提高学生识图用图的能力。绘制历史地图、示意图等，并说明信息。编制英国、美国、法国等资本主义政权结构示意图，并运用图表分析问题。

·开展深度阅读活动，撰写读后感。举办读书会、讨论会、辩论会等。

·开展项目学习，深入探讨世界近代史上的重要问题，以个人学习、小组讨论的方式，搜集、辨析史料，撰写研究报告，举办专题研讨会。

（六）世界现代史

1. 时限与专题

世界现代史主要叙述20世纪初以来世界历史发展的基本进程，包含第一次世界大战与俄国十月革命、两次世界大战之间的世界政治与经济、第二次世界大战、第二次世界大战后世界的新变化、当今世界的主要发展趋势5个专题。

2. 内容要求

世界现代史主要涉及两次世界大战、“冷战”与国际格局的新发展，社会主义从理想变为现实，社会主义力量从壮大到遭遇挫折，殖民体系的崩溃与发展中国家的发展，以及和平、发展、合作、共赢成为时代潮流。

2.1 第一次世界大战与俄国十月革命

通过了解“三国同盟”和“三国协约”、萨拉热窝事件、凡尔登战役等，分析第一次世界大战爆发的原因，了解其基本进程以及给人类社会带来的巨大灾难；知道列宁领导的十月革命的背景与过程，理解十月革命胜利的重要历史意义；知道凡尔赛体系、华盛顿体系和国际联盟，了解战后战胜国建立的世界秩序及其局限性。

2.2 两次世界大战之间的世界政治与经济

通过了解新经济政策、社会主义工业化、农业集体化等举措，认识苏联社会主义建设的重要成就和主要问题；通过了解印度的非暴力不合作运动、埃及的华夫脱运动、墨西哥的卡德纳斯改革，分析两次世界大战期间亚非拉民族民主运动的特点；通过了解经济大危机和罗斯福“新政”，初步理解国家干预政策对西方经济的影响。

2.3 第二次世界大战

通过了解日本对中国的侵略、意大利法西斯和纳粹德国的对外扩张，知道德国、意大利、日本侵略集团是发动第二次世界大战的罪魁祸首；知道第二次世界大战的主要进程和主要战场，知道《联合国家宣言》和开罗会议、雅尔塔会议、波茨坦会议等重要国际会议，了解世界人民反法西斯战争的艰巨性和胜利原因。

2.4 第二次世界大战后世界的新变化

通过了解杜鲁门主义、马歇尔计划、德国分裂、“北约”与“华约”的建立，认识美苏“冷战”对峙局面的形成；通过了解美国和日本经济的发展，欧洲联合趋势的发展以及社会保障制度的建立，初步理解战后资本主义发展的新特点；了解社会主义从一国到多国的实践，知道社会主义阵营的形成和苏联的改革，了解东欧剧变和苏联解体，认识中国特色社会主义建设的意义；通过万隆会议、“非洲年”、巴拿马收回运河主权等史事，知道战后殖民体系的崩溃和亚非拉国家为捍卫国家主权、发展经济所进行的斗争。

2.5 当今世界的主要发展趋势

通过世界多极化、经济全球化、社会信息化和文化多样化，了解现代世界的基本特点；知道人口、资源、环境、传染病、社会治理等人类发展面临的共同问题；通过了解联合国、世界贸易组织等，认识世界各国为解决全球性问题所作出的努力；知道和平、发展、合作、共赢是时代潮流，了解构建人类命运共同体理念的重要意义。

3. 学业要求

3.1 能够了解世界现代史上重要的事件、人物、现象，了解世界现代历史发展的基本进程。(唯物史观、时空观念、历史解释)

3.2 能够结合语文、外语、地理等课程的学习，初步理解相关史料的含义；能够通过多种途径搜集史料，运用史料进行论证，以实事求是的态度分析历史问题和现实问题。(唯物史观、史料实证、历史解释)

3.3 能够理解和尊重世界各国、各民族的文化传统，逐步形成面向世界的视野和意识，并认识中华文明的世界价值。(历史解释、家国情怀)

3.4 能够坚定和平理念，增强忧患意识，认识和平与发展仍然是时代的主题；能够从历史的演变中认识保护生态环境的重要性；增强社会责任感和历史使命感，为构建人类命运共同体贡献自己的力量。(历史解释、家国情怀)

4. 教学提示

·展现典型史事，引导学生了解资本主义的发展变化，社会主义从理论变为现实并在曲折中发展，殖民地半殖民地人民的民族民主斗争和发展中国家的发展，以及国际体系的变迁等。把握现代国际关系和国际格局的演变，认识中国的发展与世界的发展息息相关，理解世界历史的长期发展走向。

·开发和利用与学习内容相关的多种素材，如档案文献、书籍、地图、图片、影视作品等；浏览图书馆、博物馆等相关网页，获取更丰富的历史信息。

·运用示意图和世界历史地图等学习历史。

·进行中外历史相联系的学习活动，形成整体认识，初步理解构建人类命运共同体的必要性和重要性。

·查阅资料，调查访问，观看纪录片，围绕主题进行自主、合作探究学习，形成项目研究成果，撰写报告或小论文。

·查阅、整理某一国际问题的相关资料，并采取模拟联合国会议的方式，就该问题展开讨论。

·选择典型资料设计板报或展板，举行“勿忘历史，珍爱和平”的主题班会。

·举行辩论会，与不同的观点交锋，提高对历史和现实问题的认识水平。

三、跨学科主题学习

2022年版历史课程标准增加了跨学科主题学习板块，它是引导学生围绕某一研究主题，将所学历史课程与其他课程的知识、技能、方法以及课题研究等结合起来，开展深入探究、解决问题的综合实践活动。

（一）跨学科主题学习的价值

一个人完整的生活肯定是不分学科的，教育中各个学科之间也很难截然分开。跨学科主题学习活动以问题解决为出发点，在前6个传统板块学习的基础上对历史学习进行提升和拓展，在横向上看是学科内横通和学科间融通的方式，在纵向上看是学生深度学习的有效途径。跨学科主题学习内容广泛、深入，方法多元、灵活，过程多样、综合。学习主题主要来源于“社会、日常生活和学生自身，学习多以围绕主题的事实观察探究为主”①，“以学生对主题学习的关键任务和要求的感知为起点，学生经历形成跨学科概念和掌握跨学科技能的过程，最终达到联系生活、学以致用、融合创造的目的。”②

历史学科的跨学科主题学习旨在加强学生对中外历史进程及其发展特征的总体性把握和比较性认识，加强学生运用多学科知识、技能和多样化的学习途径进行综合探究的意识和能力，为学生提高创新精神和实践能力搭建多维度的平台，促进学生各学科能力的平衡和学生的全面发展。跨学科主题学习将多种方法综合运用到学生的历史学习中去，可以让历史课“活”起来，促进历史学习与学生的生活、社会现实有效衔接，学生转向有意义的学习。

（二）跨学科主题学习的原则

1. 综合性。跨学科主题学习活动以解决问题为导向，体现多领域知识整合、学科交叉互证和多元方法的运用，注重校内校外教育空间的贯通、历史学习与现实探究有机联系、史料研习与社会实践有机配合，将培育学生的正确价值观、必备品格和关键能力有机融合，强调素养的统一性。

---

① 聂洋溢：《关注过程：基于自然学习模式的跨学科主题教学设计》，载《教育参考》，2016(6)。

② 聂洋溢：《关注过程：基于自然学习模式的跨学科主题教学设计》，载《教育参考》，2016(6)。

2. 实践性。跨学科主题学习活动以培养学生解决实际问题的能力为出发点，运用自主学习、合作学习、探究学习等途径，引导学生将学科知识与社会问题的解决联系起来，实现学习的有效迁移，培养学生的想象力、洞察力、判断力等，促进学生全面发展，使学生能够更顺利地“适应复杂情境下的学习、工作和生活，成为适应社会需求的应用型、复合型人才”①。

3. 多样性。跨学科主题学习活动借助丰富多样的历史资源，提出跨界、跨阶段问题。运用多学科理论、技术与方法，搭建适宜学生探究的创新实践平台，创设多元发展情境，“构建跨学科的知识网络”②，探索多种解决问题的方案，使学生在解决问题的过程中得到多方面的发展。

4. 探究性。跨学科主题学习活动需选择具有延展性的综合、开放的探究主题，跨越多重背景构建开放的研究情境，提倡深度学习、项目式学习和课题式学习，探究共性的理念和方法，形成研究性学习成果。学习的重点在于培养学生的问题意识和探究的精神，“提供多学科视角和思维下解决问题的能力”③。

5. 可操作性。跨学科主题学习活动的设计与开展，需考虑学情、地情、教师素养、学校条件等实际情况，从任务需要和已有资源出发，在学生认知框架下确定主题和选择实践探究的方法与策略。跨学科主题学习需在路径选择、材料获取、活动与评价方式的设计与实施等方面具有可操作性。学科教学与跨学科学习必须“相互补充、相互促进和相互支持”④。

（三）跨学科主题学习的实施流程

1. 跨学科主题学习的条件考察

(1)考察资源和建立分科课程之间的关联；

(2)学生提出问题的价值评估；

(3)师生认知水平和范围评估。

2. 跨学科主题及其认识框架的确定

(1)提炼跨学科主题学习研究的核心概念和关键问题；

---

① 张玉滨：《高中跨学科教学的本位价值与实施路径》，载《中小学管理》，2018(4)。
② 张玉滨：《高中跨学科教学的本位价值与实施路径》，载《中小学管理》，2018(4)。
③ 杜惠洁：《德国跨学科教学理念与教学设计分析》，载《全球教育展望》，2005(8)。
④ 杜惠洁：《德国跨学科教学理念与教学设计分析》，载《全球教育展望》，2005(8)。

(2)选择认知与研究的理论；

(3)建立概念体系与现实问题、学科内容的关联。

3. 设计跨学科主题学习的目标、任务群与评价标准

(1)综合各学科素养，建立跨学科主题学习的目标层次和体系；

(2)设计情境任务和嵌套任务，建设任务体系，选择任务载体；

(3)制定评价标准，确定评价方式，选择或制定量表。

4. 学习小组的准备与探究方法的选择

(1)根据学生素养、兴趣和条件，建设和选择学习小组；

(2)小组间和小组内分工与准备；

(3)选择和预估探究方法，设计与整合活动。

5. 资料的收集、整理、分析和结论的得出

(1)多学科、多活动资料的收集与整理；

(2)学科间、活动间信息的整合；

(3)探寻信息的关联性，破除谬误，得出结论。

6. 对结论和研究过程与方法的提问、质疑与修正

(1)对研究过程与方法的提问、质疑与修正；

(2)对研究结果和结论的提问、质疑与修正；

(3)对知识建构、能力提升、素养内化效果的评估。

7. 跨学科主题学习的成果展示、交流与宣传

(1)充分解释研究结果、实践方法和经验教训；

(2)展示、汇报和分享研究成果；

(3)选择或建设平台，开展交流和宣传活动。

（四）跨学科主题学习的主题示例

新课标明确，跨学科主题学习活动“各个主题涉及的内容，都来自中国历史和世界历史6个板块，从特定的问题意识出发，将分散在不同地方的内容整合在一起”。新课标附录10个跨学科学习主题及设计思路说明，以及2个详细示例。

10个跨学科学习主题为：中华英雄谱，小钱币、大历史，历史上的中外文化交流，历史上水路交通的发展，生态环境与社会发展，在身边发现历史，探寻红色文化的历史基因，看电影、学历史，历史地图上的世界格

局，古代典籍中的中华优秀传统文化。

第五节　初中历史学业质量与课程实施

一、学业质量

本次课程标准修订，各门课程都研制了基于核心素养的学业质量标准，增强了课程标准的完整性，提升了标准的约束力。这是新课程标准在形式和结构上的重大突破。严格来说，没有质量标准就不是真正的标准。教育是有目的的活动，课程内容和教学活动都是指向学生学业质量的，学业质量没有标准，课程内容和教学活动的标准就没有了归属，实际上就不能算真正的标准。

学业质量是学生在完成一门课程的阶段性学习后的学业成就表现，实际上就是学生在学完相应的课程内容后所发生的变化和收获。学业质量贯穿了2022年版初中历史课程标准教、学、评的始终。课程标准针对"内容要求"提出"学业要求""教学提示"，细化了评价与考试命题建议，注重实现教、学、考的一致性，增加了教学、评价案例，不仅明确了"为什么教""教什么""教到什么程度"，而且强化了"怎么教""怎么考""考到什么程度"的具体指导，做到好用、管用。

依据核心素养发展水平，结合课程内容，整体刻画学生历史学业成就的具体表现，形成历史学科学业质量标准，引导和帮助教师把握教学深度与广度，为教材编写、教学实施、考试评价等提供依据。7～9年级历史课程学业质量标准依据学习内容的不同层次，综合评定学生面对真实情境，在完成相应的学习任务过程中所表现出的解决问题的正确价值观、必备品格和关键能力，由此体现核心素养的发展水平和课程目标的实现程度(如下表)。

表3.1　义务教育历史课程学业质量标准

学段	学业质量描述
7～9年级	1. 掌握历史发展过程中的重要史事 能够运用记录历史年代的基本方式，掌握识读历史地图的基本方法，将重要历史事件、人物、现象置于正确的时间和空间之中。(时空观念)

续表

学段	学业质量描述
7～9年级	能够准确理解教材和教学活动中所提供的可信史料，如不同历史时期的实物材料、文献材料、图像材料和口述材料等，辨识其中的含义；能够尝试运用这些史料对重要史事进行简要说明，有理有据地表达自己的看法，表现出正确的价值判断和人文情怀。(史料实证、历史解释、家国情怀) 能够初步从物质生产活动是人类生存和人类社会发展的基础、生产力与生产关系、人民群众是历史的创造者等方面，理解重要史事的意义，如对中国历史上的江南开发、西欧封建社会的兴衰、活字印刷术的发明等，运用唯物史观作出合理的解释与简要评价。(唯物史观、历史解释、家国情怀) 2. 了解历史发展过程中的各种联系 能够了解并初步认识4种重要的历史联系：(1)历史发展的古今联系。如以中国的疆域为例，能够从古今联系与变化的角度，对其进行简要论述。(2)不同史事的因果联系。如以工业革命为例，能够从生产力发展的角度，初步分析生产力对政治、经济、文化等方面发展的推动作用；通过历史上治乱兴衰的史事，如以秦统一中国、秦末农民大起义、西汉建立、“文景之治”为例，简要说明在阶级社会中阶级斗争是历史发展的动力。(3)不同领域的横向联系。如以唐太宗和“贞观之治”为例，能够对一定时空条件下的政治、经济、文化等之间的相互关系与相互影响作出合理的解释。(4)中国与世界的联系。如以近代中国为例，能够分析中国成为半殖民地半封建社会的外部原因和内部原因，理解民族独立和人民解放是近代中国的历史任务，认识捍卫国家主权和民族尊严是中华民族的优良传统；能够感悟五四精神、伟大建党精神、抗战精神等。(唯物史观、时空观念、史料实证、历史解释、家国情怀) 3. 认识历史发展的基本规律和大趋势 能够在了解历史发展的重要史事和各种联系的基础上，简要说明不同历史时期的时代特征，进一步了解人类社会从低级到高级、从分散到整体的发展历程，初步把握中外历史发展的基本线索和规律，并在自己的叙述中加以体现。例如：能够通过了解中国古代历史发展的具体史实，了解统一多民族国家巩固和发展的重要历史意义；能够通过中国近代史上争取民族独立、人民解放的斗争历史，知道民族民主革命的艰巨性，认识没有中国共产党就没有新中国的道理，能够体认仁人志士为救国救民而英勇斗争的精神；能够通过我国改革开放以来各个领域取得的成就、家乡的巨大变化和综合国力的不断提高，增进爱祖国、爱家乡的情感，铸牢中华民族共同体意识，认同社会主义核心价值观，坚定中国特色社会主义道路自信、理论自信、制度自信和文化自信。(唯物史观、时空观念、史料实证、历史解释) 能够通过学习世界历史，了解世界文明的多元性、差异性及其发展的不平衡性，知道资本主义、社会主义和殖民地半殖民地民族解放运动的发展，了解世界历史的形成过程，初步具有国际视野和全球意识，初步理解和平与发展的时代主题，形成构建人类命运共同体的意识。(时空观念、史料实证。唯物史观、历史解释、家国情怀)

相较于2017年版高中历史课程标准，2022年版初中历史课程标准既没有对每个核心素养单独界定质量标准，也没有划分不同的水平层级，而只是从掌握历史发展过程中的重要史事、了解历史发展过程中的各种联系、认识历史发展的基本规律和大趋势3个维度进行了综合界定。这样处理的主要原因应该有2个：首先，5个核心素养本身相辅相成、难以分割，需要整体培养，所以没有单独界定。其次，之前的课程内容标准中，对于不同学段的每个模块的学习内容已经提出了明确详细的学业要求，所以没有区分不同水平层级。

正如余文森教授所言，“新课程标准涵盖内容、活动、质量3个维度，用一个公式表示就是：课程标准＝知识内容标准＋教学活动标准＋学业质量标准”。这是一个在形式和结构上相对完整的标准。从学习的角度来说，课程标准完整地回答了学习的3个重要问题：学什么、怎么学、学得怎样(学会什么)。从教育的角度来说，课程标准回应了教育的3个核心问题：用什么培养人(教育内容)、怎么培养人(教育活动)、培养到什么程度(教育质量)。从“认知加工的视角”来说，内容是输入端，活动是加工端，质量是输出端。三者构成了相对完整的逻辑体系。值得强调的是，它们不是3个或3类标准，而是一个完整标准的3个维度、3个方面。这3个维度、3个方面的标准不是各自独立、各自为政的，而是相互关联、有机统一的。知识内容标准用以确保核心素养形成所必备的知识载体，教学活动标准用以确保知识转化为素养所必须经历的过程与程序，学业质量标准用于确保和检验学习必须达成的水平和成果。①

二、课程实施

课程实施是根据课程标准进行的教材编写、教学、评价考试等活动。如果说课程性质、课程理念、课程日标、课程内容与学业质量由宏观到微观详细规划了一门课程的蓝图，课程实施则是按照规划落实课程标准的关键，是通过课程培育核心素养的路径和保障。2022年版初中历史课程标准

① 余文森、龙安邦：《论义务教育新课程标准的教育学意义》，载《课程·教材·教法》，2022(06)。

从教学、评价、教材编写、课程资源开发与利用、教学研究与教师培训5个方面提出了翔实的要求和建议，希望让课程标准真正成为教科书编写的依据、教学活动开展的依据、教学评价的依据，让使用者感到课标能用、管用、好用，让核心素养落地，实现立德树人的根本任务。

（一）教学建议

1. 以正确的思想统领历史教学

历史教学要坚持以唯物史观为指导，引导学生正确认识人类历史的发展，落实立德树人根本任务，充分发挥历史课程的育人功能。在历史教学过程中，客观分析历史事件、人物和现象，对历史问题进行实事求是的解释和评述。坚持论从史出的原则，力求体现历史教学的思想性、科学性、民族性、时代性、系统性和基础性。在叙述和评价史事时，坚持正确的价值引领，使学生逐步树立正确的历史观、民族观、国家观、文化观。

2. 准确把握五位一体的核心素养教学目标

5大核心素养不是5块，而是一个整体。在具体教学实践层面，相互依赖、不可分割。不是一节课分成5个环节，分别完成5个目标，而是5维目标统一于一节课。避免以单纯识记知识作为教学目标；改变以往机械地分别列出知识、能力、方法、情感态度与价值观的目标表述；教学目标的制订要以课程目标、学业要求和学业质量标准为依据，聚焦问题解决的实际程度，尤其是学生探究问题和解决问题的正确价值观、必备品格和关键能力；教学目标要具有可操作性和可检测性，使之指向学生通过学习表现出来的进步程度。

3. 基于核心素养整合教学内容

教师在进行教学设计时，应准确把握内容要求和学业要求，分析教材，整体梳理教学内容，把握每一学习主题涉及的范围、层次、要点，以及核心概念、重要问题，使教材的内容转化为有利于学生学习的教学内容。在分析课程内容结构的基础上，教师需要从有利于发展学生核心素养的角度对教学内容进行有效整合，主要包括：基于单元主题学习整合教学内容；把握教学内容中的关键问题，确定教学重点；运用大概念对教学内容进行整合。大概念是指那些能够将分散的知识、技能、观念等联结成为整体，并且赋予它们意义的概念、观念。教学中的大概念是课程内容所要围绕的核心和基石，处于教学内容的核心位置，对学生学习具有引领作用。

4. 基于核心素养设计教学过程

要将传统教学设计中基于知识授受的教学过程，转变为基于学生核心素养发展的教学过程，这就不仅要考虑教学内容的逻辑、教学过程的环节和学生的认知特点等，还要在教学理念上以学生的学习与发展为本，注重学生的自主探究活动，调动和发挥学生学习历史的积极性、主动性和创造性。因此，教师需要从以下几个方面重点设计教学过程。

(1)创设历史情境。如通过展示历史文献、历史影像，参观历史遗址、历史博物馆、纪念馆等再现历史情境；通过当前国内外发生的事件回溯历史的源头，即从现实情境中探寻历史问题；通过衣食住行、言谈话语等日常生活情境，使学生感受与之相关的历史由来，切入所要认识的历史问题。

(2)明确学习任务。为使学生开展自主的探究学习，需要确定并提出明确的学习任务。学习任务的确定应以课程标准中的内容要求、学业要求和学业质量标准为依据，以具体的任务引领学生去认识历史和解决探究的问题。

(3)以问题引领思维。教师在分析教学内容的基础上，要以问题为引领开展教学。无论单元学习，还是每课学习，都要结合教学内容的逻辑层次，设置需要解决的问题，并形成递进性的问题链，构成教学过程的逻辑层次，使学生在解决问题的过程中掌握知识，发展思维，形成新的迁移，获得新的认识。

(4)开展史料研习。要求教师引导学生学会搜集、整理、辨析史料，运用史料解释历史。在运用史料上，要考虑以下几点：一是明确运用史料的目的；二是选择典型、可信、有价值、有说服力的史料，考虑史料反映的立场、观点；三是所选史料要包含与学习有关的关键信息；四是考虑学生对史料的理解水平，帮助学生克服阅读史料的障碍；五是将史料展示与问题解决相结合；六是考虑如何根据史料的运用来组织学生的学习活动。

5. 综合采用多种教学方式方法

在历史教学过程中，教师应根据课程标准的要求、教学内容的特点、学生的认知水平和学习状况，采用多样的、适宜的教学方式和教学方法。

(1)教师应进行必要的讲述。大部分历史知识都与儿童的生活有遥远的距离，没有老师精心的讲授和引导，儿童很难通过自学和互学加以理解和掌握。所以在历史课堂教学中，教师进行必要的讲述是不可或缺的。教师的讲述包括对具体的历史事件、人物和现象的叙述，对重要历史问题的讲解等，有助于学生了解史事的基本情况，提高学习兴趣，体验历史情境，加深对历史的思考和理解。

(2)开展以学生为主体的多样化教学活动。如开展课堂讨论，组织辩论会，编演历史剧，举办故事会、诗歌朗诵会、成语比赛、讲座、专题论坛、读书交流会、学习经验交流会等，进行历史方面的社会调查，采访历史见证人，参观博物馆、纪念馆及爱国主义教育基地，考察历史遗址和遗迹，观看并讨论历史题材的影视作品，制作历史文物模型，撰写小论文，编写家庭简史、社区简史和历史人物小传，编写历史题材的板报、通讯等，举办小型历史专题展览，设计历史学习园地的网页等等。

(3)将现代信息技术与历史教学深度融合。在历史教学中运用现代信息技术，能够拓宽有关历史的信息源，扩展历史视野，有助于更好地突出教学重点和解决教学难点；能够有效地改变传统的教学方式，适应信息时代人们个性化、多样化的学习习惯和学习方式，促进教与学的互动和交流。教师要努力将现代信息技术与历史教学内容的展现相结合，通过多媒体手段呈现具体的、形象的、动态的、多维度的历史情境；恰当运用现代信息技术的优势，组织学生开展各种学习活动，促进学生的自主学习、合作学习和探究学习。教师要积极探索线上教学的模式，并将线上教学与线下教学有机结合。

(4)对学生进行有效的学法指导

要突出和发挥学生在教学中的主体地位，引导学生掌握学习方法，使学生有明确的学习策略和学习规划，学会学习，这需要教师对学生进行学习方法指导。学法指导包括很多方面，例如，指导学生记笔记，阅读教材，梳理教材，阅读有关历史资料，解析历史概念，概括所学的历史事实，对历史进行分析，初步形成自己的历史认识，学会与他人交流合作，等等。教师要根据学生的不同情况，有针对性地进行个性化指导。

（二）评价建议

历史课程的评价要以历史课程目标、课程内容、学业要求和学业质量

《七年级儿童历史学习动机与兴趣》

为依据，以培育学生核心素养为出发点和落脚点，综合发挥评价与考试命题的导向、鉴定、诊断、激励、调控和改进功能，准确判断学生核心素养的达成度。历史课程的评价主要是评价学生在学习过程中表现出的核心素养水平，并用评价结果改进教师的教学行为和学生的学习方式，使教、学、评相互促进，共同服务于学生核心素养的发展。

2022 年版初中历史课程标准提出："历史课程的评价要以课程目标和课程内容为依据，确定符合学业质量标准的评价目标；要从社会、学校、教师、学生等不同评价主体的视角进行评价；倡导过程评价的校内外结合，对学生校外的学习情况进行评价，并将这方面的评价与校内进行的多种评价结合起来；倡导跨学科评价、增值评价，关注学生经历多次评价后展现的进步程度；注重评价目标与教学目标的一致性，教学和评价围绕学生学习这一中心展开，以过程评价促进学生核心素养的发展。"①

评价内容包括学生学习态度、学习参与程度、学习内容掌握程度、核心素养的发展状况等；要对学生核心素养 5 个方面的综合发展状况进行评价，主要评价学生将所学历史知识与技能运用于解决具体问题时所体现的核心素养水平。评价要进行整体规划和设计，重点关注课堂评价、作业评价、单元评价、跨学科主题学习评价和期末评价。

历史课程学业水平考试是依据内容要求、学业要求和学业质量标准，对学生完成历史课程后的课程目标达成度进行终结性评价的考试。考试结果是衡量学生是否达到毕业标准和高一级学校招生录取要求的重要依据，也可以为评价区域和学校的教学质量提供参考，为教师改进教学提供指导。

---

① 中华人民共和国教育部制定：《义务教育历史课程标准(2022 年版)》，61～62 页，北京，北京师范大学出版社，2022。

2022年版初中历史课程标准明确了历史课程学业水平考试的命题原则、命题规划、题目命制流程及要注意的问题，并提供了2道考试样题。

（三）教材编写建议

2022年版初中历史课程标准提出了初中历史教材的编写原则、内容选择、内容编排、设计印刷方面的标准，这些建议的对象是历史教材的编写者，与普通老师的关系相对遥远。但历史教材是历史教学最重要的教学资源，建议历史教师注意以下几点。

理性客观地评价教材。中学历史教材的编写是一项非常复杂艰辛的工作，既要体现国家意志，契合课程标准，又要符合儿童的认知基础，还要凸显历史学科的特质。教材的容量有限，文字须简洁，但中外历史时间跨度大、内容庞杂。面对诸多的艰难挑战，目前世界范围内成功的经验并不多。因此，虽然教材依据课程标准编写，但也很难完全体现和落实课程标准的理念及要求，难免存在局限和不足，对此我们要理性客观地看待。

实事求是地看待教材中的史实与观点。历史教材是编者在特定的时空背景下编写出来的，难免会受到主观和客观的局限。最明显的是，史学研究在不断发展，但即使学界取得共识的研究成果，进入教材也需要相当长的时间。因此，我们应当依据党和国家的最新精神，参考历史学研究的最新共识，实事求是的对待历史教材的史实与观点。

避免单纯地教“教材”。虽然教材是历史教学最重要的教学资源，但它不是唯一的历史教学资源，我们绝不能仅仅局限于教材的内容、结构和顺序，只凭历史教材来组织教学。教师应该以课程标准为依据，结合实际的学情，对历史教材进行增删、合并，重构教学内容，做到用“教材”教，而不是单纯地教“教材”。

（四）课程资源的开发与利用建议

历史课程资源是指有利于历史课程目标实现、服务于历史课程的一切可资利用的物质和非物质资源的总和，既包括校内的，也包括校外的；既包括传统的图书资料，也包括现代的网络和多媒体。历史课程资源的开发与利用，有利于提升历史教师的专业素养和教学能力，有助于学生核心素养的培育。历史课程资源的开发与利用应该注意以下几点：

(1)因地制宜。历史课程资源的开发与利用要根据实际情况量力而行，不要盲目跟风。如在城市和发达地区，可以充分利用网络资源、图书馆、博物馆、纪念馆等。而农村和不发达地区则应高度重视开发和利用身边的历史资源，如历史教材、家庭资源、地方史资源、社区资源、历史遗址遗迹等。

(2)教师和学生是最重要的人力课程资源。教师是课程资源优化整合的设计者和执行者，教师的积极性和主动性是课程资源开发与利用的关键，历史教师自身便是非常宝贵的课程资源。同理，学生的经历、见闻、感想等也是重要的课程资源，但这一点容易被大多数老师所忽视。

(3)引导学生树立历史课程资源意识。提升学生开发与利用课程资源的能力，是提高课程资源开发与利用效益的重要途径。教师要引导学生精读教材，提取有效信息；利用手边的历史地图册、填图册等教辅资料，解决课堂学习遇到的问题；学会利用互联网、图书馆资源等进行学习，充分利用乡土和社区课程资源进行学习。

（五）教学研究与教师培训建议

“教书匠”与“教育家”只有一墙之隔，这堵墙就是教研。教研力是基础教育教师进行教学研究和教育科研的能力，是教师专业发展的第一生产力，是教师的核心素养之一。教研力的重要价值和意义，早已经在学界得到了公认。但长期以来，中学历史教师对教研力的认识有不少误区，一线教师教研力的现状不容乐观，教研力的提升面临诸多困境，成为历史教师专业发展的痛点、堵点和难点。

中学历史教师教研力提升面临诸多困境既有主观认识的偏差，也有实践操作的失范，根本原因在于专业阅读和教育写作的缺失。区域教研和校本教研是推进历史新课程实施的主要途径，历史教师自身的积极进取是提升教研力的关键，其中最重要的 3 个突破点是泛观博取、熟读精思，科学教研、批判反思，勤于写作、思行合一。

面对新课标和新教材，各级教育行政部门和学校要充分发挥教研系统的作用，建立完善有效的培训体系，针对核心素养、学业质量、跨学科主题学习、大概念教学等重点难点开展专题培训。老师要树立研究意识，通过自我反思、同伴互助、专家引领等多种方式，针对新课程的重点难点开展关键课题研究和主题教研。要以素养为导向，以问题为主轴，以实践为取向，关注历史教育教学中具有共性和全局性的关键问题，以课题和主题教研的形式开展系统、深入的研究。

核心素养是我国本次课程标准修订的一根红线，贯穿课程标准修订的全过程，统领课程标准的各部分，从而使课程标准的各个组成部分保持内在的一致性和统一性，即二者形成鱼水的关系而不是油水的关系。核心素养与课程标准各部分的关系为：课程性质是人的核心素养具体到课程层面的依据，包含这门课程及其所依托的学科的基本属性、特点、价值和意义；课程理念体现核心素养导向的课程改革的基本诉求，主要从目标、内容、实施、评价等方面阐述基于核心素养的课程改革的方向和追求；课程目标是人的核心素养具体到课程的转换枢纽，集中阐述课程培育的核心素养的内涵、维度、学段特征以及在课程目标上的体现；课程内容是课程培育核心素养的载体，从有利于核心素养形成的角度进行建构；学业质量是课程培育核心素养的表现，是核心素养在具体课程内容上的体现；课程实施是课程培育核心素养的路径和保障，从有助于核心素养形成的视角阐述课程实施的要素、过程和条件。

本章小结

2022 年版初中历史课程标准明确指出历史课程具有思想性、基础性、人文性和综合性等性质，课程理念部分主要涉及目标理念、教学理念、评价理念，阐述了相关领域的根本方向和价值追求。历史课程目标主要包括唯物史观、时空观念、史料实证、历史解释、家国情怀 5 个方面，通过历史学习逐步形成正确价值观、必备品格和关键能力。

初中历史课程内容整体呈现大通史、小专题的叙事结构，中外历史共计 6 个模块，采用“点—线”结合的呈现方式，包含中国史 17 个专题和世界史 14 个专题。每一板块课程内容依次为知识概述、内容要求、学业要求、教学提示，突出了“教—学—评”一体化；另外新增了跨学科主题学习板块。

历史学业质量标准从掌握历史发展过程中的重要史事、了解历史发展过程中的各种联系、认识历史发展的基本规律和大趋势 3 个维度进行了综合界定。为了取得良好的实施效果，2022 年版初中历史课程标准从教学、评价、教材编写、课程资源开发与利用、教学研究与教师培训 5 个方面提出了翔实的要求和建议。

复习思考

1. 简述初中历史课程的性质与理念。
2. 简述初中历史课程目标与学业质量。
3. 简述初中历史课程的实施。

拓展阅读

1. 崔允漷：《学习素养通过项目化学习培养》，载《上海教育》，2018(34)。

2. 崔允漷：《学科核心素养呼唤大单元教学设计》，载《上海教育科研》，2019(4)。

3. 崔允漷、张紫红、郭洪瑞：《溯源与解读：学科实践即学习方式变革的新方向》，载《教育研究》，2021(12)。

4. 安桂清：《论义务教育课程的综合性与实践性》，载《全球教育展望》，2022(05)。

5. 雷浩、李雪：《素养本位的大单元教学设计与实施》，载《全球教育展望》，2022(05)。

6. 徐蓝：《明理、增信、崇德、力行——义务教育历史课程标准(2022年版)解读》，载《基础教育课程》，2022(09)。

7. 吴艳玲、陈云龙：《强化重大主题教育，有效落实国家事权——〈义务教育历史课程标准(2022年版)〉解读》，载《历史教学(上半月刊)》，2022(05)。

8. 薛伟强：《〈义务教育历史课程标准(2022年版)〉的创新与挑战》，载《中小学班主任》，2022(08)。

第四章 2017年版高中历史课程标准解析

学习目标

1. 理解高中历史课程的性质和理念。
2. 掌握历史学科核心素养与课程目标。
3. 熟悉高中历史课程的结构与内容。
4. 理解高中历史课程的学业质量与教学、评价建议。

党的十九大明确提出，要全面贯彻党的教育方针，落实立德树人根本任务，发展素质教育，推进教育公平，培养德智体美全面发展的社会主义建设者和接班人。此次高中课程改革提出了以培养和提高学生的历史学科核心素养为核心的课程与教学的新理念。历史课程目标的确定、课程内容的编制、课程实施的措施、课程评价的标准、课程教材的编写等，都要始终贯彻发展学生历史核心素养这一核心任务。

第一节 高中历史课程的性质和理念

课程性质和基本理念是高中历史教学中教师首先必须清楚认识的两个重要问题，也是整个课程标准的灵魂。普通高中历史课程，是在义务教育历史课程的基础上，进一步运用历史唯物主义观点，以社会形态从低级到高级发展为主线，展现历史演进的基本过程以及人类在历史上创造的文明成果，揭示人类历史发展的基本规律和大趋势，促进学生全面发展的一门基础课程。以立德树人为历史课程的根本任务，坚持正确的思想导向和价值判断，以培养和提高学生的历史学科核心素养为目标，是高中历史课程的基本理念。

一、课程性质

《普通高中历史课程标准(2017 年版 2020 年修订)》对“课程性质”的阐述分为 2 部分：第一部分论述的是历史学的性质、作用与功能；第二部分论述了普通高中历史课程的性质与功能。

（一）历史学的特点与功能

历史学的研究对象和本质特征，是在一定的历史观的指导下对人类历史进程及其规律的叙述和阐释。历史是已经发生、过去了的事物，它是客观存在的，并不能因人的主观意志而改变。历史学就是对这种客观存在的历史进行研究。但在历史研究的过程中，有历史记录者、研究者的主观思想意识渗透在研究的过程中。因此，历史学是客观存在的历史在人的意识上的反映，是基于客观存在的主观认识。这种认识必然是处在一定的历史观指导下的，进而表现为对历史的叙述和阐释。

1. 历史学的特点

(1)多维度的时空意识

历史上出现的事件、人物和现象都是在特定的、具体的时间和空间范围内发生和发展的，具有确切的时空规定性。历史学研究的基础是建立在时间意识上的，沿着时间的长河人们可以追溯人类的过去、缅怀先辈的丰功伟绩、感怀人类的精神风貌。地理空间则为历史的演进提供了特定的舞台。时间和空间的二维规定性，让历史鲜活起来，也让历史研究成为可能。

(2)历史内容的过去性(一度性)

历史发展本身是一个客观的过程，具有一度性、唯一性，是不可能再现、重演的。这也为人们研究带来了一定的困难。要研究历史、揭示历史真相，人们只能借助历史遗迹、文物资料和文字记载等相关史料。因此，研究历史需要尽可能多地搜集、占有史料，对史料的解读、运用要尽可能客观、公正，以接近客观实际，求得历史的真相。

(3)史与论的高度统一性

史与论的高度统一是历史学区别于其他学科的重要特点。历史学的基本方法是论从史出、史论结合。史，即史实、材料；论，即结论、观点，包括评价历史时所采取的态度、所下的最后论断。史与论必须高度统一。有史无论，历史学就成了一堆没有“灵魂”的材料；反之，有论无史，历史学就成了一副没有“血肉”的躯壳。只有史论统一，历史学才能显现出鲜活的生命力，

(4)学科知识的综合性和复杂性

历史学科的内容包罗万象、博大精深。从内容上看，历史学科涉及古今中外人类社会的各个领域，形式多种多样，内容精彩纷呈，诸如政治、军事、经济、文学艺术、科学技术等无一不包。与此同时，这些内容又有着纵横交错的内在联系。

(5)科学性与人文性的统一

历史学是一门人文社会学科，科学性与人文性的统一是历史学的显著特点之一。从科学研究的角度来说，历史学的根本任务在于还原人类社会历史发展的真相，揭示历史发展的一般规律和特点。再者，历史学又是一门人文社会学科，具有深厚的人文性。它追求的不仅仅是科学的“真”，更探求的是人之为人的终极目的与追求。历史学科的人文价值，是提供一种人文情怀，使人们有独立的人格意志，有丰富的想象力和创造性，有健全的判断能力和价值取向，有高尚的趣味和情操，有良好的修养和同情心，对个人、家庭、国家、天下有一种责任感，对人类的命运有一种担待。[①]

2. 历史学的功能

历史学的功能主要分学术功能和社会功能这两个方面。前者是指历史学的研究成果具有科学性，有学术上的价值和意义；后者是指历史学的研究成果对社会具有一定的作用和影响。

(1)历史学的学术功能

历史研究的学术功能在于它对人类历史发展的求真与贯通。历史学是人类对以往发生过的事情的记载和研究，特别是对人类社会活动的记载和

① 张汝伦：《我国人文教育的现状及出路》，载《文汇报》，2005-08-07。

研究，是人的主观因素对客观历史过程的看法。然而，随着时代的发展、新史料的出现、人们认识的变化，人们不断追求历史的真相，不断完善历史的贯通性，求得真实和通达的历史，这便是历史研究的学术功能。只有在学术上求真、求通的基础上，我们才能探寻历史发展规律，才能避免历史上曾经发生的错误，接受教训，才能在为社会成员提供文化教育的同时，提供人文情怀与人文关怀。

(2)历史学的社会功能

一是认识功能。历史是已经过去的现实，现实是历史的延续。无论是把握历史事实，还是叙述历史过程、进行历史评价，都是一种认识过程。历史学的根本任务，是通过认识历史，从纷繁复杂的历史现象中探寻、揭示历史发展的规律；通过总结历史规律，更好地认识当今的社会。通过对历史发展进程及其内在联系的探讨、考察，通过认识人类历史上曾经的社会活动，人们能够清醒地了解过去、认识现实和展望未来，这就是历史学的认识功能。这种认识功能既能使人认识历史发展的阶段，也能反映历史发展的趋势，还能鉴别社会历史事物之间内在的关联与差异。

二是教育功能。历史学的社会功能，在很大程度上是指历史学对社会成员有着教育上的意义。从广义而言，历史学使社会成员知晓历史知识，从而更好地认识现实、认识国情，懂得历史规律，正确展望未来，吸取历史经验教训，这些都可以被看作历史的教育功能。从狭义而言，历史学的教育功能的主要体现是通过历史信息的传递与教育，对人们的思想意识、伦理道德、品性情操等进行熏陶和影响。历史学的教育功能，更多的是通过潜移默化的方式影响人们的世界观和人生观。再者，历史学具有很强的教育鼓舞作用，既可以增强国家意识，弘扬民族精神，提高民族自尊心和凝聚力，也可以净化人们的心灵，还可以增强人们的自信心和进取心。

三是借鉴功能。所谓“借鉴功能”，即历史为以后的人们的实践活动提供一定的历史经验教训。虽然历史本身是不能重演的，但历史上出现过的社会现象在特定的条件下会以类似的方式再次出现。从对历史的观察思考中，从历史的经验教训中，人们可以找到观察、认识和解决现实问题的钥匙，这就是历史的借鉴功能。所谓“借鉴”，实则是从历史中汲取经验教训，借助历史的“镜子”更好地认清现实问题。这也是“习史使人明智”的意义所在。

历史学的社会功能，其认识功能是基础，教育功能是核心，借鉴功能是目的。历史记忆的传递，可以影响社会成员的思想和感情，尤其是思维方式和行为方式，使人们能够鉴往知来，继承优秀的传统文化，更自觉地适应社会发展的需要，这就是历史学的社会功能所在。

（二）课程的地位与作用

关于普通高中历史课程的性质，《普通高中历史课程标准(2017年版2020年修订)》明确指出是在义务教育基础上促进学生全面发展的一门基础课程，并对普通高中历史课程的作用与功能作了阐述。

1. 课程的性质

普通高中历史课程是在义务教育历史课程的基础上，进一步运用历史唯物主义观点，以社会形态从低级到高级发展为主线，展现历史演进的基本过程以及人类在历史上创造的文明成果，揭示人类历史发展的基本规律和大趋势，促进学生全面发展的一门基础课程。所谓"基础性"，指的是高中历史课程是义务教育历史课程的继续和深化，重在夯实学生的历史学科核心素养的基础，是基础教育体系的重要组成部分。

2. 课程地位与作用

作为一门课程，历史学科涵盖了历史学的基本内容，不仅介绍了人类社会发展的基本过程和人类社会发展进程中重要的历史人物、历史事件、历史现象，还对历史学科核心素养的养成进行了具体的规定性描述。

《普通高中历史课程标准(2017年版2020年修订)》对普通高中历史课程的作用进行了阐释，指出了中学历史课程承载着历史学的教育功能。学生通过高中历史课程的学习，进一步拓宽历史视野，发展历史思维，提高历史学科核心素养，能够从历史发展的角度理解并认同社会主义核心价值观和中华优秀传统文化，认识并弘扬以爱国主义为核心的民族精神和以改革创新为核心的时代精神，具有广阔的国际视野，树立正确的世界观、人生观、价值观和历史观，为未来的学习、工作与生活打下基础。这些阐述明确了高中历史课程的教育价值和对学生发展的意义，体现出高中历史课程的教育功能，也说明了高中历史课程的重要性。

二、课程理念

课程的基本理念是课程设计的导向和目标。课程标准如何设计、为什么而设计、设计时所遵循的原则是什么，这些都源于对课程功能的认识。高中历史课程的编制和历史课程标准的制定，所依据和贯彻的基本理念有很多，《普通高中历史课程标准(2017年版2020年修订)》主要提出了以下3条最为重要的基本理念。

（一）以立德树人为历史课程的根本任务

高中历史课程的任务是全面贯彻党和国家的教育方针，切实落实立德树人根本任务，坚持育人为本、德育为先，使历史教育成为形成和发展社会主义核心价值观的重要途径，促进学生全面发展，努力培养德智体美劳全面发展的社会主义建设者和接班人。

党的十八届三中全会进一步把坚持立德树人上升到党的教育方针的高度，赋予立德树人以深刻的理论内涵和全新的时代特征。提出立德树人根本任务的重要意义在于：第一，“立德树人”指明了基础教育的方向，就是“树人”，要坚持育人为本，通过合适的教育来发展人、改造人、塑造人；第二，“立德树人”指出了基础教育的途径就是“立德”，要坚持德育为先，通过正面的教育来引导人、感化人、激励人；第三，“立德树人”制定了基础教育的内容就是要在传授基础知识、基本技能的同时，突出社会主义核心价值体系，从而规范人、要求人、提高人。[①] 党的十九大报告再次明确提出，要全面贯彻党的教育方针，落实立德树人根本任务，发展素质教育，推进教育公平，培养德智体美全面发展的社会主义建设者和接班人。

因此，立德树人是高中历史课程的根本任务，这是历史课程最基本、最重要的教育理念。正如《普通高中历史课程标准(2017年版2020年修订)》所指出的，发挥历史课程立德树人的教育功能，使学生能够从历史的角度关心国家的命运，关注世界的发展，成为德智体美劳全面发展的社会主义建设者和接班人。这就是历史课程所坚持的价值追求。

历史教育工作者要全面理解历史课程立德树人的根本任务的深刻含义，一是要时刻想着历史课程要培养什么样的人和怎样培养人的问题，以及如何坚持历史课程的正确导向；二是要深入思考如何使学生从历史的角度、以历史的视野认识社会和人生，使学生通过历史学习得到全面发展，从而

---

① 王定华：《把立德树人作为基础教育根本任务》，载《人民教育》，2012(24)。

真正发挥历史课程的教育功能。

（二）坚持正确的思想导向和价值判断

普通高中历史课程是运用历史唯物主义基本原理阐释人类历史发展的进程和规律，进一步培养和提高学生的历史意识、文化和人文素养，促进学生全面发展的一门基础课程。历史课程的设置与编制，要将正确的思想导向和价值判断融入对历史的叙述与和评价中；要引领学生通过历史学习，认清历史发展规律，对历史与现实有全面、正确的认识，形成实事求是的科学态度和正确的世界观、人生观、价值观和历史观；要增强学生的历史使命感，使学生具有正确的国家意识、民族意识、社会意识、公民意识，以及世界意识和国际视野。

具体说来，课程标准在这方面的重要体现，一是将社会主义核心价值观融入历史课程之中。社会主义核心价值观的提出，是党和国家在全面建设中国特色社会主义伟大事业过程中的一项创举。二是加强历史课程在培养学生的国家认同、民族认同、文化认同、对中国共产党的认同和对中国特色社会主义的认同，以及使学生形成道路自信、理论自信、制度自信和文化自信上的导向作用。课程是价值观的载体，要充分体现并真正落实核心价值观的教育。“五个认同”及“四个自信”是高中历史课程的重要理念，也是高中历史教育的重要任务。

（三）以培养和提高学生的历史学科核心素养为目标

培养和发展学生的历史学科核心素养，是本次修订的高中历史课程标准中最为突出、最为重要的理念。历史学科核心素养是学生在学习历史的过程中逐步形成的具有历史学科特征的正确价值观念、必备品格和关键能力，是历史知识、能力和方法、情感态度价值观等方面的综合表现。历史课程要将培养和提高学生的历史学科核心素养作为主要目标，在课程结构的设计、课程内容的选择、课程的实施等方面，都要始终贯彻发展学生历史学科素养和需要这一任务。

《普通高中历史课程标准(2017 年版 2020 年修订)》以培养和提高学生的核心素养为理念，这体现在很多方面。例如，在课程目标上，将核心素养的达成程度作为具体目标；在课程结构设计上，在体现其基础课程特点的同时，为学生提供多视角、多类型、多层次的学习内容，拓宽历史视野，发展历史学科核心素养，增强历史洞察力；在课程类型上，分别设置必修课程、选择性必修课程和选修课程，使学生更为自主地选学所需课程，促进其自主发展和全面发展；在课程内容结构上，将历史学科知识与历史认识过程相结合；在内容选择上，注重展现人类优秀文明成果和历史发展大势，精选最基本、最主干性的历史知识，为学生提供认识和借鉴历史经验教训的材料，以便更好地帮助学生获得更多的历史启迪；在价值观层面上，要让学生初步理解、运用唯物史观，为学生提供多角度、开放性的思维训练；在课程呈现方式上，提供多种类型的学习材料，以发展学生的历史学科核心素养；在学业质量上，以学生核心素养的达成程度为水平划分。

将培养和提高历史学科核心素养作为高中历史课程的重要理念，除了体现在上述对课程标准的具体论述外，其重要意义还在于对今后的课程实施具有指导作用。这主要是有利于教学方式、学习方式和评价机制的转变，将教、学、评有机结合，促进学生自主学习、合作学习和探究学习，提高其创新意识和实践能力。

以上这些历史课程的基本理念，是历史课程设计和课程标准制定必须遵循的，也是教师在学习和领会课程标准时要特别注意的，更是教师在教学的实际过程中要始终贯彻的，这样才能使高中历史教育发挥其功能，使历史教学的改革更具有时代性和开创性。

第二节　历史学科核心素养与课程目标

一、历史学科核心素养

（一）提出背景

1. 国际背景

核心素养不仅是一个多维度的复杂结构，是知识、能力和态度的统一，而且是 21 世纪的人才培养标准，是新的人才培养质量观。[①] 21 世纪以来，面对世界多极化、经济全球化、社会信息化、文化多样化的深入发展，信

① 徐蓝：《关于历史学科核心素养的几个问题》，载《课程·教材·教法》，2017(10)。

息和知识样态的深刻变革，世界格局加快分化重组所带来的挑战，国际教育领域都在探寻适合人类社会发展的新教育理念和教育方式模式。美国、英国、法国、德国、芬兰、日本、新加坡、韩国等都把培养21世纪国民核心素养作为影响和决定国家发展的前瞻性、战略性问题，积极研究和开发国民核心素养框架体系，提出了各具特色的核心素养学说和理念，呈现出“百家争鸣”的态势。

2. 国内背景

21世纪以降，我国基础教育课程改革不断深化，普通高中和义务教育历史、历史与社会课程的研究与改革实践也在不断深化，推动课程目标定位从知识学习、能力培养、思想教育3方面，到知识与能力、过程与方法、情感态度价值观三个维度，再到明确提出学科核心素养。2016年9月发布的《中国学生发展核心素养》明确界定了学生发展核心素养的内涵和外延，提出了六大素养。在当前如火如荼的教育改革与创新的大背景下，本次历史学科组提炼出的“唯物史观”“时空观念”“史料实证”“历史解释”“家国情怀”5个核心素养概念，既是对以往教育理念和所取得的教育成绩的继承与发扬，又是对学生发展核心素养理念的深化与实践，还是对当前历史教育教学的拓展与提升。

（二）确立依据

1. 基于历史学科本质和历史教育本质的要求

历史学科核心素养的研制是以“发展学生核心素养”的研究成果为依据的，是基于历史学科本质和历史教育本质的要求。① 从历史学科本质的角度来看，历史是记录和解释人类从古至今一系列活动进程中的历史事件、历史人物、历史现象的一门学科，是人类精神文明的重要成果，是一切人文社会科学的基础。它所要解决的问题是通过对史料的考证、叙述和分析，不断发现、理解、解释、评判真实的过去，探讨发展规律，为当今和未来提供借鉴。从历史教育的本质来看，历史课程是推行国家主流意识形态、培育民族和国家认同、凝聚历史价值观、完善人格品质、提升人生境界的重要手段，具有培育人文素养、重塑社会道德、涵养家国情怀的重要作用。

① 徐蓝：《关于历史学科核心素养的几个问题》，载《课程·教材·教法》，2017(10)。

2. 基于基础教育学段历史课程目标不断探索的实践基础

唯物史观、时空观念、史料实证、历史解释和家国情怀5个核心素养，是在《普通高中历史课程标准(实验)》、《义务教育历史课程标准(2011 年版)》、《义务教育历史与社会课程标准(2011 年版)》等关于历史课程目标的表述的基础上，结合中国教育发展的客观实际和时代要求所做的梳理与概括、提炼与升华。这5大核心素养代表了目前人们对于历史学科核心素养研究和探索所达到的水平，具有鲜明的中国风格和时代特色。

3. 借鉴国际优秀成果和有益做法

在历史学科核心素养研究和提炼的过程中，专家研究了世界主要国家和地区历史课程改革中有关学科核心能力或核心素养的最新研究成果，它们对历史学科核心素养的指向具有相当大的一致性，主要包括以下5个方面：一是都将时序思维能力作为历史学科核心素养之一；二是都强调运用史料能力；三是都要求发展学生的历史理解能力；四是都要求培养学生的历史解释与历史评价的意识和能力；五是都提出培养学生历史文化认同的重要性。修订组在合理吸收借鉴国际学界的有益成果的基础上，经过深入研讨和实地调研，紧扣中国特色社会主义时代脉搏，形成了历史学科核心素养。

（三）内涵与价值

1. 唯物史观

唯物史观是揭示人类社会历史客观基础及发展规律的科学的历史观和方法论。这主要是由于人类对历史的认识是由表及里、逐渐深化的，要透过历史的纷杂表象认识历史的本质，科学的历史观和方法论是非常重要的。因而唯物史观使历史学成为一门科学，只有运用唯物史观的立场、观点和方法，才能对历史有全面、客观的认识。对于学生在这个层面上的目标达成的要求包括：能够了解唯物史观的基本观点和方法，理解唯物史观是科学的历史观；能够正确认识人类历史发展的总趋势；能够将唯物史观运用于历史的学习与探究中，并将唯物史观作为认识和解决现实问题的指导思想。①

2. 时空观念

时空观念是在特定的时间联系和空间联系中对事物进行观察、分析的

① 徐蓝：《关于历史学科核心素养的几个问题》，载《课程·教材·教法》，2017(10)。

意识和思维方式。这主要是由于任何历史事物都是在特定的、具体的历史时间和地理条件下发生的。因而只有将史事置于历史进程的时空框架当中，才可能对史事有准确的理解。对于学生在这个层面上的目标达成的要求包括：能够知道特定的史事是与特定的时间和空间相联系的；能够知道划分历史时间与空间的多种方式，并能够运用这些方式叙述过去；能够按照时间顺序和空间要素，建构历史事件、历史人物、历史现象之间的关联；能够在不同的时空框架下理解历史的变化与延续、统一与多样、局部与整体，并据此对史实作出合理解释。在认识现实社会时，能够将认识的对象置于具体的时空条件下进行考察。

3．史料实证

史料实证是指对获取的史料进行辨析，并运用可信的史料努力重现历史真实的态度与方法。这主要是由于历史过程是不可逆的，人们认识历史只能通过现存的史料。要形成对历史的正确、客观的认识，必须重视史料的搜集、整理和辨析，去伪存真，去粗取精，这是历史学的重要方法。对于学生在这个层面上的目标达成的要求包括：能够知道史料是通向历史认识的桥梁，了解史料的多种类型，掌握搜集史料的途径与方法；能够通过对史料的辨析和对史料作者意图的认知，判断史料的真伪和价值，并在此过程中体会实证精神；能够从史料中提取有效信息，作为历史叙述的可靠证据，并据此提出自己的历史认识；能够以实证精神对待历史与现实问题。

4．历史解释

历史解释是指以史料为依据，对历史事物进行理性分析和客观评判的态度、能力与方法。所有历史叙述在本质上都是对历史的解释，区别只是在于解释的正误、深浅。人们通过多种不同的方式描述和解释过去，通过对史料的搜集、整理和辨析，辩证、客观地理解历史事物，不仅要将其描述出来，还要揭示其表象背后的变化与延续、继承与发展、动机与效果、原因与结果、偶然与必然、局部与全局等方面的关联。只有通过对历史的解释，才能不断接近历史真实。对于学生在这个层面上的目标达成的要求包括：能够区分历史叙述中的史实与解释，知道对同一历史事物会有不同解释，并能对各种历史解释加以评析和价值判断；能够客观论述历史事件、历史人物和历史现象，有理有据地表达自己的看法；能够认识历史解释的重要性，学会从历史表象中发现问题，对历史事物之间的因果关系作出解释；面对现实社会与生活中的问题，能够以全面、客观、辩证、发展的眼光加以看待和评判。

5. 家国情怀

家国情怀作为最高层次的核心素养，是历史课程中历史价值观教育的根本归宿，体现出对历史课程所承载的培育和涵养正确的历史价值观的高度重视和深切期望。① 家国情怀是指学习和探究历史应具有的人文追求，体现了对自身、对家庭、对社会、对国家的人文关怀，体现了对国家的高度认同感、归属感、责任感和使命感。传统文化中的“修身、齐家、治国、平天下”的思想，也是家国情怀的具体追求。学习和探究历史应具有价值关怀，要充满人文情怀并关注现实问题，以服务于国家强盛、民族自强和人类社会的进步为使命。对于学生在这个层面上的目标达成的要求包括：能够从历史的角度认识中国的国情，具有家国情怀，形成对祖国的认同感；能够认识中华民族多元一体的历史发展趋势，形成对中华民族的认同感，具有民族自信心和自豪感；了解并认同中华优秀传统文化，认识中华文明的历史价值和现实意义；认同社会主义核心价值观，树立道路自信、理论自信、制度自信和文化自信；了解世界历史发展的多样性，理解和尊重世界各国、各民族的文化传统，形成广阔的国际视野；能够确立积极进取的人生态度，塑造健全的人格，树立正确的世界观、人生观和价值观。

《高中生证据思维现状》

二、课程目标

普通高中历史课程目标是坚持落实立德树人根本任务。学生通过学习

① 徐蓝：《关于历史学科核心素养的几个问题》，载《课程·教材·教法》，2017(10)。

历史课程，不仅要掌握必备的历史知识，更重要的是要在五个核心素养方面达到具体的要求，从而形成历史学科核心素养，得到全面发展、个性发展和持续发展。

（一）“唯物史观”的培养目标

课程标准要求包括：了解唯物史观的基本观点和方法，包括人类社会形态从低级到高级的发展、生产力和生产关系之间的辩证关系、经济基础和上层建筑之间的相互作用、人民群众在社会发展中的重要作用等，理解唯物史观是科学的历史观；能够正确认识人类历史发展的总趋势；能够将唯物史观运用于历史的学习与探究中，并将唯物史观作为认识和解决现实问题的指导思想。

唯物史观是历史学科核心素养的灵魂，是人类思想发展史上最进步的世界观和方法论，是迄今为止最为思辨、最具科学性的历史哲学体系。一是要求学生学习这一人类认识世界、改造世界的锐利思想武器，普及人们对于唯物史观这一科学历史观的认识，尽可能了解这一揭示了事物本质、内在联系及发展规律的“伟大认识工具”；二是要求学生通过对渗透着唯物史观基本观点、立场、方法的历史课程的学习，从思想上、行动上真正重视理论素养，培养起对理论的浓厚兴趣，自觉致力于科学解释历史、科学解释世界；三是要求培养学生鲜明的实践品格，指导学生正确对待历史遗产，不断培养对理论的兴趣，提高自己在理论上的洞察力，而且要由历史学习和研究的感性阶段不断向历史认识的高级阶段迈进。

（二）“时空观念”的培养目标

课程标准要求包括：知道特定的史事是与特定的时间和空间相联系的；能够知道划分历史时间与空间的多种方式，并能够运用这些方式叙述过去；能够按照时间顺序和空间要素，建构历史事件、历史人物、历史现象之间的相互关联；能够在不同的时空框架下对史事作出合理解释。在认识现实社会时，能够将认识的对象置于具体的时空条件下进行考察。

以工业革命为例，关于时空观念素养的培养和水平层次可作如下划分：第一层次，要求学生知道工业革命起止时间的各种表达方式，能够看懂历史地图，明确发生工业革命的国家的准确的地理位置和区域范围。第二层次，要求学生以工业革命期间重大历史事件发生的时间为线索，梳理工业革命的发展历程，概括出各个阶段的标志性特征，尝试从英国的空间地理环境的独特性来分析工业革命首先在英国发生的原因。第三层次，要求学生在 18 世纪中后期及工业革命这一独特的时间框架内，以工业革命的发生、发展及其影响为线索，探讨世界历史体系的形成与发展。第四层次，要求学生用专业的时间术语和空间概念，探讨不同文明之间的交流、冲突与碰撞，深刻理解经济全球化，正确评价中国近代历史所经历的艰难而又曲折的近代化历程。

（三）“史料实证”的培养目标

课程标准要求包括：知道史料是通向历史认识的桥梁，了解史料的多种类型，掌握搜集史料的途径与方法；能够通过对史料的辨析和对史料作者意图的认知，判断史料的真伪和价值，并在此过程中增强实证意识；能够从史料中提取有效信息，作为历史叙述的可靠证据，并据此提出自己的历史认识；能够以实证精神对待历史与现实问题。

史料实证在普通高中历史课程中也有不同层级的划分。对史料的运用，既是探寻历史事实的重要方法，也是理解历史和解释历史能力的重要体现。以 2016 年北京高考文综卷第 40 题为例，此题通过表格列出了墓葬位置、墓葬形制和结构、出土器物以及出土器物上的文字 4 个对比项，并引出“目前学术界基本一致认为海昏侯墓的墓主就是刘贺，但在西高穴墓的墓主是否为曹操这一问题上还存在争议”的观点提示，要求学生对比表中所列刘贺墓资料，说明西高穴墓主身份存在争议的原因。此题对学生史料实证素养的考察是多方位的：首先，考查学生是否能够从史料中提取有效信息，作为重构历史的可靠证据；其次，考查学生是否能够利用不同史料的长处，对所探究的问题进行互证，使自己的历史阐释更为全面和充分；最后，考查学生是否能够恰当地运用材料建构自己对所探究问题的论述。此题传达并渗透了历史实证素养，实际指向的是方法、能力和态度的辩证统一，也是以史料实证为依据的历史理解向历史解释的过渡。

（四）“历史解释”的培养目标

课程标准要求包括：区分历史叙述中的史实与解释，知道对同一历史事物会有不同解释，并能对各种历史解释加以辨析和价值判断；能够客观论述历史事件、历史人物和历史现象，有理有据地表达自己的看法；能够认识历史解释的重要性，学会从历史表象中发现问题，对历史事物之间的因果关系作出解释；能够客观评判现实社会生活中的问题。

普通高中历史课程有关历史解释的目标也呈现出一定的层次性：第一，学生能够运用多种方法理解历史(包括比较、归纳、推理、移情、想象等方法)，能够对所学重要史事的基本情况作出有条理的、清晰的叙述，能够准确阐释史事发生的前因后果。第二，能够区别历史叙述中的史实与解释，知道对同一历史事物会有不同的解释，并能对各种历史解释加以评析和价值判断。第三，能够从不同的视角观察历史、运用多种方式表述历史(包括概述、叙述、阐述和论述)，能够揭示历史表象背后的变化与延续、继承与发展、动机与效果、原因与结果、偶然与必然、局部与全局等方面的关联，能够运用历史术语对重要历史事件和历史人物进行阐释与评价。第四，能够选择、组织和运用相关材料和信息，准确地运用历史术语来建构自己对历史的解释，即能够做到语言上通顺流畅，逻辑上自圆其说。面对现实生活中的问题，能够以全面、客观、辩证、发展的眼光加以看待和评判。

（五）“家国情怀”的培养目标

课程标准要求包括：在树立正确历史观基础上，从历史的角度认识中国的国情，形成对祖国的认同感和正确的国家观；能够认识中华民族多元一体的历史发展趋势，形成对中华民族的认同感和正确的民族观，具有民族自信心和自豪感；了解并认同中华优秀传统文化、革命文化、社会主义先进文化，认识中华文明的历史价值和现实意义；了解世界历史发展的多样性，理解和尊重世界各国、各民族的文化传统，具有广阔的国际视野，树立正确的文化观；认同社会主义核心价值观，认同走中国特色社会主义道路是历史的必然，树立中国特色社会主义道路自信、理论自信、制度自信和文化自信；能够确立积极进取的人生态度，塑造健全的人格，树立正确的世界观、人生观和价值观。

家国情怀是历史学科核心素养体系中的信念系统，决定着人们的思想取向和行为选择。因此，树立正确的国家观、民族观、文化观、历史观非常重要。在经济全球化背景下培养学生的家国情怀，提倡全社会学习中华优秀传统文化，认同并弘扬社会主义核心价值观，集中体现了经济全球化之下民族文化自觉诉诸历史教育方面的要求，更高层面的要求则是使学生能够初步体会文化的民族性和世界性的辩证统一关系。

三、历史学科核心素养间的联系

历史学科的五个核心素养之间存在五位一体的内在联系：唯物史观是学习和探究历史的核心理论和指导思想，也是其他素养得以达成的理论保证；时空观念是了解和理解历史的基础，是认识历史所必备的重要观念，也是诸素养中学科本质的体现；史料实证是学习历史和认识历史所特有的思维品质，是理解和解释历史的关键能力与方法，也是其他素养得以达成的必要途径；历史解释是在形成历史理解和认识的基础上叙述历史的能力，是检验学生的历史观和历史知识、能力、方法等方面的发展水平的主要指标，也是诸素养中对历史思维与表达能力的要求；家国情怀是学习历史和认识历史在思想、观念、情感、态度等方面的重要体现，是实现历史教育育人功能的重要标志，也是诸素养中价值追求的目标。通过以上对素养的培育，才能达到立德树人的要求。

学科核心素养既是学业质量要求层级的划分依据，又是课程结构、内容和呈现方式变化的指挥棒。通过对这 5 个方面的学科核心素养的培养，可以使学生逐步具备具有历史学科特征的正确价值观念、必备品格与关键能力，达到历史课程立德树人的要求。但必须指出的是，虽然历史学科核心素养的 5 个方面可以分开来表述和呈现，但在实际教学中却是互相影响、相辅相成、不可分割的，我们很难去单独培养学生的某一个核心素养。

《高中生历史理解与解释素养现状》

第三节 高中历史课程的结构与内容

一、课程结构

在高中历史课程体系方面，《普通高中历史课程标准(2017 年版 2020 年修订)》采取“古今贯通、中外关联”的原则，设置了必修课程(“中外历史纲要”)、选择性必修课程(“国家制度与社会治理”“经济与社会生活”“文化交流与传播”)及选修课程(“史学入门”和“史料研读”)，具体表现为“模块”和“专题”的呈现方式。

(一) 设计依据

将历史课程的构建与学生历史学科核心素养的发展紧密结合起来，使课程类型及其布局有利于学生历史学科核心素养的不断提升，是高中历史课程标准设计为必修课程、选择性必修课程和选修课程结构的重要依据。高中课程的结构设计既要符合普通高中课程方案的规定，又要考虑到与初中、大学相关专业的衔接与高中生的认知程度。同时，高中课程的结构设计充分体现高中历史课程的育人价值以及学科核心素养培养的需要，注意吸收历史学科发展的前沿成果、课程改革的成功经验以及国际历史教育的优秀成果。

(二) 课程类型

新课程标准沿用必修与选修相结合的方式，但将必修课程设为 1 个模块——“中外历史纲要”，将选择性必修课程设为 3 个模块——“国家制度与社会治理”“经济与社会生活”“文化交流与传播”，将选修课程设为 2 个模块——“史学入门”“史料研读”。由此，从必修到选择性必修再到选修的编排，体现了历史课程由基础型向拓展型的层递结构。

(三) 课程编排

在编排体系上，采用通史与专题史相结合的方式。其中，必修课程采取通史方式，旨在让学生掌握中外历史发展大势；选择性必修和选修课程采取专题史方式，旨在让学生从多个角度进一步了解人类历史的发展。这样的结构，纠正了此前必修课程直接在初中基础上按政治、经济、思想文化与科学技术等专题领域深化拓展的做法，从而使高中历史课程与义务教育历史课程既有衔接又有区别。选择性必修课程以专题统领中外相关史事，是对必修课程在政治、经济和文化方面的递进与拓展。选修课程的专题相对于以往“探索历史的奥秘”等课程而言更具准专业化特征，从史学与史料两个角度入手，让学生懂得历史知识需要多种材料的互证和多个视角的参照，有利于引导学生进行探究学习与深度学习，深化历史学科核心素养的培养。

（四）课程关联

1. 与义务教育历史课程的关联

高中历史课程是义务教育历史课程的继承与发展。因此，高中历史课程在结构设计和内容编排上，基于初中的通史学习板块和“点—线”结合方式，采用通史与专题史结合、先通后专的编排方式，精选符合高中学生学习心理的基本的、重要的史事加以组织和建构，既是对义务教育历史课程的衔接与贯通，又体现两者的相区别的不同梯度，有利于进一步拓宽学生的历史视野、发展学生的历史思维能力、培养学生的历史意识、提高学生的历史学科素养。

2. 高中历史 3 类课程的关联

历史必修、选择性必修、选修 3 类课程构成了高中历史课程的整体结构，具有关联性、递进性和提高性。历史必修课程是共同基础，学生通过学习，掌握中国史和世界史的重要史事和发展脉络，基本形成对历史的整体认识；历史选择性必修课程是必修课程的拓展与深化，它从 3 个主要领域呈现更为丰富多彩的历史内容，提高学生的学习兴趣，引领学生从多个角度认识历史的发展与变迁；历史选修课程是在必修课程和选择性必修课程的基础上的进一步延伸，通过对专业理论和专业技能的学习，学生可以强化史学专业基础，提高历史学习兴趣。通过这 3 类历史课程的学习，学生的历史学科核心素养不断得到提高。3 类课程的逻辑架构及其核心素养的有机结合，体现了鲜明的中国特色。

3. 与其他高中课程的关联

历史课程的设计既要注意与思想政治、语文、艺术、地理等课程的关联，又要有助于学生对其他课程的学习，从而使相关课程发挥整体作用，共同促进学生科学精神、人文底蕴、国家认同、国际理解、学习能力、实践创新、公民道德等核心素养的发展，共同服务于立德树人的根本任务。

（五）学分与选课

必修课程是共同基础课，4学分，全体高中生必须修习，建议安排在高中一年级。选择性必修课程的每个模块2学分，在修完必修课程后，由学生根据个人兴趣和升学需求选择修习。选修课程是供学校、学生自主选择的课程。教师应指导学生选课，并指导家长帮助学生选课。

上述规定，明确了必修内容(水平2)为高中毕业的合格性考试要求，选择性必修(水平3～水平4)为等级性考试要求，水平4是高考命题要求，选修(水平3～水平4)为高校自主招生或其他要求。这样的结构安排，既坚持了高中教育的基础性和选择性的统一，也较好地实现了教考对接协调，方便教、方便学、方便考。

二、课程内容

《普通高中历史课程标准(2017年版2020年修订)》倡导建立开放、动态、发展的课程内容，强调开发和利用多种多样的课程资源，进一步丰富课程内容，强调课程内容的选取和呈现应符合学生的认知水平。通过中外历史上重要的事件、人物和现象，展现人类社会从古至今、从分散到整体、从低级到高级的发展历程，引导全体高中学生进一步通过对相关史事的整体认识，深化对人类历史发展基本脉络的认识、对人类社会从低级到高级发展规律的认识。

（一）必修课程内容解读

必修课程“中外历史纲要”是普通高中学生发展的共同基础课程，所有高中学生必须修习。课程内容按照通史的叙事框架，精选24个学习专题，采用大时序、小专题的呈现方式，基本涵盖了中国历史和世界历史的最重要的内容，分为中国古代史、中国近现代史和世界史3个部分，引导学生深化对人类历史发展基本脉络的认识。

在专题设计和呈现方式上，注意了以下几点：首先，注意对历史发展的较长时间的概括，如早期中华文明、三国两晋南北朝、隋唐大一统、中国共产党成立、古代文明、全球联系的建立、十月革命、当代世界。其次，提炼每个较长时段历史发展的主要特点，各个专题的名称力求凸显历史发展阶段的重要特征，如春秋战国时期的政治、社会及思想变动，三国两晋南北朝的民族交流与隋唐大一统的发展，西方人文主义的发展与资本主义制度的确立，十月革命与国际秩序的演变，当代世界的发展特点和主要趋势。最后，既注意到与义务教育历史课程的衔接与贯通，又注意到两者的区别，在学业要求上显现出高中历史课程与义务教育历史课程的不同梯度，从而使学生在具备初中历史学习的基本方法、技能的基础上，进一步拓宽历史视野，强化历史思维，提高历史学科核心素养。

中国古代史部分：

1. 早期中华文明

通过了解石器时代中国境内有代表性的文化遗存，认识它们与中华文明起源以及私有制、阶级和国家产生的关系；通过甲骨文、青铜铭文及其他文献记载，了解私有制、阶级和早期国家的起源特征。学习要点有二：一是认识中华文明起源的多元性特点，二是了解中国早期国家特征。后者是本专题的学习重点。

2. 春秋战国时期的政治、社会及思想变动

通过了解春秋战国时期的经济发展和政治变动，理解战国时期变法运动的必然性；了解老子、孔子学说；通过孟子、荀子、庄子等了解“百家争鸣”的局面及其意义。学习要点有二：一是理解战国时期变法运动的必然性，二是了解老子、孔子学说和“百家争鸣”的局面及意义。二者都是本专题的学习重点。

3. 秦汉大一统国家的建立与巩固

通过了解秦朝的统一业绩和汉朝削藩、开疆拓土、尊崇儒术等举措，认识统一多民族封建国家的建立及巩固在中国历史上的意义；通过了解秦汉时期的社会矛盾和农民起义，认识秦朝崩溃和两汉衰亡的原因。学习要点有二：一是认识大一统国家的建立及巩固在中国历史上的意义，二是认识秦朝崩溃和两汉衰亡的原因。前者是本专题的学习重点。

4. 三国两晋南北朝的民族交融与隋唐大一统的发展

通过了解三国两晋南北朝政权更迭的历史脉络，隋唐时期封建社会的高度繁荣，认识三国两晋南北朝至隋唐时期的制度变化与创新、民族交融、区域开发和思想文化领域的新成就。学习要点是认识三国两晋南北朝时期

至隋唐时期的民族交融、区域开发、制度创新及中外交流的历史意义，以及思想文化领域的新成就。

5．辽宋夏金多民族政权并立与元朝的统一

通过了解两宋的政治和军事，认识这一时期政治、经济、文化与社会等方面的新变化；通过了解辽夏金元诸政权的建立、发展和相关制度建设，认识北方少数民族政权在统一多民族封建国家发展中的重要作用。学习要点有二：一是认识两宋政治、经济、文化与社会等方面的新变化，二是认识辽夏金元诸北方少数民族政权在统一多民族封建国家发展中的重要作用。二者都是本专题的学习重点。

6．明至清中叶中国版图的奠定、封建专制的发展与社会变动

通过了解明清时期统一全国和经略边疆的相关举措，知道南海诸岛、台湾及其包括钓鱼岛在内的附属岛屿是中国版图一部分，认识这一时期统一多民族国家版图奠定的重要意义；了解明清时期社会经济、思想文化的重要变化；通过了解明清时期封建专制的发展、世界的变化对中国的影响，认识中国社会面临的危机。学习要点有二：一是认识明清时期统一多民族国家版图奠定的意义，二是认识明清时期中国社会的变化和面临的危机。二者都是本专题的学习重点。

中国近现代史部分：

7．晚清时期的内忧外患与救亡图存

认识列强侵华对中国社会的影响，概述晚清时期中国人民反抗外来侵略的斗争事迹，理解其性质和意义；认识社会各阶级为挽救危局所做的努力及存在的局限性。学习要点是了解 1840 年第一次鸦片战争后近代中国半殖民地半封建社会的矛盾虽然错综复杂，但占支配地位的主要矛盾是帝国主义与中华民族的矛盾和封建专制主义与人民大众的矛盾。

8．辛亥革命与中华民国的建立

了解孙中山三民主义的基本内容，理解辛亥革命与中华民国建立对中国结束帝制、建立民国的意义及局限性；了解北洋军阀的统治及特点；概述新文化运动的主要内容，探讨其对近代中国思想解放的影响。学习要点有二：一是了解孙中山三民主义的基本内容，理解辛亥革命的必然性和伟大历史意义；二是探讨新文化运动及其对近代中国思想解放的影响。二者

都是本专题的学习重点。

9. 中国共产党成立与新民主主义革命兴起

认识五四爱国运动的历史意义，认识马克思主义在中国的传播与中国共产党成立对中国革命的深远影响；认识国共合作领导国民革命的历史作用；了解南京国民党政府的成立；认识中国共产党开辟革命新道路的意义；认识红军长征的意义。学习要点有三：一是认识五四运动与新民主主义革命的内在联系；二是认识中国共产党成立后制定革命纲领、发动工农运动、推动国共合作、掀起大革命高潮、开创中国革命新局面的史实和伟大意义；三是了解国民党在全国统治的建立及其性质，知道中国共产党对中国革命新道路的探索，知道红军长征的原因、过程，了解长征胜利的伟大意义。它们皆是本专题的学习重点。

10. 中华民族的抗日战争

了解日本军国主义的侵华罪行；通过了解正面战场和敌后战场的抗战，感悟中华民族英勇不屈的精神，认识中国共产党是全民族团结抗战的中流砥柱；认识中国战场是世界反法西斯战争的东方主战场，理解 14 年抗战胜利在中华民族伟大复兴中的历史意义。学习要点有四：一是深刻揭露日军侵略中国的种种暴行；二是了解中国军民团结抗战的主要史实，了解正面战场和敌后战场的特点与全民族抗战的意义；三是知道共产党在抗战中坚持实行全面抗战路线和独立自主原则、巩固抗日民族统一战线总方针对取得抗日战争胜利的意义；四是理解中国的抗日战争是世界反法西斯战争的东方主要战场的地位和作用。它们皆是本专题的学习重点。

11. 人民解放战争

通过了解全面内战的爆发及人民解放战争的进程，分析国民党政权在大陆统治灭亡的原因，探讨中国共产党领导人民取得中国革命胜利的原因和意义。学习要点有三：一是了解抗日战争胜利后中国面临的命运，知道解放战争的基本过程；二是知道土地改革、中国共产党与民主党派的团结合作对于解放战争胜利的意义；三是了解筹备与召开人民政协的史实和意义。它们皆是本专题的学习重点。

12. 中华人民共和国的成立及向社会主义过渡

认识中华人民共和国成立的伟大意义；概述新中国巩固人民政权的主

要举措；认识新中国为民主政治建设和向社会主义过渡所作出的努力。学习要点有三：一是深刻理解新中国的国家性质以及1954年确立的我国根本政治制度及其在我国民主建设中的深远意义；二是了解中国共产党领导全国人民为巩固人民政权所作出的努力；三是认识过渡时期总路线提出的必然性，探索有中国特点的向社会主义过渡的道路与三大改造的胜利完成以及社会主义基本制度在中国全面确立的深远意义。它们皆是本专题的学习重点。

13. 社会主义建设道路的探索

了解20世纪50—70年代中国探索社会主义建设道路的曲折发展和伟大成就，认识“文化大革命”的错误及教训；理解政治、经济、外交、国防等领域新取得的成就在新中国历史上所具有的开创性、奠基性意义；了解和感悟这一时期中国人民艰苦奋斗、奋发图强的精神风貌。了解毛泽东对中国革命和社会主义建设的贡献，认识毛泽东思想对近现代中国的深远影响。学习要点有四：一是了解1956年前后是中国社会主义道路探索的良好开端；二是了解1957年中国社会主义建设探索中发生的严重曲折及其造成的后果；三是了解这段时间内我国社会主义建设取得的重要成就并总结的经验教训；四是认识毛泽东思想对现代中国的深远影响。

14. 改革开放新时期与中国特色社会主义进入新时代

认识真理标准问题讨论和中共十一届三中全会的历史意义；认识改革开放以来中国在各个领域取得的成就、综合国力及国际影响力的不断提高，认识“一国两制”对实现祖国完全统一的重大意义；认识邓小平理论对建设中国特色社会主义的重要指导意义；认识“三个代表”重要思想是加强和改进党的建设、推进我国社会主义自我完善和发展的强大理论武器；认识科学发展观是马克思主义关于发展的世界观和方法论的集中体现；认识中国特色社会主义进入新时代的重大意义，认清我国发展新的历史方位；认识习近平新时代中国特色社会主义思想是全党全国人民为实现中华民族伟大复兴而奋斗的行动指南；形成对中国特色社会主义道路、理论体系、制度、文化的形成过程及意义的系统认识。要点有四：一是了解40多年来改革开放的基本线索和各个重要发展阶段的基本特征及内在联系；二是认清我国发展新的历史方位、我国社会的主要矛盾的变化；三是了解改革开放40多年来中国在政治、经济、外交等各方面所取得的巨大成就；四是了解改革开放40多年来中国在探索世界性重大问题上所取得的巨大成功及中国改革开放、和平崛起对当代世界的意义。

世界史部分：

15. 古代文明的产生与发展

知道早期人类文明的产生；了解各文明古国发展的不同特点，并分析、认识这些特点形成的不同时空条件；认识古代各大帝国的区域性影响和不同文明之间的早期联系。学习要点有三：一是了解人类文明在古代世界的发生和发展的一般情况和不同特点；二是认识古代文明发展的不同条件；三是认识不同文明之间的早期联系。它们都是本专题的学习重点，后两个是学习难点。

16. 中古世界的多元面貌

通过了解中古时期欧亚地区的不同国家、民族、宗教和社会变化，以及世界其他地区的社会状况，认识这一时期世界各区域文明的多元面貌。学习要点有二：一是了解中古时期欧亚地区的不同国家、民族、宗教和社会变化，以及世界其他地区的社会状况；二是认识这一时期世界各区域文明的多元面貌。前者是本专题的重点，后者是本专题的难点。

17. 全球联系的建立

通过了解新航路开辟所引发的全球性流动、人类认识世界的视野和能力的改变，以及对世界各区域文明的不同影响，理解新航路开辟是人类历史从分散走向整体过程中的重要节点。学习要点有三：一是新航路开辟的动因；二是开辟全球航路的过程，即哥伦布到达美洲、达·伽马发现从欧洲绕道非洲到达东方的航线、麦哲伦船队完成环球航行以及其他航海活动；三是开辟新航路的世界影响。第一点是本专题的重点，第三点是本专题的重点和难点。

18. 西方人文主义的发展与资本主义制度的确立

通过了解文艺复兴、宗教改革、启蒙运动与资产阶级革命的历史渊源，认识资产阶级革命的发生和资本主义制度的确立，是近代西方政治思想理念的初步实现。学习要点有二：一是文艺复兴、宗教改革、启蒙运动等重要事件，特别是它们所包含的资产阶级的基本政治诉求；二是这些事件和早期的资产阶级革命及资本主义制度确立之间的关系。本专题的难点在于理解近代西方政治思想理念及其对资本主义制度确立的影响。

19. 改变世界面貌的工业革命

通过了解工业革命带来的社会生产力的极大发展以及所引起的生产关系的深刻变化，理解工业革命对资本主义世界体系的形成及对人类社会生活的深远影响。学习要点是理解工业革命对资本主义世界体系的形成及对人类社会生活的深远影响，这既是重点也是难点。

20. 马克思主义的诞生

通过了解马克思主义产生的时代背景以及马克思、恩格斯的理论探索与革命实践，了解《共产党宣言》的主要内容，理解马克思主义产生的世界意义。学习要点有四：一是马克思和恩格斯创立科学社会主义的时代背景和基本过程；二是马克思和恩格斯对科学社会主义的理论探讨；三是《共产党宣言》的基本内容；四是马克思主义产生的世界意义。第三点是本专题的重点，第四点是本专题的难点。

21. 世界殖民体系的形成与亚非拉民族独立运动

通过了解西方列强对亚非拉的殖民扩张、世界殖民体系的建立以及亚非拉人民的抗争，理解世界殖民体系的建立及殖民地半殖民地民族独立运动对世界历史发展的影响。学习要点有三：一是讲述16—20世纪西方列强凭借先进的技术和强大的经济、军事实力进行殖民扩张的基本过程；二是了解列强的入侵激起当地人民反帝反封建的民族独立运动；三是理解世界殖民体系的建立及殖民地半殖民地民族独立运动对世界历史发展的影响。本专题的重点包括世界殖民体系的建立过程、亚非拉殖民地半殖民地人民争取民族独立的斗争和意义。本专题的难点是西方列强殖民扩张对世界历史发展造成的影响。

22. 世界大战、十月革命与国际秩序的演变

通过了解两次世界大战，理解20世纪上半期国际秩序的变动；了解列宁领导的十月革命爆发的原因、过程，理解十月革命的世界历史意义；理解两次世界大战之间亚非拉民族民主运动对国际秩序的影响。学习要点有三：一是讲述20世纪上半叶发生的改变世界格局与国际秩序的两次世界大战；二是了解在两次世界大战期间社会主义国家苏联的兴起与发展；三是了解两次世界大战之间亚非拉民族民主运动的高涨及其世界性影响。

23. “冷战”与 20 世纪下半期世界的新变化

通过了解第二次世界大战后资本主义、社会主义与第三世界国家的变化，认识其发展中的成就与问题；通过了解“冷战”时期的典型事件，认识“冷战”的基本特征，理解“冷战”的发生、发展与世界格局变化之间的相互影响。学习要点有三：一是认识第二次世界大战后资本主义、社会主义与第三世界国家发展中的成就与问题；二是认识“冷战”的基本特征；三是认识“冷战”与世界格局变化之间的相互影响。本专题的难点包括苏联解体的原因、“冷战”的基本特征、第二次世界大战后国际格局的演变。

24. 当代世界的发展特点和主要趋势

通过了解“冷战”结束后世界多极化、经济全球化、社会信息化、文化多样化的发展特点，以及出现的全球性问题，认识人类社会面临的机遇与挑战，理解和平、发展、合作、共赢成为时代潮流；牢固树立构建人类命运共同体意识，共同担当，同舟共济，共促全球的和平与发展。学习要点有三：一是“冷战”后世界发展的新特点；二是全球性问题的出现和人类社会面临的机遇与挑战；三是理解和平、发展、合作、共赢成为时代潮流，牢固树立构建人类命运共同体意识。它们都是本专题学习的重点和难点。

（二）选择性必修课程内容解读

选择性必修课程是学生根据个人兴趣、升学需求而选择修习的课程，设有“国家治理与社会制度”“经济与社会生活”“文化交流与传播”3 个模块。各模块都由若干学习专题构成，在各专题下的具体内容依照时序的发展进行表述，呈现中外历史上多方面的重要内容，引领学生从政治、经济与社会生活、文化等不同视角对中外历史有更加深入的认识。

1. 国家治理与社会制度

(1)政治体制

了解中国古代政治体制在秦朝建立前后的巨大变化；通过宰相制度和地方行政层级管理的变化，认识自秦起君主专制中央集权政治体制的演变线索；了解古代至近代西方政治体制各主要类型的产生和演变过程，以及共和制在中国建立的曲折过程。学习要点有四：一是了解中国古代政治体制在秦朝建立前后的巨大变化；二是梳理秦朝至清朝君主专制中央集权政治体制的演变线索；三是了解西方政治体制各主要类型的产生和演变过程；

四是了解共和制在中国建立的曲折过程。第二、第三点为本专题的学习重点。

(2)官员的选拔与管理

了解中国古代官员选拔方式的更迭过程和不同阶段的特征，知道中央集权体制下古代中国的官员考核和监察制度；了解中国科举与西方近代文官制度渊源关系，知道西方近代文官制度的特点，以及对近现代中国公务员制度的影响。学习要点有四：一是了解中国古代官员选拔方式的更迭过程和不同阶段的特征；二是知道中央集权体制下古代中国的官员考核和监察制度；三是了解中国科举制与西方近代文官制度渊源关系；四是知道西方近代文官制度的特点，以及对近现代中国公务员制度的影响。第一、第四点为本专题的学习重点，第四点也是难点。

(3)法律与教化

知道中国先秦时期成文法的产生过程，以及这一时期思想家对于德治、法治关系的讨论；知道自西汉起历代王朝法律、礼教并用的统治手段；了解近代西方法律制度的渊源和基本特征，知道宗教伦理在西方社会发展进程中的作用；了解当代中国的法制建设和精神文明建设成就。学习要点有四：一是知道中国先秦时期关于法律、教化问题的实践和讨论；二是知道自西汉起历代王朝法律、礼教并用的统治手段；三是梳理“法律与教化”这一专题在西方历史上的发展线索；四是了解新中国的法制建设和精神文明建设成就。第一、第三点为本专题的学习重点，第三点也是本专题的学习难点。

(4)民族关系与国家关系

了解中国古代的民族政策和边疆管理制度，认识中国作为统一多民族国家的发展历程，以及中国古代处理对外关系的体制；了解近代西方民族国家的形成情况，以及国际法的发展；了解当代中国民族区域自治制度的历史意义，以及独立自主的和平外交政策的主要成就。学习要点有三：一是了解中国古代的民族政策和边疆管理制度以及处理对外关系的体制；二是了解近代西方民族国家的形成和国际法的发展；三是了解中华人民共和国成立以来的民族关系和对外关系。第一、第二点为本专题的学习重点，第二点也是本专题的学习难点。

(5)货币与税收

了解中外历史上货币发行和使用情况，以及现代世界货币体系的形成；

了解中国古代赋税制度的演变；了解关税、个人所得税制度的产生及其在中国的实行。学习要点有三：一是了解中外历史上的货币问题；二是了解中国古代赋税制度的演变；三是了解当代的两个重要税种——关税和个人所得税的演变。前两个要点既是本专题的学习重点，也是难点。

(6)基层治理与社会保障

了解中国古代以赋役征发为首要目的的户籍制度，以及有代表性的基层管理组织；知道中国古代王朝在社会救济和优抚方面采取的重要措施；知道西方主要国家基层治理的特点及其由来；了解现代社会保障制度的产生及其实行情况。学习要点有四：一是了解中国古代的户籍制度和基层管理组织；二是知道中国古代的社会救济和优抚措施；三是知道西方主要国家的基层治理；四是了解现代社会保障制度的产生及其实行情况。第一、第四点为本专题的学习重点，第一点也是本专题的学习难点。

2. 经济与社会生活

(1)食物生产与社会生活

知道人类由食物采集者向食物生产者演进的过程及意义；知道古代不同地区的食物生产及其对社会生活的影响；了解新航路开辟后食物物种交流及其历史影响；了解现代农业、渔业发展过程中，人类在食物生产、储备等方面的进步，认识消除饥饿和食品安全在人类历史上的重大意义。学习要点有四：一是知道史前时期人类的食物演变历史；二是知道古代不同地区的食物生产及其对社会生活的影响；三是了解新航路开辟后食物物种交流及其历史影响；四是了解人类在食物生产、储备等方面的进步。所有学习要点都是难点，第三、第四点是重点。

(2)生产工具与劳作方式

了解劳动在社会生产中的作用，以及历史上劳动工具和主要劳作方式的变化；认识大机器生产、工厂制度、人工智能技术等对人类劳作方式及生活方式的影响；理解劳动人民对历史的推动作用，以及生产方式的变革对人类社会发展所具有的革命性意义。学习要点有三：一是了解历史上劳动工具的不断改进情况，以及与此相适应的劳作方式的变化；二是了解近代工业革命以来大机器生产的出现；三是充分认识生产方式的变革对人类社会发展所具有的革命性意义。本专题所有要点都是难点。

(3)商业贸易与日常生活

了解商业贸易的起源和古代的商贸活动与贸易通道；知道货币、信贷、商业契约等在日常生活中的角色；认识世界市场的形成对商业贸易的意义；认识20世纪以来贸易、金融的变化对人类生活的影响。学习要点有三：一是关于古代的商业贸易与人们的日常生活；二是关于近代商业贸易与人们的社会生活；三是关于20世纪以来商业贸易的发展和变化对人们生活的影响。本专题的难点是涉及许多商业贸易中的概念，如货币、信贷、商业契约等。

(4)村落、城镇与居住环境

了解人类居住条件的变迁及各地民居的差异及其特征；了解古代的村落、集镇和城市形成的原因及影响；了解近代以来城市化进程中人们居住条件和生活环境的改善及问题。学习要点有三：一是重点阐明居住条件和环境与民居的关系；二是了解古代民众的居住问题；三是了解近代以来城市化进程中的居住问题。

(5)交通与社会变迁

了解古代的水陆交通建设及主要交通工具；认识新航路开辟和工业革命对促进交通进步的作用；认识20世纪交通运输的新变化对民众生活及社会变迁的意义。学习要点有三：一是关于古代交通建设和交通工具的内容；二是关于近代史上新航路开辟和工业革命对交通的意义；三是关于20世纪以来交通运输上的新变化及其社会意义。

(6)医疗与公共卫生

知道古代历史上疫病的流行与影响；了解中医药的主要成就和西医在中国的传播、发展过程；了解现代医疗卫生体系的建立、发展及其对社会生活的影响。学习要点有三：一是关于古代历史上疫病的流行及防治；二是关于中医药的主要成就和西医在中国的传播；三是关于20世纪以来现代医疗卫生体系的建立、发展以及对社会生活的影响。

3. 文化交流与传播

(1)源远流长的中华文化

了解中华优秀传统文化的内涵；从人类文明发展和世界文化交流的角度，认识中华优秀传统文化的特点和价值，认识中华文化的世界意义。学习要点有三：一是了解中华优秀传统文化的内涵；二是认识中华优秀传统文化的特点和价值；三是认识中华文化的世界意义。第三点是本专题学习的重点，第二点是难点。

(2)多样发展的世界文化

通过了解世界各主要区域文化，理解世界文化的多样性；认识世界各国、各地区、各民族对人类文化发展所作出的贡献。学习要点有四：一是地理环境和生产方式与区域文化的关系；二是世界各主要区域的传统文化；三是人类文化的多样性、共通性和差异性；四是多样性的区域文化对人类文化的贡献。

(3)人口迁徙与文化认同

通过了解历史上跨洲、跨国家、跨地区不同规模的人口迁徙，以及移民所面临的机遇与挑战，认识在迁徙与融入当地社会过程中出现的文化认同。学习要点有三：一是多种形式的人口迁徙；二是移民与多种文化相遇；三是人口迁移与文化交融和认同。

(4)商路、贸易与文化交流

了解不同时代、不同类型商路的开辟；通过了解商品所体现的特色文化，理解贸易活动在文化交流中所扮演的重要角色。学习要点有三：一是历史上不同类型的商路；二是商路与区域文化圈；三是商品交换中的文化交流。

(5)战争与文化碰撞

通过了解历史上的著名战争，理解战争对人类文化的破坏，以及造成的文化断裂；认识战争在客观上又为不同文化的碰撞提供了契机。学习要点有三：一是战争与人类文化的灾难；二是战争与多种文化的碰撞；三是战争与人类文化的重构。其中的重点是战争对人类文化的双重影响，难点是辩证理解战争与人类文化交流与传播。

(6)文化的传承与保护

了解历史上学校教育、留学、书刊出版、翻译事业以及图书馆、博物馆在文化传承与传播中的作用；通过万里长城、故宫、京剧等，认识文化遗产保护对传承民族文化、维护文化多样性和创造性的重要意义。学习要点有三：一是教育、出版与文化的传承；二是文博视野与文化的传承；三是文化遗产保护、传承与人类文化的发展。其中的重点是教育与文化的传承与保护，难点是文化遗产与文化发展之间的关系。

(7)信息革命与人类文化共享

了解现代信息技术对文化传播方式、内容、规模、效果等方面的巨大影响，认识现代信息技术对人类文化共享起到了前所未有的作用，对人类文化的发展提出了新课题。学习要点有三：一是现代信息技术与文化传播方式的变化；二是网络背景下人类文化的共享与交流；三是当代文化交流与传播中面临的问题与挑战。其中的重点是文化交流与传播手段的变化和影响，难点是辩证理解信息技术革命对人类文化带来的冲击。

（三）选修课程内容解读

选修课程是学生自主选择修习的课程，包括国家在必修与选择性必修基础上设置的拓展、提高、整合性课程和校本课程。主要提供“史学入门”和“史料研读”两个模块作为校本课程的参考，学校可选用、改编或新编。两个模块各由 7 个学习专题构成，学生通过了解史学的基本理论、知识与技能，以及实际的探究活动，增强深入学习历史的能力与素养。

1. 史学入门

(1)历史与历史学

理解“历史”这一概念的内涵，认识到客观存在的历史与被记述的历史之间的联系与区别；理解历史学是研究人类历史发展进程及其规律的学科，是在一定历史观指导下对历史的叙述和阐释；认识历史学是人类文化的重要组成部分；理解历史学所具有的科学属性、社会功能及育人功能。教学重点在于明晰“历史”这一概念的内涵，使学生能够理解客观存在的历史和历史撰述之间的关系。教学难点在于理解历史学的学科特征，以及历史观对于历史认识和历史学的重要指导意义。

(2)唯物史观与历史研究

知道历史观对于史学研究和史学发展的重要性；知道唯物史观的基本观点及认识历史的基本原则；理解唯物史观是科学的历史观，对历史研究具有重要意义；尝试运用唯物史观的观点对历史问题进行分析和解释。教学重点在于理解唯物史观的科学性与科学价值，了解唯物史观的基本观点与原则。教学难点则是在历史学习和实际研究中如何正确运用唯物史观。

(3)史学的优秀传统

知道中外史学发展的大致经过，了解史籍编纂的主要体例及其编纂特点；知道历史上著名史学家的治史情怀和治学态度，以及对史德、史才、史学、史识的推崇；知道近代以来新史学的出现及其发展；了解马克思主义史学在中国的传播与发展。教学重点在于结合中国古代史学发展的主要阶段，了解传统史学所创造的多种史书编纂体裁，认识其编纂体裁与特征。教学难点在于如何理解中国马克思主义史学的产生与发展。

(4)读史常识举要

知道有关历法的知识，了解主要的历史纪年方法；知道中国人和外国人的姓与名的称谓方式，了解中国古代在称谓方面的一些用法；了解历史地图的种类、特点及作用，以及古今地名的变化情况，能够尝试制作有关的历史地图和历史年表。教学重点是通过教与学的互动，使学生了解历史纪年的主要方法。教学难点是通过实践训练使学生掌握历史地图的识读方法。

(5)历史探究的主要方法

知道史料在历史研究中的重要作用，认识对史料的来源、性质及其价值进行鉴别和考证的重要性；了解鉴别史料的主要方法，认识研究历史要以有价值的、可靠的史料作为历史论述的证据；了解探究历史的主要方法，并尝试运用这些方法对历史问题进行探讨。教学重点在于了解鉴别与处理史料的基本方法，使学生理解史料在历史研究中的重要作用。教学难点在于了解历史研究的基本方法，以及如何在历史探究中运用这些方法。

(6)历史的解释与评判

知道历史著述中历史叙述与历史解释的联系与区别，认识对历史的理解是进行历史解释的关键；通过一些史学家对同一史事的论述，了解史学家对历史的论述会有不同的解释与评判，并分析造成不同解释与评判的主要因素。教学重点在于认识历史编纂中的历史叙述与历史解释之间的密切联系，尝试在自我的历史叙述中将史实描述与历史解释结合起来。教学难点在于如何发现历史论述中出现的不同历史解释，以及分析形成不同历史解释与批判的主要因素。

(7)综合探究：历史问题的研究与论文习作

选定一个与历史有关的问题，自行拟订研究的计划和方法，在进行文献检索和综述的基础上，搜集、整理、辨析相关的历史材料，运用已学的历史知识和掌握的技能，对这一历史问题进行自主探究，并将自己的研究成果写一篇历史小论文；所写的论文有一定的逻辑层次，体现出论据与论点的内在联系，论文中的引文与注释符合规范。教学重点在于使学生在对具体问题的研究中能够初步运用所学的基本理论与方法，并从中了解历史探究的基本流程。教学难点在于如何有效地指导学生完成合格的历史小论文的写作。

2. 史料研读

(1)史料及搜集、运用史料的原则与方法

知道什么是史料、史料的类别与史料的特点；了解搜集和运用史料的基本原则与方法；知道综合运用史料研究历史的方法与价值。对于高中生而言，教学重点和难点在于掌握搜集和运用史料的原则与方法。

(2)文献史料研读

依据主要的文献史料类别，选择有代表性的史料进行研读；认识文献史料的价值，知道它是史料中最重要的部分；了解搜集和运用文献史料研究历史的方法。所涉及的主要文献史料包括：史书；档案与文书；文集、笔记、书信与日记；地方史志；报刊；碑铭与简牍；族谱、契约、账簿等。学习要点在于研读史料，重点在于通过研读认识这类史料的价值，体会研究方法。难点在于如何在种类繁多的史料中选择有代表性的史料，以及大部分教师对很多类型的史料，如州县档案、吐鲁番文书等，知之甚少。

(3)实物史料研读

知道历史上遗留下来的许多实物是重要的史料，选择有代表性的实物史料进行研读；知道对实物史料的运用不仅需要历史学的方法，也需要借助考古学、科技史等不同学科的方法。所涉及的主要实物史料包括：器物；建筑物；遗址、遗迹。教学难点在于学生对实物史料及其解读方法非常陌生。

(4)口述史料研读

知道当事人或亲历者的口述回忆是重要的史料，知道神话、传说、史诗等也是口述史料的组成部分；选择有代表性的口述史料进行研读；认识口述史料的价值与局限性；学会使用现代科技手段记录和整理口述史料。所涉及的主要口述史料包括回忆录与其他口述史记录，以及神话、传说、史诗。学习要点有二：一是选择口述史料进行研读，二是学会记录和整理口述史料。后者是重点，难点在于实践。

(5)图像史料研读

知道绘画、雕刻、照片等图像是重要的史料，选择有代表性的图像史料进行研读；认识图像史料的价值，知道对图像史料的运用不仅需要历史学的方法，也要借助艺术史等不同学科的方法。所涉及的主要图像史料包括绘画、雕刻、照片、古地图。专题学习要点和重点在于通过研读图像史料认识其价值。

(6)现代音像史料研读

知道现代科学技术带来了录音、录像等记录手段，了解录音、录像、纪实性影视作品等在记录 100 多年来历史方面的独特价值；尝试利用录音、录像等手段记录当今社会的不同方面，掌握整理、利用这类史料的基本方法。所涉及的主要音像史料包括能反映不同历史内容的录音、录像及纪实性影视作品。学习要点在于了解音像史料有哪些独特的价值，重点在于掌握和利用这类史料的基本方法，难点是对音像史料的考订。

(7)数字资源的利用

在有条件的学校，学会通过互联网利用数字资源，以更为方便地获取所需史料；知道数字资源的价值与特点；尝试围绕特定历史研究主题，通过数字资源寻找相关史料；主要数字资源包括电子书、电子书刊、网页、多媒体资料等；初步了解数字资源与大型数据库的利用给历史研究带来的变化。学习要点有二：一是知道有哪些可利用的数字资源，知道如何检索和下载资料，二是尝试围绕特定研究主题寻找资料。后者是重点，难点是并非所有学校都具备相应的硬件设施。

第四节　高中历史课程的学业质量与教学、评价建议

一、历史学科学业质量

历史学科学业质量代表历史教育质量的国家要求，是连接核心素养与课程标准、考试、评价的桥梁，对历史教学、评价及考试秘籍命题具有重要的指导意义。自新中国成立以来，学业质量被纳入课程标准尚属首次。

（一）学业质量的内涵

从内涵上讲，学业质量是依据国家教育方针和培养目标，以教育质量

观为基础所规定和设计的学生课程学习活动所应该达到的发展状态和发展水平，是学生在完成某学科课程学习之后应该形成的学习结果表现。而历史学科学业质量是指学生在历史课程领域学习活动中所表现出来的变化程度和发展状态，它指向的是学生通过历史学科的课程学习所发生的行为变化。此种变化涉及量和质两个方面，量指学生在学科学习中学了多少；质指学生在学习中学得好不好。所以，划分学业质量水平的依据，是学生历史课程领域学习活动中的不同层次的要求。

（二）划分学业质量标准水平（等级）的意义

1. 对培养历史学科核心素养的重要性

(1)学业质量是历史课程内容与核心素养要求之间的桥梁

此次制定的高中历史课程标准，不仅研制出历史学科核心素养体系，同时也以核心素养为纲，将具体教学目标进行水平划分，形成基于核心素养的学业质量。在课程标准的修订中，融入学业质量，在历史课程内容与核心素养要求之间架起桥梁，使得课程内容的落实有标准可依，学生历史学科核心素养的培养和检测有标准可参照，从根本上保证了历史课程目标的实现。

(2)学业质量是对基于历史学科核心素养的高中历史教学评一体化的具体指导

实验课程标准学科内容取向的模式导致了课程实施程度和学业质量模糊不清的问题，使高中历史教学评分离、割裂。而将基于历史学科核心素养的学业质量融入课程标准，有利于实现高中历史教学评的一体化、整体化。历史学科教育留在学生身上最有价值的东西应当是核心素养，历史学科学业质量为此提供了保障。

2. 对于评价学生核心素养达成程度的意义

(1)保证基于核心素养的课程标准和教学与评价的一致性

学业质量水平，实际上就是学科素养达成的质量指标，它使课程标准的核心部分得以贯穿于教学与评价之中，从而保证了教学与评价充分反映历史课程标准的要求。

(2)有利于观察、评价学生在历史学科核心素养上的表现

虽然历史学科学业质量在纵向上阐明了每一个核心素养自身具有的不

同水平，在横向上界定了达到不同学业质量水平在各个核心素养上的表现，且逻辑性和层次性十分清晰，但因为学生存在个体差异，在实际的历史学习上不可能齐头并进，所以在各个核心素养上具有不同表现。因而基于历史学科核心素养的学业质量水平划分，为观察、评价学生在学科核心素养上的表现提供了有效工具，改变了以往仅凭经验的推断，避免了结论偏于主观的问题。通过对学生表现信息的收集、整理和运用，我们能够合理全面地评价学生达成历史学科核心素养的程度。

(3)有利于有针对性地培养学生历史学科核心素养

基于历史学科核心素养的学业质量水平的划分，为有针对性地开展教学工作提供了抓手和标准，主要体现在以下两个方面：一是在不同学段开始时，结合课程及该模块的“学业要求”进行教学设计，选择必要的教学资源，设计必要的教学活动，以培养学生相应的核心素养。二是在模块学习中要根据学生的表现，了解学生与应达到的学业质量水平之间的差距，搞清楚问题出在核心素养的哪个“短板”上，分析原因，采取改进措施，促进学生学科核心素养的养成。

（三）学业质量水平（等级）划分

历史学科学业的水平(等级)划分是构建历史学业质量的重要环节。历史学科学业质量在水平划分上体现了以下原则：首先采取的是整体观，不同水平在深度和广度上的差异，对应的是问题情境复杂程度的变化，而不是从部分到整体的关系。其次是根据学生在学科核心素养上的质性变化来确定各水平的具体内容，没有简单的采用“非常、比较、一般”等限定词来描述水平变化。最后是不同发展水平之间有明确的递进关系。历史学科学业质量的制定逻辑严密、步骤鲜明。第一步确定历史学科核心素养水平划分；第二步确定历史学科课程内容结构；第三步在制定模块学业要求、阶段性学业质量水平、汇总的学业质量水平的基础上形成课程内容的学业质量水平。

历史学科质量水平分为 4 级，水平 1 为最低等级，水平 4 为最高等级，每个素养的不同水平具有连续性和递进性，每高一级水平的表现涵盖前一级表现。如表 4.1 所示。

表 4.1　历史学科学业质量水平

水平	质　量　描　述
1	1—1 能够知道人类物质生活资料的生产是社会生活的基础，知道生产力是历史发展的决定因素，知道经济基础与上层建筑之间的辩证关系，了解人类社会形态从低级到高级发展的规律；能够理解唯物史观是科学的历史观。 1—2 能够了解所学内容的历史分期方式，理解历史时期是按时序划分的；能够知道认识史事要考虑到历史地理的状况；能够识别历史地图中的相关信息，知道古今地名的区别。 1—3 能够知道史料分为文献史料、图像史料、实物史料、口述史料等多种类型；能够在解答某一历史问题时，尝试从多种渠道获取与其有关的材料；能够从所获得的史料中提取有关的信息。 1—4 能够有条理地讲述历史上的事情，概述历史发展的基本进程；能够说出重要历史事件的经过及结果、重要历史人物的事略、重要历史现象的基本状况。 1—5 能够发现历史上认同家乡、民族、国家的事例，知道中外优秀文化遗产的主要内容，认识社会主义核心价值观的历史依据，具有对祖国和人民的深情大爱。
2	2—1 能够知道人类物质生活资料的生产是社会生活的基础，知道生产力是历史发展的决定因素，知道经济基础与上层建筑之间的辩证关系，了解人类社会形态从低级到高级发展的规律；能够理解唯物史观是科学的历史观。 2—2 能够将某一史事定位在特定的时间和空间框架下；能够运用各种时间术语描述过去；能够利用历史年表、历史地图等方式对相关史事加以描述；能够认识事物发生的来龙去脉，理解空间和环境因素对认识历史与现实的重要性。 2—3 能够认识不同类型的史料所具有的不同价值；能够掌握获取史料的基本方法；能够在对史事与现实问题进行论述的过程中，尝试运用史料作为证据论证自己的观点。 2—4 能够分析有关的历史结论；能够区分历史叙述中的史实与解释；能够在叙述历史时把握历史发展的各种联系，如古今联系、中外联系等，并将历史知识与其他相关学科如地理、语文、艺术等知识加以联系；能够选择、组织和运用相关材料并使用相关历史术语，对具体史事作出解释；能够尝试从历史的角度解释现实问题。 2—5 能够发现历史上认同家乡、民族、国家的事例，知道中外优秀文化遗产的主要内容，认识社会主义核心价值观的历史依据，具有对祖国和人民的深情大爱。

续表

水平	质　量　描　述
3	3—1 能够从生产力与生产关系、经济基础与上层建筑的辩证关系来理解历史上的发展变化和社会形态的演变过程，理解阶级斗争是推动阶级社会发展的直接动力；理解人民群众在历史发展中的重要作用；能够史论结合、实事求是地论述历史与现实问题。 3—2 能够把握相关史事的时间、空间联系，运用特定的时间和空间术语对较长时段(如古代、近现代)、较大范围(如跨国家、跨地区)的史事加以概括和说明。 3—3 能够在探究特定历史问题时，自主地搜集有关史料；能够对史料进行整理和辨析，并判断其价值；能够利用不同类型史料的长处，对所探究的问题进行互证。 3—4 能够分辨不同的历史解释，尝试从来源、性质和目的等多方面，说明导致这些不同解释的原因并加以评析；能够选择、组织和运用相关材料并使用相关历史术语，在正确的历史观和方法论的指导下，对系列史事作出解释。 3—5 能够把握中华民族多元一体的发展趋势，以及世界历史发展的进步历程，形成正确的世界观、人生观、价值观和历史观；能够表现出对历史的反思，从历史中汲取经验教训，更全面、客观地认识历史和现实社会问题；能够将历史学习所得与家乡、民族和国家的发展繁荣结合起来，立志为新时代中国特色社会主义建设、中华民族伟大复兴做出自己的贡献。
4	4—1 能够从生产力与生产关系、经济基础与上层建筑的辩证关系来理解历史上的发展变化和社会形态的演变过程，理解阶级斗争是推动阶级社会发展的直接动力，理解人民群众在历史发展中的重要作用；能够史论结合、实事求是地论述历史与现实问题。 4—2 在对历史和现实问题进行独立探究的过程中，能够将其置于具体的时空框架下；能够选择恰当的时空尺度对其进行分析、综合、比较，在此基础上作出合理的论述；能够根据需要并运用相关材料和正确方法，独立绘制相关图表，并加以说明。 4—3 能够比较、分析不同来源、不同观点的史料，能够在辨别史料作者意图的基础上利用史料；在评述历史时，能够对材料进行适当的取舍；在对历史和现实问题进行探究的过程中，能够恰当地运用史料对所探究问题进行论述；能够符合规范地引用史料。 4—4 能够在独立探究历史问题时，在尽可能占有史料的基础上，尝试验证以往的说法或提出新的解释；能够在正确的历史观和方法论的指导下，全面、客观地论述历史和现实问题。

续表

水平	质量描述
	4—5 能够把握中华民族多元一体的发展趋势，以及世界历史发展的进步历程，形成正确的世界观、人生观、价值观和历史观；能够表现出对历史的反思，从历史中汲取经验教训，更全面、客观地认识历史和现实社会问题；能够将历史学习所得与家乡、民族和国家的发展繁荣结合起来，立志为新时代中国特色社会主义建设、中华民族伟大复兴作出自己的贡献。

（四）学业质量实施

教师在学习和实施历史学科学业质量水平标准时，要理解和认识两个关键点。

首先，核心素养水平分级采取的是两条路径：一是“情境”，即在分析不同情境下的问题时，学生展现出不同的素养水平；二是“维度”，即在基本相同的情境中分析情境问题时，从深度的加深或广度的拓展这两个维度来呈现不同的素养水平。

其次，汇总的学业质量水平是将每一个学科核心素养的同一水平汇总在一起，这是学业质量标准的汇总，也称为总体程度。这种汇总不是简单地合在一起，而是有一定的具体要求。

二、历史教学、评价建议

历史教学是培养和发展学生历史学科核心素养的基本途径。要在教学中实现核心素养的养成，教师须在教学目标制订、教学内容选择、教学过程组织以及教学评价实施等环节都围绕发展学生的历史学科核心素养进行。

（一）科学制订教学目标

1. 核心素养的达成是教学目标的出发点和落脚点

教学目标是教学的起点，也是教学的终点。教师在教学实践中首先须确立新的认知观、教学观和评价观，从知识本位转变为素养本位，努力将学生对知识的学习过程转化为发展核心素养的过程。不仅如此，要实现基于历史学科核心素养的教学，教师须全面理解核心素养的内涵及其具体表现，认识核心素养 5 个方面是一个相互联系的整体，既要注重对学生某一方面学科核心素养的培养，也要注重对学生核心素养的综合培养。

2. 科学制订不同学段、模块、课时的教学目标

针对高中历史课程的设置，教师在设计教学目标时，尤其要注意以下三点：一是要以问题解决的水平程度作为教学目标的核心内容，避免将核心素养的五个方面机械地分离；二是所制订的教学目标要结合教学内容和学生的实际水平，使教学目标具有可操作性，通过教学能够达成；三是教学目标要有可检测性，能够衡量出学生通过学习所表现出来的进步程度。

（二）合理整合教学内容

1. 深刻理解教学内容

深刻理解教学内容是教师合理选择和整合教学内容的前提和基础。教师要依据高中历史课程标准、精准的学情分析以及科学的教学目标，完整、准确地把握历史课程内容及教学要求。通过钻研教材，全面系统地梳理教学内容，把握每个专题所涉及的时空范围，构建清晰的历史脉络，确定重要事实和关键问题，突出核心问题和重点问题，运用唯物史观进行客观理性的阐释，并将它们与学生历史学科核心素养的培育有机结合。

2. 深度整合教学内容

确定重要事实、关键问题及教学重点难点后，教师要善于在关键问题的统摄下，充分利用多种教学资源，合理构建课程内容。应该通过重点内容的突破，带动整体内容的教学，引导学生得出一些具有规律性或共通性的认识，从而促进学生对整体内容的有效理解与准确把握。教师还可以根据学生的学习情况，运用主题教学、问题教学、深度教学、结构　联系教学等多种教学模式，对教科书的顺序、结构进行适当的调整，将教学内容进行有跨度、有深度的重新整合，也可以对必修、选择性必修、选修的不同模块进行整合，设计出更具有探究意义的综合学习主题。

（三）有效设计教学过程

1. 改进教学方法

课程改革的理念要求学生是课堂的主体，教师由课堂教学的主导者变为组织者和引领者，为学生的学习过程和认知过程提供必要而有效的帮助。学生只有进行自主学习、合作学习、探究学习，在认识历史的过程中联系和运用知识，掌握探究历史的方法和技能，逐步学会全面、发展、辩证、客观地看待和论证历史问题，其核心素养才能得以提高和发展。适当的教

学方法关键是要学生能够在课堂学习过程中充分发挥自身的主动性和能动性，亲身感受历史、理解历史，并能够在学习的过程中，在理解的基础上，解决真实情境中的问题，养成正确的价值观念、必备的品格和关键能力。

2. 开展探究活动

课堂教学要以调动和发挥学生历史学习的积极性、主动性和创造性为核心，改变过去以知识立意为导向的讲授式教学，以养成学生的核心素养为目标，以学生的自主探究活动为中心展开，真正实现以学生学习活动作为整个教学活动中心的“学习中心课堂”。这就要求教师在充分理解教材基本知识及其中的历史内涵的基础上，明确所要达成的核心素养目标，将教科书中已成“定论”的内容借助典型材料转化为探究性话题。

3. 创设历史情境

教师要利用历史素材和问题，努力“再现”历史情境，为学生提供一个与历史对话的机会，借此使学生学会站在特定的历史时空中感悟历史变迁，逐渐养成运用历史思维和历史方法解决真实情境中的问题。再者，也要通过基于史料研习的教学活动和以学生为主体的自主探究活动，提高学生学会学习、学会自我拓展知识，并且学会运用知识提高解决问题的能力，特别是解决陌生的、复杂的甚至是不确定的真实问题的能力。

4. 运用现代信息技术

现代信息技术在历史教学中的运用，能拓宽师生获取历史信息的渠道，打破过去教师垄断历史信息的局面，有效地改变传统教学方式，适应信息时代人们个性化、多样化的学习习惯和学习方式，将学生的学习过程由封闭转向开放，由单一转向多元，由被动转向主动，促进教与学的互动和交流。

（四）多维度进行学习评价

1. 以学科素养发展为核心的评价理念

经过多年的课程改革，评价理念在“以学生为本”的基础上，更进一步强调其核心是“发展学生历史学科核心素养”。教师在具体评价过程中要自始至终以历史学科核心素养为核心，以历史学科核心素养的层次要求为依据，无论是评价主体、评价内容还是评价方法和手段的选择都必须围绕历史学科核心素养，对学生将所学历史知识与技能运用于解决具体问题时所体现出的历史学科核心素养水平进行评价。

2. 制订符合学业质量要求的评价目标

本次修订的课程标准亮点之一是增加了“学业质量”的内容，要求教师在制订评价目标时要以“学业质量”为依据，深刻理解核心素养的内涵，准确把握学业质量不同水平所描述的表现特征，对于不同学段、模块、单元和课时的评价目标要进行整体规划和设计。在制订评价目标的同时要从教学目标和学业质量两个方面来确定，尤其是根据学业质量来确定的评价目标有时还可以矫正不确切的教学目标，这样教学评价的效果会更好。

3. 以多元化评价促进核心素养达成

课程改革强调的评价不再只是对学生进行甄别和选拔，而是为了让学生更好地发展，最基本的原则是多元化，评价的主体、内容和方法都应多样化。应根据学生的不同特点制订个性化、等级化的评价标准。教师、学生、家长等都应成为评价主体。教师要综合运用课堂提问、纸笔测试、实践活动、自我反思、同伴互评、教师评语、家长评价等方式，多方面呈现学生的核心素养发展水平。在评价过程中，既要关注学生在课堂学习活动中的表现，也要关注学生在复杂情境下开展相关实践活动的能力；注重形成性评价和终结性评价、量化评价和质性评价的有机结合。

4. 重视反馈评价结果，及时调整教学策略

在评价过程中，要遵循课程标准的要求，系统搜集学生日常的、阶段性的学习成果并进行判断分析；结合历史学科核心素养的表现水平、学业质量水平和学生个人能力等因素，寻找学生表现和目标要求之间的差距；针对学生的具体情况调整、修改教学策略，提出有针对性的学习建议；及时、准确地通过合适渠道向学生反馈某些结果信息，主动告知或引导学生寻找改善学习的方式方法；建立师生对话交流的沟通途径，共同解读和分析评价结果信息，发挥评价反馈的最大效用；要尊重学生的心理感受。只有完善教学评价的所有环节，才能真正保障核心素养在教学中的有效培养。

本章小结

高中历史课程是义务教育历史课程的继续和深化，是揭示人类历史发展的基本规律和大趋势，促进学生全面发展的一门基础课程。高中历史课

程的基本理念是以立德树人为根本任务，坚持正确的思想导向和价值判断，以培养和提高学生的历史学科核心素养为目标。

结合中国教育发展的客观实际和时代要求，借鉴国内国际优秀成果，我国提炼出唯物史观、时空观念、史料实证、历史解释和家国情怀5个核心素养。5个核心素养之间存在五位一体的内在联系。普通高中历史课程目标是坚持落实立德树人根本任务，学生通过学习历史课程，不仅要掌握必备的历史知识，更重要的是要形成历史学科核心素养，得到全面发展、个性发展和持续发展。

在高中历史课程体系方面，采取“古今贯通、中外关联”的原则，采用通史与专题史相结合的方式。其中，必修课程采取通史方式，旨在让学生掌握中外历史发展大势；选择性必修和选修课程采取专题史方式，选择性必修课程是学生根据个人兴趣、升学需求而选择修习的课程。必修课程“中外历史纲要”精选24个学习专题，基本涵盖了中国历史和世界历史的最重要的内容。选择性必修设有“国家治理与社会制度”、“经济与社会生活”、“文化交流与传播”3个模块。选修课程主要提供“史学入门”、“史料研读”两个模块作为校本课程的参考。

要在历史教学中实现学生历史学科核心素养的养成，教师必须具备新的认知观、教学观和评价观，不断增强自身的核心素养，在教学目标制订、教学内容选择、教学过程组织以及教学评价实施等环节都围绕学科核心素养进行，构建“教—学—评”一致的核心素养培育系统。

主要参考文献

1. 徐蓝：《关于历史学科核心素养的几个问题》，载《课程·教材·教法》，2017(10)。

2. 徐蓝、朱汉国主编：《普通高中历史课程标准(2017年版)解读》，北京，高等教育出版社，2018。

学习反思

1. 反思高中历史课程的性质和理念。

2. 反思历史学科核心素养的内涵与价值。

3. 反思高中历史课程的结构与内容。

4. 反思培育历史学科核心素养的策略与方法。

拓展阅读

1. 赵亚夫：《高中历史课程改革与历史教育的现代化——围绕普通高中〈历史课程标准〉的反思》，载《教育学报》，2006(4)。

2. 薛伟强：《〈普通高中历史课程标准(实验)〉与“上海课标”比较》，载《历史教学》，2006(7)。

3. 侯桂红、郑林：《普通高中历史课程标准(实验)落实情况调研》，载《历史教学问题》，2013(3)。

4. 黄牧航：《历史学科核心素养与历史教师的专业发展》，载《历史教学(上半月刊)》，2016(11)。

5. 陈志刚：《历史学科核心素养的培养与评价改革》，载《中学历史教学参考》，2017(19)。

6. 赵亚夫、徐赐成：《“历史学科核心素养”不是什么》，载《中学历史教学参考》，2017(17)。

7. 冯长运：《“英国工业革命发展原因”教学分析之思考——兼谈高中历史学科核心素养的落地》，载《中学历史教学参考》，2017(11)。

8. 夏辉辉：《历史学科核心素养的内涵与教学落点——以“时空观念”为例》，载《中国教师》，2017(8)。

9. 沈玉林：《关于历史学科核心素养“落地”的几点思考》，载《中学历史教学参考》，2017(7)。

10. 李树全：《从教学设计的角度思考历史学科核心素养的落实——以岳麓版必修Ⅲ第28课〈国运兴衰，系于教育〉为例》，载《中学历史教学》，2017(2)。

11. 吴波：《核心素养视阈下的历史学科知识观》，载《中学历史教学参考》，2018(23)。

12. 中华人民共和国教育部制定：《义务教育历史课程标准(2022年版)》，北京，北京师范大学出版社，2022。

13. 徐蓝：《基于历史学科核心素养的课程结构与内容设计——2017版

〈普通高中历史课程标准〉解读》，载《人民教育》，2018(8)。

14. 薛伟强：《中学生史证能力素养的内涵、现状与培育》，载《历史教学：中学版》，2018(8)。

15. 徐赐成：《历史课程功能构成及其特征探讨——基于〈普通高中历史课程标准(2017 年版)〉的讨论》，载《天津师范大学学报(基础教育版)》，2019(1)。

16. 黄牧航：《基于历史学科核心素养的三维测评模型》，载《课程·教材·教法》，2019(9)。

第五章　国际中学历史课程标准比较

学习目标

1. 以英国、美国、加拿大、澳大利亚为核心，了解国际中学历史课程标准的发展历史及现行课程标准的特点。

2. 以英国、美国、加拿大、澳大利亚为核心，了解国际中学历史课程标准的共性特征和个性差异。

中学历史课程标准研究涉及教育政策、教育观念、课程设计和实施、专业知识和技能、教科书编写、学业评介等，具有复杂性、整体性和系统性。[①] 本章主要选取英国、美国、加拿大和澳大利亚 4 国的历史课程标准进行比较研究，便于读者以此为窗口了解国际中学历史课程标准的发展变化及其共性特征和个性差异。

相对于我国而言，国外课程标准的内涵更加宽泛，它不只是呈现教学标准的本体内容，还辅以导论或前言、课程理念与原理、教学建议与案例、学习评价，以及形式多样的附录，清楚地透露出历史教育教学的前沿理论及价值导向。[②] 公民教育与学科能力是国外历史课程目标着重强调的，在聚焦课程目标时，我们首先要关注并思考其背后的学科教育意义，理解它与课程目标的关联。

---

① 赵亚夫、张汉林主编：《国外历史课程标准评介》上卷，3 页，北京，北京师范大学出版社，2017。

② 赵亚夫、李伟科主编：《国外历史课程标准研究》，5 页，北京，人民教育出版社，2003。

第一节　教育理念与课程目标

一、英国

20 世纪 80 年代以降，英国的历史课程改革经历了由方法到内容到理念再到内容的过程。它摈弃了“历史不是你所思考的，而是你所记住的”传统模式，建立了“历史科是一种探究的方法而不只是一种知识载体”的新历史教育理念。① 1991 年，英国第一个国家历史课程标准出炉，经过 1995 年、1999 年、2007 年、2014 年 4 次修订与完善，已经自成一体，规划详尽。

21 世纪以来，英国历史课程标准指向“追求卓越”。2008 年修订的课程标准将“大英帝国”历史纳入课程中，将欧洲主题史删去，增强本国史内容。课程标准提出，学校要给学生提供更大的选择权，学生可以根据自己的兴趣进行学习，以便对职业生涯有初步的了解。历史教育要更加重视与其他学科的联系，增加历史课的实用性，并对学生分析问题的能力、探究历史的能力提出新要求。② 2014 年修订的课程标准认为，高水准的历史教育会帮助学生获取对英国史和世界史连贯的认识和理解，能够激发学生想要更多地了解过去的好奇心。历史教学应使学生学会提出敏锐的问题，进行批判性的思考，判断证据，筛选论证方法，并确定观点和进行判断。历史有助于学生认识人们生活的复杂性、变化的过程，社会的多样性和不同群体之间的关系，以及自身身份和面对时代的挑战。③ 历史教育还应帮助学生形成全球视野，理解文化多样性。

二、美国

美国的历史课程改革经历了从“独立历史科”到“综合社会科”再到“以历

① 李稚勇、陈志刚、王正瀚：《历史教育学概论——中学历史教育的理论与实践》，15～18 页，北京，高等教育出版社，2015。

② 蒲乐瑞：《论战后英国中学历史课程改革及其借鉴意义》，硕士学位论文，湖南师范大学，2015。

③ 赵亚夫、张汉林主编：《国外历史课程标准评介》下卷，4 页，北京，北京师范大学出版社，2017。

史为核心的社会科”的历程。其中，加利福尼亚州于 20 世纪 80 年代中后期推出的“新历史——社会科学”课程是一个具有里程碑性质的重大改革步骤，它引起了全美教育界人士的极大关注。[①] 以此为典范，全美逐步形成了“以历史统领其他人文社会学科”的课程体系，国家课程标准随即出台。在美国，与历史教育有关的课程标准有两类，一类是国家社会科课程标准（National Curriculum Standards for Social Studies），另一类是国家历史课程标准（National Standards for History）。前者为学校人文学科课程领域确立了一个总体的课程框架，后者是对历史教育的具体要求。

美国第一个国家社会科课程标准于 1994 年颁布，2010 年被修订。其主要的贡献是用 10 个主题轴构建了社会科内容框架[②]，其中，“时间、连续与变化”这一主题直接与历史相关。该主题对低、中、高年段学生的历史学习分别提出要求。美国第一个国家历史课程标准也于 1994 年颁布，1996 年被修订，它明确了不同学段学生的历史思维标准。由于美国实行教育分权制，国家课程标准只有指导性，没有强制性或指令性，各州有权接受或拒绝国家课程标准提供的课程框架，制定自己的州课程标准。

总体来看，美国社会科的目标是提升公民能力，包括知识、智力以及民主思想，以便学生能够更积极、主动地参与社会生活。[③] 社会科中的历史科则着眼于学生怎样理解历史，能否自我建构历史，能否通过史料实证寻找真相，能否发展历史思维能力以及能够获得怎样的历史意识和知识结构。[④] 美国的历史课程从属于社会科，又通过社会科凸显自身的学科价值和功能，历史之所以成为社会科的核心，是因为人类的生存在本质上具有历史内涵。[⑤] 最终，历史教学的目标服务于“怎样的历史教育能够培养出有责

---

① 李稚勇：《美国学校历史课程改革论析》，载《外国中小学教育》，2007(9)。

② 10 个主题轴分别是：文化；时间、连续与变化；人、地域与环境；个体发展与自我认同；个体、群体与公共机构；权力、权威与管理；生产、分配与消费；科学、技术与社会；全球关联；公民理想与实践。

③ 赵亚夫、张汉林主编：《国外历史课程标准评介》上卷，22 页，北京，北京师范大学出版社，2017。

④ 赵亚夫、张汉林主编：《国外历史课程标准评介》上卷，291 页，北京，北京师范大学出版社，2017。

⑤ Michael Whelan, “Why the Study of History Should Be the Core,” in *The Social Studies Curriculum*, ed. E. Wayne Ross, Albany, State University of New York Press, 2001, pp. 54-55.

任感的合格公民”。

《如何理解社会科的“十个主题轴”》

三、加拿大

加拿大没有全国性教育体系，也没有全国课程标准，各省和地区根据自身的情况制定课程标准。以安大略省为例，它是加拿大人口最多的省，该省于2013年颁布了《社会课程标准》修订版，此次修订是在2004年版的《社会课程标准》基础上，积累近10年的课程实施经验后进行的。安大略省各学段开设的都是综合的社会课程，其中，1～6年级开设的社会科课程中有相关的历史知识；7～8年级开设历史、地理课程，学生系统学习1914年之前的加拿大历史；9～12年级学生继续学习加拿大历史以及世界历史的课程。每个年级的历史课程都有相对应的课程标准，规定非常细致。总体来看，加拿大各省的教育目标具有一致性，即致力于在历史演变中阐述本国与世界的公民性与公民身份、多样性中的公正以及差异性中的包容，鼓励学生积极参与社会事务，成为民主的公民。

四、澳大利亚

澳大利亚的历史教育长期未受到应有的重视。进入21世纪之后，澳大利亚组建“国家课程委员会”、“澳大利亚课程、评估与报告管理局”，重新评定历史课的学科价值，并于2010年发布了澳大利亚百年来第一部国家基础教育课程标准，历史学科也被包括其中。此后，经过充分的讨论与修订，2013年年底澳大利亚颁布了历史课程标准。澳大利亚的历史教育旨在通过系统的历史叙事、历史探究与多学科渗透、自主选择课程资源，培养学生理解和尊重社会、文化、宗教的多样性，树立民主观念、全球意识和国际视野等现代公民意识。

第二节　学制与课程设置

与中国初中学段、高中学段统一的学制与课程设置不同，国外不同国家、不同地区的学制安排与课程设置都有非常大的差异。

一、美国

美国历史教育属于社会科的范畴，历史是社会科的核心课程。虽然不是每个年级的学生都会上历史课，每个州的课程设置也不同，但是学前班到12年级的历史教育是一个整体，教材内容的编排为螺旋上升结构。美国国家历史课程标准规定，在5～12年级的历史学习中，美国史的学习不能少于3年，世界史的学习不能少于3年。① 在实际教学中，有的州小学为5年级学生开设美国史，初中和高中学生各用1年的时间继续学习美国史。世界历史的学习从初中开始，学生通常初中学习2年，高中继续学习1年。美国小学5年级之前也开设历史课，主要是与州历史和历史思维相关的课程。美国的历史教材也分本国史与世界史，两者的教材结构、编写理念、史学能力培养要求指向一致。

二、加拿大

加拿大的历史课程虽然也属于社会科，但与美国由历史统领其他社会科分支的课程形态不同，它单独开课并在整体上融入社会科范畴。加拿大全国中小学学制并不统一，各地的课程设置也非常不同。比如，曼尼托巴省中年级为5～8年级，高年级为9～12年级，学生在5～12年级系统学习历史，其中5、6、11年级学习加拿大历史，8年级学习世界历史，12年级学习专题史。而魁北克省的学制比其他省少1年，共11年，它的中学教育共5年，7～8年级为第一学段，9～11年级为第二学段；学生在第一学段学习世界历史，在第二学段系统学习加拿大历史，同时将相关的世界历史内

① 赵亚夫主编：《国外历史课程标准评介》，45页，北京，人民教育出版社，2005。

容作为参考，并专门学习20世纪历史即世界现代史。人口最多的安大略省的小学阶段为1～8年级，中学阶段为9～12年级，学生在7～8年级系统学习1914年之前的加拿大历史，在10年级继续学习1914年以来的加拿大历史，在11年级学习世界近现代史，在12年级学习历史选修课。①

三、英国

英国历史教学遵循螺旋上升的方式，历史课对于5～14岁的学生是必修课，教材内容按照历史演进顺序，形成一个完整的链条。在14～16岁学段(相当于中国的高中)，历史已经成为选修课。英国学生在小学时已经完成了古代历史的学习，包括英国古代历史和世界古代历史，初中生主要学习中世纪、早期现代、工业国家的历史以及20世纪的英国史、欧洲史和世界史。高中生是否选修历史取决于之前的学习能否帮助学生通过中等教育毕业资格考试。②

四、澳大利亚

澳大利亚的历史课程设置结合了美国和英国的特点，一是把历史科从社会科中分离出来，二是高中的历史课程为选修课。澳大利亚学生集中学习历史的时间是学前班至10年级。小学3～6年级学生主要学习本地历史并逐渐扩展到国家历史，包括澳大利亚人的生活、建国史以及澳大利亚与其他国家关系的历史。初中4年则是系统学习，其中，7年级学生侧重学习原始时期到古代时期结束的历史(公元前60000—公元500年)，8年级学生学习古代时期结束到近代社会开端的历史(500—1750年)，9年级学生学习世界近代史和澳大利亚历史(1750—1901年)，10年级学生学习1901年至今的澳大利亚历史和世界现代史。高中的历史选修课分“古代史”和“现代史”2大部分，古代史主要使学生认识古代世界发展历程、关键特征、关键人物、社会制度和社会结构，现代史主要使学生认识现代社会发展进程中的各种

① 赵亚夫、张汉林主编:《国外历史课程标准评介》，599～600页，北京，北京师范大学出版社，2017。

② 赵亚夫、张汉林主编:《国外历史课程标准评介》，1～16页，北京，北京师范大学出版社，2017。

热点事件、思想、运动和改革等。[①]

第三节　课程结构与能力培养

历史课程结构反映的是课程内容的编排，涉及编排顺序及不同内容在不同学段的安排。课程内容基于历史知识、历史思维和历史技能之间的关系确定，反映能力要求。[②] 国外的历史课程设置大致分2种：一种是独立设置的历史科，以英国、澳大利亚等国为典型；另一种是被包含在社会学科学习领域的历史课程，以美国、加拿大等国为典型。在能力培养方面，这些国家的历史课程都强调对历史思维的训练。

一、英国、澳大利亚“独立历史科”课程结构与历史思维要求

英国中学阶段的历史课程与小学阶段衔接，分属关键阶段3(7～9年级，11～14岁)与关键阶段4(10～11年级，14～16岁)。在关键阶段4，历史课为选修课。[③] 英国课程设置呈螺旋式，例如，关键阶段3给定的六个主题中，第一个是“教派、国家和社会在中世纪英国1066—1509年的发展”，第二个是“教派、国家和社会在英国1509—1745年的发展”，第三个是“文化思想、政治权力、工业与帝国：英国，1745—1901年”，第四个是“1901年到今天，英国、欧洲乃至世界面临的挑战”。这些内容既保持了历史的纵贯演进，又注重主题史的横向延伸，注重与其他学科的整合，是“基于编年的时代发展史”的课程体系。

在能力方面，一是重视学生历史思维“螺旋渐进”的发展。英国历史教

① 赵亚夫、张汉林主编：《国外历史课程标准评介》，484页，北京，北京师范大学出版社，2017。

② 赵亚夫、唐云波主编：《国外历史教育文献选读》，21页，长春，长春出版社，2012。

③ 在英国国家课程中，义务教育阶段被划分为4个关键阶段：关键阶段1，5～7岁；关键阶段2，7～11岁；关键阶段3，11～14岁；关键阶段4，14～16岁。英国国家历史课程标准对关键阶段1和2的历史学习有明确的要求，这些要求与关键阶段3的要求合在一起，共同构成了课程标准内容。在关键阶段3之前，学生们已经完成了对1066年之前的英国历史的学习，不过在关键阶段3的后期，会继续深入对这段历史的学习。

育倡导建构知识，认为历史不仅是对已确立的理论知识的理解，还要对其作出诠释。让学生在理解历史词汇、辨析观点的基础上发挥历史想象力，用历史概念解决日常生活问题。在英国，好的历史教育必须是引用资料的，讲究精细的、速度缓慢且透彻的学习。

英国新的国家历史课程标准对各个学段的学习能力与成就目标提出要求。如关键阶段3的能力要求表述为：学生应该延伸和深化对英国历史、地方历史和世界历史时序的认知和理解，以便于为进一步的学习提供渊博的背景知识；对长时段历史确立重大事件、建立关联、作出对比、分析趋势；越来越熟练地使用史学术语和概念；能够进行有效的历史调查，包括一些他们自己面对的问题，并且能作出有联系、有结构、证据充分的回应；理解如何按照历史学科的要求，使用不同类型的历史资料并提出历史问题，识别并理解形成鲜明对比的历史争议。①

二是全方位的历史思维要求。英国课程标准将历史学科可以培养的各种能力划分成两类。一是关键概念，包含时序理解，文化、种族和宗教的差异性，变迁和延续，原因和结果，意义，解释。其二是关键程序，包含历史探究、使用证据及交流历史。无论关键概念还是关键程序，都有明确详细的内涵界定，核心指向仍是思维能力。如课程标准对关键阶段3的学习目标表述为：认识和理解英伦三岛的历史(一部连贯的、以编年为序的、从古到今的本地史)，如人们如何生活、国家如何形成、英国怎样影响世界和如何被世界影响。认识和理解世界历史的重要方面，如古代文明的性质、帝国的扩张和瓦解、欧洲以外的社会历史特性。从历史的角度获取和发展对某些抽象的专业术语的理解，如帝国、文明、议会和农民。理解历史概念，如延续与变迁、原因和结果、相似性、差异性和重要性，使用这些概念形成联系、进行对比、分析趋势、提出有效的历史问题、形成合理解释，包括书面叙述和分析。理解探究历史的方法，包括如何严格地使用证据以达到历史实证的要求，认识不同论据和解释的形成过程和原因。通过将不断增长的知识放到不同背景的方式获取新的历史观，理解本地、地区、国

---

① 赵亚夫、张汉林主编：《国外历史课程标准评介》下卷，14～15页，北京，北京师范大学出版社，2017。

家、世界各区域历史的联系，文化、经济、军事、政治、宗教和社会史的联系，以及短时段和长时段历史的联系。[①]

澳大利亚的学段划分与英国类似，初中为7～10年级，高中为11～12年级。初中的课程包括通史与专题探究。其中的通史部分，7年级学生侧重于学习从原始时期到古代时期结束（公元前60000—公元500年）的历史。8年级学生侧重于学习从古代时期结束到近代社会开端（500—1750年）的历史。9年级学生侧重于学习1750—1901年的世界近代史和澳大利亚历史。10年级学生侧重于学习1901年至今的澳大利亚史和世界现代史。专题探究是对通史的补充。高中课程在初中的基础上以时间为序，深入探索“古代史”与“现代史”。

在学科思维能力方面，澳大利亚课程标准对史料、延续与变迁、因果关系、意义、移情作用、视角、解读、再现和争议性、传承与变革、史观等历史思维概念进行了阐述并作出具体要求，综合培养学生的读写能力、计算能力、信息与通信技术能力、批判性与创造性思维、个人与社会能力、道德理解、跨文化理解能力等7大能力。[②]

二、美国、加拿大“历史—社会科”课程结构与历史思维要求

《美国社会科课程标准：卓越的期望》把基础教育分为3个学段，低年段是指K～4年级、中年段指5～8年级、高年段指9～12年级。[③] 课程标准在“问题探究”“知识”“过程”“成果”4个方面对不同学段的学生提出了层进式要求，是一种螺旋式上升的设计。

例如，在“时间、连续与变化”主题轴中的“知识”一栏中，课程标准要求中年段的学生理解以下内容：历史学习提供了一个社区、国家和世界的历史概貌；概念运用，诸如年代、偶然性、变化、冲突、复杂性、多重观点、原始的和第二手资料、因果关系；对过去的研究需要对资料进行阐释，

① 赵亚夫、张汉林主编：《国外历史课程标准评介》下卷，4～5页，北京，北京师范大学出版社，2017。

② 赵亚夫、张汉林主编：《国外历史课程标准评介》下卷，484～489页，北京，北京师范大学出版社，2017。

③ “K”即Kindergarten（幼儿园），这里指幼儿园最后一年，12年级相当于我国的高三。

并运用各种资料提供一个平衡的历史解释；同样的历史事件，由于所持的历史证据、民族和文化的视角、研究者观点的不同，其历史阐释也会有所不同；文化内部或跨文化的历史时期与变革模式(例如古文明的兴衰、技术的发展、现代国家的兴起、殖民体系的建立和瓦解)；社会、文化、政治、经济体系的结构与影响；历史上关键人物、团体、事件的影响；民主思想与民主原则的历史及其在文献、艺术品和标识中的呈现方式；社会、地理、经济、文化因素对地区、国家及世界的影响。

高年段的学生应该理解以下内容：对历史的不同阐释；概念运用，诸如年代、时期、偶然性、变化、延续、冲突、年表、历史方法、原始的和第二手资料、因果关系以及多重视角；历史认识要受到所探究的问题、资料的运用以及史学家观点的影响；文化内部或跨文化的历史时期与变革模式的不同阐释(比如民主原则和制度的历史，政治、经济、哲学的发展；现代国家的兴起，殖民体系的建立和瓦解)；关键历史因素的跨时空影响，如民族主义、帝国主义、经济全球化、领导权、革命、战争、权利和义务观念、宗教；历史知识对于理解现实以及未来作出明智决策的重要性。①

以史料运用为例，中年段学生的学习要求是运用史料研究、分析问题，以理解历史知识的解释性特征，高年段学生的学习要求包括检验史料的有用性和可信度，并根据所持证据形成自己对问题的解释。②

《美国国家历史课程标准：卓越的期望》把历史课程分为 K～4 年级和 5～12 年级两个学段。5 年级之前学生主要学习与家庭、社区、州或地区有关的历史。5 年级以后学生按照时序与时代主题，学习美国史与世界史。以加利福尼亚州为例，该州的基础教育分为 K～5 年级、6～8 年级、9～12 年级三个学段。4 年级的课程为“加利福尼亚州：一个正在变化的州”，介绍该州的历史、地理、人文、经济、社会等情况，讨论如“大萧条、第二次世界大战对该州的影响”等问题。5 年级学生学习“美国历史与地理：建立一个新国家”，6 年级学生学习“世界历史与地理：古代文明”，7 年级学生学习“世

① 陈新民：《美国社会科课程标准中的历史学习要求及评析》，载《外国中小学教育》，2014(12)。

② 陈新民：《美国社会科课程标准中的历史学习要求及评析》，载《外国中小学教育》，2014(12)。

界历史与地理：中世纪和近代早期”，8年级学生学习“美国历史与地理：发展与冲突”，10年级学生学习“世纪历史、文化、地理：现代世界”，11年级学生学习“美国历史与地理：20世纪的延续和改变”，12年级学生学习“美国民主和经济学原理”并且讨论如“古希腊、罗马、英国对美国民主的影响”等问题。

美国历史教育非常注重对学生历史理解能力的培养。课程标准以此为核心把历史思维分为逐次递进的五种类型，分别是时序思维能力、历史理解能力、历史分析与解释能力、历史研究能力、分析历史问题并作出决策的能力。时序思维能力是历史推理的核心，它帮助学生组织历史思维、决定历史发展顺序、考查历史事件之间多种多样的关系，培养学生的历史感。历史理解能力要求学生能够理解性地阅读历史陈述；能够识别陈述结构中的基本要素(人物、状况、事件的先后顺序、起因及结果)；能够欣赏文学作品、艺术作品、文物及那个时代的其他记载所反映的各种历史观点；避免“从现在出发的主观臆断”。

历史分析与解释能力要求学生能够比较和对比过去和现在不同时期、来自不同群体和背景的人们的经历、信仰、动机、传统、希望与恐惧，并分析它们对人们行为的影响，思考历史事件的多种起因，敢于挑战历史必然性的各种观点，能够比较和评价互有出入的历史解释。历史研究能力要求学生能够运用历史文献、文物、照片、历史遗迹与目击者陈述，明确陈述历史疑问；能够获取文物、文件或其他记载上的时间与空间背景信息；能够判断其可信度与权威性；能够创建关于它们的合情合理的历史陈述或论点。分析历史问题并作出决策的能力要求学生能够看出历史上人们所面临的各种难题；能够分析这些情景中的人们的不同利益和观点；能够评价解决难题的其他建议；能够分析所达成的决定或采取的行动是否明智及其原因。①

总体来看，美国“历史课”已经失去“回忆”的特征。在社会科视域下，它既借助社会科的广博性为历史理解找到了生根的土壤，又超越了历史学本身，其作用被扩展到整个社会科领域。

---

① 赵亚夫、郭艳芬：《美国国家历史课程标准述评》，载《外国教育研究》，2004(2)。

加拿大的社会科课程标准由地方制定，内容丰富且典型，关于历史思维的规定十分详尽。加拿大大不列颠哥伦比亚大学皮特·塞克萨(Peter Seixas)教授在历史思维研究方面颇有建树，加拿大各省和地区在制定课程标准时，大都基于皮特的研究成果。以安大略省为例，该省7年级学生学习1713—1850年加拿大社会、政治、经济和法律的变化，探索这段时期加拿大的不同群体所经历的和面临的挑战，并将其与现今加拿大人的经历进行比较。8年级学生学习1850—1914年加拿大社会、政治、经济和法律的变化如何影响一个日益多样化、区域个性化国家的不同群体。10年级学生学习"第一次世界大战以来的加拿大史"(9年级学生在课程标准中没有专门的历史学习任务)。11年级学生学习"美国历史""15世纪末之前的世界历史""起源和公民权：一个加拿大族群的发展史"和"1900年以来的世界历史"。12年级开设选修课，有"加拿大：历史、身份和文化""15世纪以来的世界历史""世界史上的冒险活动"3门课程。

加拿大的课程标准对历史思维高度重视，其课程体系是以历史思维为核心构建的。《安大略省历史课程标准》认为，历史思维包含4个重要的历史概念——历史意义、因果关系、延续和变迁以及历史视角。"历史意义"要求学生判定已经发生过的事情的重要性(例如：问题、事件、发展、人物、地点、联系)，"意义"可能取决于其与过去的关联，也包括其如何与当前的问题或事件相关。"因果关系"要求学生确定影响和导致某些事件的因素(比如一个事件、特定情境、动作、事件间的联系及其影响或作用)，学生需要对因果关系的复杂性有所了解，知道有些事件可能有"多个因素"与"多个后果"。"延续和变迁"要求学生确定在一段时间里什么是不变的、什么发生了变化。"历史视角"要求学生分析过去的行为、事件、发展和问题。历史思维的这4个要素是所有历史课程学习的基础，贯穿历史研究过程的每个主线，渗透课程内容的每个单元，与历史探究和课程内容密切相关。①

① 赵亚夫、张汉林主编：《国外历史课程标准评介》上卷，365～494页，北京，北京师范大学出版社，2017。

第四节　课程实施与课程评价

各国课程标准的不断改进，大大增强了其实用性。一方面课程标准高度融合了历史课程与教学的相关理论，另一方面课程标准给出了实施策略，包括教学基本方法、教师与学生的角色定位、教学资源的配置和组织、课程评价的设置与应用。① 国外的历史教学在方法上主要是合作探究与史料运用，评价上注重发展性评价，方式多样。

一、英国

英国历史课程标准中的方法要求，主要是运用史料与问题探究。课程标准规定，学生在历史学习过程中，必须要学会使用证据，学生应该能甄别、选择并使用史料(包括文本史料、视觉史料、口述资料、遗址、遗物等)。数十年来，英国历史教学以史料为基础，学生在教师的指导下通过自己的探究活动，了解历史事实、探讨历史问题、解释历史现象、解答社会问题。在实践中，写作历史小论文是具体方法之一。学生通过对史料的出处、用途和语言文字的研究，评估它的价值和可靠性，评价对史料的使用情况，以便形成合理的结论。

分析英国历史课程标准，我们可以看出，无论是对历史的编年式、多元文化、变化与延续的理解，还是对历史原因与结果、历史意义、历史解释等核心概念的理解，都是建立在以史料为证据的基础之上。学生在进行问题探究与“历史交流”时，也要利用史料形成自己的历史假设并加以证明，同时在描绘史料、解释史料的过程中，发展自己听、说、写的技能。②

在评价方面，2013 年英国取消了原来分 9 个水平对学生学业成绩分阶段评价的体系，仅规定每个关键阶段学生应该学会什么，学校可以自由设计它们的课程及评估系统。从 2015 年开始，原来阶段性的单元考试也取消了，

---

① 赵亚夫、张汉林主编：《国外历史课程标准评介》上卷，18～19 页，北京，北京师范大学出版社，2017。

② 李稚勇：《论英国中学历史课的史料教学》，载《教育科学研究》，2010(1)。

最终以英国文凭证书考试(English Baccalaureate Certificate，EBacc)定结果。

二、美国

美国社会科课程标准的设计是针对全体社会成员的，教育者、家长、社区成员以及政策制定者都可以根据不同的目的选用。社会科课程标准中的历史部分提供了大量的实践范例，可操作性强。课程标准鼓励教师到档案馆、博物馆、历史遗迹和图书馆中查阅传记、日记、信件、原始文献以及传说、演讲、文学作品等描述性文本，让学生直接接触历史资源，进行史料论证，重建历史。同时，教师要帮助学生运用不同学科的学术方法整合各学科内容，提高学生智力水平。

在评价方面，美国注重发展性评价，表现方式多样，如历史事件表的设计、书评、影评、历史人物访谈、历史剧、读书报告、报纸设计等。纸笔考试制度越来越严格，大学先修课程考试受到重视。历史课程标准的内容既具体、针对性强，同时又是开放的，它给出了使用方向，有助于教师自主开发课程。有的中学教师不用整册的教科书，而是教师按照进度陆续发给学生提纲和相关资料，上课时通过提出问题、分组讨论、集中讨论、教师点评等环节，让学生充分发表看法。然后完成课后作业，包括大论文、小论文的写作。课堂讨论的参与度、发言的积极性与质量、论文的质量(要求取材广泛、选材合理、观点鲜明、表述规范)成为学业成绩评估的重要内容。成绩评估还包括平时的随堂测验，以及阶段考试、期末考试。①

三、加拿大

加拿大“历史与社会科”的课程标准关注学生理解历史、建构历史的方法与历史思维。课程标准提出，学生要能对现实中的社会现象提出问题，通过多种方式探究，检验研究策略，促进对社会现象的理解。为了解社会现象，学生要研究、分析不同类型的文献，要交流各自的问题与研究成果。在交流中，不论是口头还是书面的观点，都要清楚、严谨。学生要反思、调整自己的研究过程，包括方法、材料、计划等，学会在相似的情境下运

---

① 王铎全：《美国高中历史教育管窥》，载《历史教学问题》，2015(3)。

用知识。

在评价方面，加拿大重视评价与学习的结合。比如，曼尼托巴省就从“评估目的、评估内容、评估方式、保证测试质量、运用信息”等方面，将评估分为“为学习而评估、在评估中学习、对学习进行评估”3个层面，以促进学生的学习。

四、澳大利亚

澳大利亚历史课程标准中的方法要求吸收了英国教学设计思路，即历史教学如果不是在传授知识，那就要最大化地训练技能。课程标准建议教师组织研究一手、二手史料的课堂活动，设置开放性问题；让学生通过发现、选择并解释史料，理解人类行为与历史条件之间、历史事件之间的联系，处理不同的历史叙述，探究历史意义，作出自己的解释，在历史知识中探索革命、帝国主义、世界大战等历史概念。

在评价方面，澳大利亚对评价的内容、类型和等级都作了规定。评价内容包括历史思维技能、知识与能力，责任感、价值观与道德发展，批判性与创造性思维，交流沟通和与他人相处的能力等方面。评价类型包括历史调查(20%)、简答题(20%)、材料分析(20%)和检测(40%)。评估等级从A到E，包括成绩突出、优异、令人满意、一般、不及格。学生在修完规定课程后，都要参加州政府组织的毕业考试，在评价过程中，教师拥有非常大的主导权。①

本章小结

英国、美国、加拿大、澳大利亚的历史课程标准在教育理念与目标上注重公民教育与学科技能的培养，强调历史思维的训练，教学方法以合作探究与史料运用为主，注重发展性评价，评价方式多样。

通过对国际历史课程标准进行比较，希望为我国中学历史教育改革提供参考。

---

①　赵亚夫、张汉林主编：《国外历史课程标准评介》下卷，496～497页，北京，北京师范大学出版社，2017。

学习反思

1. 英国、美国、加拿大、澳大利亚四国历史课程标准的主要特点是什么？

2. 如何评价英国、美国、加拿大、澳大利亚历史课程标准的差异？

拓展阅读

1. 陈新民：《美国社会科课程标准中的历史学习要求及评析》，载《外国中小学教育》，2014(12)。

2. 孙才周：《〈美国国家历史课程标准〉体现了怎样的“情感价值观”》，载《中国教师》，2014(S2)。

3. 付嘉豪：《美国中学如何讲述“独立战争与联邦政府的建立”——以〈美国国家历史课程标准〉为中心的考察》，载《中学历史教学参考》，2015(17)。

4. 李文君：《他山之石：美国历史课程标准中的“行为动词”研究》，硕士学位论文，东北师范大学，2017。

5. 费驰、郭宇婷：《美国〈加利福尼亚州历史与社会科学课程标准〉评介》，载《中学历史教学参考》，2018(3)。

6. 李稚勇：《论英国历史科国家课程标准之发展——兼评2007年版历史科国家课程标准》，载《外国中小学教育》，2008(4)。

7. 周丽芳：《英国新历史科国家课程标准中的能力目标论析》，载《上海师范大学学报(基础教育版)》，2009(4)。

8. 郭燕飞：《英国中小学历史学科国家课程标准(2013)解读》，载《山东农业工程学院学报》，2015(2)。

9. 王婷：《新历史科走向国定课程——英国历史课程标准变革1972—1991》，载《中学历史教学》，2016(10)。

10. 赵亚夫、张汉林主编：《国外历史课程标准评介》，北京，北京师范大学出版社，2017。

11. 李稚勇、周仕德、陈新民：《中外历史教育比较研究》，长春，长春出版社，2012。

12. 黄增寿主编：《高中新旧课程标准教学要求比较：历史》，上海，华东师范大学出版社，2020。

第六章　中学历史教材演变及特点

学习目标

1. 以美国、加拿大、英国和澳大利亚为例，了解国外中学历史教材发展演变及其特点。

2. 了解我国历史教材的发展演变过程，理解最新统编初中和统编高中历史教材的编写特点。

20世纪以来，国内外的历史教材都经历了很大的转变。美国历史教材由单独陈述历史知识转变为以历史为主线的社会科综合，教材功能突出历史思维训练。英国历史教材经历了由叙述历史知识向史料探究转变的过程。国外历史教材的编写、发行和使用制度与国内有明显差异。1904年，中国开始出现独立的历史课程后，初期的历史教科书多译自国外，后来开始自己编写，民国时期出版了很多各具特色的历史教科书。中华人民共和国成立以后，党和政府高度重视历史教材的编写。2012年，教育部启动统一组织编写中学历史教材。以立德树人、全面体现国家意志为根本，我国最新的统编初中历史教材和统编高中历史教材各有特点。

第一节　国外中学历史教材演变及特点

一、国外中学历史教材的发展演变

1. 美国历史教材的发展演变

美国历史课程的设置可以追溯到18世纪晚期，到20世纪，历史课程已经完成了从独立学科向“历史一社会科”综合方向的转变，历史教材也由单独陈述历史知识转变为以历史为主线的社会科综合，教材功能突出历史思维训练。

在开国元勋本杰明·富兰克林和托马斯·杰斐逊的长期积极倡导下，一些中小学开设了历史课程。1783年，美国有了第一本教材《美国史入门》。到1815年，人们普遍接受历史科是一门单独学科的事实。1821年之后，美国各个州相继以立法的形式规定本州中学必须开设历史课程，历史科逐渐得到普及。在此过程中，设置课程、编写教材、确定教学方法等事宜都是历史学家占主导地位。第一次世界大战前后，美国历史教材的内容已经包括了古代史、中世纪史、近代欧洲史、英国史、美国史等，教学内容偏重欧洲史(主要是英国史、法国史和德国史)与本国史，历史文明一直追溯到古希腊、罗马和中世纪的欧洲，关于亚洲、非洲、拉美广大地区的历史几乎是空白，教学方法也主要是教师讲授和学生课后记诵。[①]

19世纪末20世纪初，受进步主义教育运动和“新史学”运动的影响，美国中小学把历史、政治、地理等学科合并成一门新的社会科。1921年，美国成立了由历史学家、政治学家和从事师范教学的教育家组成的社会科国家委员会(the National Council for the Social Studies，NCSS)，社会科获得了合法性和权威性，取代了历史科。以后，通过“美国历史协会”、“美国历史学家组织”、中学历史教师等组织与个人的努力，美国经历了3次大的历史教育改革，历史科成为社会科中的核心课程，历史思维训练成为课程要求，并在教材中得以体现。例如，美国人类学课程研究计划和高中地理计划中都编写出适用于历史课程的教学单元，教育发展中心开发的课程——“人类：一门研究性课程”就把历史作为中学参考资料的内容；卡内基-梅隆课程发展中心和阿姆斯特计划运用经济学、政治学、行为学的观点讨论历史，编写出了适当的历史教材。[②] 从20世纪70年代出版的《我们美国人》(*We Americans*)到20世纪80年代出版的《西方文明》(*Western Civilization*)再到20世纪90年代出版的《世界史：文明的模式》(*World History*：*Pat-*

---

① 李月琴：《近20年来美国中学历史教学改革研析》，硕士学位论文，华东师范大学，2007。

② Hazel Whitman Hertzberg，“The Teaching of History，” in *The Past Before Us*：*Contemporary Historical Writing*，ed. Michael Kammen，Ithaca，Cornell University Press，1980，p. 483.

terns of Civilization)、2000年出版的《发现美国的过去：从史料中进行探究》(Discovering The American Past：A Look At The Evidence)，美国历史教材越来越注重历史内容的整体性与多样性。[①]

2. 英国历史教材的发展演变

英国历史教学有着悠久的历史，总体上看，英国历史教材经历了由叙述历史知识向史料探究转变的过程。

19世纪末，在英国全民基础教育兴起的过程中，历史逐渐成为一门独立学科。20世纪初，英国各级学校都开设了历史课。起初，历史课的内容主要是英国史，辅以简单的世界史。20世纪60年代，经济史和社会史在中学历史课程中所占的比例逐渐增多，以后不同时段的英国史、欧洲史和世界史内容逐步被增加进来。在这个时期，英国学生学习历史的主要方式是"记忆过去"，历史教材也以叙述历史知识为主，学生将大量的人物、事件、时间、地点等历史知识塞入头脑，然后完成各种有明确答案的选择题。由于学生们普遍觉得这样的历史学习无聊且无用，其选修兴趣日益低落，造成了"历史科的危机"。[②] 正是从这一时期开始，英国历史教学开启了改革之旅。1991年，英国出台了第一个国家历史课程标准，肯定了"史料—探究"的历史教育模式，历史教材的改革顺势而来。

1991年，根据新的课程标准，英国"学校委员会历史科计划"(School History Project，SHP)与约翰·默里出版社(John Murray Publishers)合作，推出了"探索过去"(*Discovering the Past*)系列教材，该系列中的学生用书共九册，是七、八、九年级的核心教科书。其中，七年级教材的名称为《对比与连接》(*Contrasts and Connections*)，共4册；八年级教材名为《社会变迁》(*Societies in Change*)，共3册；九年级教材名为《和平与战争》(*Peace and War*)，共2册；同时还有其他专题的教科书供教师选择。这些教材以"提供史料"为基础，以"提供学习任务与问题"为导向，以"议题与争议性主题"为统领，以"编年史线索"为框架，构筑出了一套全新的历史教材。以后英国国家历史课程标准不断被修订，教材也随之改版，但教育目标和主要

---

① 李稚勇：《中、美、日中学历史教科书结构比较研究》，载《上海教育科研》，2003(1)。

② 李稚勇、陈志刚、王正翰：《历史教育学概论——中学历史教育的理论与实践》，14页，北京，高等教育出版社，2015。

框架没有大的变化，有所不同的是针对史料运用而进行的“学习任务与问题设置”的改变。这些改变要达到的目的有3个：一是降低史料教学的难度，贴合学生的认知发展；二是从探求过去的“真相”，到正视史料立场、聚焦探究者的主动性；三是从注重钻研史料回归到证据概念，即史料教学必须遵照证据概念，这是发展学生历史理解能力的关键。①

二、国外中学历史教材的特点

（一）自主编写出版与市场化发行

国外历史教材的编写、发行和使用制度，各不相同。其中，美国的许多州采用选定制，加拿大主要采取认定制，英国和澳大利亚主要采取自由制。②

在美国，基于联邦政府对各州教育事业的不干预原则，全美没有统一的教材，其历史教材的编写、出版、发行有着自己的一套程序。先由相关民间机构制定教材标准，不同出版商根据这个标准组织教材的编写、发行工作。“教科书标准顾问委员会”和“美国出版商协会”是这些民间机构中最为重要的两个机构，前者负责全美教材标准的制定（但无强制性要求），后者负责教科书的出版。由于“美国出版商协会”是“教科书标准顾问委员会”的成员之一，由该协会出版的教科书通常被认为是符合行业标准的，各州教育委员会也普遍接受它出版的教科书。美国几大重要出版商发行的历史教材版本众多，涵盖各种不同的尖锐问题和复杂情况，对历史教学大有裨益。各州教育委员会一般通过招标、评估、听证会、审核等程序形成州教科书采购清单，采购相应教科书以供学校或地方教育部门选用。③

加拿大虽然也像美国一样，在联邦制下没有全国统一的历史教材，但是其教材的编写、发行是多方力量共同作用的结果。加拿大60％的人口居住在安大略省和魁北克省，他们的教育政策具有一定的代表性。安大略省人口较多，其教材制度与其他各省和地方有很多相似之处。在安大略省，

① 林淑仪：《英国历史教科书中资料运用之变化：以“学校委员会”版（1991—2008）为例》，硕士学位论文，台湾东吴大学，2016。

② 王铎全、李稚勇：《比较历史教育学》，86～87页，上海，上海教育出版社，1995。

③ 李蔚：《中美两国历史教科书比较——以“抗日战争和太平洋战争”章节为例》，硕士学位论文，华东师范大学，2011。

省教育部通过与个人、委员会和相关组织就教材的编写、出版达成协议，并支付全部或部分款项。其中，教材内容的确定由专家团体完成，教材的出版由出版商完成，教材的审定由省教育部长任命的独立团体即教材审定委员会完成。教材审定委员会必须根据省教育部制定的课程标准评定教材，评定内容包括教材的内容、健康与安全、环境意识、语言水平、教育方法、评价策略、各种偏见、版式等。评定之后，该委员会必须向省教育部提供审查报告和建议，然后由教育部长批准审定的教材书单，并在教育部的网站上公布。各学校的委员会根据书单，在和有关教师商议后，最终选定教材，由学校免费供给学生使用。[①] 总体来看，加拿大的教材编写与发行方式既保证了社会的统一又满足了多样化的需求。

相对而言，英国历史教材的出版与发行更为开放，选择也更为自由。在英国，任何的机构和出版商都可以编写教材，教材市场竞争激烈，教材种类繁多。英国各出版公司在教材编写时，都会考虑国家历史课程标准、课程研究成果以及中等教育毕业资格考试的要目，同时还会与学校理事会进行合作，以提高教材质量。教材第一稿编写完成后，通常会被送到约定的学校用以进行实验教学，在经过专业评估后，被再次修改。英国历史教材的选用由地方教育局管理，但多以学校自由选择为主，学校在征求历史教师的意见后，由副校长决定教材的选用。

澳大利亚联邦政府对教育实行分权管理，其教材的编写、发行制度与英国类似，实行自由制。澳大利亚出版社众多，教材版本多样，各出版社事先调查、研究各州和各学区的课程标准及教材需求，然后进行编辑与出版，其出版的教材最后经由当地教育部门审查通过，供各地区和学校选用。

（二）宏观结构的整体性与范例性

美国历史教材采取章节编年体通史写法，不刻意追求学科体系的完整性，而是注重历史的整体性与多样性，体现范例性原则。在结构方面，通过历史时序演进串联主题的方法，将基础性、基本性和范例性的典型内容加以组织呈现，既在宏观上把握历史发展脉络、确立时间观念，又使包罗

---

① 刘欣：《加拿大安大略省教科书制度概览》，载《现代中小学教育》，2008(2)。

万象的历史有所侧重进而使学生能够深入分析，挖掘本质。① 在时间布局方面，教材只是提供一种分期的方案。在主题史呈现方面，它寻找契合点将政治、经济、文化、宗教、科技乃至社会风情等内容有机联系为一个整体，深化主题。在内容选择上，教材信息量大，内容丰富，既有深度也有广度。不同版本的教材对同一问题的认识会有所差异，有些与美国历史学的研究具有同步性，有些则有滞后性。另外，爱国主义教育色彩浓烈，美国道德观、文化的多样性、民族多元性等价值观念均在教材中得到体现。

加拿大和澳大利亚的历史教材也非常注重整体结构，历史叙事既不一带而过，也不繁杂堆砌，而是通过分析某一议题或某一时代的重要特点来反映历史演变的脉络趋势。加拿大的教材在内容选择上有很强的国家倾向性，突出加拿大的成就与贡献，对本国事例选择较多。教材由加拿大人或拥有加拿大永久居留权者写作、改编或翻译，使用加拿大人熟悉的语言和拼写习惯。②

澳大利亚的历史教材在内容上具有广泛性、综合性的特点。广泛性是指教材不仅涉及政治、经济、社会、环境、战争、文化、宗教、科学等诸多主题，而且社会史内容丰富。例如，教材对于历史上不同时期妇女的权利、日常生活、婚姻、生育等内容都有介绍，对于日常生活、娱乐、丧葬风俗以及当时的人对死亡的看法都有提及，体现了人本主义思想。综合性是指教材在介绍每一个主题时，都按照时间顺序介绍当时的地理、自然特征如何影响当地的发展，不同时期人们的信仰、价值观与日常生活发生了怎样的变化，不同主题之间有怎样的关联与交叉，比如社会与政治、社会与环境、社会与经济等内容的关系。③

英国历史教材以帮助学生理解历史为目的，通过概述、设置专题、主题探究相结合的方式，将英国、欧洲和世界历史上的重大事件与重要人物的变化发展置于一个完整的历史框架中。在内容设置上，既注重平行事件

① 冯怡：《美国中学历史教科书中的特色及其教育理念浅析》，载《中学历史教学参考》，2005(11)。

② 刘欣：《加拿大安大略省教科书制度概览》，载《现代中小学教育》，2008(2)。

③ 杨楠：《中澳初中历史教科书内容多样性的比较研究——以 3000BC—300AD 古代中国为例》，硕士学位论文，河北师范大学，2017。

和重要人物的联系，又注重主题式的发展；既注重英国人生活、信仰、思想和态度的变化，又注重从政治、社会、文化、宗教、技术和经济发展等多种因素考察，属于大跨度专题式的安排方式。英国的海外影响以及海外非殖民化也是教材的重要组成部分。

（三）三段式编撰结构与历史理解式的叙事

国外历史教材的微观结构一般包括前言、正文和附录3部分，前言和附录虽是辅助系统，却别具一格。

首先是前言部分。美国历史教材的前言主要告诉学生"解读历史的关键"以及"阅读技能和策略"。前者是向学生提供"见证历史的音频、影像资料源"，告诉学生注意理解"历史互动"、"地理互动"、"创造联系"；后者包括阅读前的目的设置、提出问题、作出预测，阅读中的重读或预读、转述、总结、辨别主旨和细节、词汇、分析课文结构、分析作者意图，阅读后的评价阅读及回顾信息。这些内容将教学目标、重要概念和重点知识明晰地告知学生，让学生在学习正文之前就有强烈的问题意识和思维准备，并用教学目标来检查自己的学习目标是否达到。① 加拿大历史教材的前言部分阐述了学习历史的目的，介绍教材的使用方法，包括教材中出现的"预览"、"视觉线索"、"历史图标"、"活动"、"调查模版"等项目的功能，还介绍了历史学习的技巧。②

英国历史教材的前言包括发现历史、探究历史、回顾与反思、历史实践技能4个方面，分别向学生讲明历史探究的问题指向、不同的学习任务、反思自己的学习情况以及一些历史技能。澳大利亚历史教材的前言包括了致谢、教材的使用方法、如何在线学习等内容，并就教材中出现的历史技能、调查、历史图标、活动、综合考虑、检查、在线互动、网上评论等项目的使用进行说明。

其次是正文部分。美国历史教材的正文以"单元—章—节"的结构展开。每个章节都突出了阅读技能与学习指南，包括专有名词的理解、确定关键

---

① 陈丽：《美国高中历史教科书结构研究——以 McGraw-Hill 和 Prentice Hall 版为例》，硕士学位论文，上海师范大学，2010。

② 黄思霞：《加拿大历史教科书研究——以霍德版〈重游加拿大：新法兰西、英属北美、冲突和变革〉为例》，硕士学位论文，上海师范大学，2018。

概念、思想、联系和年表、评估和分析、写作方法、比较和综合多个史料信息、对有关历史事件提问并得出结论等。历史图片和地图的使用在章节中特别显眼。地图主要分为自然地理图、政治地图和专题地图。正文结束处，设计有复习计划和复习目标，包括对解释、鉴别、定位、列举、分析、综合、比较、评价、运用等各类能力的层次要求。

加拿大历史教材的正文以“单元—章”的结构展开，各章内部分别设置主题内容。每个单元包括引言、研究课题、主要内容、单元回顾四个部分。正文的内容并不是关于某一段历史的陈述，而是给出线索、概念和主题，罗列出重要人物、需要查找的信息，给出研究目的，要求学生提交交流报告，并就自己的学习活动进行评价。正文中还包括单元预测，主要是让学生就本单元涉及的问题先进行自我学习预测，然后通过探索再给出自己的发现，同时提出自己的问题。

英国历史教材的正文主要由重大事件和人物组成，并有大量史料作为填充内容。例如培生教育出版集团(Pearson Education)旗下海涅曼出版社(Heinemann)于2009年出版的历史教材《历史的进步(第三册)：1901至今》(*History in Progress*：*1901 to Present Day*)中分为3个单元，在平行时间内，第一单元的政治部分会讲：“第一次世界大战是怎么打的，影响是什么?”“第二次世界大战的关键时刻是什么?”；经济部分会讲：“第一次世界大战期间，‘家庭大火’是如何持续燃烧的?”“20世纪30年代，在哪里生活会更好：共产主义的俄罗斯还是资本主义的美国?”“第二次世界大战中英国人是如何幸存下来的?”；文化部分会讲：“英国在印度的统治是如何结束的?”。每一个事件的表述分为4个部分，一是学习目标，二是具体内容，三是资料展示，四是任务卡片。例如，在讲珍珠港事件时，教材详细介绍了美国和日本当时的政治立场以及日本偷袭珍珠港的原因，事件的经过以及结果则由学生借助史料自己总结，并且教材鼓励学生通过研读史料进一步分析美国是否事先知道日本要偷袭珍珠港。①

澳大利亚历史教材的正文主要以历史主题为轴，以专题形式安排知识

① 刘蓓：《英国初中历史教科书〈历史的进步〉(海涅曼版)研究》，硕士学位论文，上海师范大学，2019。

点，以章节为基本单位，若干章节构成一个单元即一个主题，突出点线面的结合。其正文特征主要表现为注重细节资料、重视争议话题、注重古今结合、突出史料研习。

最后是附录部分。美国历史教材的附录主要包括概念汇总、地图集、词汇、索引、致谢、在线学习指南等内容。加拿大历史教材的附录包括词汇表、学习建议、索引、鸣谢等内容，其中的词汇表按字母顺序罗列书本中出现的重要、有难度的词汇；学习建议列举主要的学习方法，包括识别偏见、头脑风暴、概念海报、因果关系、批判思维、数据图、做笔记、简报、应用题、研究模版、角色扮演、自我评价、时间轴、写作等。英国历史教材的附录对学习目标、关键词和卡片进行了汇总，学习目标描述学生完成每一节的学习后应该学会的内容；关键词帮助学生理解每节内容、找出重点；卡片则根据难度分为不同类型，指导学生根据自身情况完成相应任务。澳大利亚历史教材的附录包括术语表和索引，索引可以帮助学生快速搜索知识点，强调知识点之间的连接。

在叙事方式上，英国、美国和澳大利亚的历史教材有一些共同特征，具体表现为：第一，可读性强。教材的书写不是简单地让学生知道一些历史知识或者历史题目的答案，而是要让学生理解过去。教材一般采取描述的表达方式，语言轻松、活泼、亲切，富有情感与想象，细节描写多，能将一个个生动的历史故事呈现给学生，增强移情体验。第二，注重概述和点面结合。教材的编撰者认为，如果不从整个历史角度研究或看待某一地域的历史以及该地区的历史与其他历史的关系，它本身就丧失了研究价值。因此，先把握整体历史结构，再研究重要的历史事件与历史人物，才能使研究更加有意义、更加容易被人理解。第三，注重与现实的联系。在对研究对象的历史变迁的考察中，把历史与当地的自然环境、不同的历史力量和历史当事人的性格特点结合起来，可以让学生体会人在历史中的能动性和其所受历史条件的限制。教材往往从小处入手，选取普通人的生活体验，拉近个人与历史的距离，淡化了时间久远所带来的生疏感，增强了历史的现实感和学生对历史的亲近感。

加拿大的教材不太强调叙事，而是通过单元故事、课题探究、概念学习、预习表格等内容帮助学生完成学习，工具性特征明显。

《美国加州中学历史教材中的课程标准说明》

（四）突出史料解读、历史研究、决策能力

国外历史教材不仅是历史叙事的文本，更是培养学生历史能力的“学本”，突出表现在史料解读、历史研究、决策能力这三项能力上。

美国历史教材重视学生对历史及历史知识本质的理解，尤其是对史料与知识关系的理解，帮助学生认识历史的复杂性与多面性，增强学生智力的独立性。历史教材中包含大量的史料，有的是为了佐证教科书的观点，有的是提供给学生多种不同的思路。还有一些教材专门以史料为文本内容，例如，霍顿·米夫林(Houghton Mifflin)公司出版的《发现美国的过去：从史料中进行探究》，该书主要选取了16世纪到现代世界历史发展过程中具有典型意义的事件，并附有大量一手史料。如在讨论非洲裔美军在南北战争胜利中的作用时，该书提供了北方黑人给林肯总统的请愿、重要人物的回忆录、当时报纸文章的节选、《解放黑人奴隶宣言》的节录、林肯的著作及信件的节选，南方的报纸节选、法律文件、公告等材料。教材从主题内容、问题探究、历史背景、史料研究方法、史料研究思路等方面提供了与章节内容相对应的具体指导，培养了学生的探究意识与能力，市场占有率比较高。①

加拿大与澳大利亚的历史教材非常注重学生的深度学习，培养学生“分析事件发生的原因和影响”、“识别或评价变化与连续”、“从不同角度分析事件的发展”等方面的能力。加拿大历史教材在注重史料的基础上，处处提出问题，或是要求学生寻找问题或议题的解决方法，或是明确要求学生交流看法，让学生认识到个体的差异以及团队合作的重要性，培养学生的决

① 杨利刚：《美国中学历史教科书史料运用研究——以〈发现美国的过去：从史料中进行探究〉为例》，硕士学位论文，上海师范大学，2011。

策能力。[①] 澳大利亚教材在介绍历史知识的基础上，增加了“是否理解”、“史料证据”、“问题整合”等环节，要求学生思考、寻找资料、分析讨论并给出解答。例如，在维多利亚州使用的由约翰·威利父子出版公司澳大利亚有限公司于 2016 年出版的“蓝花楹”(Jacaranda)系列教材《活化历史》(*History Alive*)中，在讲授古代中国夏商周秦汉时期的历史时，课本给出的问题是：“为什么一提到夏朝就说它是一个传说中的王朝，它真实存在吗?”“为什么我们对商朝、周朝的了解更多?”“你能寻找 3 个能保护中国免于被侵犯的自然屏障吗?”“中国的河流是如何影响文明的产生和发展的?”等。在讲述世界现代史时，课本要求学生回答：“帝国主义的起源、发展、意义和长期影响是什么?”“澳大利亚社会是如何被其他全球事件影响的?”“某场战争中大屠杀的规模和严重性如何?”等等。[②]

英国历史教材非常注重对学生史料实证能力的培养。教材不太强调知识的系统性和完整性，书中列举了重大事件与重要人物，还提供了大量史料，主要目的在于让学生进行历史比较、分析思考。例如，1999 年朗文版历史教材《现代思想：20 世纪的世界》(*Modern Minds*：*The Twentieth Century World*)共分 3 章，第一章内容为第一次世界大战，下设的 5 节内容分别是：“两颗子弹与两千万人丧生，为什么一起枪杀案导致了 1914 年的战争?”“塞文和索姆的信件与诗歌向我们描绘了一幅怎样的有关第一次世界大战的画面?”“我们是在和平中吗? 是吗? 是吗? ——巴黎和会给出了明智的解决方案吗?”“革命——为什么 1917 年的俄国会分裂?”“爱尔兰的分裂——为什么人们解释历史会如此不同?”这些标题均以问题为题，标题下面提供了相应的史料，教师还会让学生针对问题再去搜集材料，然后对这些材料进行筛选与评价。除了文字史料，教材中还提供了大量的历史图片，如历史照片、历史绘画、历史漫画、历史图表、历史海报等。[③] 教材以问题与史料为特征，从另一个侧面反映出英国历史教学的史料教学特征。

---

① 赵辰：《加拿大高中世界史教材中的问题教学法研究——以“导入问题”为例》，硕士学位论文，陕西师范大学，2017。

② 桑志荣：《维多利亚州〈活化历史〉教科书编写研究》，硕士学位论文，上海师范大学，2019。

③ 郑林、张楠：《教材编写如何有利于教学方式的转变——来自英国中学历史教材的启示》，载《历史教学问题》，2011(3)。

（五）线下教材与线上教材有机结合

教科书虽然是重要的教学资源，但是与之配套的教学辅助资源对于教学内容的展开非常重要。突破教材文本，利用信息技术为教学服务已经成为很多国家的常态做法。

在美国，历史教材实现了信息技术与教科书的有效互动，网络技术教学平台为学生提供了与教材配套的网络教学资源，教学平台按照教材章节提供在线阅读、在线观影、探究与测试等多种教学服务。通常，教材在附录部分会标注教材在线支持体系，包括在线学习指南、在线学习技能指导、在线评价测试、互动时间表、历史学习网站等。在加拿大，教材是一种综合的学习资源，可以采用印刷品、非印刷品相结合的形式。

在英国，教科书价格昂贵，由学校免费提供，供学生循环使用。大部分的任课教师会将不同版本教材的内容归类汇总，然后编写讲义。教师更关注内容而不是教材本身。一方面教师会从其他书籍中搜集资料并将其添加到课堂教学中，另一方面教师鼓励学生在网上搜集教学资源。英国在历史教学中非常注重信息与通信技术的运用。网络技术在选择与复制各种媒体资料、确定资料类别、将资料置于历史背景下进行解释、组织交流观点、重构历史等方面提供了诸多机会。网络资源是教材问题导向与史料导向的无限延伸，英国在实际的历史教学中非常注重两者的关联。① 在澳大利亚，在线学习是学生历史学习的一部分，教材上也明确注明了如何实现在线互动。

第二节　国内中学历史教材演变及特点

一、国内中学历史教材发展演变

（一）近代历史教材的发展

1840 年鸦片战争后，中国教育开始了近代化的进程。1904 年，独立的历史课程正式出现在新式学堂里。初期的历史教科书多译自国外，尤以日

① 陈新民：《ICT 在英国中学历史教学中运用的理念与实践》，载《中国电化教育》，2009(10)。

本居多。我国第一本中学历史教科书是夏曾佑编写的《最新中学中国历史教科书》，全书分为 2 篇、4 章、170 节，为章节体中国通史，1904—1906 年由商务印书馆分 3 册陆续出版。该书初步打破了传统的史学体系，以进化论观点研究中国历史，号称"中国近代第一部有影响的中国历史教科书"。

1912 年，中华民国成立后历史教育也进行了改革，当时赵玉森编写的《共和国教科书・本国史》流行较广。1915 年新文化运动之后出现了一批白话文的历史课本，其中 2 本具有代表性，即吕思勉编写的《自修适用白话文・本国史》和顾颉刚、王钟麒合著的《现代初中教科书・本国史》。

南京国民政府时期出现了一大批中学历史教科书，其中代表作如下：刘叔琴、陈登元的《开明世界史教本》(开明书店)；何祖泽的《初中本国史》(新亚书局)；陈登原的《高中本国史》(世界书局)；1934 年，余逊的《高中本国史》(世界书局)；1934 年，梁园东的《新生活初中教科书・本国史》(大东书局)；1934 年，罗元鲲的《高中本国史》(开明书店)；1935 年，杨人楩的《初中本国史》(北新书局)；1937 年，姚绍华的《修正课程标准适用初中本国历史》(中华书局)；1937 年，蔡丏因的《初中新本国史》(世界书局)；1945 年，罗香林的《高中本国史》(正中书局)；1946 年，杨东莼的《高中本国史》(北新书局)；1947 年，何炳松的《复兴高级中学历史教科书・外国史》(商务印书馆)；1948 年，周予同的《本国史》(开明书店)；1948 年，陈衡哲的《新学制高级中学教科书・西洋史》(商务印书馆)。

民国时期，中学历史教科书杂多。沦陷区使用的是敌伪政府编写的几套"历史教材"，这些"教材"严重歪曲日本侵华的历史事实。解放区使用的历史教材则运用马克思主义的唯物史观编写，如叶蠖生的《初中一年暂用课本・历史》、华北大学历史教研室的《初级中学中国近代史课本》、吕振羽的《高级中学暂用课本简明中国通史》、范文澜的《中国通史简编》等。

（二）新中国历史教材的发展

1. 1949—1976 年

1950 年 10 月，人民教育出版社(以下简称人教社)出版了第一本初中中国历史课本，它是在叶蠖生编写的陕甘宁边区中学历史教材的基础上由出版总署编审局修订的。初中世界史教科书始于 1951 年 4 月，由王芝九在新华书店出版的初中外国历史课本的基础上改编，分为上下 2 册。高中历史教科书以生活·读书·新知三联书店出版的宋云彬编写的《高中本国近代史》为基础修订出版。此外，胡华的《中国新民主主义革命史》和廖盖隆的《中国人民解放军简史》也被分别定为高中暂用课本。

1952年7月，人教社开始出版自编的中国历史教科书，但基本参照苏联的历史教材编写，甚至有些教材的名称都没有变。人教社完全自编的比较完善的历史教材始于1955年，之后依据新中国正式公布的第一套完整的中小学历史科教学大纲编写的中小学历史教科书相继出版，包含《高级小学课本·历史》4册、《初级中学课本·中国历史》4册、《初级中学课本·世界历史》上下册、《高级中学课本·中国历史》4册、《高级中学课本·世界近代现代史》上下册，由此开启了新中国"一纲一本"的历史教科书时代。这套历史教科书完全按照社会发展阶段和年代顺序编写，以历史唯物主义为指导思想，突出阶级斗争的观点，受到广大师生、专家的欢迎，但也普遍存在"要求高、分量重、内容深"的问题，"造成教师和学生过分紧张"①，因此1957年人教社对部分教材进行了精简处理。

20世纪50年代末，在"大跃进"、"教育革命"的形势下，人教社于20世纪60年代初编写的十年制学校的中学历史教科书因故未能出版。1960年，人教社出版了北京师范大学编写的九年一贯制试用历史课本3册。同时，高中的历史课程、教材也受到"左"的冲击，删去了古代史、近代史，只开设现代史。

1964年，在"教育必须彻底改革"的冲击下，历史课程被减得只在初三年级开课。人教社只好将中外历史合编为一本，但仅编好征求意见本，未及出版。1966年6月13日，中共中央、国务院发出批转教育部党组《关于1966—1967学年度中学政治、语文、历史教材处理意见的请示报告》，指出"历史课暂停开设"，原有的历史教材一律停止使用。

2. 1977年至今

1978年2月，人教社组织邱汉生等编写初中课本《中国历史》(试用本)4册和高中课本《世界历史》上下册，1981年将其修订为正式本。根据邓小平

① 课程教材研究所编著：《新中国中小学教材建设史(1949—2000)研究丛书·历史卷》，79页，北京，人民教育出版社，2010。

同志“三个面向”的教育指示，1986 年教育部颁发《全日制中学历史教学大纲》，规定初中增开世界史课程，中国历史教学时间减少一学期，原《中国历史》4 册教材相应被精简并修改为 3 册，第 3 册增加了“社会主义社会”一编。次年，相关编写者依据上述大纲编写了初中世界历史课本全 1 册。

中华人民共和国成立以来，历史教科书改革幅度最大的是 1990 年秋开始使用的王宏志和赵恒烈等编写的实验教材，即义务教育三、四年制初中中国历史 4 册和世界历史 2 册，它们着眼于提高学生的素质，在体例上也进行了改革，拓宽了知识面，增加了经济、文化史的内容。教材在全国 28 个省市地区试用三年后于 1992 年秋季开始在全国推行。这一时期，大一统的历史教材体制有了突破性发展，至 1992 年，全国已有了多套不同的历史课程标准和多套适用于不同地区的教材。这些不同版本的教材的出版直接推动了中学历史教材的进步。

1995 年，由于当时使用的高中世界历史教材已显陈旧，经教委同意，参考国家教委新编的《全日制普通高级中学历史教学大纲(供试验用)》，人教社编写了高中世界近现代史教材 2 册。从 1996 年起，人教社开始编写供 21 世纪学生使用的新的高中教材，首先编写了高中必修课的《中国近代现代史》上下册，下限到 1997 年香港回归和中共十五大召开。这样，教科书的初高中的区分度更大；教材的弹性也加大了，有利于发展学生个性。

2001 年，我国启动了新一轮的基础教育改革，实行“一纲多本”的教材制度。自 2001 年 9 月开始，新的初中历史课标及教材陆续在全国 38 个国家级实验区进行试验。2004 年，新的高中历史课程标准以及新教材也在全国陆续实施。2012 年，根据中央的重大决策部署，教育部启动统一组织编写中学政治、语文、历史三科教材(简称部编教材)，其他学科仍保留“一纲多本”。2017 年秋季，全国所有初中一年级学生开始使用历史统编新教材(据 2011 年版课程标准编写)，2019 年高中历史统编新教材(据 2017 年版课程标准编写)也开始全面推广。

二、统编初中历史教材的编写特点

（一）立德树人，　全面体现国家意志

统编初中历史教材从我国可持续发展的人才要求出发，落实党和国家

《普通高中历史课程的性质与基本理念》

的教育方针，落实立德树人的根本任务，以唯物史观为指导，将正确价值判断融入历史叙述，全面体现国家意志。教材对中国共产党在新民主主义革命时期、社会主义革命和建设时期，以及改革开放以来的社会主义建设新时期的领导作用的叙述比较全面系统，深刻揭示了没有共产党就没有新中国的历史必然性。6 册教材中的 2 册集中且系统讲述了中国共产党建立、发展，领导新民主主义革命，以及社会主义革命、建设和改革开放的史实，涉及许多老一辈革命家，完整介绍了中国抗日战争从局部抗战、全民族抗战到最终战胜日本法西斯的 14 年的史实，客观讲述了南京大屠杀这段沉痛历史，特别强调了中国战场对世界反法西斯战争胜利所作出的巨大贡献（东方主战场）和中国共产党在抗战中发挥的中流砥柱作用。使学生对共产党和社会主义的了解更加系统和深入，对中国共产党领导全国人民进行社会主义建设所取得的伟大成就有更具体和充分的了解。

统编教材还注重引导学生更好地理解中华民族多元一体的发展格局，加强了爱国主义教育和民族团结教育。新教材除了紧跟时代发展的步伐，还涉及主权意识和边疆、海疆意识的内容，主要包括南海诸岛、台湾和钓鱼岛、新疆、西藏、香港、澳门、西北和东北边疆以及山东主权等内容。其中，关于南海诸岛、钓鱼岛等问题，新教材都有专门的栏目叙述这些岛是我国的固有领土。[①] 七年级上册第 14 课“沟通中外文明的‘丝绸之路’”、七年级下册第 11 课“元朝的统治”都强调了国家对于边疆地区的主权意识，是国家意志的高度体现。

（二）回归通史体例，“点—线”结合

系统地学习本国历史，知道自己祖先的起源，了解祖国从远古走到今

---

① 许伟：《部编版初中历史新教材的新变化及施教策略》，载《基础教育研究》，2017(21)。

天的历史足迹，了解中国古代、近代和现代历史的大致发展脉络和基本线索，了解中国历史上的重大事件和重要人物，这些是现代公民必备的基本素质。回归通史体例的初中统编历史教材，按时间顺序讲述中国古代史、近代史、现代史，及世界古代史、近代史、现代史，便于学生掌握基本的历史知识，为学生在高中阶段继续深入学习历史奠定基础。

统编初中历史教材采用“点—线”结合的方式编写。“点”是指重要的历史史实，“线”是指历史发展的基本线索。以“线”穿“点”，以“点”连“线”，使教材内容依据人类历史发展的阶段和顺序，循序渐进地展开。教材将历史朝代按时间顺序补充完整，形成清晰的历史发展线索。例如第三单元，在西汉的历史后补充“东汉的兴亡”并将其单列为第13课；第四单元明确“三国、西晋、东晋、南朝、北魏”等概念。这样的教材编排使得历史的发展脉络更加具体清晰，便于学生形成清晰、连续的历史线索。新教材以文字叙述与历史地图呈现相结合的方式，引导学生关注这些历史进程的空间背景，了解我国历代疆域变化，帮助学生形成初步的时空观念。

（三）降低难度， 合理吸收新成果

统编教材内容难度有所下降，知识总量有所减少。课文采用“红线穿珠”的呈现方式，以历史时序为“红线”，串起由一个个历史事件或历史现象组成的珠子。新教材注重突出重大历史事件。古代史更加突出《史记》等正史的记述，近代史重视重大历史事件，一般一课就是描述一个历史事件或历史现象。课文文字简明。

新教材在表述上更加规范科学，体现历史学科的专业性和严谨性。例如将“民族融合”的提法改为“民族交往、交流、交融”，更符合历史上各民族之间相互交流的情况，也体现了“各民族共同团结奋斗、共同繁荣发展”的民族工作主题。新教材表述更严谨、科学、统一、规范。老教材往往给出的结论比较多，新教材则更注重培养学生通过教材上提供的文物图片、史料等提炼观点、结论的能力。为保证内容的科学性，教科书还合理吸收历史学的新成果。例如，对于辛亥革命的历史评价，部编版将其定性为辛亥革命是完全意义上的近代民族民主革命，而不是以前的资产阶级的民主革命，即是以史学研究的新成果为依据。

（四）多样的课文辅助栏目和丰富的插图

统编版历史教材的具体呈现方式是在单元框架下设课，在每课中设子目。具体包括单元导语、课文正文、课文辅助部分等。课文辅助部分是指配合课文学习所设计的有关栏目，有激发兴趣、拓展知识、提供材料、促进思考、展开活动、巩固提高等方面的功能。新教材课文辅助部分主要包含“课文前设”、“课文旁设”和“课文后设”。课文前设以导言为主，课文旁设有相关史实、人物扫描、材料研读、问题思考，课文后设有课后活动、知识拓展等。这些课文辅助栏目，是新教材作为“教本”与“学本”相结合的体现，拓展了教材的信息，加强了教材的可读性、可学性和可操作性，有助于学生的阅读与思考，为师生提供了开展教学活动的契机。

新教材图文并茂，其插图是教学内容的有机组成部分，主要功能有三点：一是配合课文的内容叙述，增加直观性，增强历史的厚重感和信度；二是可使学生拓宽视野，获取更多的信息；三是使学生观察、感受历史情境，以培养他们的观察能力、思维能力。插图的类型主要有历史地图、历史文物图、历史遗址遗迹图、历史绘画、历史图表等。例如第 3 课“远古的传说”，放弃了旧版教材上“传说中黄帝对中华文明的贡献”解释图，而是用文字并配上甘肃、陕西、河南等地出土的“铜刀、船形彩陶壶、骨笛、陶觚”文物，来印证原始社会晚期的社会发展水平。

三、统编高中历史教材的编写特点

（一）贯彻唯物史观、 全面体现国家意志

2017 年版高中历史课程标准明确贯彻习近平总书记提出的“五个认同”，即“认同伟大祖国、认同中华民族、认同中华文化、认同中国共产党、认同中国特色社会主义”，它立足于我国作为统一多民族国家和最大发展中国家的现实，追求国家统一、民族团结、社会稳定的宏伟目标，也为历史教育工作指明了正确方向。

全面贯彻唯物史观，培养学生正确的世界观，提高他们认识历史现象、分析历史问题的能力，这是统编教材对国家意志的集中体现。新教材深入开展爱国主义、集体主义、社会主义教育；体现和弘扬中华民族的优秀传统文化、加强国防教育、国家主权意识和法治教育、提高革命传统教育、培养世界眼光和人文情怀。

统编教材引导学生认识我国古代辉煌的传统文明（包括优秀的传统文

化，知道剔去糟粕、吸取精华)，知道近代以来我国人民遭到外敌入侵及人民的抗争，以及寻求民族解放和富强的斗争和探索，从而更加体会没有共产党就没有新中国的这个道理，认识中国共产党领导中国人民获得民族解放和争取国家富强的成功历程，培养学生爱党、爱国和爱人民的情怀。

新教材突出了社会主义核心价值观，按照历史发展线索，将社会主义核心价值观的内容分阶段、分专题呈现，让学生从历史的角度认识社会主义核心价值观形成的历史渊源和现实意义，树立中国特色社会主义道路自信、理论自信、制度自信和文化自信。教材还安排了众多涉及中华优秀传统文化的内容，如在选择性必修 3 中又专设一个单元讨论“源远流长的中华文化”。同时，通过世界历史发展多样性的学习，培养学生理解和尊重世界各国、各民族的文化传统，树立正确的文化观。

统编教材系统介绍了中华民族近代以来斗争的历史，突出展现了中国共产党领导中国革命、建设和改革的历史，介绍了毛泽东、周恩来、邓小平等老一辈革命家。教科书通过介绍法治的起源、中外法律建设、法治与德治、国际法的起源与发展等，让学生充分认识中国的法治建设不断完善的过程，新中国法治建设取得的重要成就，以及中国对国际法的完善作出的突出贡献。

教材通过对不同民族在国家发展中所起作用的讲述以及不同民族在历史上的交往、交流、交融的史实，论述了中国统一多民族国家的形成与发展以及所形成的多元一体的格局。通过讲述人类文明发展和周边环境变迁的关系，引导学生树立社会主义生态文明观。教材以史实为依托，讲述西藏、新疆、台湾、南海诸岛等作为我国领土不可分割一部分的历史渊源，使学生形成对祖国的认同感和正确的国家观。

可见，国家意志的体现不是贴标签，而是落实在具体的学习内容上，做到“润物细无声”。

（二）全面落实历史学科核心素养

教材编写的基本宗旨是以马克思主义为指导，通过中外历史上重要的事件、人物和现象，展现人类社会从古至今、从分散到整体、从低级到高级的发展历程，使学生进一步了解和认识人类历史演变的脉络、发展趋势及丰富多样的历史文化遗产。[①] 教科书在各学习主题之间建立相互间的时序与空间关联，在纵向与横向的学习专题设计中强化学生的时空观念。例如，中国古代史覆盖了中国历史上所有的王朝，中国近现代史包括了自晚清以来中国革命的所有时期和中华人民共和国的历史，世界史也涵盖了上至各文明古国、下至当代世界的世界历史发展。在时序的大框架下，也呈现各学习主题之间的不同空间联系。如中国在发展过程中与世界其他地区、其他国家之间的联系，世界发展过程中不同地区、不同国家之间的联系。这样的设计，使学生能够在不同的时空框架中理解历史的演进，从而形成历史的整体发展观。

教科书在对历史的叙述中增强学生的史料实证意识和历史解释能力，涵养家国情怀。教科书对历史的叙述，从本质上说是在体现国家意志的前提下，编写者对历史的理解和解释。在科学的历史观指导下撰写的教科书，也是学生理解和解释历史的范本。教科书的课文正文全部用大字呈现，有理有据地讲述具体史事，使学生能够通过阅读教科书，感知连贯的历史思维和历史表达，从而提高他们对史料实证的认识，以及历史理解和历史解释的能力。

教材强调唯物史观的思辨方式，要培养的目标是家国情怀，其他内容是手段或方式。虽然在内容表述上知识较细或较多，但其目的不是要求学生完全掌握这些过细的知识或材料。如必修教材上下两册涵盖了中华优秀传统文化所包含的核心思想理念、传统美德和人文精神，涉及诸多历史文化名人，众多思想、科技、文学、法律等方面的著作，以及包含四大发明在内的许多天文历法、医学、数学、农学、地理学、水利工程等方面的重大发明创造，还有很多书画、音乐舞蹈、雕塑、器物等艺术作品，引导学生形成对中华文化的认同感，树立正确的文化观。

（三）通史与专题史有机结合

统编高中历史教科书分成为必修、选择性必修和选修3大类，通史和专题史结合。必修教材为通史，分上下2册，采取详今略古原则编写，按“大

---

① 徐蓝：《历史核心素养统领下统编高中历史教科书的编写》，载《课程·教材·教法》，2019(9)。

时序＋小专题”体例编纂。上册为中国历史，展示了中华民族五千多年的发展进程。下册为世界历史，展示了世界历史的发展概况，叙述了人类社会是如何从原始状态发展到今天的。教材内容编排上严格按照普通高中历史课程标准所规定的课程内容进行设计，以“大时序、小专题”“点—线—面”相结合方式选择适当的历史内容，突出体现历史发展的基础性和多维性。[①]

选择性必修分为3册，均按“大专题＋小时序”体例编纂。根据每一册的主题，采取中外混编形式，打破了中国史和世界史的分界，各专题下的具体内容按照时序分别表述中外历史的重要内容，引领学生从不同视角认识历史。例如选择性必修1，通过政治体制、官员的选拔与管理、法律与教化、民族关系与国家关系、基层治理与社会保障、货币发行与财政收入等相关知识的学习，使学生了解国家治理的发展过程，了解制度文明的进程，确立制度自信。

（四）创新设计课文辅助栏目

除了继承“史料阅读”、“思考点”、“图表”等原有栏目，教材还进行了功能性辅助栏目的创新设计：一是在原有基础上改进创新，二是完全创新。前者主要包括每单元的导语部分、每课的导入部分、“探究与拓展”。每单元的导语部分概述本单元所涉及的主要内容和学习要求，与以往的教科书在每单元的导语部分中只列出学习内容相比，统编教材的每单元的导语部分将本单元的学习内容和培养学生核心素养的要求一一列出，使师生一目了然，做到心中有数。与以往每课的导入部分大多以文字为主相比，统编教材每课的导入部分形式图文并茂，更为生动，有助于学生对课文内容的理解，激发其学习兴趣。“探究与拓展”是课后栏目，包括“问题探究”和“学习拓展”，与以往相比内容更丰富，力图让学生通过对相关材料、问题的分析和思考，提高历史思维能力，提升核心素养。

完全创新的3个栏目是“学习聚焦”“学思之窗”和“历史纵横”。“学习聚焦”置于每一目(即每课讲述的小专题)的标题附近，以精练的文字概括本目的基本内容或要点。每目设一个学习聚焦，使师生在阅读教科书时就能抓

---

① 李帆：《统编“中外历史纲要”教材中国近现代史部分的编写特点》，载《人民教育》，2019(21)。

住每课的基本内容，有利于学生的自学和对重点、难点的掌握，也有利于帮助学生提高综合概括能力。“学思之窗”配合课文，在提供一段材料后提出问题。该栏目将课文、材料、问题三者结合，有利于综合提升学生的历史思维能力。“历史纵横”从时间和空间等角度，扩展、补充正文内容。通过对相关史事的讲述，揭示不同时空条件下历史的延续、变迁与发展，引导学生关注横向或纵向的相关历史，更全面地理解和解释历史，进一步强化学生的时空观念以及多维度地理解和构建历史的能力。

（五）力求学术性与教学性的有机结合

新教材引入部分得到广泛认可的学术新成果，力求提高教材内容选取和表述的权威性，意在引导学生深入理解历史的复杂面相，当然也增加了学习的难度。如将 19 世纪末 20 世纪初作为世界现代史的开端，改变了中学历史教材多年以来的固定看法。又如必修上第 3 课“秦统一多民族封建国家的建立”配有“里耶秦简户籍簿”插图和释文，这是典型的历史研究新成果。2002 年，湖南龙山县里耶古城出土秦简 38000 多枚，为当时迁陵县的官府档案文书，其中包括部分秦代户籍简文，这些秦简引起了学术界广泛关注和研究，并于 2019 年在中国国家博物馆展出，教师对此应充分利用。再如必修上第 17 课“国家出路的探索和列强侵略的加剧”，在讲述太平天国历史意义的时候写道：“太平天国……引起政治和权力结构的变化。随着湘淮系官僚集团的崛起，中央权力下移，对此后历史的发展产生重大影响。”①第 18 课“挽救民族危亡的斗争”讲述八国联军侵华时明确说明“当时，南方各省督抚与英美等国洽商‘东南互保’协议，严重动摇了清政府统治的根基。”②太平天国运动—汉族官僚集团崛起—中央与地方权力格局转化—“东南互保”，是具有深刻内在逻辑联系的历史链。后面的 3 个概念均是以往教材不曾涉及的内容，如果教师不能引导学生构建晚清历史的大格局，学生就很难理解。

① 教育部组织编写：《普通高中教科书·历史·必修·中外历史纲要（上）》，97 页，北京，人民教育出版社，2019。

② 教育部组织编写：《普通高中教科书·历史·必修·中外历史纲要（上）》，104 页，北京，人民教育出版社，2019。

（六）教材内容体量大、难度高

高中历史课程内容需要在初中历史教学的基础上进一步拓宽和加深。无论从全书，还是从每一课时来看，新教材的内容都称得上细密丰富，而且不易理解。一般来说，高中一学期历史课安排 36 课时，而必修上中国通史有 30 课，这意味着差不多 1 个课时要讲完 1 课，且每课的容量都很大。以必修上第 1 课“中华文明的起源与早期国家”为例，其时间跨度从原始社会到西周灭亡，涉及重要概念有石器时代、远古人类、文化遗址、部落、国家、禅让制、世袭制、甲骨文、内服外服、分封制、宗法制、共和行政、井田制、奴隶制、青铜时代、民本文化、中华文明起源多元一体等。按照以往常规的教学方式，如此体量至少需要 3 课时才能完成。内容庞杂与课时有限的巨大矛盾，是教师面临的最直接的挑战。

本章小结

历史教材涉及历史教育目标与理念、体例与内容、结构与功能、发行与使用等，本章主要介绍了国内外历史教材的发展演变及现行教材特点。国外历史教材的编写、发行制度更为开放自由，教材结构既体现整体性与范例性，又强调以历史理解为目的的历史叙事，突出培养学生史料解读、历史研究、作出决策的能力，与教材配套的网络教学资源大大丰富了教学内容。

统编初中历史教材的编写特点包括：立德树人，体现国家意志；回归通史体例，“点一线”结合；降低难度，合理吸收新成果；多样的课文辅助栏目和丰富的插图。统编高中历史教材的编写特点主要包括：突出 5 个认同；通史与专题史有机结合；落实历史学科核心素养；创新设计课文辅助栏目；教材内容体量大、难度高，注意引进学术研究成果。

学习反思

1. 反思美国、英国、加拿大和澳大利亚的中学历史教材的特点。
2. 反思最新统编初中历史教材的编写特点。
3. 反思最新统编高中历史教材的编写特点。

拓展阅读

1. 朱煜：《论历史教科书编纂的有效衔接》，载《课程·教材·教法》，2007(9)。

2. 张利娟：《中学历史教科书结构论析》，载《教学与管理》，2010(9)。

3. 朱煜：《六十年来中国的历史教科书研究》，载《课程·教材·教法》，2010(1)。

4. 徐蓝：《历史核心素养统领下统编高中历史教科书的编写》，载《课程·教材·教法》，2019(9)。

5. 郑林、张楠：《教材编写如何有利于教学方式的转变——来自英国中学历史教材的启示》，载《历史教学问题》，2011(3)。

6. 陈波：《美国中学历史教科书中的保守主义国民意识教育——以德克萨斯州“麦克道格尔—李特尔版”历史教材为例》，载《历史教学问题》，2013(3)。

7. 张廷凯、刘翠航：《从学科能力的视角解析美国初中世界历史教材——以霍尔特·麦克杜格尔出版社初中〈世界历史〉教材为例》，载《历史教学问题》，2015(6)。

8. 梁艳芳、刘洪生：《美国高中教材〈世界历史〉内容特色简析——以中国史部分为例》，载《中学历史教学》，2018(7)。

9. 张利娟：《〈捷克基础教育课程框架〉(历史课程)评介》，载《教学与管理》，2017(15)。

10. 马天宝：《文明史观视阈下的美国历史教材编写特点与启示》，载《喀什大学学报》，2020(1)。

11. 石鸥、吴小鸥、方成智：《中国近现代教科书史》，长沙，湖南教育出版社，2012。

12. 课程教材研究所：《新中国中小学教材建设史(1949—2000)研究丛书(历史卷)》，北京，人民教育出版社，2010。

13. 黄牧航主编：《中学历史教材研究》，长春，长春出版社，2013。

14. 赵亚夫、唐云波主编：《国外历史教育文献选读》，长春，长春出版社，2012。

第七章　中学历史教材分析原理

学习目标

1. 历史教材分析的原则。
2. 历史教材分析的内容。
3. 历史教材分析的方法。

历史教材是中学历史教学的核心材料，在教学实践中具有十分重要的地位。对中学历史教材进行深入分析，有助于历史教学实践活动的顺利进行和教学目标的有效达成。

第一节　中学历史教材分析的原则

一、以立德树人为根本

中学阶段是学生的世界观、人生观、价值观逐渐养成的重要阶段。历史课程承载立德树人的重要社会责任，通过引导学生研习历史，实现“文化育人”的教育目的。中学历史教学能够帮助学生增强对民族文化的认同，同时学会尊重异域文化，扩展学生视野，塑造人格。例如，通过历史学习，学生认识到华夏文明的多元化和包容性，从历史的角度看，国家和中华民族的文明，早已不限于其生成时期的文化范围，而是一个不断扩大的，互动、互化的，交融并进的，融合东亚大陆各文明国家、各民族文化精华的产物。[①]

历史教学过程中对学生家国情怀的培养是立德树人的重要内容。比如涉及中国古代的科技与文化时，教师需要补充《梦溪笔谈》、《天工开物》等文献资料中有关印刷、造纸、纺织、煮盐、铸造、栽培等的相关资料，通过对古代重要手工技术的分析，让学生认知古代科技的同时，对我国古代的科学、技术与文明有多角度的思考，从而增强他们对民族历史文化的认同感，培养他们的家国情怀。

二、以历史事实为基准

历史事实是历史学的基础，也应该是历史教材分析的基础。但历史事实并不是单纯的时间、地点、人物、起因、经过、结果等，历史事实的确立是一个非常复杂的过程。因此，教材分析中的历史事实的问题也就变得极为复杂。从某种角度而言，历史事实实际上就是可以理解的联系的确立："在任何情况下，甚至看似最简单的事实，关于单一事件的最简单的论断，都是由特定事实和其他事件、过程，以及它们在特定事实出现于其中并成为可以理解的那种境况下的产物的无数联系构成的。"[②]同时，历史事实的确立还在于对于意义或者是价值的判断："历史事实并非只是一件事实，而发生的一切也并非都能叫作历史事实，这是很清楚的。是什么使一件事实提升为历史事实？众所周知的答案是，价值关系。只有在事物的进展中具有意义的事实，例如拿破仑在瓦格汉姆战役(或其他什么战役中)得了感冒才算历史事实，并非人们患的所有感冒都算历史事实。"[③]

针对历史事实的教材分析，是一个去粗取精、去伪存真的过程，也直接涉及史料实证、历史解释和家国情怀等核心素养的培养，这对历史教师的专业能力有较高的要求。从理论上讲，历史教材应该是史料实证的典范。但就现实而言，中学历史教材虽然经过诸多专家编写和审校，也难免存在一些疏失和错漏，无论是初中或高中，不管新教材还是旧教材。其中既有

---

① 李禹阶：《华夏民族与国家认同意识的演变》，载《历史研究》，2011(3)。

② [波]亚当·沙夫：《历史与真理》，188页，哈尔滨，黑龙江大学出版社，2014。

③ [德]汉斯-格奥尔格·伽达默尔：《诠释学Ⅱ真理与方法——补充和索引(修订译本)》，405页，北京，商务印书馆，2017。

史实表述、图片、注释等不准确、不规范的问题，也有观点过于陈旧、过于片面等问题。因此，一位优秀的历史教师，首先应该是一位能够对历史教材中的历史事实进行深入考证和客观评析的老师。

例如，对于是否存在国共合作抗战的典型战役的问题，最新统编高中教材将平型关大捷列入正面战场，但多年来中学历史教材将其列入敌后战场，哪个更为客观？又如，中学历史教材中诸多古代人物的画像可信度究竟有多高？是否应该有相关严谨的文字说明及详细的来源注释？而据报道，杜甫、李时珍、祖冲之、刘徽、张衡、张仲景、僧一行、孙思邈、郭守敬等历史教材上许多古代名人的肖像，多由近代画家蒋兆和遵照历史上对所画人物样貌的描述，参考与所画人物相同职业并且有所建树的当代人的样貌来绘制。

三、以核心素养为重点

中学历史学科提炼出了唯物史观、时空观念、史料实证、历史解释和家国情怀 5 个核心素养，目的在于使学生通过历史学习逐步形成具有历史学科特征的关键能力、必备品格和价值观念；课程目标的确定、课程内容的编制、课程教材的编写、课程实施的措施、课程评价和考试的标准等，都要始终贯彻发展学生历史核心素养这一核心任务。①

中学历史教学需要贯彻落实核心素养，则分析历史教材须以核心素养的落实为重点。根据不同的教学内容和学情，5 大核心素养的落实可以灵活实施。站在核心素养的角度分析教材和展开教学，有助于培养学生的价值观念，这是历史学科育人价值的概括性、专业化表述和集中体现。② 如高中历史必修下“文明的产生与早期发展”一课，从不同的时空背景去分析和解读西亚、埃及、印度、中国和希腊等古代文明，可以培养学生的“时空观念”素养。通过相关的图片、史料、视频等，对古代文明加以阐述和分析，可以培养学生的“史料实证”素养。结合不同文明的产生的背景和特征，深入理解古代文明的多元特点，可以培养学生的“历史解释”素养。

---

① 徐蓝：《关于历史学科核心素养的几个问题》，载《课程・教材・教法》，2017(10)。

② 徐蓝：《关于历史学科核心素养的几个问题》，载《课程・教材・教法》，2017(10)。

四、以教学目标为中心

教学目标是指在教学活动中所期待得到的学生的学习结果，是关于教学将使学生发生何种变化的明确表述。在教学过程中，教学目标起着指示方向、引导轨迹、规定结果的重要作用①，教学活动应该以教学目标为导向，且始终围绕实现教学目标进行。因此，教材分析要以教学目标为中心。

落实5大学科核心素养是中学历史教学共同的教学目标，根据不同的学情和教学内容，教师还要制订具体的教学目标。一方面，具体的、精准的学情分析是教学目标的出发点；另一方面，教学目标需要通过具体的教学内容得以落实。如何依据具体的学情和教学内容来培养学生的正确价值观、必备品格和关键能力？对教材的全面深入的分析必不可少。

第二节　中学历史教材分析的内容

中学历史教材的内容分析一般沿两条思路展开：一是从教材本身出发，对教材的各个构成要素进行逐一分析，明确各个要素的实质及其在教材中的地位和作用，进而实现对教材的全面理解和系统把握；教材的构成要素一般包含单元导语、课时主题、正文部分、辅文部分等。二是按照教学设计所需要了解的项目去研究教材，通常包含教材地位分析、学情分析、重难点分析、教学策略分析等。研究和分析教材最主要的目的是恰当处理教材，进行教学设计，从而更有效地开展教学活动，因此本书结合以上两个角度进行教材分析。

一、教材地位分析

教材地位分析是教师确定教学目标和重点难点、重构教学内容、编写教学设计方案等的重要依据。无论就结构还是内容而言，中学历史教材都是一个整体。每一个单元之间、各单元的每一课之间都存在有机联系，每

① 景亚琴主编：《信息化教学》，106页，北京，国防工业出版社，2013。

一单元、每一课在教材中都有着特定的地位，对学生的发展都有独特的价值。因此，历史教材的地位分析可以从两个角度入手：一是分析教材在整个教材体系中的地位；二是分析教材在学生发展中的地位。

案例 7-1　“源远流长的中华文化”教材地位分析

本单元是《普通高中教科书·历史·选择性必修 3·文化交流与传播》的第一单元，分为两节课，主要介绍中华优秀传统文化的内涵、中华文化的世界意义、世界主要区域文化的多样性和世界各国各民族对人类文化发展的贡献。从知识的内在联系看，中华文化的源远流长正是由于优秀文化的内涵在历史上是稳定存在的，并且对中华文化的演变、民族心理的建构有极为重要的意义，同时中华文化作为传承至今的文化，不仅在历史上对周边民族产生了极大影响，而且在当今的世界文化中也发挥着越来越重要的作用。立足中国，放眼世界，世界文化的多元传统的形成也是经历了一个长期的过程，在这一历史进程中，伴随着人口迁徙、商贸往来、战争扩张等，文化的传承和传播把全人类联系在了一个整体中。全书的最后一个单元就围绕面对多元化的文化遗产，人类应该如何继承展开。总体而言，“源远流长的中华文化”是《普通高中教科书·历史·选择性必修 3·文化交流与传播》一书的出发点，理解中华文化的传承、意义，进一步思考世界多元文化的传承和传播，有助于培养学生的唯物史观、时空观念、历史解释和家国情怀等核心素养。

案例 7-2　“隋的统一”教材地位分析

“隋的统一”是初中历史七年级下册第一单元“隋唐时期：繁荣与开放的时代”第 1 课“隋朝的统一与灭亡”中的第一子目内容。根据课程标准，“隋的统一”是本课的重点内容，要使学生了解隋的统一，认识到隋的统一结束了三国两晋南北朝 300 余年的分裂局面，为之后的社会经济的发展、民族交融、文化繁盛奠定了重要基础。“隋的统一”有着承前启后的作用，这对于学生认识历史，尤其是历史的传承有极为重要的作用，可以引发学生对于历史阶段演变的思考，激发学生的学习兴趣。

二、教材功能分析

教材是教学过程中的基本素材，其基本功能在于为教学服务，尤其是为学生的学习和发展服务。教师对历史教材的功能进行分析，主要是明确教材在教学中的作用，尤其是对学生的学习和发展起到怎样的影响。在教材分析和教学实践中，一般表现为教师根据教材内容去确立教学目标。

根据新课程改革的要求，中学历史教学需要着力培养学生的5大核心素养。根据教材确立教学目标，必须深入研究教材，明确相关内容对学生的学习和发展具有哪些价值，如可以帮助学生涵养哪些正确的价值观、获取哪些必备知识、培养哪些关键能力。

案例 7-3 "科技文化成就"教材功能分析

"科技文化成就"是初中历史八年级下册第六单元"科技文化与社会生活"中的第1课。本课内容主要包括自中华人民共和国成立以来，我国在科学技术领域取得的一系列重大成就。其中的"两弹一星"、载人航天工程、杂交水稻、青蒿素等不同领域中的代表成果，已经接近或者达到了国际先进水平。同时，本课还阐述了改革开放以来，我国教育文化事业的繁荣发展，从而为社会主义现代化建设提供了源源不断的精神食粮。对这些内容的解读，可以培养学生的时空观念、史料实证、历史解释等素养。在具体的教学过程中，还应该引入一些典型的史料。

材料一　如果60年代以来中国没有原子弹、氢弹，没有发射卫星，中国就不能叫有重要影响的大国，就没有现在这样的国际地位。这些东西反映一个民族的能力，也是一个民族、一个国家兴旺发达的标志。①

材料二　现在大家最称道的中国科技成就之一是"两弹一星"。"两弹一星"之所以值得称道，是因为它是在封锁的条件下，完全由中国科学家独立进行的。尽管当时中国的科学发展受到多重外部环境的封锁，

① 邓小平:《中国必须在世界高科技领域占有一席之地》，载《人民日报》，1988-10-25。

但在科学家的努力下，发展速度非常之快。比如我们用了两年零八个月的时间，从原子弹发展到氢弹，比当时法国更早地爆炸了氢弹，比美国、英国、法国的速度都要快。另一个是在自己的土地上发现了石油。中国如果不能发展自己的石油工业，我们的建设就不可能很快地前进。当时的科研主力也都是20～40岁的青年，如果我们现在把青年定义为45岁以下，那么当时中国科学基础的建立及在世界上初露锋芒、有所表现，就是那个时代的一批青年做出来的。①

对这些史料的引用和分析，可以使学生们把“两弹一星”放在具体的时空中去评价，思考这一历史事件的价值和意义。这不仅有助于培养学生的史料实证、历史解释能力，而且有助于学生树立正确的人生观、价值观，涵养家国情怀。

三、教材结构分析

历史教材的每一模块，以及每一课时的不同部分，都有内在的逻辑联系，有着相对完善的体系和结构。分析历史教材的结构，能够从整体上把握教材内容，合理地驾驭和处理教材，有助于更好地实现教学目标。因此，结构分析在历史教材的分析过程中占有重要地位。历史教材的结构分析大致可以从以下几个方面进行。

（一）历史教材整体结构分析

教材整体结构，既包括整个教材体系的宏观结构，也指某一具体教材的宏观结构，在中学历史教材分析实践中多指后者。历史教材都是由若干模块或单元构成，围绕某个主题或主线展开。分析教材的整体结构，要抓住全书的主题或主线，宏观考虑教学进度和阶段性教学目标，加强历史教学的整体设计。

总体而言，统编初中历史教材首先教授中国古代历史，八年级为中国近现代历史，九年级为世界历史由古及今的演变历程。这样的教学安排意

---

① 周光召：《发扬“两弹一星”精神》，见吴振标、范兵主编：《文汇时评》，107页，上海，文汇出版社，2003。

在使学生对于整个人类的文明史有初步了解，进而为高中阶段的深入学习奠定基础。考虑到学生身心的快速发展需要，高中历史教材无论在广度和深度方面都大大超越初中。统编高中历史教材首先按时序教授中外历史发展纲要，然后通过专题深入挖掘政治制度、经济社会生活、文化传播交流的发展演变，最后在选修部分深入教授史学理论、史学方法、史料研读等。统编高中历史教材突破了以往以知识传递为主的思路，除了对知识、思想的讨论外，还加上了极具学科特质的史学理论和史学方法的探讨，逐步把中学历史教学向纵深方向引导，促使学生站在史学理论的高度上进行思考。从中学生心智发展的角度讲，这不仅符合教育规律，也符合史学认知的规律。

从宏观层面上整体认识和把握教材全貌，了解教材体系基本组成和总体要求，再结合具体的单元、课时内容，确定教学目标、重点难点，是有效达成教学目标的重要基础。

（二）历史教材单元结构分析

单元是教学的基本单位，也叫教学单元，是指教材中性质相同或有内在联系的相对独立的部分。历史教材由若干单元构成，每一单元又包括若干课题，各单元之间有密切的联系。单元结构是指同一教学单元内各课题之间的相互关系。单元结构分析是对教材的宏观把握到微观理解的重要环节。教师通过单元结构分析，可以在把握教材宏观体系的基础上，进一步认识构成教材框架的基本内容，明确单元教材在模块教材乃至整个历史教材体系中的地位和作用。

案例 7-4　“第二次工业革命和近代科学文化”单元结构分析

“第二次工业革命和近代科学文化”是初中历史九年级下册第二单元的内容。本单元从第二次工业革命开始，讲解工业化国家在社会结构、大众教育、城市发展等方面的重大变化，揭示了资本主义由自由资本主义向垄断资本主义过渡的历史进程。同时，进入“电气时代”后，人类社会中的各种矛盾日益尖锐，这最终导致20世纪的第一次世界大战的爆发。

本单元一共3课。第5课介绍第二次工业革命的成就及其影响，即人类社会进入“电气时代”的历史。第6课主要从人口增长、大众教育、城市化进程、环境污染和贫富分化加剧等方面介绍第二次工业革命之后英法美德等国的社会变化。第 7 课从科学、文学和艺术 3 个领域，以牛顿、达尔文、巴尔扎克、托尔斯泰、贝多芬、凡·高等杰出代表为例探讨近代自然科学、文学和艺术领域的成就。

（三）历史教材课时内容结构分析

教材课时内容结构，是指每课时内容(相关子目、知识点等)之间的相互关系。从历史教材的编写体例讲，每一课基本为一课时的内容，包含若干子目，子目之下是具体的历史知识点，各知识点之间也有相应的逻辑关系，如因果关系、并列关系、递进关系、包含关系、相似关系、辩证关系等，这些共同构成了课时的内容结构。

案例 7-5　“全球航路的开辟”内容结构分析

本课是《普通高中教科书·历史·必修·中外历史纲要(下)》第三单元“走向整体的世界”中的第六课，讲述了世界近代史上新航路开辟这一重要事件，各子目的诸多知识点体现出如下几层逻辑关系。

第一，因果关系。例如，导致新航路开辟的经济、人文、宗教、技术等诸多原因和新航路开辟的过程之间，存在一种因果关系；西、葡两国的特殊国情和西、葡两国率先开辟新航路之间也存在一种因果关系等。

第二，并列关系。例如，在新航路开辟的诸多条件中，经验的积累、航海的技术水平、政治背景、人文宗教因素之间的关系就属于并列关系；早期的殖民国家英国、法国、荷兰、俄罗斯等国的航海活动之间的关系，也属于并列关系。

第三，包含关系。例如，新航路开辟过程中，葡萄牙支持的向东展开的航海探险，包括迪亚士和达·伽马的航行活动；西班牙支持的向西的航行活动，包括哥伦布、麦哲伦的航行活动；西欧人探索南半球的未知世界的活动，如英国人德雷克和荷兰人塔斯曼等人的探险活动。

第四，相似关系。例如，西班牙、葡萄牙开辟新航路时的社会历史条件与西欧诸国后来成为开辟新航路的主力军时的社会历史条件的关系就属于相似关系。

第五，辩证关系。比如，新航路的开辟对于世界历史的积极影响以及由此开端的殖民扩张给亚非拉民族带来的消极影响并存等的关系。

案例 7-6 “两宋的政治和军事”内容结构分析

本课是《普通高中教科书·历史·必修·中外历史纲要(上)》第三单元“辽宋夏金多民族政权的并立与元朝的统一”中的第 9 课，分为 4 个子目。

第一子目：宋初专制集权的加强。教材通过叙述宋初统治者鉴于唐后期以来军阀割据、政局动荡的历史教训，强化专制集权和维护政权稳定，说明宋初统治者加强专制集权的必要性和必然性。其中体现出明显的因果关系。紧接着阐述宋初加强专制集权的措施。这一子目主要可以分为 3 个层次：(1)在政治上，中央派文官出任地方各州长官；在财政上，设置诸路转运司总理地方财政；在军事上，将地方精锐部队编入中央禁军，定期更换其驻地。这 3 个方面的关系是明显的并列关系。(2)统治者分散各级机构的权力，在中央，枢密院专掌军政，三司专掌财政并与宰相分权，统治者增设参知政事为副相。枢密院又与禁军管理机构“三衙”分权。在地方，统治者在州一级增设通判，通判与知州共同签署文书，彼此制约。(3)统治者制定了崇文抑武的方针。罢免宿将兵权，用文官担任枢密院长官。大力提倡文治，扩大科举规模，抬高文官和士人的地位。以上措施的影响分为两方面，积极影响在于有效地预防了内部动乱因素，巩固了国家的统一和社会稳定，强化了专制集权；消极影响在于这些制度对地方束缚过紧，对权力分割过细，助长了保守疲沓的政治风气。这体现出明显的辩证关系。

第二子目：边防压力与财政危机。这一子目可以分为 2 个层次：(1)边防压力方面。在北方，宋与契丹族建立的辽进行战争，两次发起夺回燕云十六州的北伐，均告失败。辽军南下，宋辽订立澶渊之盟；在西北，宋与党项族建立的西夏进行战争，后达成合议，最终形成政权并立的局面。(2)财政危机的表现在于规模庞大的军队和官僚队伍不断膨胀所造成的巨额军费与行政费用。

第三子目：王安石变法。这一子目把之前的“庆历新政”也包括在内，因此，可以被分为 2 个层次：(1)庆历新政。由于北宋因循守旧，行政效率低下，仁宗朝由范仲淹领导的旨在整饬官吏的政治改革运动，由于触犯了官僚集团的既得利益，最终归于失败，但为后来规模更大的王安石变法拉开了序幕。(2)王安石变法是北宋乃至整个中国古代政治史上的重要改革。它以富国强兵为目的，变法范围包括农业、商业、水利、赋税、军事、科举等多个领域。其推行的主要政策，在富国方面主要有农田水利法、方田均税法、青苗法、募役法、市易法、均输法；在强兵方面主要有保甲法、保马法、将兵法、设军器监；在科举方面主要有整顿太学、唯才用人、改革科举制度等。由于改革者在执行过程中加重了人民的负担，引起激烈争议，同时围绕变法问题党争频发，变法最终失败。

第四子目：南宋的偏安。这一子目可以被分为3个层次：(1)南宋的建立。1127年，北宋被东北女真族建立的金朝攻灭，宋高宗赵构即帝位后退保南方，最终定都临安(今浙江杭州)，史称南宋。(2)宋金战争与和议。岳飞及其领导的岳家军是南宋抗金斗争中战斗力极强的军事力量，但宋高宗赵构和丞相秦桧坚持屈膝议和政策，最终在1141年与金签订“绍兴和议”，规定以东起淮水、西至大散关一线划界，南宋对金称臣，每年向金朝缴纳一笔财物，称为“岁贡”。岳飞也被南宋朝廷逮捕杀害。(3)偏安一隅。宋金绍兴和议之后，宋金之间又发生几次战争，南宋地位稍有上升，不再向金称臣，而是“世为侄国”，宋帝世代尊金帝为叔父或伯父，继续维持南北对峙的局面。

四、教材内容分析

在明确教材基本框架的前提下，还需要对教材的具体内容进行深入分析。历史教材将知识、能力、情感作为一个统一的整体，不同章节内容有所偏重。历史学科知识是教材的明线，学科思维与能力、情感态度与价值观是教材的暗线，核心素养则是历史教材的终极目标。这些因素相互依存、不可分割，共同构成历史学科教材的基本内容。因此，中学历史学科教材内容分析也可以按照以上思路进行。

（一）学科知识分析

学科知识分析是指以全面研究教材为基础，从不同层次对教材涉及的知识进行多角度、全方位的分析。这里的不同层次主要指模块、单元、课时、子目等。教师通过学科知识分析，可以明确编者意图，了解教材所选内容的特点、作用和地位，把握教材的体系及逻辑结构，为实际教学奠定基础。学科知识分析需要重点关注以下几个方面：

1. 知识的整合

历史教材的知识不是零散杂乱的碎片，而是有内在逻辑联系的整体。在明确特定历史阶段中的专有名词、基本史实、基本观点的基础上，要对知识进行整合，要探究这些知识的内部联系，确定从学习起点到达目标终点的学习顺序，思考新知识与旧知识之间的联系、历史知识与其他相关学科(如语文、政治、地理)知识之间的联系。用逻辑结构分析构建知识网络结构(如概念图或思维导图)，是进行知识整合的有效途径。

2. 知识的延伸

对历史知识进行逻辑结构分析后，教师还需要对一些知识进行延伸，分析和挖掘与教材内容相关的知识。统编初中历史教材中的“相关史事”和“知识拓展”栏目，统编高中历史教材中的“学思之窗”、“史料阅读”、“探究与拓展”等栏目，都是对教材正文相关历史知识的延伸，教师应该对其充分加以利用。除此之外，教师对历史知识进行延伸时还要特别关注与社会现实密切联系的知识和观点，以及与学生经验和生活密切联系的知识和观点，这些往往都是历史教材所无法包含的，但它们对提高教学有效性至关重要。

(1)“史料阅读”

“史料阅读”可以培养学生论从史出、史论结合的历史思维方法。如《普通高中教科书·历史·必修·中外历史纲要(上)》第2课“诸侯纷争与变法运动”，共有“列国纷争与华夏认同”、“经济发展与变法运动”、“孔子和老子”、“百家争鸣”4个子目。“史料阅读”栏目提供了两条史料，第1条是西汉学者刘向概括的战国时期的混乱局面，第2条是苏秦描绘的战国时期齐国都城临淄的繁荣景象，它们分别为理解春秋后期到战国前期的礼崩乐坏，以及春秋战国时期经济的重大发展提供了知识的延伸和补充。

(2)“探究与拓展”

本栏目设置在高中统编教材每一课正文的末尾，包括“问题探究”和“学习拓展”2部分，前者要求学生结合所提供的史料分析和解决问题，后者主要是对教材中的相关重点进行拓展，二者都是对教材重点难点知识的延伸。如《普通高中教科书·历史·必修·中外历史纲要(上)》第2课“诸侯纷争与变法运动”中的“经济发展与变法运动”一目重点讲述了战国时期的经济发展以及商鞅变法。但显然，商鞅变法这一单一的改革无法起到拉枯摧朽的历史作用，之前的魏国李悝变法、楚国吴起变法，以及之后的赵武灵王胡服骑射等共同构成了这一时期波澜壮阔的历史图景，它们共同推动着历史演变。因此，本课“问题探究”部分给出了一些相关的材料，要求学生“查阅战国变法的材料，结合时代背景与变法措施，说明各国纷纷开展变法运动的原因及其效果”。这样就可以引导学生跳出教材的局限，在一个更广阔的历史舞台上，对战国时期的“经济发展与变法运动”进行深入合理的解释。

又如《普通高中教科书·历史·选择性必修3·文化交流与传播》第1课“中华优秀传统文化的内涵与特点”的“问题探究”模块，要求学生“结合课文，查阅资料列举更多的核心概念，探讨其在中华文化中占有什么样的地位，反映了什么样的精神”。教材仅就中华优秀传统文化中的部分内涵进行了解读，并没有进一步阐释“德”“孝”“信”等相关内容，“问题探究”对教材正文部分进行补充说明，要求学生通过查阅资料，进一步理解中华优秀传统文化的内涵。

3. 知识的运用

“读史明智”是历史学的重要功能之一。中学历史教学的重要目标在于培养学生基于史料实证的历史解释能力，使学生把历史事件与历史人物放到具体的历史时空中去考量。学生通过分析纷繁复杂的历史现象，提高历史学科思维能力，最终促进自身的成长与发展，提高运用历史思维观察和分析当下社会中的经济现象、政治现象和文化现象的能力。

（二）学科能力分析

培养历史学科能力是历史教学的重要目标。我们通常提到的学科能力主要分为两大类：一是一般学科能力，如注意力、观察力、记忆力、想象力、概括力、分析力等；二是学科特殊能力，尽管围绕着历史学科能力的分类和含义学界还存在很多争议，但时空、证据、因果、变迁和延续、历史意义及神入等关键概念已经取得了国内外学界广泛的共识。[①] 历史学科能

① 薛伟强、范红军、陈志刚主编：《中学历史课程与教学概论》，172～183页，北京，北京师范大学出版社，2019。

力的最高层次即唯物史观、时空观念、史料实证、历史解释和家国情怀这历史学科五大核心素养。

案例 7-7 “中华优秀传统文化的内涵与特点”一课的学科能力分析

本课是《普通高中教科书·历史·选择性必修3·文化交流与传播》第一单元“源远流长的中华文化”中的第1课，分为3个子目：一是中华文化的发展历程，二是中华优秀传统文化的内涵，三是中华优秀传统文化的特点和价值。

“中华文化的发展历程”这一子目简述了中华文化发展历程上的几个阶段，即先秦诸子、两汉经学、魏晋玄学、隋唐佛学、宋元理学、明清汉学以及西学东渐背景下中华文化的复兴之路。这一子目包含了中国学术史上的众多的概念，如玄学、佛学、理学、汉学等，教师需要引导学生把这些概念放到具体的时空背景与语言环境中去理解。同时，学生通过分析《论语》《孟子》《道德经》《大学》《中庸》等文献，寻求对特定阶段占有重要地位的思想流派、观念主张的解释，可以培养自身的时空观念、史料实证、历史解释等学科思维能力。

“中华优秀传统文化的内涵”这一子目主要从“本土性”“包容性”“多样性”“凝聚性”“连续性”等方面阐释中华优秀传统文化多元化的内涵，这些内涵已经融入了中华文化的血脉之中，成为涵养中华民族的不竭源泉。对其深入解读，需要在具体的历史脉络中去思考。这可以培育因果、变迁和延续、历史意义等历史学科思维或能力。

“中华优秀传统文化的特点和价值”主要从“思想源泉”“精神动力”“道德理念”“行为规范”4个方面总结中华优秀传统文化的特点和时代价值。这一子目实际上是基于前两个子目内容而进行的价值判断，以及对中华优秀传统文化现代价值的理解，这恰恰体现了文化在传播和传承过程中的连续性。学生通过对中华优秀传统文化价值的解读，可以加强自身对民族文化的认同感，这是家国情怀中的重要内容。

（三）情感、态度、价值观分析

情感、态度与价值观分析是指分析教材中有关情感、态度、价值观的因素，并最终在课堂教学中落实。《普通高中历史课程标准（2017年版2020

年修订)》明确，历史课程最基本和最重要的教育理念，“是全面贯彻党的教育方针，切实落实立德树人的根本任务，坚持育人为本、德育为先，使历史教育成为形成和发展社会主义核心价值观的重要途径”。历史课程要以唯物史观为指导，对人类历史发展进行科学的阐释，“将正确的思想导向和价值判断融入对历史的叙述和评判中”。

同学科能力一样，情感、态度、价值观因素在中学历史教材中也是隐性的内容，隐藏在学科知识呈现的过程和方法之中。情感、态度、价值观分析一般有两个途径：一是整体分析教材的结构、设计、内容选取等，考虑如何适应学生情感、态度、价值观的发展需要；二是分析教材具体内容中蕴藏的情感、态度、价值观因素，以便在教学过程中更好落实。

情感是人的内心体验，强调亲身经历，用心感悟，例如对家乡和祖国的热爱。态度是指对人、观念或事物的比较稳定的心理倾向，具体表现为勇于创新、独立思考、自尊自信、积极健康等。价值观是一种涉及行为方式和目标的持久信念，影响人对事物的价值判断，进而影响人的态度和行为，如实现中华民族伟大复兴的责任感和使命感、人类命运共同体的意识、环保意识和法治意识等。

情感、态度与价值观分析，主要引领学生通过历史学习，认清历史发展规律，对历史与现实有全面、正确的认识，从历史发展的角度理解并认同社会主义核心价值观和中华优秀传统文化，认识并弘扬以爱国主义为核心的民族精神和以改革创新为核心的时代精神，形成实事求是的科学态度以及正确的世界观、人生观、价值观和历史观。情感、态度与价值观分析，还要增强学生的历史使命感，不断增强学生对伟大祖国的认同、对中华民族的认同、对中华文化的认同、对中国共产党的认同、对中国特色社会主义道路的认同，增强学生的世界意识，拓宽学生的国际视野，为他们未来的学习、工作打下基础。

五、教学目标分析

教学目标是教学过程的出发点，也是教学过程的落脚点。评价教学过程的重要标准就在于教学目标是否完成。教学目标的确立，首先要依据课程标准和精准的学情分析，其次要依据对教材结构、功能、内容等方面的深入解析。

案例 7-8 “第二次世界大战”教学目标分析

本课是《义务教育教科书 世界历史》九年级下册第四单元“经济大危机和第二次世界大战”中的第 15 课。

课程标准要求，了解日本对中国的侵略、纳粹德国对外扩张；知道德国、日本、意大利侵略集团是发动第二次世界大战的罪魁祸首。知道第二次世界大战的主要进程、《联合国家宣言》和雅尔塔会议等国际会议，理解世界人民反法西斯战争的艰巨性和胜利原因。

分析课标可知，第二次世界大战爆发的背景、过程及结果是初中生应该掌握的历史知识；能力方面的重点是归纳和理解世界人民反法西斯胜利的原因；情感态度价值观方面的重点是认清法西斯集团的残暴和非正义性，反对战争，追求和平。

九年级学生的学情如下：

(1)在生活中接触了比较多的与第二次世界大战相关的影视剧，对其有一些初步的认识，但也存在不少认识上的偏差。

(2)经过两年历史课程的学习，积累了一定的方法、思路和经验，理解力和分析能力明显提升。

(3)对历史上战争发生的背景、过程和影响的分析评价方法已经比较熟悉，但对第二次世界大战爆发的根源难以进行深入的理解，对法西斯集团的侵略战争的残暴性认识不足。

基于课程标准、学生学习情况以及教材的具体内容，教师可将该课的教学目标设定为以下几点：

(1)知道中国战场是世界反法西斯战争的东方主战场，了解第二次世界大战中的重要战役，了解世界反法西斯联盟形成的过程及产生的影响，了解《开罗宣言》、雅尔塔会议和波茨坦会议的主要内容。

(2)初步学会用唯物史观的方法分析第二次世界大战的性质，培养史料实证、历史解释的能力。

(3)分析典型案例，认识世界人民团结合作的重要性，认识法西斯战争的残暴性和非正义性，反对战争，追求和平。

六、教学重点、难点分析

“重点”是指历史教材中最基本、最重要的核心部分，在本课、本单元乃至整本教材中都有着重要地位和作用。教学重点既包含知识上的重点，比如概念的理解、原理的分析和观点的交流等；也包含能力和情感方面的重点，比如历史学科能力、历史学科核心素养的培养。

就课程标准角度而言，教材重点应该是课程标准所设定的目标中最重要、最基本的部分。就学科知识系统的角度而言，重点是处在学科知识系统各部分结合点上的内容。这种重点基本是确定的、相对客观的。就学生角度而言，教材重点是教材中有助于培养学生学科能力和核心素养的内容，能与学生的实际生活相联系、能满足学生发展成长的需要、对学生今后的成长发展起关键作用的内容。

“难点”是教材中学生难以理解和接受的部分，一般可以分为三种情况：一是知识上的难点，学生由于历史知识积累不够，难以理解它们；二是思维上的难点，即道理懂了，但学生在思想上难以接受它们；三是学生在学习过程中容易混淆的相关知识点。

教学难点形成的原因大致有以下几点。

第一，学习内容抽象复杂。比如很多七年级学生，面对古代的历史，有着极度陌生的感觉，起初的学习非常吃力。即使是高中生，面对半殖民地半封建社会、国家资本主义、统制经济、金本位、心学、理学等概念，也有力不从心的感觉。

第二，学生缺乏必要的知识基础和生活经历。例如，不少初中生对中国的区域地理知之甚少，连洛阳和西安哪个在东、哪个在西也分不清楚。又如很多高中生难以理解在资本主义经济危机中，为什么很多资本家宁愿销毁牛奶、蔬菜、粮食等，也不愿低价处理它们。

第三，学生知识迁移能力差。学生将以往学习时获得的经验及知识应用于新情境，从而获得新知识、解决新问题的能力是迁移能力。学生如果不能很好地建立新旧知识的联系，在学习新知识时就会面临困难，比如唐朝的三省六部制与秦朝三公九卿制之间的联系。另外，如果不能把获得的知识应用到新的情境中，也会面临困难，这方面最典型的表现就是很多同学面对新材料创设的历史情境中的新问题时，无法对其进行准确的分析和判断。

第四，情感、态度与价值观的养成具有长期性和艰巨性。中学生的世界观、人生观和价值观还不成熟，他们的情感态度和行为习惯、价值判断的转变，受到家庭、学校和社会的复杂影响，并且需要一个长期的过程。比如，正确认识中华优秀传统文化的价值、坚定社会主义制度自信的信念，都需要在家庭、学校和社会的正确引导下逐步实现。

案例 7-9 “辛亥革命”教学重点、难点分析

本课为《普通高中教科书·历史·必修·中外历史纲要(上)》第六单元“辛亥革命与中华民国的建立”中的第 19 课。

教学重点：辛亥革命的背景，中华民国建立和《临时约法》的重要意义。

教学重点的依据：只有理解了辛亥革命的社会历史背景，才能够理解辛亥革命爆发的原因和过程。而中华民国建立和《临时约法》的意义，也必须放在辛亥革命发生的历史阶段中去探讨。

教学难点：对辛亥革命的评价。

教学难点的依据：时至今日，围绕着对辛亥革命的评价，学术界依然众说纷纭。另外，由于高中生知识储备不够、社会阅历不深，对辛亥革命评价的理解存在一定的困难。

《如何有效地整合高中历史教学内容》

第三节　中学历史教材分析的方法

中学历史教材分析的方法主要有系统分析法、知识分析法、综合微观分析法、逻辑分析法和“心态史学”分析法，不同的方法也可以被交叉使用。

一、系统分析法

系统分析法来源于系统科学。系统科学是20世纪40年代以后迅速发展起来的一个横跨各个学科的新的科学部门，它从系统的着眼点或角度去考察和研究整个客观世界，为人类认识和改造世界提供了科学的理论和方法。它的产生和发展标志着人类的科学思维由主要以“实物为中心”逐渐过渡到以“系统为中心”，是科学思维的一个划时代突破。[①] 历史教材分析，首先可以借鉴系统分析法。

比如“文化”的问题。无论是东方文化还是西方文化，首先都是自成一体的系统。《普通高中教科书·历史·选择性必修3·文化交流与传播》第一单元主题是“源远流长的中华文化”，第1课是“中华优秀传统文化的内涵与特点”。课标要求为：“了解中华优秀传统文化的内涵；从人类文明发展和世界文化交流的角度，认识中华优秀传统文化的特点和价值，认识中华文化的世界意义。”[②]教材首先以整体视角回顾中华文化在不同发展阶段呈现出来的特征，叙述从先秦百家争鸣一直到明清之际西学东渐背景下的传统文化。其次，这些不同阶段所体现出来的中华优秀传统文化的共同之处，实际上是中华优秀传统文化的内涵所在，这一内涵是经历了不同阶段而相对稳定的内容。最后是基于前两个方面，评价中华优秀传统文化的历史价值（在人类文化史上的地位以及在中华民族形成过程中的重要价值）和现实意义（如推动文化传承、培养学生家国情怀）。教师通过系统分析法，可以从整体上把握知识之间的联系，清晰地梳理历史演变的脉络。

二、知识分析法

知识分析法是教材分析过程中常用的一种方法。所谓知识分析法，顾名思义，就是以分析教材知识为主的方法。这种方法的分析对象涉及教材整体（全书）、部分（编、章）、单元和课时。教师通过分析，掌握知识的体系，弄清教材中的重点和难点，然后根据不同层次的教材分别采用不同的

---

① 张彦、刘长喜、吴淑凤：《社会研究方法》，266页，上海，上海财经大学出版社，2016。

② 中华人民共和国教育部制定：《普通高中历史课程标准（2017年版2020年修订）》，30页，北京，人民教育出版社，2020。

教学方法，以达到理想的教学效果。[①] 当然，应用知识分析法的重要的前提是基于对教材的整体把握、基于历史课程标准和学情，确定单元、课时的教学目标、重点和难点。

以《普通高中教科书・历史・选择性必修3・文化交流与传播》为例，课标要求学生能够"认识中华文明的历史价值和现实意义；了解世界历史发展的多样性，理解和尊重世界各国、各民族的文化传统，具有广阔的国际视野，树立正确的文化观"，同时"能够确立积极进取的人生态度，塑造健全的人格，树立正确的世界观、人生观和价值观"[②]。具体到每一单元，又有相应的重点规定，比如第一单元的重点是"了解中华优秀传统文化的内涵；从人类文明发展和世界文化交流的角度，认识中华优秀传统文化的特点和价值，认识中华文化的世界意义"；第二单元的重点是"通过了解世界各主要区域文化，理解世界文化的多样性；认识世界各国、各地区、各民族对人类文化发展所作出的贡献"[③]。知识分析法以此为出发点，结合学情和教材，明确在课堂讲授时，教师需要阐述作为区域文化中心的古代西亚两河流域文明的起源、发展和重要特征，古代印度文明对于东亚文明乃至整个世界文明的贡献，中华优秀传统文化传承至今的历史价值与现实意义。教师通过这些知识进行阐释，一方面培养学生的家国情怀；另一方面促使学生站在世界历史的角度，把握区域文明对世界文明的贡献，尊重文化的多元性。

三、综合微观分析法

综合微观分析法以一个宽泛的理论框架，把自上而下的分析和自下而上的综合有效结合起来。组分的微观解释受到系统理论的宏观约束；系统的宏观解释必须要考虑组分的微观机制。这一方法在物理学、经济学和生物学中都有广泛运用。综合微观分析法并未排斥对整体的分割，但需要我

---

① 刘正荣：《整体课堂管理教师手册2课堂研究》，45页，北京，北京教育出版社，2015。

② 中华人民共和国教育部制定：《普通高中历史课程标准(2017年版2020年修订)》，7页，北京，人民教育出版社，2020。

③ 中华人民共和国教育部制定：《普通高中历史课程标准(2017年版2020年修订)》，30～31页，北京，人民教育出版社，2020。

们在关节处切割，才能形成自上而下的整体性分解，同时又不损害到整体。[①] 教师借助综合微观分析法进行历史教材分析，可以通过对细节问题的剖析，展现历史事件或者现象的独特性；可以透过历史细节，思考历史事件、人物、现象等在历史长河中的价值。

以《普通高中教科书·历史·选择性必修3·三文化交流与传播》第五单元为例。该单元从古代、近代、现代战争的角度，阐释战争与文化交流、传播之间的关系。通常意义上，文化的交流与传播主要有2种方式：一种是和平的方式(最重要的形式是商业贸易)，一种是战争的方式。战争往往在客观上推动文化的碰撞与交流(碰撞本身也是交流的形式之一)。例如，该单元分析亚历山大东征开创了希腊化时代。实际上，希腊化意味着希腊文化跳出环地中海的区域，在吸收东方文明(如古代两河流域文明、印度文明等)的基础上，融汇东西，进而对西方文化乃至整个人类文明产生深远影响。欧洲的文艺复兴，实际上就是希腊罗马文化的复兴。亚历山大通过战争的形式，把希腊文化带到东方，同时东方文明借此与西方文明碰撞(这一时期的印度等地的佛教造像艺术就深受希腊文化的影响)。可以说，东西方文明在公元前4世纪末开始的交汇，是以亚历山大东征为起点的。这就是综合微观分析法在我们分析古代战争史中的这一细节(亚历山大东征)、思考战争与文化交流之间的关系时所体现出的现实价值。

四、逻辑分析法

逻辑分析法是指按照逻辑规律对事物的概念进行内涵和外延的界定，对概念之间的关系进行判断、推理、论证，从而准确反映客观现实的一种方法。逻辑分析法可以分为若干种，其中与历史学密切相关的主要有并列逻辑分析法和因果逻辑分析法。

(1)并列逻辑分析法。并列逻辑是指在特定的历史时空视域下，相关或者不相关的历史事件并存；而教师引导学生分析历史事件并存的原因，或者并存的历史事件之间是否存在相互关系和影响的思维方法。比如我们探

① 刘劲杨：《当代整体论的形式分析》，210页，成都，西南交通大学出版社，2018。

讨“轴心时代”[①]古代中国、古代印度、古代希腊等文明地区，为何出现了一批如孔子、释迦牟尼、柏拉图、亚里士多德等对人类文化影响深远的思想家，这些文明之间是否存在相互影响，以及他们对各自文明以及世界文明发展产生了什么影响。

(2)因果逻辑分析法。因果逻辑分析法是指发现事物或者现象之间的因果联系。在史学领域，它被用来探究历史现象之间的因果关系，发现历史现象出现的原因、引起的结果和造成的影响。因果逻辑分析法在分析历史现象之间的关系时，应用极广，尤其是我们在描述历史现象的来龙去脉、勾勒历史变迁的轨迹时经常会用到它。以《普通高中教科书·历史·必修·中外历史纲要(上)》第四课“西汉与东汉——统一多民族封建国家的巩固”为例，其中需要分析的是，导致西汉初年“文景之治”出现的原因是什么；“文景之治”出现后是否又促成了汉武帝时期鼎盛局面的出现；汉武帝时期“罢黜百家、独尊儒术”政策的推行，是否源于政治大一统局面的需要。这些问题基本都属于因果逻辑分析法的范畴。

五、“心态史学”分析法

“心态史学”出现于20世纪60年代的西方史学界。“心态史学”研究法偏重于对不同时代的人的心理的研究，它注重群体在社会生活中所共有的理念和意识，并着重考察特定历史环境下物质生活条件对该观念和意识产生的影响。这即是它不同于其他治史方法之处。[②] 对于中学历史教学和教材分析而言，“心态史学”的研究方法有助于引导学生对某些个案进行纵向的深入思考。如高中历史教材第一到第四单元，涉及中国古代政权更迭。同为王朝的开创者，汉高祖刘邦、宋太祖赵匡胤、明太祖朱元璋等在建立政权

① “轴心时代”是德国哲学家卡尔·雅斯贝斯(Karl Jaspers)在《历史的起源与目标》(*The Origin and Goal of History*)中提出的概念，指的是公元前800—前200年，人类自我意识萌醒，古代世界主要的文化昌明之地，即古印度、古中国、古希腊，古巴比伦等几乎同时出现了对人类文明影响深远的思想家和学术流派。这个时代产生了直至今天仍是我们思考范围的基本范畴。人类历史即处于这样一个轴心期，其中又以公元前500年前后为高峰([德]卡尔·雅斯贝斯：《历史的起源与目标》，7～9页，北京，华夏出版社，1989)。

② 参见何瑛、邓晓：《中学历史教学与史学研究——方法的借鉴》，载《内蒙古师范大学学报(教育科学版)》，2018(11)。

之初的大政方针有明显区别，对人才的态度也大不同。就“心态史学”的角度而言，这和他们的家庭背景、成长经历和社会阅历有关，也和他们的心理状态有重要关系。尤其是朱元璋，他有一些明显的病态心理，这导致了胡蓝之狱、文字狱、廷杖、废除丞相等很多异常事件。“心态史学”为深入剖析历史教材中的历史现象提供了一个新的角度。

《提升教师学科素养 精进史料教学技能》

本章小结

本章主要阐释中学历史教材分析的原则、内容和方法。中学历史教材分析的原则主要有：以立德树人为根本，以历史事实为基准，以核心素养为重点，以教学目标为中心。中学历史教材分析的内容主要有：历史教材的地位分析、历史教材的功能分析、历史教材的结构分析、教材内容分析、教学目标分析、教学重点、难点分析。中学历史教材分析的方法主要有系统分析法、知识分析法、综合微观分析法、逻辑分析法和“心态史学”分析法。

学习反思

1. 中学历史教材分析的原则有哪些？
2. 中学历史教材分析的内容主要有几个方面？
3. 中学历史教材分析的方法有哪些？

拓展阅读

1. 薛伟强：《有关“抗日战争”的比较分析》，《历史教学》，2008(6)。

2. 李慧：《教材和学情分析历史教学准备的有效性探究》，载《现代中小学教育》，2008(7)。

3. 薛伟强、汤文：《中山装“政治含义”考辨》，载《历史教学》，2014(21)。

4. 薛伟强、宋文浩：《科学性是历史图片选用的第一原则》，载《中学历史教学》，2015(1)。

5. 郭从杰：《历史教材分析与教师的专业化成长》，载《安庆师范学院学报(社会科学版)》，2016(4)。

6. 刘洪生：《基于单元的高中历史教材分析整合策略——以岳麓版“从人文精神之源到科学理性时代”为例》，载《历史教学问题》，2017(1)。

7. 陈志刚，张德树：《例谈基于课程标准的历史教材分析的操作》，载《中学历史教学》，2017(7)。

8. 何瑛、邓晓：《中学历史教学与史学研究——方法的借鉴》，载《内蒙古师范大学学报》，2018(11)。

10. 李先明，李莹：《历史研究中“碎片”与“碎片化”问题再检讨》，载《南京社会科学》，2019(6)。

第八章　中学历史教材整体分析

学习目标

1. 了解现行中学历史教材的编写背景。
2. 知道中学历史教材与课程标准、学生、时代及学科的密切关系。
3. 掌握现行中学历史教材的体例、整体结构、单元结构和课时结构。

历史教育不可避免的受到国际国内环境和形势的影响。中学历史教材编写既要充分考虑国际背景，更要密切联系国内背景。历史教材的外部联系主要包括教材与时代、课标、学生及学科的联系，历史教材的内部联系主要包括编写体例、整体结构、单元结构及课时结构。

第一节　历史教材编写背景分析

一、国际背景

随着经济全球化形势的加强，任何一国都无法置身事外，唯一的选择是投身经济全球化的洪流。为了让学生将来能更好地应对这一局势，教育改革、教材编写都要充分考虑国际背景。

（一）国际局势变幻

进入21世纪后，国际局势保持总体和平，发展仍然是时代的主题，但局部性的动荡有所加剧，局部性的问题也更加突出。

首先，国际力量对比出现新的不平衡。世界多极化和经济全球化继续深入发展，各个国家都被裹挟进这个洪流，基本无一幸免。经济全球化给各国带来了巨大的变化和挑战，有些国家有效应对并迅速崛起。国际力量对比出现新的不平衡。

其次，霸权主义和恐怖主义成为两大公害。对于崛起国家打破原有国际力量对比的现状，霸权主义国家极度恐慌，必然要采取措施进行打压和制约，这将导致世界局势局部紧张和局部冲突加剧，比如中东问题。这种情况在短期内难以扭转，世界多极化将是一个漫长的、充满斗争的过程。

再次，科技发展已成为国际竞争中的决定性力量。如今，人类社会已进入知识经济时代，科学技术加速发展并成为第一生产力。国际科技与经济竞争日益激烈，在经济全球化的过程中，创新能力强的跨国公司在国际竞争中扮演重要角色。

最后，全球性问题突出。经济全球化是一把“双刃剑”，尤其是对于广大发展中国家来说，它既带来了机遇，也带来了挑战。现在比较典型的全球性问题有气候变暖、能源危机、国家安全、人口爆炸、生态失衡以及文化传承问题等。

（二）教育改革发展

国际教育改革成果丰硕，值得我国思考和借鉴。

首先是标准化教育。在20世纪末，不少国家相继开始了标准化课改运动，尤其以美国为代表，这些运动取得了可喜的成就。基于标准的课改已经成为一种趋势。标准化教育中，最重要的一个标志是各国出台课程标准，然后以课程标准为依据，对教材编写、教学实施和教学评价进行相应的改革。

其次是公民教育。在经济全球化的大趋势下，公民教育显得尤为必要。公民教育的目的是培养合格的公民，使人具备成为国家和社会生活中的一分子的必要知识和素养(包括国家的相关政治和历史、履行公民义务的能力、行使公民权利的意识等)。美国、英国、日本、新加坡等国家都极其重视公民教育，虽然各国的公民教育有所差异，但都是执行国家意志的公民教育。

再次是对核心素养的关注。在信息智能化的时代，教育到底要培养什么样的人方能履行未来社会赋予它的使命？2003年，联合国教科文组织提出教育5柱：学习求知、学习共处、学习做事、学习发展、学习改变。两年后，经济合作暨发展组织提出了 3 类 9 项核心素养。之后，美国、澳大利亚、新加坡、日本等国分别提出了本国的核心素养。2016 年，我国教育部也发布了中国学生发展核心素养研究成果，以培养“全面发展的人”为核心，分为文化基础、自主发展、社会参与 3 个方面、18 个基本点。

最后是从知识到思维的转变。在知识成倍增长的今天，在信息日新月异的当下，让学生成为知识的容器、将教育目标聚焦在知识强化上的观念已经明显过时。思维是一种隐形的内在活动，依托基础知识进行思维的培养才是教育的未来走向。历史是一门有思维的学科，美国、英国、中国、日本等国家的课程标准都有对思维能力培养的明确要求。

二、国内背景

21 世纪是信息化的时代，科学技术突飞猛进。新时代出现了新的挑战。

（一）教育目标的提升

为了应对新时代的挑战，1999 年，《中共中央、国务院关于深化教育改革全面推进素质教育的决定》发布，相应的教改措施逐步实施。经过约 10 年的实验和探索，教育部根据党的十七大关于“优先发展教育，建设人力资源强国”的战略部署，发布《国家中长期教育改革和发展规划纲要（2010—2020 年）》，提出把提高质量作为教育改革发展的核心任务。2012 年，十八大报告以 24 个字概括社会主义核心价值观，并提出立德树人是党和国家对人才培养的最高要求。2014 年，《国务院关于深化考试招生制度改革的实施意见》，要求对高中课程和高考改革进行统筹谋划，做好二者的衔接。

党中央、国务院高度重视教育改革，出台了一系列相关措施，而教材建设是教育改革中重要的一环。按照中央决策部署，中小学语文、历史、政治三科教材实行国家统编、统审、统用，以便更有效地达成教育目标。2017 年，我国成立国家教材委员会，统筹指导管理教材工作。

（二）学术研究的发展

历史属于人文学科，它与自然学科最大的差异在于它极易受到人为的影响，并且与时代背景有直接的关系。20 世纪初，梁启超、顾颉刚等对中国传统史学进行改造，这形成了影响深远的新史学运动；中华人民共和国刚成立时，我国的史学研究受苏联影响，认为历史是阶级斗争的历史，史学研究如此，历史教科书也不例外；改革开放后，随着政治环境的变化，各种史学思潮涌现，学术研究逐渐走向百花齐放、百家争鸣的局面，历史研究进入了高度繁荣期，成果迭出。对中学历史教材影响较大的史学研究动态如下。

首先，考古学的发展日新月异。新的考古发现不断涌现，考古学成果丰富，不断刷新原有的历史认识，比如殷墟和甲骨文的发现改变了我们对商朝的认识；秦始皇兵马俑的发现完善了我们对秦朝军队的了解；海昏侯墓的发掘完善了我们对汉朝政治制度等方面的认识。

其次，新的史学理论传入。新中国历史学以唯物主义为指导，以唯物史观为基础，它是关于人类社会发展一般规律的理论，解决了如何看待历史、如何运用历史、如何有选择性地继承和发展历史等问题。文明史、全球史、现代化等新的史学理论逐渐传入，并且为历史研究提供了新的视角，人们对人物和事件的评价变得更加多维和全面，比如对李鸿章的认识以及对鸦片战争的评价等。

再次，中国近代史研究成果丰硕。为了回应时代的需求，史学研究也致力于经世致用，中国近代史研究火热。比如对于钓鱼岛的主权归属问题、抗日战争在世界反法西斯战争中的地位以及日本在中国的暴行等问题，我国学术界都有了丰硕的研究成果。现代史的研究追随热点，关怀现实，多围绕着现实与历史的对话展开，比如现在面临的城市化、环境保护以及人口问题等。

历史教材的编写必须基于历史研究，反过来说，历史研究必然会影响历史教材。就现行部编本初高中历史教材来说，受历史研究影响的比较典型的内容有：抗日战争时长由原来的 8 年抗战改为 14 年；“民族融合”被“民族交往、交流、交融”的概念所替代；世界现代史开始于第一次世界大战，而不是俄国十月革命。

（三）当代学生的新特点

学生获取知识的主要资源是教材，换言之，教材的编写必须充分考虑学生的特点。如今在校的中学生具有与以往学生完全不同的一些特点：首先，物质生活得到保障。其次，出生在数字时代。最后，课余生活丰富多彩。当代中学生见识广博，思维活跃，兴趣爱好广泛，在认知能力、情感心理、性格行为等方面都有独特性，编写者在编写教材时必须充分考虑这些因素。

第二节　历史教材外部联系分析

一、教材与课程标准的联系

课程标准是国家课程的基本纲领性文件，是国家对基础教育课程的基本规范和质量要求，它规定了课程的性质、目标、内容框架，并提出了教学和评价建议。基于课标的重要性和指导性，教材与课标的联系主要体现在两方面。

首先，教材的编写以课程标准为依据。课程标准中特设“教材编写建议”，从指导原则、内容选择、编排形式等方面对教材编写者提出建议，也就是说，教材编写者应该遵循课程标准规定的思路、目标、框架等，不能违背课程标准的精神。

其次，教材的使用以课程标准为依据。在进行教学设计前，教师首先要理解课程标准对相关内容的规定，据此设定本课的教学目标以及重难点，最终使教学效果达到课程标准的要求。

由上可知，课程标准是历史教材的编写指南和使用依据，历史教材是课程标准最主要的载体，二者属于上下位关系。当然，历史教材的编写和使用也可以检验课程标准的可行性及科学性，不断推动课程标准的完善。

二、教材与学生的联系

《义务教育历史课程标准(2011 年版)》明确指出：“历史教科书应对历史进行正确的阐释，采用活泼、形象的方式和通俗、准确的语言，陈述历史发展的基本线索和各个时代的特征，使学生了解历史是鲜活的、生动的，而不是抽象的、概念化的。”[①]换言之，教材须充分考虑其受众——学生的需求。

---

① 中华人民共和国教育部制定：《义务教育历史课程标准(2011 年版)》，43 页，北京，北京师范大学出版社，2012。

首先，教材是学生进行系统性知识学习的主要材料。学生在学校的求知过程中，除了教师的讲授外，教材对学生的认知亦起了关键性的作用。[①]在学校教育中，课堂教学是最主要的形式，教材是课堂教学的主要依据，尤其是在传统教育中，知识的获取并不容易，没有丰富的网络资源和形形色色的课外书，学生学习系统知识、提高能力、培养情感主要依靠教材。即使在网络时代，教材的核心地位也是不可动摇的，因为网络上的知识鱼龙混杂，对于中学生来说真假难辨，而经过专家编写、国家审定的教材则具有权威性。

其次，教材要关注学生已有的知识基础、生活经验、学习心理等。建构主义学习理论认为，学生的知识是通过自身已有的经验、方式和信念，在作为认识主体的学生与作为认识客体的知识之间的互动中，以主动、积极的建构方式获得的。言外之意便是，教材想要更有效地成为学生学习的核心材料，就必须关注学生已有的知识经验、生活经验、学习心理等，帮助学生完成自主的构建，从而达成教材的使命。据此，统编新教材设计了多样化的栏目，加强了教材的可读性、可学性，教师在进行教学设计时，要考虑如何运用这些栏目来引导学生学习。

再次，教材有助于中学生构建国家和民族的集体记忆。集体记忆与个人记忆不同，它是由群体共享、传承、构建的理念，对群体可以产生无可比拟的凝聚力。对大多数国民来说，课堂是形成国民集体记忆的最主要场所。教材不仅要传授客观的历史知识，也要对历史现象进行分析和解读，帮助中学生构建国家和民族的集体记忆。

最后，学生与教材之间不可或缺的媒介是教师。教材虽然是学生学习系统性知识的主要材料，但在学校教育中，学生在多数时间不是直接、主动地与教材发生联系，而是由教师充当媒介。课前，教师布置预习作业，引导学生预习教材；课中，教师依照学生的学习基础，适度调整教材内容，引导学生标记教材；课后，教师依据学生对本节课的学习情况，帮助学生巩固教材中的知识，指示学生完成教材中的作业。

---

① 黄显华、霍秉坤：《寻找课程论和教科书设计的理论基础》，74页，北京，人民教育出版社，2002。

三、教材与时代的联系

纵观我国历史教材的发展史可知，教材不是独立于时代而存在的，而是与时代有密切的关联。教育部印发的《普通高中课程方案（实验）》对时代性原则的阐述为："课程内容的选择体现当代社会进步和科技发展，反映各学科的发展趋势，关注学生的经验，增强课程内容与社会生活的联系。同时，根据时代发展需要及时调整、更新。"①时代性原则可以被归纳为以下三点。

首先，教材应反映中国特色社会主义。中国特色社会主义的历程对学生了解我国的国情、现状以及未来走向有重要意义，统编初中历史教科书八年级下册介绍了十一届三中全会后我国治国理论的发展历程，《普通高中教科书·历史·必修·中外历史纲要（上）》第29课第一子目也详细介绍了中国特色社会主义理论体系的形成与发展，二者都涉及最具时代性的中国梦、"四个自信"、我国基本矛盾的变化等。

其次，教材要体现社会进步和科技发展。科技在世界竞争中有着无可比拟的作用，对科技新成果的吸纳是教材时代性的重要体现。统编初中历史教科书八年级下册第18、第19两课介绍科技与社会的进步，吸收了2015年诺贝尔奖获得者屠呦呦的成果；《普通高中教科书·历史·必修·中外历史纲要（上）》第29课第二子目介绍我国科技和国际影响力的提高，吸纳了天眼、载人航天、"复兴号"以及5G等新科技成果。

最后，教材要增强与社会生活的联系。建构主义理论告诉我们，只有关注学生已有的经验，方能更好地实现教育目标。学生的很多经验是在生活中获得的，生活是学生和教材之间的桥梁，教材的编写者必须用好这一桥梁，将学生摆渡到知识的海洋。统编初中历史教科书八年级下册第20课特设"活动课：生活环境的巨大变化"，此举意在拉近学生与历史的距离，让历史为现实服务。当然，仅仅把体现时代发展的知识编入教材还不够。教师应该引导学生理解时代理念和精神，如人文关怀、公民意识、国际意

① 中华人民共和国教育部制订：《普通高中课程方案（实验）》，5页，北京，人民教育出版社，2003。

识、可持续发展观念等。

四、教材与学科的联系

（一）与历史学科的联系

历史教材是历史学科知识的载体，可以说，没有历史学科知识，就无法编写历史教材。首先，历史学科的发展可以充实历史教材。历史研究是不断推陈出新的，历史教材既应精选历史学科基本知识，也要积极吸收史学研究新成果。其次，教材不能完全与学科同步。历史教材不同于理科教材，教材内容的选取有严格的规则，不是所有的研究成果都可以被写进教材的。历史教科书提供哪些历史知识、它提供的历史知识是否准确，是教科书编纂和使用中的基本问题。因为历史教科书所承担的历史观教育任务，实际是由具体的历史知识来承载的，历史知识问题本来就不是历史知识本身的问题，而是具有重要的意识形态和国家政治的意涵。① 也就是说，历史教材与学术著作不同，它应选取学界的主流意见，超出中学生理解能力范围的知识也不能被纳入教材。

（二）与语文学科的联系

在漫长的历史长河中，文史本为一体；后来，随着学科的专业化，二者逐渐分离开来，但文史不分家早已成为共识。当下的历史教材中到处有语文学科的影子，它与语文学科联系紧密。首先是无处不在的文言文史料，中国古代史部分的不少课文中有相关史料栏目，其中大部分内容是文言文，学生需要有语文学科阅读理解的基础能力。只有读懂史料，才能思考和回答问题。其次是大量的文化名人及作品，从孔孟著作到李杜诗篇，从曹雪芹的《红楼梦》到巴尔扎克及《欧也妮·葛朗台》，历史教材中包含大量文学家及其代表作。学生只有具备语文学科的基础，才可以更好地理解作者与作品。当然，熟悉相关的历史背景知识，也有利于更好地理解文学作品的内涵和深意。

（三）与地理学科的联系

地理是学好历史的三把钥匙之一，每一个历史人物、历史事件都离不

① 徐赐成、赵亚夫：《历史教科书与历史观教育——以近二十年历史教科书改革实践为例》，载《内蒙古师范大学学报》，2019(7)。

开特定的空间。要切实地理解事件和人物，就必须对地理空间有所了解。因而，“左图右史”是历来之传统，现代历史教材中地图几乎随处可见，并且被用于说明管辖区域、疆域范围、地理位置、行车路线、战争形势、迁移路线等。教材要充分利用地理学科的新研究成果，利用地图培养学生的空间观念，利用人地协调观来帮助学生理解人类与自然的相处，利用区域认知来帮助学生理解当今的国际关系及区域集团化趋势等。

（四）与政治学科的联系

俗话说政史不分家，政治是流动的历史，历史是凝固的政治。现行的历史教材与政治学科联系非常紧密。比如针对新中国的成立、人民代表大会、宪法、十一届三中全会、经济体制改革、对外开放、民族政策、“一国两制”、外交事业等知识点，教师可以用政治知识对教材的内容进行诠释和补充，加深学生对问题的理解。再者，只有注意将二者结合，方能更好地体现历史学科的社会功能。以史为鉴、借古鉴今等都说明学习历史不仅仅是要了解历史进程，更要将历史与现实政治相结合，从而洞察将来。对于民族历史、边疆、社会性质等问题，历史教材也要尽可能吸收政治学科的知识，将其与社会现实相结合，体现国家意志。

总之，在科技高度发达的现代，学科高度分化又高度综合，各学科之间相互隔离的情况无法适应时代的要求。历史学科原本就是包罗万象的，除了包含语文、地理、政治 3 科内容外，还包括美术、音乐、建筑、医学、数学、物理、化学、生物等的知识。历史教学者要充分考虑这些学科的新研究成果，以便培养学生解决将来所面对的复杂问题的综合能力。

第三节　历史教材内部联系分析

教材内部联系主要涉及教材各组成部分的先后顺序、组织形式与逻辑关系等方面，也包含整本教材及册与册、章与章之间的关联。[①] 本节从教材体例、整体结构、单元结构及课时内部关系四方面进行分析，这有益于教

① 李晴主编：《中学地理课程标准与教材分析》，162 页，北京，科学出版社，2014。

师把握教材的脉络，更有效地加工和使用教材。

一、教材体例分析

体例是指著作的编写格式。自古以来，历史著作的编写体例比较典型的有编年体、纪传体、纪事本末体以及近代的章节体。历史教材的体例是历史教学理念的反映，我国历史教材的编写体例主要有章节体通史、大时序小主题、大模块小专题3类。由于章节体通史是新课改前被使用的，笔者在此对其不做分析，仅介绍统编必修教材所使用的大时序小主题的分编体例和统编选择性必修所使用的大模块小专题的混编体例。

（一）大时序小主题

新课改后，初中历史教材按照课标中内容标准的规定，采用时序—主题体例，总体是按照历史发展的时序编写的，具体到某一单元时，再拟定一个主题，将不同知识内容整合到这一主题之下。每个单元下设3～5课，采用“单元主题—课题—子目”的结构，例如北师大版历史教材七年级上册第一单元“史前时代”，下设3课“中华大地的远古人类”、“原始农业与农耕聚落”、“传说时代的文明曙光”。这样既遵循了历史发展的时序性，又能突出表现每一个历史时期的特征，显示出教材的概括性，从而可以帮助学生掌握历史发展的脉络和基本结构。

但对于初中生而言，按主题体例编写的历史教材，其内容跳跃性比较强，比如缺少东汉、五代等历史时期，学生在理解事件发生的前后顺序及因果关系方面存在困难，这不利于培养学生的历史思维和历史认识。针对这个问题，最新统编历史教材进行了相应的调整，补全了东汉、五代等时期的历史，更加突出了通史体例，强化时序，淡化主题。

最新统编高中历史必修新教材针对原来模块专题体例教材存在的问题，也采取了这种编排模式，按照历史时序编排，每个单元有一个主题，下设2～4课。其中上册是中国史，共29课；下册是世界史，共23课。统编高中教材的体例与统编初中教材一致，这既实现了对初中知识的有效整合，又有效地实现了初高中历史教材的衔接。但这也带来篇幅大增的新问题，例如在一个学期内要学完《普通高中教科书·历史·必修·中外历史纲要（上）》这一近200页的教材，了解中华上下五千年的历史，这对于师生的挑战都非常巨大。

（二）大模块小专题

21 世纪初的课程改革之中，从初高中历史教学的衔接性和整体性出发，模块加专题以及中外历史混编的体例成为高中历史教材多方论证后的优选体例。其基本设计思路是必修有政治、经济、文化 3 个模块；选修有改革、人物、战争等 6 个模块，按历史时序排列，采取中外历史混编的模式。

最新的统编高中历史教材依据新课程标准进行了比较大的调整，其中必修教材改用了大时序小主题的体例；国家制度与社会治理、经济与社会生活、文化交流与传播等方面的选择性必修教材采取了大模块小专题的体例，在内容上很少与必修部分重复。以国家制度与社会治理方面的选修教材为例，它共分为 6 个单元，分别是政治体制、官员的选拔与管理、法律与教化、民族关系与国家关系、基层治理与社会保障、货币与财税制度；每个单元就是一个专题，以专题整合同类的历史知识，下设 2～3 课；每个单元的内容按时序排列，先古后今，实行中外历史混编。例如第一单元“政治制度”下设 4 课，第 1 课是“中国古代政治体制的形成与发展”，第 2 课是“西方国家古代和近代政治制度的演变”，第 3 课是“中国近代至当代政治制度的演变”，第 4 课是“中国历代变法和改革”。选择性必修教材按照历史时序介绍不同政治体制，有利于学生理清发展脉络并构建相关知识网络，有效避免了与必修课重复。当然，专题之间跳跃性大且难度高，这也是一种挑战。

《历史教科书的内容编排形式》

二、教材整体结构分析

教材结构是由教材系统中各基本要素之间的联系方式、组织秩序及其时空表现形式组成的有机整体，这种有机整体决定了教材内容的结构性、教材程序的结构性和教材形态的结构性。①

统编初中历史教材分为六册，七年级上下册是中国古代史，涉及从远古人类到清朝前期的历史；八年级上下册是中国近现代史，涉及从鸦片战争到21世纪中国历史的方方面面；九年级上下册是世界史，涉及从古代的亚非文明到“冷战”后的现代世界的历史。初中历史教材的基本结构是单元标题、单元导言、课题、导言、正文及辅助材料、课后活动及知识拓展，每一册的最后一节课是活动课，书末附有历史大事年表。

统编高中历史必修教材分为上下2册：上册是中国史，介绍从中华文明起源到现代化建设的新时期的历史；下册是世界史，从古代文明的产生介绍到当今世界。高中历史必修教材的基本结构是单元标题、单元导言、课题、导言、正文及辅助材料和课后问题探究、学习拓展，每一册的最后一节课是活动课，书末附有历史大事年表。

统编高中历史必修教材与统编初中历史教材的结构基本相似，有效地实现了初高中教材结构上的衔接，差别在于初中教材更重视叙事，高中教材更重视体系，二者都重视教本与学本的结合，这有利于培养学生的历史思维和学习兴趣。

三、教材单元结构分析

新版统编初高中历史教材均使用单元—课时的结构，教材单元的设计充分地考虑和体现了教材的理念。初中历史教材八年级上册的单元数最多，有8个单元，七年级下单元数最少，仅有3个单元；高中历史必修教材上册有10个单元，下册有9个单元。现行历史教材单元结构基本分为以下3种类型。

（一）并列式结构

并列式结构是指本单元的几课之间的关系是并列关系。由于历史教材多注重时序，所以这类单元结构在历史教材中并不多见，比较典型的有统编初中历史教材八年级上册第八单元，它下设“经济和社会生活的变化”、“教育文化事业的发展”2课，分别从不同方面阐述中国近代史。八年级下册

① 郑国强：《初中思想品德教材研究》，38页，博士学位论文，浙江大学，2018。

第六单元与此类似，它下设“科技文化成就”、“社会生活的变迁”2 课，分别阐述中国现代史的 2 个方面。由此可见，并列式单元结构适用于对同一时期不同方面的介绍。

（二）纵横式结构

纵横式结构是指本单元的几课之间的关系有的是纵向的时序关系，有的是横向层面的关系。一般说来，如果某单元涉及内容过多，教材编写者就会采用这种纵横式结构。比较典型的有统编初中历史教材七年级上册第三单元，它下设 7 课，其中前 5 课是纵向的时序关系，介绍秦统一中国、秦末农民起义、西汉建立和文景之治、汉武帝巩固大一统王朝、东汉的兴亡；后两课是横向层面的关系，一课介绍丝绸之路，另一课介绍两汉的科技与文化。统编高中历史教材也有大量同类型的单元结构，比如《普通高中教科书·历史·必修·中外历史纲要（上）》第二单元，它下设 4 课，前两课讲述三国到五代十国的历史，属于纵向的时序关系，后面两课讲述隋唐制度的变化与创新、三国至隋唐的文化，属于横向层面的关系。

（三）时序式结构

时序式结构是指本单元的几课是按照时序排列的。在历史教材中这种单元结构并不少见，尤其是在初中历史教材中。例如统编初中历史教材八年级上册第四单元，它下设“新文化运动”、“五四运动”、“中国共产党诞生”3 课，完全按照时序的发展编排，这有利于学生了解事件的前后关系及因果逻辑。

四、教材课时结构分析

按理说，教材的每一课都应该是一篇结构完整、逻辑严密的文章。以前的教材内容经常分为大字和小字 2 部分，其中大字是正文内容，小字为阅读部分。这种做法把教材弄得支离破碎，并且不利于学生形成整体认识。现行统编初中历史教材一般根据课题将每课分为 3 个相关的子目，各子目分别叙述基本的史事，并将繁杂的内容编排为逻辑清晰的普及性历史知识。一般说来，每篇课文在 1000 字左右，均以大字形式呈现，有理有据地讲述具体史事，这使课文更为通畅。学生通过阅读教材，感知连贯的历史思维和历史表达，提高历史理解和历史解释的能力。

教材围绕教学，设计了多样的辅助栏目，比如课前导言，课中的相关史事、材料研读、问题思考等，课后的课后活动及知识拓展。这些辅助栏目拓展了教材的信息，加强了教材的可读性、可学性，有助于学生的阅读与思考，是教材将“教本”与“学本”相结合的体现。另外，统编初中历史教材配有大量的彩色插图，平均每页有两三幅图，图文并茂。

统编高中历史教材一般根据课题将每课分为3～4个子目，简要叙述基本史事。每篇课文1500～2000字，均以大字形式呈现，设有课前导言、学习聚焦、学思之窗、历史纵横、史料阅读、课后探究与拓展等辅助栏目。与初中相比，高中历史教材有更多的开放性问题，这有助于学生拓展认知结构，并提高学习历史的兴趣。另外，统编初高中历史教材设有活动课；学生通过实践活动对有关历史问题或历史内容进行自主探究，提高实践能力和创新精神。

本章小结

中学历史教材编写的国际背景主要有国际局势变幻和教育改革发展，国内背景主要有教育目标的提升、学术研究的发展、当代学生的新特点。

历史教材的外部联系主要包括教材与课标的联系，教材与学生的联系，教材与时代的联系，教材与学科的联系。历史教材的内部联系主要有体例、整体结构、单元结构、课时结构。

《总揽全局 建构体系》

学习反思

1. 分析中学历史教材编写的国际国内背景。

2. 选择一本中学历史教材，分析其外部联系与内部联系。

拓展阅读

1. 余桂元：《部编〈中国历史〉七年级教科书的风格与特点（上）》，载《中小学教材教学》，2016(10)。

2. 余桂元：《部编〈中国历史〉七年级教科书的风格与特点（下）》，载《中小学教材教育》，2016(11)。

3. 叶小兵：《部编义务教育历史教材有哪些新变化》，载《内蒙古教育》，2016(31)。

4. 黄云龙：《部编〈中国历史〉八年级上册教科书总体介绍》，载《历史教学》，2017(10)。

5. 张海鹏：《统编高中历史教科书的学科体系和学术体系——适应和掌握统编高中历史教材〈中外历史纲要〉(上)的意见》，载《课程·教材·教法》，2019(9)。

6. 徐赐成：《论历史教科书的学术性——以〈中外历史纲要〉教科书为例》，载《天津师范大学学报(基础教育版)》，2019(4)。

7. 齐世荣：《关于编写中学历史教材的几点意见》，载《历史教学》，2003(1)。

8. 郑林主编：《中学历史教材分析》，北京，光明日报出版社，2013。

第九章　初中历史教材分析及示例

学习目标

1. 宏观认识与把握统编初中历史教材。
2. 能够对统编初中历史教材进行单元教材分析。
3. 能够对统编初中历史教材进行课时教材分析。

统编初中历史教材编排上有很多新意，教师进行教学设计之前，需要从整体、模块、单元、单课等方面全面把握和深入分析教材，以便整合教学内容，优化知识结构，确定重点难点，培育历史核心素养。

第一节　中国古代史教材分析及示例

一、整体教材分析

统编七年级历史教材为中国古代史部分，分上下 2 册，其内容起于中国远古时代，止于明清统一多民族国家巩固与发展时期。这 2 册教材以历史发展的脉络为基本线索，以各历史时期的政治、经济制度、科技、文化成果为主要内容，突出大一统与民族交融。这有利于学生感悟中华文明的历史价值和现实意义，养成爱国主义情感。这 2 册教材以时间为线索，讲述古代中国由原始社会走向奴隶社会，再向封建社会过渡的历史发展进程，体现了生产力的发展是推动社会关系的发展与变化的重要因素。

二、单元教材分析

（一）统编七年级历史教材上册

1. 史前时期：中国境内早期人类与文明的起源

本单元有3课：第1课“中国早期人类的代表——北京人”、第2课“原始农耕生活”、第3课“远古的传说”。这3课时间跨度较大，每课涉及的历史都是中国史前人类发展进程中极具代表意义的里程碑。第1课讲述北京人。在教学过程中，教师应通过对北京人与山顶洞人的生活情况进行比较，加强学生对北京人特征的理解。第2课讲述原始农业。在原始社会，农牧业和手工业逐渐产生和发展。在对半坡居民和河姆渡居民农业的讲述中，教师应重点突出不同地域的农耕文明的差异性，总结原始农耕文明的特征。第3课讲述远古传说。教师应引导学生在传说中了解黄帝、炎帝的发明创造及中华民族的形成，并重点分析禅让制的含义。七年级学生刚刚开始正式学习历史课程，教材第一单元的内容都属于史前时期，运用了大量考古资料，教师尤其要注重培养学生的史料证据意识，为他们以后的学习打下良好的基础。本单元也能激发学生的爱国主义情感和民族自豪感，培养学生珍视人类文化遗产的意识。

2. 夏商周时期：早期国家的产生与社会变革

本单元有5课：第4课“夏商周的更替”、第5课“青铜器与甲骨文”、第6课“动荡的春秋时期”、第7课“战国时期的社会变化”、第8课“百家争鸣”。其中前2课讲夏商西周时期历史，后3课讲春秋战国时期历史。夏朝的建立标志早期国家的产生，课文围绕三朝的政权更替，要求学生理解“家天下”、“王位世袭制”及“分封制”的含义，分析总结统治者的残暴腐败是三朝衰败灭亡的主要原因。第5课主要讲述青铜器和甲骨文。教师在教学中应通过图片展示、问题驱动等方法创设情境，加深学生对青铜器和甲骨文特征及功能的理解，培养学生对中华优秀传统文化的认同感。在后3课中，教师应重点分析春秋战国时期诸侯争霸的社会背景和商鞅变法的内容，以及百家争鸣的代表人物和思想。教师可以通过填表等形式引导学生对重点知识进行归纳总结，以便于学生掌握相关知识。

3. 秦汉时期：统一多民族国家的建立和巩固

本单元有7课：第9课“秦统一中国”、第10课“秦末农民大起义”、第

11课“西汉建立和‘文景之治’”、第12课“汉武帝巩固大一统王朝”、第13课“东汉的兴亡”、第14课“沟通中外文明的‘丝绸之路’”、第15课“两汉的科技和文化”。前2课讲秦朝的历史，后5课讲汉朝的历史。学生在学习秦朝的历史的过程中，应重点理解“中央集权”的含义，总结统治者巩固封建统治的措施，并以此为背景，分析秦朝出现农民起义并迅速衰亡的原因。学生在学习汉朝的历史的过程中，应重点掌握汉朝，特别是汉武帝时期的大一统政策，知道该政策使西汉进入鼎盛时期。在科技文化和对外关系方面，学生应结合当时的经济和社会环境去分析两汉，把握其历史意义。经济的发展为科技文化的繁荣创造了条件，“丝绸之路”促进了中国与其他各国的文化与贸易交流。

4. 三国两晋南北朝时期：政权分立与民族交融

本单元有5课：第16课“三国鼎立”、第17课“西晋的短暂统一和北方各族的内迁”、第18课“东晋南朝时期江南地区的开发”、第19课“北魏政治和北方民族大交融”、第20课“魏晋南北朝的科技与文化”。本单元所讲的历史历时较长，其中朝代更替频繁、民族交融是主线。学生在学习本单元时应把握两个突出特征：一是国家由分裂走向局部统一，二是民族不断交融和发展。教师应通过讲述历史故事，帮助学生理解赤壁之战的重要意义，认识三国时期也是国家从东汉末年的割据状态走向局部统一的历史阶段。教师在讲述政权更替的过程中，要充分利用地图，使学生更清晰地把握政权并立的局面以及少数民族的迁徙过程，增强学生的时空观念。北魏孝文帝改革既是北方少数民族封建化的典范，也是北方地区民族交融的典型。教师在教授科技文化部分的知识点时应联系前几课的历史背景，在教学中可以通过表格总结相关的科技文化成果，增进学生对知识的掌握。

（二）统编七年级历史教材下册

1. 隋唐时期：繁荣与开放的时代

本单元有5课：第1课“隋朝的统一与灭亡”、第2课“从‘贞观之治’到‘开元盛世’”、第3课“盛唐气象”、第4课“唐朝的中外文化交流”、第5课“安史之乱与唐朝衰亡”。其中第1课讲隋朝时期的历史，后4课讲唐朝时期的历史。学生在学习第1课时应重点把握隋朝统一及其历史意义、统治者巩固统一的措施以及科举制的意义。隋朝与秦朝较为相似，学生可以将二者进行对比，分析二者在制度上的创新及灭亡的原因。教师在唐朝部分的教学过程中，应加强课与课之间的连接；可以通过视频导入，从中分析盛唐时期政治清明、国力强盛、社会风气开放的社会生活状况，帮助学生认识“贞观之治”和“开元盛世”。教师可以把唐朝与西汉进行对比，帮助学生感受唐朝文学艺术的繁荣、对外交流的频繁。对于唐朝中后期的历史，教师应通过补充史料，重点分析唐朝由盛转衰最后灭亡的原因，帮助学生认识统一多民族国家的历史发展大趋势的重要性。

2. 辽宋夏金元时期：民族关系发展和社会变化

本单元有 8 课：第 6 课“北宋的政治”、第 7 课“辽、西夏与北宋的并立”、第 8 课“金与南宋的对峙”、第 9 课“宋代经济的发展”、第 10 课“蒙古族的兴起与元朝的建立”、第 11 课“元朝的统治”、第 12 课“宋元时期的都市和文化”、第 13 课“宋元时期的科技与中外交通”。辽宋夏金元时期是我国各民族进一步交融和封建经济进一步发展的时期。其中第 6、第 7、第 8、第 10、第 11 课讲辽宋夏金元的政治问题，第 9、第 12、第 13 课讲宋元时期的经济文化问题。在政治方面，教师应重点分析统治集团为巩固统治所采取的措施，如重文轻武、加强对西藏的管辖等。此外，在政权并立问题上，教师可以通过补充相关史料和战争故事的方法，着重讲述政权之间的“战”与“和”。在经济文化方面，教师应重点分析宋朝时期农工商发展的具体表现。经济的发展与宋元的都市与科技文化的繁荣有着密不可分的关系，教师在教学过程中应多角度创设历史情境，帮助学生感受中国博大精深的文化对世界作出的突出贡献。

3. 明清时期：统一多民族国家的巩固与发展

本单元有 8 课：第 14 课“明朝的统治”、第 15 课“明朝的对外关系”、第 16 课“明朝的科技、建筑与文学”、第 17 课“明朝的灭亡”、第 18 课“统一多民族国家的巩固和发展”、第 19 课“清朝前期社会经济的发展”、第 20 课“清朝君主专制的强化”、第 21 课“清朝前期的文学艺术”。本单元课时虽多，但只涉及两个朝代。前 4 课讲明朝时期的历史，后 4 课讲清朝时期的历史，课程的时间脉络比较清晰。教师在讲第 14 课时应重点讲述明朝巩固皇权和中央集权的措施，如设三司，八股文等，并分析其利弊。在对外关系方面，教师应重点向学生讲述郑和下西洋和戚继光抗倭的过程，突出明朝对航海事业所作出的伟大贡献，以及明朝维护祖国领土安全的历史性意义。教师在讲第 16 课时应着重列举相关文化成就，使学生认识其历史地位，增强学生的民族自豪感。教师在讲第 17 课时应着重讲述明朝的灭亡，引导学生重点分析明朝灭亡的原因。教师在讲清朝的历史时应重点讲述以下内容：为巩固统治，统治者在政治方面加强专制，设立军机处，加强对台湾、西藏、新疆等地的有效管辖；在经济方面，推动农工商的繁荣发展；在文化方面，实行文化专制，大兴文字狱；在外交方面，实行闭关锁国政策，使中国逐渐落后于世界历史的发展进程。教师在讲清朝前期的文学艺术时，除了要讲授和让学生欣赏之外，还应充分结合地方史资源，鼓励学生分享、表演，让学生感受昆曲、京剧等中国传统艺术的魅力。

三、课时教材分析案例

案例 1　汉武帝巩固大一统王朝

【课标要求】

了解“文景之治”，知道汉武帝巩固“大一统”王朝。

【内容分析】

“汉武帝巩固大一统王朝”为统编七年级历史教材上册第三单元第 12 课，主要由“推恩令”的实施、“罢黜百家，独尊儒术”、盐铁专卖、北击匈奴四个部分构成，分别对应政治、思想、经济和军事方面的大一统措施。本课的重点应该是让学生分析汉武帝采取的措施在当时所起的作用，以及对后世产生的影响，理解汉武帝在巩固“大一统”格局方面的功绩。

【学情分析】

上一课的内容是西汉的建立与“文景之治”，学生对于西汉的内容已有初步的了解，有一定的知识储备。但此阶段的学生心智还不成熟，尚缺乏分析综合的能力，他们对于大一统、“罢黜百家，独尊儒术”等历史概念的理解都有不少困难。

【重点难点】

教学重点：汉武帝的大一统。

教学难点：“罢黜百家，独尊儒术”。

【教学目标】

知识与能力目标

掌握汉武帝在政治、思想、经济、军事方面巩固大一统的主要措施，知道“罢黜百家，独尊儒术”的含义和作用，理解大一统局面对中华民族的重大历史意义。

过程与方法目标

阅读教材，分析实施“推恩令”的背景，培养阅读史料和提取信息的能力。课堂讨论问题，提高分析问题的能力，加深对历史知识的了解。观看图片、视频和历史资料，激发学习历史的兴趣，增强历史想象力。

情感态度与价值观目标

认识到汉武帝是一个具有雄才大略但也有不足的知名帝王，认识到统一多民族国家的巩固和发展有着重要的作用。

【教学建议】

本课主要讲述汉武帝巩固大一统王朝的措施，教师可以采取视频导入，通过播放电视剧《汉武大帝》中，汉武帝颁布推恩令削减诸侯势力、淮南王图谋叛逆的片段，激发学生的学习兴趣，进而向学生抛出问题“汉武帝为什么要颁布推恩令”，从而展开本课内容的教学。

教师在讲述“推恩令”实施背景时，可以选取典型案例，如“梁王出行”，突出当时诸侯王势力的强大及其对中央统治的严重威胁。教师应引导学生阅读教材，观看示意图，进而深刻理解推恩令对解决诸侯势力坐大、维护中央集权的重要性。同时，对于统治者在地方设十三刺史，代表中央监督地方官员，巡行郡国，以及刺史制度在当时也解决了地方官吏和豪强问题等内容，教师可以适当补充一些史料。

材料一　御史大夫，秦官……掌副丞相。有两丞，秩千石。一曰中丞，在殿中兰台，掌图籍秘书，外督部刺史，内领侍御史员十五人，受公卿奏事，举劾按章。

有关“罢黜百家，独尊儒术”，学生首先要理解其含义，即压制其他思想，只尊崇儒家的学说，把儒家学说立为正统思想；其次是要了解汉武帝采取儒家学说的原因。教师可以通过让学生分角色扮演各派代表人物，使学生理解儒家如何吸收百家思想，与时俱进，更好地维护封建统治秩序。

关于盐铁专卖，教师可以根据教材内容设问"朝廷为加强对社会经济的控制采取了哪些措施"来培养学生阅读教材、获取信息的能力。盐铁专营的影响具有两个方面，教材只涉及其积极方面，教师可以补充消极方面的影响，培养学生多角度分析问题的能力。

> 材料二　式既在位，见郡国多不便县官作盐铁，器苦恶，贾贵，或强令民买之。而船有算，商者少，物贵，乃因孔仅言船算事。①
>
> 材料三　愿募民自给费，因官器作煮盐，官与牢盆。浮食奇民欲擅管山海之货，以致富羡，役利细民。其沮事之议，不可胜听。敢私铸铁器煮盐者，钛左趾，没入其器物。②

有关北击匈奴，教师首先要概述汉朝与匈奴之间和战不定的概况，然后说明汉初的休养生息政策为汉武帝发动大规模战争提供了良好的基础，最后重点讲述公元前119年卫青、霍去病北击匈奴的关键战役，突出二人的勇猛机智。

本课小结，教师可从政治、思想、经济、军事四方面进行总结归纳，帮助学生构建知识系统。如有时间，还可以引导学生对汉武帝进行多元评价，使学生认识到汉武帝除了有励精图治、巩固统一的一面，也有任人唯亲、穷兵黩武的一面，初步培养学生客观评价历史人物的方法。

《"隋朝的统一与灭亡"教材分析》

① （汉）班固：《汉书》，982页，北京，中华书局，1999。

② （汉）司马迁：《史记》，2379页，北京，中华书局，2010。

第二节　中国近现代史教材分析及示例

一、整体教材分析

统编八年级历史教材分为上下 2 册。上册主要以争取民族独立、实现人民解放为线索，按照时间发展顺序，讲述 1840—1949 年期间，中国地主阶级、农民阶级、资产阶级以及无产阶级在抵御外敌侵略和探索救亡图存道路上所做的一系列斗争和努力，并得出只有中国共产党才能救中国的结论。

下册主要以实现国家富强、人民富裕为线索，按照时间发展顺序，从政治、经济、文化、社会、国防和外交等方面，讲述 1949 年中华人民共和国成立以来，中国共产党探索社会主义建设的经验教训和取得的巨大成就。

二、单元教材分析

（一）统编八年级历史教材上册

1. 中国开始沦为半殖民地半封建社会

本单元包括第 1 课“鸦片战争”、第 2 课“第二次鸦片战争”和第 3 课“太平天国运动”。本单元主要围绕英国发动鸦片战争打开中国国门展开。中英《南京条约》的签订，标志着中国开始沦为半殖民地半封建社会，中国人民开始进行近代的反侵略反封建斗争。学生通过体会林则徐虎门销烟的壮举，增强维护国家民族利益的历史责任感；通过比较两次鸦片战争的异同，理解第二次鸦片战争是第一次鸦片战争的扩大，培养历史比较思维能力；通过了解太平天国运动是鸦片战争的回声，掌握在新的历史条件下农民运动体现出的新特点。

2. 近代化的早期探索和民族危机的加剧

本单元包括第 4 课“洋务运动”、第 5 课“甲午中日战争与瓜分中国狂潮”、第 6 课“戊戌变法”和第 7 课“八国联军侵华与《辛丑条约》签订”。本单元主要围绕近代中国人民的探索和民族危机不断加深展开，单元设计突出时序性的特点。学生通过分析洋务运动的内容，培养运用辩证唯物主义的观点全面评价历史事件的能力，认识到洋务运动是中国近代化的开端；通过了解甲午中日战争爆发的原因，认识北洋舰队在甲午中日战争中全军覆没标志着洋务运动的破产，以及《马关条约》的签订使得中国民族危机空前加深；认识到列强的瓜分狂潮是戊戌变法的重要背景，通过掌握百日维新人物的事迹，激发学习变法人士的精神的热情；重点理解义和团抗击八国联军的史实，通过了解各种不平等条约的签订导致的主权丧失深刻理解清政府如何一步步沦为帝国主义统治中国的工具。

3. 资产阶级民主革命与中华民国的建立

本单元包括第8课“革命先行者孙中山”、第9课“辛亥革命”、第10课“中华民国的创建”和第11课“北洋政府的统治与军阀割据”。本单元主要围绕资产阶级早期革命活动和中华民国建立展开。学生了解孙中山早期活动和三民主义的内容，认识到孙中山革命先行者的地位；掌握辛亥革命的过程，体会武昌起义的革命精神；了解中华民国的建立，以及袁世凯窃取革命胜利果实，注重权力更替的变化，理解《中华民国临时约法》颁布的目的是防止袁世凯复辟；掌握军阀割据政局混乱的转型特征和孙中山维护民主共和的斗争史实，感悟早期资产阶级革命的艰辛历程。

4. 新民主主义革命的开始

本单元包括第12课“新文化运动”、第13课“五四运动”和第14课“中国共产党诞生”。本单元主要围绕无产阶级登上革命舞台展开。学生通过了解新文化运动的内容和影响，认识到新文化运动为五四运动的爆发奠定了思想基础；熟悉五四运动的扩大，掌握三罢斗争在五四运动期间的意义，领悟五四精神的内涵，理解五四运动是新民主主义革命的开端，并且为中国共产党的建立作了干部上、思想上的准备；了解中国共产党诞生的过程和意义，以及中共早期领导人活动的影响，增强对中国共产党的热爱与敬仰之情。

5. 从国共合作到国共对峙

本单元包括第15课“北伐战争”、第16课“毛泽东开辟井冈山道路”和第17课“中国工农红军长征”。本单元主要聚焦国共两党从合作走向对峙。学生通过了解第一次国共合作的过程和北伐战争胜利的原因，理解各革命阶级的联合与支持是中国革命发展的前提和保证；掌握八一南昌起义的爆发和井冈山革命根据地的建立，深刻理解中国共产党为什么走农村包围城市、武装夺取政权的革命道路；掌握红军长征的过程和遵义会议在中国革命史上的地位，学习红军勇往直前、艰苦奋斗的革命英雄主义精神。

6. 中华民族的抗日战争

本单元包括第18课“从九一八事变到西安事变”、第19课“七七事变与全民族抗战”、第20课“正面战场的抗战”、第21课“敌后战场的抗战”和第22课“抗日战争的胜利”。本单元主要围绕中华民族抵御日本帝国主义侵略展开。学生通过掌握九一八事变的经过，意识到九一八事变是中国人民局部抗战的开始，理解西安事变和平解决的意义；了解七七事变是中国人民全面抗战的开始，全面理解在民族危亡的关键时刻国共第二次合作并建立抗日民族统一战线的意义；了解南京大屠杀和当今日本极右势力掩盖南京大屠杀的事实，认识军国主义的本质和危害，树立为人类和平民主进步事业而奋斗的精神；了解正面战场和敌后战场的战役，以及中共在抗战中发挥的中流砥柱的作用；掌握抗日根据地的发展过程，了解中共七大的召开和抗日战争胜利的意义，培养反法西斯意识，树立民族自尊心和自信心。

7. 解放战争

本单元包括第23课“内战爆发”和第24课“人民解放战争的胜利”，主要围绕国共两党内战展开。学生了解重庆谈判和中共为争取和平民主所做的努力，以及国民党假和平真内战的史实，揭露国民党反动派的反动本性；掌握三大战役和渡江战役对解放全国的作用，分析国民党垮台的原因，培养通过分析比较历史史实并总结归纳得出历史结论的思维能力，树立维护国家统一的观念。

8. 近代经济、社会生活与教育文化事业的发展

本单元包括第25课“经济和社会生活的变化”和第26课“教育文化事业的发展”，主要讲述近代中国社会的变化与发展。学生通过分析中国近代社会的变化和近代民族工业的曲折发展，认识西方文化对中国社会物质文明的影响，总结近代社会生活变化的不平衡性，培养分析总结能力和与时俱进的时代精神。

（二）统编八年级历史教材下册

1. 中华人民共和国的成立和巩固

本单元包括第1课“中华人民共和国成立”、第2课“抗美援朝”和第3课“土地改革”，主要讲述中华人民共和国的成立和巩固政权的系列措施。新中国成立后，面临着严峻的国内外形势。学生需要了解新中国成立的意义，

认识中国人民政治协商会议和中国共产党领导的多党合作和政治协商制度；认识西藏和平解放对巩固新中国的意义；了解抗美援朝时期中国人民保家卫国的英雄事迹及其意义，增强爱国情感；掌握《中华人民共和国土地改革法》的颁布和土地改革的意义，感悟中国共产党在新中国成立之初巩固政权的努力过程。

2. 社会主义制度建立与社会主义建设的探索

本单元包括第 4 课“新中国工业化的起步和人民代表大会制度的确立”、第 5 课“三大改造”和第 6 课“艰辛探索与建设成就”。本单元主要讲述中国共产党进行社会主义建设道路的探索，其中既有经验，也有教训。学生需要通过了解一五计划的主要成就和中华人民共和国第一部宪法的颁布，认识到人民代表大会制度是我国的根本政治制度；认识“三大改造”的意义，掌握国家对于资本主义工商业的社会主义改造政策；认识“大跃进”、人民公社化运动以及“文化大革命”的错误和教训，增强对于社会主义建设复杂性的认识，培养为建设社会主义而努力学习的奋斗精神。

3. 中国特色社会主义道路

本单元包括第 7 课“伟大的历史转折”、第 8 课“经济体制改革”、第 9 课“对外开放”、第 10 课“建设中国特色社会主义”和第 11 课“为实现中国梦而努力奋斗”，主要讲述中国共产党开辟中国特色社会主义道路的历程。学生了解十一届三中全会的召开，体会其在历史上的转折性作用；掌握家庭联产承包责任制、城市经济体制改革和社会主义市场经济体制的作用，了解中国建立经济特区、扩大对外开放领域和加入世贸组织等一系列对外开放措施；深刻理解中国特色社会主义道路和中国特色社会主义理论体系的发展历程，充分了解中国梦的意义和“四个全面”的战略布局，感悟党的十九大的内容和精神以及我国目前所取得的巨大成就，树立为中国梦而努力奋斗的精神。

4. 民族团结与祖国统一

本单元包括第 12 课“民族大团结”、第 13 课“香港和澳门回归祖国”和第 14 课“海峡两岸的交往”。本单元主要围绕国家统一和民族团结问题展开。学生应理解中国实行民族区域自治制度的意义，以及“一国两制”方针在香港、澳门回归问题上的运用和影响，掌握海峡两岸交往的历程，明白民族团结和祖国统一对于我国发展的重要作用，培养民族意识和国家意识。

5. 国防建设与外交成就

本单元包括第 15 课“钢铁长城”、第 16 课“独立自主的和平外交”和第 17 课“外交事业的发展”，主要讲述新中国的国防与外交成就。学生应了解中国海陆空军队和导弹部队的发展历程，感悟科技强军的重要性；了解和平共处五项基本原则和“求同存异”方针的内容及意义，掌握我国进行全方位外交的事实，体会中国在世界的大国担当，树立民族自信心和自豪感。

6. 科技文化与社会生活

本单元包括第 18 课“科学技术的成就”和第 19 课“社会生活的变迁”。本单元主要围绕中国现代社会的科技进步与社会变化展开，注重过去与现在的比较。学生通过了解中国“两弹一星”发射的史实和“双百方针”的提出，体会中国科技文化的进步，认识中国改革开放前后人们社会生活的变化，培养不忘历史、珍惜现在的精神品质。

三、课时教材分析案例

案例 2　五四运动

【课标要求】

知道五四爱国运动的基本史实，认识五四运动是中国新民主主义革命的开端。

【知识体系】

- 五四运动
  - 爆发
    - 时间：1919 年
    - 导火线：巴黎和会上中国外交失败
    - 口号：“外争国权，内惩国贼”、“废除二十一条”等
  - 扩大
    - 第一阶段
      - 中心：北京
      - 开始时间：1919 年 5 月 4 日
      - 主力：学生
    - 第二阶段：
      - 中心：上海
      - 开始时间：1919 年 6 月 5 日
      - 主力：工人
  - 意义
    - 结果：初步胜利
    - 性质：一场彻底的反帝反封建的爱国运动
    - 影响：五四运动是新民主主义革命的开端

【学情分析】

初中学生在学习本课之前，已经了解了旧民主主义革命的基本史实，但没有正式学习过五四运动。教师可以重点引导学生探究五四运动作为新民主主义革命开端的具体内涵，以便让学生全面认识五四运动在中国近代史上的地位和意义。

【重点难点】

教学重点：五四运动的历史背景和历史意义。

教学难点：五四运动的爱国精神和理解五四运动是新民主主义革命的开端。

【教学目标】

基于文字、图片、音像等，了解五四运动的背景、过程和影响。

利用小组讨论、史料分析等方法，比较新旧民主主义革命的异同，提高历史思维能力。

深刻理解五四运动所表现出来的爱国精神，培养家国情怀，增强对于祖国的认同感和捍卫民族尊严的责任感。

【教学建议】

在历史教学过程中，如何抓住学生的认知需求、激发学生的学习兴趣在每堂课的开始阶段占有重要作用。在本节课的导入阶段，教师可以利用层层递进的提问来引发学生的思考。例如，“每年的五月四日是什么节日?”“为什么要把五月四日定为青年节?”教师可以借助这样的疑问，引出本节课的内容：它源于一场伟大的爱国运动——五四运动。接着向学生出示相关视频资料，给予学生视觉上的冲击，从而激发学生对于本节课的兴趣。在进行具体授课之前，教师可以向学生展示本节课所需要掌握的内容框架。比如，“①五四运动爆发的原因；②五四运动的发展；③五四运动的结果；④五四运动的意义。”

1. 重点突破

在讲述五四运动爆发时，教师重点分析中国参加巴黎和会之“战胜国资格和战败国待遇”。1918年第一次世界大战结束之后，各国代表在法国巴黎召开会议，而中国作为战胜国也参加了本次巴黎和会。教师请学生思考中国在本次会议的目的是什么。学生通过阅读教材进行回答，比如，“中国希望能改变自己在国际上的地位，要求废除帝国主义在中国的一切特权，取消‘二十一条’；但是作为战胜国的中国不但没有收回相应的权利，反而像战败国一样成为列强宰割的对象”。为了便于学生理解中国在巴黎和会上的遭遇，教师宜作一个形象生动的比喻。教师应说明北洋军阀政府明知道丧权辱国，却仍然命令中国代表团在和约上签字；巴黎和会上中国外交的失败，激起了一大批爱国青年的热情，他们勇敢地登上中国的历史舞台，揭开了中国历史的新篇章。教师在教学中可适当补充以下史料。

材料一

表 9.1　五四时期部分学生干部概况①

姓名	年龄	五四时期职务	主要事迹
邓中夏	25 岁	北京学联干事	带领讲演团宣传思想
张国焘	22 岁	北京学联主席	积极参加五四运动
傅斯年	23 岁	北大学生会代表	担任五四运动游行运动总指挥
罗家伦	22 岁	北京学生界代表	起草宣言，提出五四口号
许德珩	29 岁	学生干部之一	起草宣言，参与各项活动
段锡朋	23 岁	中国学生联合会主席	组织北大学生参加五四运动
方豪	25 岁	北京学联及全国学联主席	秘密联络同学，发动五四运动

材料二　1919 年 2 月《每周评论》刊登了一位青年作者的文章《新时代之根本思想》，文中写道：“我们要做千九百十九年以后的人，必不可不知道我们现在正在大漩涡之中，在大急滩之上，更不可不准备我们要做千九百十九年以后的人的要素……所谓社会的‘德谟克拉西’，就是扫除社会上贵族阶级，用一般民众，组成一个完全平等的社会团体。所谓经济的‘德谟克拉西’，就是废止资本主义的生产，用一般民众，造出大家是劳动者，大家作了大家用的一个平等的经济组织。”②

材料三　在 1919 年 5 月 4 日的游行示威中，爱国青年学生们打出

① 高化：《五四运动涌现出的历史人物》，载《党的建设》，1999(5)。

② 彭明：《五四运动史》，217 页，北京，人民出版社，2019。

"头可断，青岛不可失"、"勿作五分爱国心"等旗号，呐喊出"中国的土地可以征服而不可以断送"的壮烈之言，彰显出五四爱国青年众志成城、保家卫国、视死如归的英雄气概！五四爱国青年游行示威队伍途径所谓"国中之国"东交民巷受阻之时，热血沸腾的青年们发出义愤填膺之言："国犹未亡，自家土地已不许我通行，果至亡后，屈辱痛苦，又将如何?"①

材料四　商界看到青年学生的爱国举动后发出号召："吾等自有良心，君等于此酷日之下，步行数十里，大声疾呼，不避危险，吾等亦何忍坐视?"先进的上海工人阶级分析了自身所处的状况之后说道："我们都是穷人，但我们绝对不要我们的国家变成朝鲜第二，那里的一片景象是惨不忍睹的。我们当前所进行的运动，乃是世界史上一件最为惊人的运动。这是一个全民的运动，不是任何武力所能压制得了的。"②

教师可通过材料一和材料二让学生了解到该时期的青年已经具有忧国忧民的博大胸怀、改造旧世界的鸿鹄之志和建立新世界的伟大理想。教师可继续提出问题，比如，"青年学生在这次运动中担任什么样的角色?""这次运动的口号是什么?""口号又反映了青年学生什么样的心态和要求?"学生不难回答出青年学生担任先锋；"外争主权，内除国贼"的口号将矛头指向了帝国主义和封建军阀；口号反映出青年学生要求维护国家主权，收复国家领土的爱国精神，以及宁死也要斗争到底的不妥协、不怕牺牲的斗争精神。

五四运动分为前期和后期两个阶段，前期青年学生为主力，学生通过材料三可以感受到当时青年学生积极投身于这场伟大运动中的慷慨激昂的情绪和斗志。青年学生还利用报刊舆论建立各种社团，进行游行示威和罢课，为传播爱国主义思想作出了重大贡献，也激励了更多的爱国者投身于这场轰轰烈烈的运动中。受学生爱国运动的影响，五四运动的后期主力军为工人，运动的中心也从北京扩大到上海。学生通过材料四可以感受到群

① 中国社会科学院近代史研究所近代史资料编辑组：《五四爱国运动》，167页，北京，中国社会科学出版社，1979。

② 彭明：《五四运动史》，346页，北京，人民出版社，2019。

众性反帝爱国斗争的气势与力量，体会到工人阶级在这场运动中的高昂激扬的爱国精神，知道他们自觉罢工和举行游行示威，以及商人也在斗争中积极配合。

教师可以通过表格对比2个阶段的主要内容。

表9.2 五四运动的两个阶段

时间	前期（第一阶段）	后期（第二阶段）
中心	北京	上海
斗争形式	集会、游行、罢课	罢工、罢市
主力	学生	工人、商人

经过学生和工人等的斗争，北洋政府罢免曹汝霖等人的职务，释放被捕学生，中国代表也没有在巴黎和约上签字。教师要引导学生分析，虽然五四运动实现了“外争主权、内除国贼”的直接目标，但是并没有改变中国半殖民地半封建社会的性质，所以五四运动只是取得了初步胜利。

五四运动是一次彻底的反对帝国主义和封建主义的爱国运动。教师可以引导学生抓住三个关键词来进行思考。第一是爱国，教师要引导学生从五四运动的背景、口号方面去理解该运动。第二是反帝反封建，教师要引导学生从外争主权、内除国贼的目标方面去理解五四运动。第三是彻底，教师要引导学生从参与者不达目的誓不罢休、不妥协的精神方面去理解五四运动。在这次运动中，中国工人阶级开始登上历史舞台，发挥重大作用；一些初步具有马克思主义思想的知识分子和青年学生，在运动中起到了重要的作用；因此五四运动成为中国新民主主义革命的开端。

2. 难点解决

围绕如何理解五四运动是新民主主义的开端，教师可以引导学生从五个方面来分析。

第一，从世界角度看，五四运动发生在俄国十月革命之后，它与世界其他反帝反封建的革命联系在一起，成为世界无产阶级革命的一部分。

第二，从领导力量看，五四运动中，无产阶级第一次作为一支独立的政治力量走上中国政治舞台并成为领导阶级，在斗争中发挥重要作用，这从而划分了中国新旧民主主义革命的界限。

第三，从指导思想看，指导运动发展的已经不再是资产阶级的民主主义，而是无产阶级的马克思主义，五四运动后马克思主义成为新文化运动宣传的主流思想。

第四，从发展方向看，以往资产阶级的目标是建立资产阶级共和国，而无产阶级的目标是在马克思主义理论的指导下，建立无产阶级政权，进而实现社会主义和共产主义。

第五，从所起作用看，五四运动促进了马克思主义在中国的传播，推动了马克思主义与中国工人运动的结合，为中国共产党的成立在思想上和组织上作了准备。很多知识分子后来都成为中共早期领导人。

在学生理解了五四运动是新民主主义革命的开端的基础上，教师可以向学生提出问题："旧民主主义革命与新民主主义革命有何异同?"学生先讨论，教师再总结两者异同。

两者的相同点主要表现在以下3个方面。

第一，从社会性质看，两者都发生在半殖民地半封建社会。

第二，从革命任务看，两者都反对帝国主义侵略和本国封建统治。

第三，从革命性质看，两者都属于资产阶级民主革命的范畴。

两者的不同点体现在以下5个方面。

第一，领导力量：旧民主主义革命的领导者是资产阶级，新民主主义革命的领导者是无产阶级。

第二，指导思想：旧民主主义革命的指导思想是资产阶级思想，新民主主义革命的指导思想是马克思主义思想。

第三，革命前途：旧民主主义革命的前途是建立资产阶级民主共和国，新民主主义革命的目标是建立社会主义国家。

第四，革命基础和土地纲领：旧民主主义革命未能完全发动群众，土地问题不能得到彻底解决；新民主主义革命具有广泛的群众基础，并提出了彻底的土地革命纲领。

第五，结果不同：旧民主主义革命有胜利的一面，但最终果实被窃取，革命任务没有完成，社会性质没有发生改变；新民主主义革命的胜利成为社会主义的必要条件，社会主义是新民主主义革命的必然结果。

教师在教授五四运动的课程时，要突出情感教育和价值引领，帮助学生深刻领会五四运动的精神内涵，培养学生高尚的人格。五四精神是爱国、进步、民主、科学的伟大精神，其核心是伟大的爱国主义，它对当今社会仍然具有重要影响。

> 材料五　无产阶级决不放弃五四的宝贵的遗产。五四运动的遗产是什么？是对于封建残余的极端的痛恨，是对于帝国主义的反抗，是主张科学和民权。①
>
> 材料六　我盼望中国学生界，把这种精神光大起来，依人类自由的精神扑灭一切强权，使正义、人道，一天比一天地昌明于全世界。②
>
> 材料七　新时代中国青年要树立对马克思主义的信仰、对中国特色社会主义的信念、对中华民族伟大复兴中国梦的信心。③

材料五的信息对五四运动的精神文化的主要内涵作了较为全面的概括，指出了反帝反封建的爱国意志；材料六反映出中国共产党人较早提倡纪念五四运动，发扬爱国精神；材料七则是说明在当今社会我们在纪念五四精神时应该明白它不仅属于历史，更属于当代。我们要继承和发扬五四运动的精神，牢固树立为中华民族的伟大复兴而努力学习的信念，把个人的前途同国家民族的命运紧密结合起来，把个人奋斗与集体奋斗结合起来，追求爱国、进步、民主、科学。

第三节　世界史教材分析及示例

一、整体教材分析

统编九年级历史教材为世界史部分，分上下 2 册，包含世界古代史、世界近代史、世界现代史 3 个部分。教材内容既体现了历史从低级社会向高级社会发展的纵向规律，又展现了世界从孤立、分散的多个地区逐渐发展为

① 瞿秋白：《瞿秋白文集》第 7 卷，523 页，北京，人民出版社，1991。

② 李大钊：《李大钊全集》第 3 卷，292 页，北京，人民出版社，2006。

③ 习近平：《在纪念五四运动 100 周年大会上的讲话》，载《人民日报》，2019-05-01。

一个息息相关的整体的横向规律。

统编九年级历史教材上册一共分为7个单元。其中第一到第四单元属于世界古代史的范畴，讲述了从人类文明的诞生到封建社会的历史发展过程。这段历史中的世界相对孤立闭塞，东、西方文明诞生后沿着自身的脉络发展，呈现了各自鲜明的特色。随着经济、政治的发展，欧洲、亚洲和非洲逐渐进行了较多的交往。各种形式的交往，特别是和平交往对推动人类进步发挥了重要的作用。第五到第七单元属于世界近代史的范畴，时间从16世纪初到19世纪中叶。在这一历史阶段中，世界各地区前资本主义文明的相对孤立和相互隔绝状态，被日益发展的资本主义世界市场和血腥的殖民扩张所打破，人类逐渐步入相互联系、相互依存的阶段，进而真正意义上的世界历史产生了。

统编九年级历史教材下册一共分为6个单元。其中第一、第二单元属于世界近代史的范畴，时间跨度从19世纪初到19世纪末，这一阶段资本主义制度得到进一步发展；19世纪晚期，在第二次工业革命的推动下，各主要资本主义国家相继步入工业化强国行列，社会生活等方面发生了翻天覆地的变化。第三单元到第六单元属于世界现代史的范围，主要叙述20世纪初以来世界历史发展的基本进程。这段历史主要涉及两次世界大战的起因、经过、结果、影响，以及“冷战”结束后世界形成的新局面。

二、单元教材分析

（一）统编九年级历史教材上册

1. 古代亚非文明

本单元讲述了亚非古代文明的历史，包括第1课“古代埃及”、第2课“古代两河流域”、第3课“古代印度”。古代埃及的象形文字和金字塔、古代两河流域的楔形文字和《汉谟拉比法典》、古代中国的甲骨文和青铜器、古代印度的梵文和佛教等，都为世界文明的发展作出了杰出贡献。本单元重点是金字塔、《汉谟拉比法典》和等级制度、佛教的兴起，难点是埃及奴隶制军事帝国的兴衰、《汉谟拉比法典》的实质和等级制度的影响，以及佛教的教义。

2. 古代欧洲文明

本单元讲述了古代希腊、罗马的文明，包括第4课“希腊城邦和亚历山大帝国”、第5课“罗马城邦和罗马帝国”、第6课“希腊罗马古典文化”。从公元前8世纪开始，古希腊建立了城邦国家；以雅典为代表的古希腊城邦，通过一系列民主改革，建立了奴隶制民主政治。教材着重讲述伯里克利统治时期的雅典民主政治；在罗马文明部分讲述了罗马城邦，罗马共和国时代的政治、法制、斯巴达克起义，罗马帝国的兴衰；最后通过一课归纳古希腊和罗马在文化上的辉煌成就。单元重点是希腊奴隶制的高速发展、雅典民主政治、亚历山大的东征；罗马共和国成为地中海的霸主和罗马帝国的演变；《荷马史诗》、雕塑《掷铁饼者》、希腊神庙等文化成就。难点则为对雅典民主政治和亚历山大东征的评价、罗马成为地中海霸主的原因、对罗马和平发展时代的认识。

3. 封建时代的欧洲

本单元讲述了封建时代的欧洲的历史，包括第7课“基督教的兴起和法兰克王国”、第8课“西欧庄园”、第9课“中世纪城市和大学的兴起”、第10课“拜占庭帝国和《查士丁尼法典》”。西罗马帝国灭亡后，日耳曼人在西欧建立了法兰克王国等国家，确立了封建制度。王权与神权的并存局面出现，而后庄园经济开始出现并盛行起来。经济发展，城市兴起，大学也随之兴起，拜占庭帝国的灭亡标志着欧洲中世纪和封建时代结束。本单元重点为法兰克王国的相关史实、基督教兴起的背景、教权与王权的斗争、庄园经济的特点、庄园法庭的知识、城市自治、《查士丁尼法典》的相关内容。学习难点为对等级制度的认识与评价、对基督教的评价、庄园经济和庄园法庭的实质、城市发展所产生的影响、《查士丁尼法典》的实质、拜占庭帝国衰亡的原因与对外战争的影响。

4. 封建时代的亚洲国家

本单元讲述了封建时代的亚洲国家的历史，包括第11课“古代日本”、第12课“阿拉伯帝国”。本单元以日本和阿拉伯为代表，讲述了日本建立中央集权封建国家的历史，以及阿拉伯形成地跨欧亚非大帝国的过程和阿拉伯文化的影响。单元重点为大化改新的基本内容及其对日本的影响、伊斯兰教的创立和穆罕默德的主要活动。学习难点为大化改新和日本社会性质的变化、正确认识伊斯兰教在阿拉伯国家建立过程中的重要作用、阿拉伯人对世界文化作出的贡献。

5. 步向近代

本单元讲述了西欧步入近代的历史，包括第 13 课“西欧经济和社会的发展”、第 14 课“文艺复兴运动”、第 15 课“探寻新航路”、第 16 课“早期殖民掠夺”。本单元首先交代背景，即经济的发展使西欧出现了资本主义性质的生产关系，新兴的资产阶级要发展资本主义。接下来是文艺复兴运动、新航路的开辟、殖民扩张。单元重点是农业、手工业发生变化的表现和市民阶级形成的影响，以及文艺复兴及其代表人物。学习难点是农业、手工业发生变化所体现的生产关系的性质和市民阶级形成的影响、文艺复兴首先在意大利兴起的先决条件及其实质。

6. 资本主义制度的初步确立

本单元讲述了资本主义制度的初步确立，以及资本主义经济的发展最终导致了资产阶级革命，包括第 17 课“君主立宪制的英国”、第 18 课“美国的独立”、第 19 课“法国大革命和拿破仑帝国”。17、18 世纪，资产阶级革命的时代来临，标志性事件是英国资产阶级革命、北美独立战争、法国大革命。单元重点是英国资产阶级革命爆发的原因和历史意义、北美独立战争的背景和影响以及联邦制共和政体的确立。难点为英国资产阶级革命的曲折性和保守性、独立战争的性质，以及对美国的 1787 年宪法内容的理解和评价。

7. 工业革命和国际共产主义运动的兴起

本单元讲述了工业革命和国际共产主义运动兴起的历史，包括第 20 课“第一次工业革命”、第 21 课“马克思主义的诞生和国际共产主义运动的兴起”。工业革命改变了世界，同时也催生了新的社会矛盾。《共产党宣言》的发表标志着马克思主义的诞生，进而推动了国际工人运动和国际共产主义运动的发展。单元重点为瓦特与蒸汽机、马克思主义的诞生、巴黎公社的

《〈古代埃及〉教材分析》

成立。难点为工业革命的影响、马克思主义诞生的背景与影响、巴黎公社的主要历史意义。

（二）统编九年级历史教材下册

1. 殖民地人民的反抗和资本主义制度的扩展

本单元包括第1课“殖民地人民的反抗斗争”、第2课“俄国的改革”、第3课“美国内战”、第4课“日本明治维新”。19世纪，随着资本主义的进一步发展，世界形势变得更加纷繁复杂。一方面，欧洲国家的殖民扩张激起殖民地人民的普遍反抗，拉丁美洲、印度相继爆发了争取民族独立的武装起义；另一方面，19世纪中期，资本主义力量得到进一步增强，俄、美、日也走上了迅速发展资本主义的道路。单元重点为殖民地人民反抗殖民统治的原因、章西女王、玻利瓦尔、彼得一世改革、南北战争、日本明治维新的内容及作用。学习难点为殖民地人民反抗殖民统治的原因、俄国1861年改革的内容及影响、美国内战的起因及林肯在其中的作用、倒幕运动的原因。

2. 第二次工业革命和近代科学文化

本单元包括第5课“第二次工业革命”、第6课“工业化国家的社会变化”、第7课“近代科学与文化”。19世纪晚期，资本主义世界兴起了第二次工业革命，各主要资本主义国家相继步入工业化强国行列，近代科学文化蓬勃发展。单元重点是第二次工业革命的成就和影响、人口增长和大众教育、工业化进程的社会问题，以及近代科学家、文学巨匠、音乐美术大师及他们的成就。难点是垄断组织及垄断组织形成的影响、如何正确看待工业化、近代科学文化产生的背景及艺术鉴赏。

3. 第一次世界大战和战后初期的世界

本单元内容较多，包括第8课“第一次世界大战”、第9课“列宁与十月革命”、第10课“《凡尔赛条约》和《九国公约》”、第11课“苏联的社会主义建设”及第12课“亚非拉民族民主运动的高涨”。1914年，第一次世界大战爆发，对世界产生了深远影响。战后签署的《凡尔赛条约》和《九国公约》等一系列条约，暂时调整了战胜国在欧洲和东亚太平洋地区的关系，建立所谓的“凡尔赛—华盛顿体系”的国际新秩序。战争激化了亚洲殖民地半殖民地国家与宗主国之间的矛盾，战后新一轮的民族独立运动兴起。俄国在第一次世界大战期间爆发了十月革命，建立了世界上第一个无产阶级专政国家，开始了轰轰烈烈的社会主义建设。本单元课时内容较多，重点为三国同盟和三国协约、第一次世界大战的性质和影响、十月革命发生的原因及历史意义、巴黎和会与《凡尔赛条约》、华盛顿会议与《九国公约》，以及新经济政策、苏联的工业化和农业集体化、印度的非暴力不合作运动。难点为第一次世界大战爆发的原因和对第一次世界大战的评价、十月革命发生的原因、二月革命和十月革命的性质、凡尔赛-华盛顿体系的实质、对苏联模式的评价、非暴力不合作运动。

4. 经济大危机和第二次世界大战

本单元包括第 13 课“罗斯福新政”、第 14 课“法西斯国家的侵略扩张”、第 15 课“第二次世界大战”。1929 年，资本主义世界爆发了规模空前的经济大危机，各国政府不同的应对措施导致了不同的结果。美国依靠罗斯福新政渡过危机；而德国和日本却走上了侵略扩张的道路，并且先后建立起法西斯专政，并发动了第二次世界大战。单元重点是经济危机的特点和罗斯福新政的措施及影响、德日法西斯专政的建立与侵略扩张、欧亚两大战争策源地的形成、第二次世界大战的进程和影响。难点是经济危机爆发的原因、罗斯福新政的措施及影响、经济危机与法西斯政权建立的关系、第二次世界大战中反法西斯同盟胜利的原因。

5. 二战后的世界变化

本单元包括第 16 课“冷战”、第 17 课“二战后资本主义的新变化”、第 18 课“社会主义的发展与挫折”、第 19 课“亚非拉国家的新发展”。第二次世界大战后，世界形势发生了重大变化。一些资本主义国家相继调整统治政策，逐步实现经济复苏，并出现了新的变化。美苏两国之间开始长期的“冷战”；苏联和东欧国家的社会主义建设取得了很大成就，也遇到了不少挫折，改革遭遇失败。与此同时，亚非拉地区民族解放运动空前高涨，世界资本主义殖民体系逐渐崩溃。单元重点是美国推行“冷战”政策的表现、欧洲的联合、日本的崛起、苏联的改革和解体、非洲独立的进程和胜利的意义，以及拉美国家为维护国家主权而进行的斗争。难点是如何认识“冷战”的原因和两极格局形成的影响、欧洲和日本经济迅速发展的原因、对社会保障制度的评价、苏联解体的原因、万隆会议和万隆精神。

6. 走向和平发展的世界

本单元包括第20课“联合国与世界贸易组织”、第21课“冷战后的世界格局”、第22课“不断发展的现代社会”。第二次世界大战后，以联合国为代表的国际组织为维护世界和平、促进经济发展作出了重大贡献。“冷战”结束后，世界格局发生了新的变化。和平和发展仍然是时代主题，但局部动荡频繁发生，世界依然很不安宁。美苏两极格局被打破，世界朝着多极化方向发展，经济全球化深入发展。单元重点为联合国、世界贸易组织、霸权主义与地区冲突、世界多极化的发展、计算机网络与现代生活，以及生态与人口问题。学习难点为经济全球化的原因、多极化的原因、计算机网络的作用。

三、课时教材分析案例

案例3 日本明治维新

【课标要求】

知道明治维新的主要政策，理解明治维新在日本历史发展中的作用。

【内容分析】

本课为统编九年级历史教材下册第4课，主要讲述了3方面内容，即德川幕府的统治危机、明治维新的改革措施、明治维新对日本产生的巨大影响，实际上就是对明治维新的“前因后果”的详细阐述。

19世纪中期，日本社会矛盾重重，德川幕府无力解决危机。一部分中下级武士联合西南强藩和朝廷公卿，发动倒幕运动，推翻了德川幕府的统治。为了全面改造日本，新成立的明治政府实行改革，史称“明治维新”。明治维新推动日本走上了发展资本主义的道路，不仅使日本摆脱了沦为半殖民地的命运，还成功地使日本实现了从农业社会向工业社会的转变，避免了与其他亚非拉国家相同的命运，成为当时亚洲唯一的资本主义强国。

明治维新是日本历史上具有划时代意义的历史事件。19世纪中期，日本的自然经济开始解体，资本主义生产关系逐渐形成并得到发展，新贵族和资产阶级日益壮大，在商品经济的影响下，西南诸藩采取了改革措施，与幕府的离心倾向日益加剧；农民反抗幕府统治的斗争及中下级武士对幕府权威的挑战，都表明了幕府统治的危机。伴随“黑船事件”，日本在被卷入资本主义世界市场的同时，也面临着民族危机。在“尊王攘夷”的旗号下，倒幕运动兴起并最终取得了胜利。1868年，幕府统治终于被推翻，以天皇为首的明治政府建立，并且进行了一系列改革。明治政府根据欧美实现富强的经验，积极推行三大政策，即富国强兵、殖产兴业和文明开化。

明治维新使封建落后的日本走上了发展资本主义的道路，并通过对外掠夺的方式，加快了日本的经济近代化，使日本逐步发展成为亚洲资本主义强国。但是，这场变革基本上是上层的活动，倒幕运动提出的纲领和口号中也没有人权、自由、民主、平等之类的内容；民众在自上而下的改革中未能受到近代观念的熏陶，缺乏公民意识；所以明治维新没有彻底根除封建残余势力。随着经济军事实力的增强，日本还竭力推行军国主义，开始对亚洲邻国进行侵略扩张，成为新兴的帝国主义国家。[①]

【知识体系】

- 背景原因
  - 德川幕府锁国时代：幕府将军掌握实权；实行锁国政策
  - 倒幕运动：民族危机加深；社会矛盾激化；武装推翻幕府统治
- 日本明治维新
- 改革内容（实现了富国强兵）
  - 政治：废藩置县
  - 军事：征兵制
  - 经济：殖产兴业
  - 生活：文明开化

【学情分析】

九年级学生已经具备了一定的历史学习能力，他们乐于发表对事物的见解并渴望被肯定；教师应该因势利导，在教学活动中培养、提升其思维能力。

本课是世界近现代史的课程。日本明治维新的出现有着复杂的时代背景与历史条件，是本课的重难点，它包含国内的统治危机和外来的侵略两个方面。对于明治维新的内因，由于学生缺乏具体的感知，因此教师在教授这部分内容时应主要以讲解为主。至于对明治维新的外因的归纳，由于学生对闭关锁国已有一定认识，教师可以让学生自主探讨。

【重点难点】

教学重点：德川幕府的统治危机，明治维新的改革措施。

① 参见杨九诠、李铁安主编：《义务教育课程标准（2011年版）案例式解读：初中历史》，188～190页，北京，教育科学出版社，2012。

教学难点：明治维新的改革措施和影响。

【教学目标】

了解和掌握19世纪中期德川幕府的统治危机；了解明治维新的改革措施；掌握明治维新对日本产生的巨大影响。

搜集材料，分析归纳明治维新的改革措施及意义，培养分析历史问题的能力。

了解日本从闭关锁国到被迫打开国门，再到主动进行改革的转变，认识改革的必要性，知道只有改革开放、与时俱进，顺应历史发展的潮流，才是一个国家和民族振兴的希望所在。

【教学建议】

整体来看本课层次分明，但是对于初中生来讲，德川幕府、倒幕运动、殖产兴业等概念，还是较难理解的。所以，教师就需要采用适合的教学方法，进行恰当地引导，从而帮助学生更好地掌握知识、增强能力。

1. 导入设计

本课的导入方式有以下几种：

第一，对比导入：日本是中国一衣带水的邻邦。在历史的长河中，日本也同中国一样，遭受过西方列强的入侵，但和中国不同的是，日本避免了沦为殖民地、半殖民地的危机，获得了新生。日本如何渡过了危机，让我们今天一起来学习第4课“日本明治维新”。

第二，复习导入：日本在历史上曾借助两次成功的改革，实现了社会的跨越式发展。古代日本通过大化改新，向中国学习，完成了从奴隶社会向封建社会的过渡；近代日本借助明治维新，向西方学习，由封建社会走上了发展资本主义的道路。那么，明治维新是在怎样的背景下发生的？主要有哪些措施？对日本社会产生哪些影响？我们今天来一起探究。

第三，设疑导入：19世纪中期，日本和大多数亚洲国家一样，面临着沦为西方殖民地的危险。面对民族危机，日本采取了什么对策？为什么日本不但没有沦为殖民地，反而很快成为东方的资本主义强国？今天我们一起来探究。

第四，（视频导入：播放《大国崛起》第7集）大约在150年前，位于太平洋西岸的岛国日本，在西方殖民者坚船利炮的胁迫下，遭遇了巨大的生存危机。出人意料的是，它将此作为自己弃旧图新、迎头赶上的历史机遇，并最终使自己成为东方世界第一个摆脱西方大国的欺凌，并且顺利实现现代化的国家，成为唯一一个挤入帝国主义列强行列，靠侵略扩张在自己的国土外建立过殖民地的亚洲国家。日本究竟是如何通过明治维新摆脱西方大国的欺凌，成为唯一一个挤入帝国主义列强行列的亚洲国家的？今天我们一起来学习。

2. 重点突破

明治维新是19世纪中期日本社会发展的必然趋势，是各类矛盾发展的必然结果。学生通过对倒幕前日本内忧外患的社会背景及倒幕运动的初步学习，能说出明治维新的历史条件，并认识到日本明治维新发生的历史必然性。

针对“德川幕府与锁国时代”部分，教师在授课时，应主要介绍以下2点：第一，明治维新前，日本处于德川幕府的统治之下，天皇没有实权；第二，德川幕府推行锁国政策，阻碍了日本社会、经济的发展。教师可以通过展示材料，引导学生找出“内忧”和“外患”。本课学习的史料来源，除了教材中的图片信息，还可以涉及《明治维新史》、《日本近代史》、《日本简史》等相关资料。教师通过将史料与问题相结合的方式把日本社会情况真实展现在学生面前，学生通过感受、分析可以形成自己的认识。

教师引导学生阅读材料《日美神奈川条约》和《日美友好通商条约》，学生在此基础上根据所学知识分析，明确德川幕府统治时期出现的危机：政治方面，幕府等级森严，矛盾尖锐；经济方面，幕府封建统治阻碍了资本主义的发展；外交方面，闭关锁国政策使日本逐渐落后于世界发展的大趋势；日本的民族独立受到威胁，有沦为半殖民地的危险。

关于“倒幕运动”，教师在授课过程中，可带领学生分析德川幕府成为众矢之的的原因，例如，日本当时面临内忧外患，统治阶级内部发生分化。教材中的《明治维新前日本社会等级示意图》，说明德川幕府统治下的日本实行严格的身份等级制度。19世纪中期，日本的武士阶层出现分化，农民、城市贫民和下级武士的处境不断恶化，这是倒幕运动发生的重要原因。然后，教师通过阅读教材，引导学生说出倒幕运动的背景（日本政府的内忧外患）、倒幕力量的组成（部分中下级武士联合西南强藩和朝廷公卿）。接着，学生通过材料和所学知识总结倒幕运动的成果，最后引出“明治维新”。

3．难点解决

明治维新的改革措施可以分为两部分，即“除旧”和“布新”。“除旧”是扫清旧制度；“布新”包括鼓励发展资本主义，学习西方的科学、文化和生活方式，发展近代教育等内容。教师在讲述明治维新的影响时要重点指出，明治维新使日本走上了发展资本主义的道路，成为亚洲强国，但明治维新保留了大量旧制度的残余，因此日本强大起来后，很快走上了侵略扩张的道路。

教师提供明治天皇颁布的“五条誓文”材料，学生说出明治维新改革的目标(改革封建旧制度和积极向西方学习，建立近代化独立民族国家)；然后学生通过阅读材料以及教材，结合所学知识进行小组讨论并总结出明治维新的主要措施及意义：①政治上，废藩置县，实现中央集权(结束分裂，巩固新政权)；②军事上，实行征兵制，建立新式军队(壮大军事实力)；③经济上，推行地税改革，以“殖产兴业”为口号，大力发展近代经济(发展资本主义，增强经济实力)；④社会生活上，提倡“文明开化”，向西方学习，改造日本的教育、文化和生活方式(提高国民素质)。学生通过分析明治维新的改革措施，培养分析问题、从资料中提取与概括信息的能力。

对日本明治维新的评价，要从正反两个方面去理解改革的进步性和局限性，这样可以培养学生全面客观评价历史事件的能力。进步性方面：明治维新是一场资产阶级性质的改良运动，是日本历史的转折点，使日本走上了近代化的道路；它在经济上促进了社会经济结构的转变，使日本从农业国转变为先进的工业国，提高了日本的国力；它在政治上使日本确立了近代宪政体制，并成为亚洲第一个立宪国家，促进了日本政治体制的进步；它在社会文化上打破了传统文化和习俗的束缚，形成了日本的近代文化；它在军事上使日本建立了一支现代化的军队；它在外交上提高了日本的国际地位，解除不平等条约，使日本赢得了国家和民族的独立；它还为亚洲邻国的变法提供了经验和启示。局限性方面：明治维新保留了大量旧制度的残余，军国主义色彩浓厚，日本强大起来后，很快走上了对外侵略扩张的道路。

本章小结

统编初中历史教材在编排上有很多新意，教师要通过整合教学内容、优化知识结构、科学选取教学重难点等，落实基础知识，培育学生的历史核心素养。本章分别对七年级、八年级、九年级统编历史教材逐一进行了整体教材分析、单元教材分析，便于读者从宏观和微观上把握初中历史教材，每册教材还提供了一个课时教材分析案例，以便读者借鉴参考。

学习思考

1. 任选一本统编初中历史教材进行整体教材分析。
2. 任选一本统编初中历史教材进行单元教材分析。
3. 选择统编初中教材的1～3课，进行详细的课时教材分析。

拓展阅读

1. 方颖：《理解导向　把握特点　优化课堂——部编本初中历史教材使用建议》，载《福建基础教育研究》，2017(7)。

2. 周云华：《基于问题视角的历史思辨能力培养——以人教版初中历史七年级上册新教材为例》，载《教学月刊·中学版(教学参考)》，2017(Z2)。

3. 许伟：《部编版初中历史新教材的新变化及施教策略》，载《基础教育研究》，2017(21)。

4. 陈鹏：《统编历史教材的新变化及新对策——以〈中国历史〉七下为例》，载《教学月刊·中学版(教学参考)》，2017(10)。

5. 马维林：《统编三科教材教学案例(5)让历史火炬照亮青少年的美好未来——教师如何用好初中历史统编教材》，载《人民教育》，2017(24)。

6. 左泉：《统编〈中国历史〉八年级教材使用中应注意的几个问题》，载《贵州教育》，2018(13)。

7. 陈鹏：《上位与下位的演绎：基于史料的历史价值观教育——以统编教材〈中国历史〉八年级上册为例》，载《教学月刊·中学版(教学参考)》，2018(10)。

8. 刘静：《基于时空观念素养下的初中历史教学——以部编版九上教材为例》，载《中学历史教学》，2019(3)。

9. 吕维、张思思：《在初中历史教学中彰显"家国情怀"教育——以统编教材七下〈金与南宋的对峙〉教学为例》，载《江苏教育》，2019(67)。

10. 张文英：《初中历史统编教材施教策略》，载《贵州教育》，2019(15)。

11. 张禄佳、郑流爱：《国家认同：一种教材分析的视角——以统编初中历史教材〈秦统一中国〉一课为例》，载《历史教学问题》，2019(4)。

12. 俞静红、刘仲夏：《以"深度备课"推动"深度学习"——以统编历史教材七年级〈秦末农民大起义〉教学为例》，载《江苏教育》，2020(3)。

13. 李颖：《浅谈单元教学设计引导下初中历史教学策略——以统编教材〈北魏政治和北方民族大交融〉为例》，载《中学历史教学》，2020(2)。

14. 李明霞：《统编教材背景下初中历史主题学习的设计与实施——以"建设中国特色社会主义之中国梦"主题学习教学为例》，载《辽宁教育》，2020(9)。

15. 郑婵淇、薛国军：《基于项目学习的单元教学设计——以统编教材中国历史七年级上册第三单元为例》，载《中学历史教学》，2020(5)。

16. 任世江：《初中历史课程"点—线"解析(一)》，北京，北京师范大学出版社，2018。

17. 薛伟强：《基于学科核心素养的历史教学课例研究》，上海，华东师范大学出版社，2019。

18. 中华人民共和国教育部制定：《义务教育历史课程标准(2022 年版)》，北京，北京师范大学出版社，2022。

第十章　高中历史教材分析及示例

学习目标

1. 宏观认识与把握高中历史教材。
2. 能够对高中历史教材进行单元教材分析。
3. 能够对高中历史教材进行课时教材分析。

统编高中历史教材既有很多突出的优点，也带来明显的挑战。教师进行教学设计之前，需要从整体、模块、单元、单课等方面全面把握和深入分析教材，以便凝练大概念，整合教学内容，优化知识结构，确定重点难点，培育历史核心素养。

第一节　《中外历史纲要（上）》教材分析及示例

一、整体教材分析

《普通高中教科书·历史·必修·中外历史纲要（上）》为中国通史部分，一共分为10个单元。其中，第1～4单元为中国古代史，第5～8单元为中国近代史，第9～10单元为中国现代史。每单元下有数课，每课下又有数个子目。除正文之外，教材还包含单元导语、本课导入、学习聚焦、思考点、历史纵横、史料阅读、图表、学思之窗、问题探究、学习拓展等。

《普通高中教科书·历史·必修·中外历史纲要（上）》根据时序的发展和空间的联系设计单元内容，即将“点”“线”“面”相结合。教材主要反映了统一多民族国家的发展和巩固、争取民族解放和国家独立的斗争、中国共产党领导的革命斗争和建设中国特色社会主义的伟大实践、实现中华民族伟大复兴。具体包括：中华文明史；中国人民近代以来的斗争史；中国共产党在马克思主义指导下的奋斗史、中华人民共和国的发展史；改革开放的实践史。本教材以时代演进纵向贯通，以问题分析横向展开，探索了中国历史的大脉络、大趋势、大线索。

本教材具有总体容量偏大、新增教学内容多、内容涵盖面广、知识点密度大等特点，需要教师具有较高的学科素养，深入研究教材，合理整合教材。

二、单元教材分析

1. 从中华文明起源到秦汉统一多民族封建国家的建立与巩固

本单元包括 4 课内容，分别是第 1 课“中华文明的起源与早期国家”、第 2 课“诸侯纷争与变法运动”、第 3 课“统一多民族封建国家的初步建立”和第 4 课“西汉与东汉——统一多民族封建国家的巩固”。这四课涉及原始社会、夏商西周、春秋战国和秦汉时期，时间跨度较大，内容繁杂。本单元主要以“原始社会—奴隶制社会—封建国家”的纵向发展为线索。原始社会时期，中华文明多元一体，展现了自身发展道路的独特魅力；中国原始社会文化星罗棋布，先后经历了旧石器时代与新石器时代。夏、商、西周是中华文明和早期国家的形成与发展时期，也是奴隶制社会形成、发展与繁荣时期；春秋战国是政治、经济、文化大变动的时期，百家争鸣是这一变动的思想反映。秦汉是我国封建社会初步发展和中国历史上第一个封建大一统的时代，也是我国统一的多民族的封建专制主义中央集权国家的奠基时期。

2. 三国两晋南北朝的民族交融与隋唐统一多民族封建国家的发展

本单元包括 4 课内容，分别是第 5 课“三国两晋南北朝的政权更迭与民族交融”、第 6 课“从隋唐盛世到五代十国”、第 7 课“制度的变化与创新”和第 8 课“三国至隋唐的文化”，涉及三国两晋南北朝和隋唐到五代十国两个阶段。第 5 课和第 6 课主要讲三国两晋南北朝到隋唐的政权更替和政治统治；第 7 课和第 8 课主要讲魏晋至隋唐时期的制度创新和文化变迁。三国两晋南北朝时期，国家长期分裂战乱，西晋曾实现短暂的统一。中国北方少数民族内迁，促进了民族交融。北方长期战乱，北民南迁，为南方带来了大量劳动力和先进的生产技术与生产工具，加之南方社会相对安定，这促进了时人对江南地区的开发。5 世纪后期，北魏孝文帝改革，缓和了民族矛盾，为北方的统一和隋唐盛世打下了基础。隋唐作为统一王朝，国力强盛，疆域广阔，经济繁荣，民族往来和对外交往活跃，在制度上也有重要建树。隋唐文治武功成就，达到了中国历史上新的高峰，在当时世界范围内首屈一指。自唐朝中期的安史之乱起，中央对地方的控制严重削弱，最终出现五代十国的分裂局面。魏晋至隋唐时期，选官制度、中枢机构和赋役制度等不断发展创新；在文化方面，儒学不再像汉朝时期那样“一家独大”，社会上出现儒释道三教合一的趋势；科技发达，中外文化交流频繁。

3. 辽宋夏金多民族政权的并立与元朝的统一

本单元包括 4 课内容，分别是第 9 课“两宋的政治和军事”、第 10 课“辽夏金元的统治”、第 11 课“辽宋夏金元的经济与社会”和第 12 课“辽宋夏金元的文化”，包括以宋朝为主的辽宋夏金多政权并立及元朝 2 个阶段。第 9 课和第 10 课主要讲辽宋夏金元时期的政权更替和政治统治；第 11 课和第 12 课主要讲辽宋夏金元的经济、社会与文化。辽宋夏金元是继三国两晋南北朝之后又一个北方少数民族活跃时期，主要表现为北宋与辽、西夏的对峙，南宋与金、西夏的对峙以及元朝的统一。各政权制定不同特色的政治制度，如辽朝的南北面官制、北宋的“二府三司制”、金的猛安谋克制、元朝的行省制。辽宋夏金元的并立与统治，促进了民族交融与交流，统一多民族国家进一步发展。这一时期，农业、手工业和商业都非常发达。经济重心南移始于魏晋南北朝时期，唐末南方开始超过北方，两宋实现经济重心南移。在文化上，儒学复兴，社会上出现了以程颢、程颐、朱熹为代表的“理学”。宋元时期，科技发达，文学艺术适应经济发展和市民需求。

4. 明清中国版图的奠定与面临的挑战

本单元包括 3 课内容，分别是第 13 课“从明朝建立到清军入关”、第 14 课“清朝前中期的鼎盛与危机”和第 15 课“明至清中叶的经济与文化”，涉及明清两个朝代。第 13 课和第 14 课主要讲明清的政治统治，第 15 课主要讲明清的经济和文化。明清两代，专制集权空前强化。明太祖废丞相，权分六部；明成祖设内阁以备顾问，设东厂、锦衣卫等特务机构监察官民。清雍正设立军机处，使君主专制发展到顶峰。从明至清，中国的版图逐步拓展和巩固，最终奠定现代疆域的格局。明清时期，国家统一，社会安定。虽然商品经济发达，但重农抑商的政策和闭关锁国阻碍了中外经济文化的交流和资本主义萌芽的发展。这与新航路开辟后，欧洲开始进入资本主义社会形成了鲜明的对比。清后期政治腐败、军备废弛等，使中国逐渐步入落后挨打的近代。在文化上，明清时期出现了具有反叛色彩的思想，它们对打破人们的传统思想有一定的影响。

5. 晚清时期的内忧外患与救亡图存

本单元主要包括3课内容，分别是第16课“两次鸦片战争”、第17课“国家出路的探索与列强侵略的加剧”和第18课“挽救民族危亡的斗争”，主要围绕内忧外患和救亡图存这2个线索展开。中国近代史首先是一部列强侵华的血泪史，近代中国一步步沦为半殖民地半封建社会。两次鸦片战争使中国开始沦为半殖民地半封建社会，甲午战争和《马关条约》使中国半殖民地化程度大大加深，八国联军侵华战争和《辛丑条约》使中国完全沦为半殖民地半封建社会。中国近代史也是中国人民的抗争史和寻求救国救民道路的探索史，近代先进的中国人探索救国救民道路的大致历程如下：地主阶级的探索——林则徐、魏源开眼看世界；农民阶级的探索——太平天国运动；地主阶级的探索——洋务运动；资产阶级维新派的探索——戊戌变法；农民阶级的探索——义和团运动；地主阶级的探索——清末新政和预备立宪；资产阶级革命派的探索——辛亥革命。

6. 辛亥革命与中华民国的建立

本单元包括第19课“辛亥革命”和第20课“北洋军阀统治时期的政治、经济与文化”，主要围绕辛亥革命和北洋军阀的统治这两个线索展开。1901—1912年为辛亥革命时期，1912—1919年为北洋军阀统治时期。其中，1912—1916年为袁世凯统治时期，1916—1919年为军阀割据混战时期。政治上，帝国主义推行“以华制华”政策，由扶植“清政府”到扶植“袁世凯”再到扶植“各派军阀”。两大社会矛盾趋于合流，集中体现为广大人民群众同清政府和及之后的北洋军阀统治的矛盾。政治斗争的主题由实现“民主共和”到维护“民主共和”。经济上，民族资本主义经济进一步发展，出现了“短暂春天”，“实业救国”是主要经济思潮。思想文化上，出现了反封建的思想解放运动——新文化运动，它动摇了封建思想的统治地位，解放了人们的思想。新文化运动推动了马克思主义在中国的传播，为中国共产党的建立奠定了思想基础。

7. 中国共产党成立与新民主主义革命兴起

本单元包括第 21 课“五四运动与中国共产党的诞生”和第 22 课“南京国民政府的统治和中国共产党开辟革命新道路”，主要涉及中国共产党成立和新民主主义革命这两条线索。第 21 课体现了中国革命方向的新抉择，青年学生的抉择是五四爱国运动；先进知识分子的抉择是传播马克思主义、建立中国共产党；国共两党的共同抉择是建立统一战线、开展国民革命运动。第 22 课体现了中国革命道路的新探索，大革命失败使中国共产党认识到掌握革命武装和革命领导权的重要性。1927 年 8 月 1 日，南昌起义打响了武装反抗国民党反动派的第一枪。9 月，毛泽东提出了“工农武装割据”的思想，建立井冈山革命根据地。红军长征中的遵义会议确立了毛泽东为代表的马克思主义正确路线在党中央的领导地位，中国共产党从幼稚走向成熟。

8. 中华民族的抗日战争和民族解放战争

本单元包括第 23 课“从局部抗战到全面抗战”、第 24 课“全民族浴血奋战和抗日战争的胜利”和第 25 课“人民解放战争”，涉及抗日战争和解放战争。九一八事变成为中国人民抗日战争的起点，并揭开了世界反法西斯战争的序幕。七七事变成为中国全民族抗战的开端，中国由此开辟了世界反法西斯战争的东方主战场。中华民族抗日战争的胜利是中华民族由衰落走向重新振兴的转折点。这一时期社会主要矛盾变化如下：（国民革命时期）广大人民群众同北洋军阀的矛盾—（土地革命时期）广大人民群众同国民党反动派的矛盾—（抗日战争时期）中日民族矛盾—（解放战争时期）广大人民群众同国民党反动派的矛盾。其间国共两党的关系呈现出合作—对抗—再合作—再对抗的趋势。

9. 中华人民共和国成立和社会主义革命与建设

本单元主要包括第 26 课“中华人民共和国成立和向社会主义的过渡”和第 27 课“社会主义建设在探索中曲折发展”，主要涉及中华人民共和国的成立和社会主义建设。

1949至1956年，是社会主义过渡时期。1949年中华人民共和国成立，标志着半殖民地半封社会的结束，人民翻身成了主人，中华民族以崭新的姿态自立于世界。1950年夏，《中华人民共和国土地改革法》颁布，到1952年年底，土改任务基本完成。1953年，国家进行“三大改造”并制定一五计划。到1956年，社会主义改造的任务基本完成，这标志着社会主义经济制度的基本建立，中国进入社会主义社会时期。新中国的基本外交原则是独立自主的和平外交原则。

1956至1976年，是社会主义建设在曲折中探索的20年。1956年，党的八大正确分析了中国社会的主要矛盾。1958年，掀起了“大跃进”和人民公社化运动。1966—1976年是“文化大革命”时期，“文化大革命”给社会主义政治、经济、文化建设造成了严重破坏。20世纪70年代，中国在外交上打开了新局面。

10. 改革开放与社会主义现代化建设新时期

本单元包含第28课“中国特色社会主义道路的开辟与发展”和第29课“改革开放以来的巨大成就”，主要围绕中国特色社会主义和改革开放2个线索展开。1978年，真理标准问题被讨论，中共中央召开十一届三中全会，中国进入改革开放和社会主义现代化建设新时期。1980年，随着深圳等4个经济特区的建立，对外开放格局形成。1982年，中共十二大提出“建设有中国特色的社会主义”。1984年，中国开放14个沿海港口城市，城市经济体制改革启动。1987年，党的十三大提出社会主义初级阶段理论。1992年，党的十四大明确经济改革目标是建立社会主义市场经济体制。2000年，党的十五届五中全会提出“走出去”战略。2001年，中国加入世界贸易组织。2010年，中国成为世界第二大经济体。邓小平理论—“三个代表”重要思想—科学发展观—习近平新时代中国特色社会主义思想反映了中国特色社会主义理论体系的逐步发展和完善。改革开放以来，我国综合国力不断增强，国际影响力不断提升。

三、课时教材分析案例

案例 4　西汉与东汉——统一多民族封建国家的巩固

【课标要求】

学生通过了解汉朝削藩、开拓疆土、尊崇儒术等举措，认识统一多民族封建国家的建立及巩固在中国历史上的意义；通过了解汉代的社会矛盾和农民战争，认识两汉衰亡的原因。

【知识体系】

- 两汉的统治
  - 西汉
    - 初期发展
      - 黄老之学、休养生息
      - 郡国并行、王国问题
    - 中期强盛
      - 政治稳定、经济发展
      - 独尊儒术、开疆拓土
    - 末期衰落
      - 外戚干政
      - 土地兼并
  - 东汉
    - 光武中兴
      - 经济的恢复与发展
      - 重视儒学
    - 中期动荡
      - 外戚干政、宦官专权
      - 党锢之祸
    - 末期衰落——豪强割据

【学情分析】

统编初中历史教材的这部分内容的基础知识占用 5 课时，学生对相关知识有一定基础。但高中生要用 1 课时学完相关内容，且统编高中历史教材中有不少深化的内容，时间肯定比较紧张。学生在深入理解董仲舒的思想方面，会面临一定困难。在学生理解基础知识的基础上，教师应把教学重点放在对学生历史学科核心素养的培育方面。

【重点难点】

教学重点：汉武帝巩固统一多民族封建国家的措施和意义；汉代社会矛盾和农民起义及两汉的衰亡。

教学难点：董仲舒的思想。

【教学目标】

唯物史观：了解两汉衰亡的原因，认识人类历史发展的趋势。

时空观念：能够将汉朝削藩、开疆拓土、尊崇儒术等置于具体的时空条件下进行考察。

史料实证：能够从史料中提取有效信息，深入理解汉武帝巩固统一多民族封建国家的措施和意义

历史解释：学会从历史表象中发现问题，对两汉相关史事间的因果关系作出解释。

家国情怀：了解汉武帝的大一统措施，认识统一多民族封建国家的巩固在中国历史上的意义。

【教学建议】

1. 探究汉武帝“大一统”局面的形成

(1)了解“大一统”的内涵

汉武帝“大一统”的国家观包含4个方面：在主权统一方面，对内强调中央权威，对外反对入侵；在民族统一方面，主张民族统一；在疆域统一方面，维护疆域统一；在思想方面，主张统一思想。

(2)了解“大一统”举措及意义

实行大一统政策，加强中央集权。积极开拓疆域，加强中外联系，基本奠定中华疆域。

①实行内外朝制度、察举制、刺史制度、监察制度等制度，颁布“推恩令”。

②改革币制，将铸币权收归中央，实行盐铁官营，“均输平准”平抑物价，征收大商人、高利贷者的财产税。

③“罢黜百家，独尊儒术”，实行思想大一统。

④北伐匈奴，基本解除匈奴对汉的威胁；经营西域，设置河西四郡；经营西南夷，促进民族交融；开辟丝绸之路，加强中西方经济文化的交流。

2. 探究汉代治国思想的演变

(1)全面理解汉初的“黄老思想”

“黄”指黄帝，“老”指老子，黄老思想主要指汉初的统治思想，主要表现即“休养生息”。经过汉初60多年的休养生息，汉朝社会繁荣，国力日盛。

但是，社会中也潜伏着危机。

(2)全面认识汉武帝的“独尊儒术”

①背景：汉武帝时期，中央与地方藩王势力的矛盾越来越严重，统治者迫切需要一种新的思想来加强中央集权。

②提出：董仲舒融儒家思想、阴阳五行家思想、黄老之学和法家思想为一体。主张在政治方面实行“大一统”，强调君主权威，赋予君权以神权色彩。

③意义：儒家忠君守礼的思想成为大一统政权的精神支柱，儒学开始居于主导地位，并逐渐成为中国传统文化的主流思想。但其他学说并未被完全禁绝，尤其是法家思想，它同样被历代统治者所器重，“外儒内法、德主刑辅”之局面形成。

3. 探究两汉衰亡的原因

(1)从“历史解释”角度认识西汉衰亡的原因

西汉后期朝政腐败，政治黑暗，土地兼并剧烈，赋税徭役沉重，社会矛盾尖锐，农民纷纷起义。

(2)从“史料实证”角度认识外戚和宦官专权的影响

汉顺帝末年，京都流传一首童谣：“直如弦，死道边；曲如钩，反封侯。”这反映了当时外戚、宦官交替专权，任用亲信，排除异己，而正直官员受排挤的状况。

4. 探究汉承秦制

(1)了解“汉承秦制”

①汉朝承袭秦朝专制主义中央集权制度，如皇帝制度和三公九卿制。

②汉朝承袭秦朝的监察制，如设御史大夫。为加强对地方的控制，汉武帝实施刺史制度，令刺史监察郡国等的地方高官；东汉时刺史地位进一步提高，后成为地方长官，掌军政。

③汉朝承袭秦朝的郡县制。郡守、县令的任免权归皇帝。

④汉朝承袭秦朝的田租、户赋、徭役、兵役制，西汉在此基础上发展出编户制度，以加强对百姓的管理和控制。

(2)了解“有所损益”：

①秦朝赋税、兵役、徭役沉重，而汉初统治者采取“与民休息”政策。

②秦朝法律严酷，而汉文帝减轻刑罚，约法省禁。

③秦朝“焚书坑儒”，而西汉“罢黜百家，独尊儒术”，儒家思想逐渐成为封建社会的统治思想。

④秦朝施行郡县制，而汉初统治者施行了分封，出现了诸侯王国与郡县并存的体制，被称为“郡国并行制”。到汉武帝，解决了王国问题，汉朝实现了州、郡、县三级管理制度体系。

(3)了解汉承秦制的实质

汉承秦制的实质是专制主义中央集权的强化，是西汉统治者在吸取前朝灭亡教训的基础上，强化君主专制主义中央集权制度。

案例5　抗日战争

【课标要求】

了解日本军国主义的侵华罪行；了解正面战场和敌后战场的抗战，感悟中华民族英勇不屈的精神，认识中国共产党是全民族团结抗战的中流砥柱；认识中国战场是世界反法西斯战争的东方主战场，理解14年抗战胜利在中华民族伟大复兴中的历史意义。

【内容分析】

本专题包含《普通高中教科书·历史·必修·中外历史纲要(上)》第23课和第24课，包括3方面的主要内容：一是日军发动侵华战争后对中国制造的种种罪行，二是中华民族从局部抗战到全面抗战、全民族团结抗战的主要史实，三是中国抗战胜利对于国际、国内的伟大意义。

第23课按照日军侵华和中国社会各阶层的抗争两条线索展开阐述。从1931年九一八事变开始，日军发动局部侵华战争，中国东北抗日联军开始抵抗日军侵略，中华民族即走上了艰苦的抗战道路。发动侵华战争是日本的既定国策，这对学生理解中华民族建立抗日民族统一战线，进行全民族抗战具有重要意义。教材除在导言部分中介绍了1927年的“东方会议”外，并未对相关知识加以详述，教师需在教学中补充介绍。

随着日军的侵略不断地深入，1937年日军发动七七事变，其侵华范围上从局部侵华扩大为全面侵华，在军事、政治、经济、社会等各方面对中国人民犯下滔天罪行。面对着日益加剧的民族危机，国民党政权仍然坚持“攘外必先安内”的政策，助长了日军侵华的嚣张气焰，也削弱了中国的抗战力量。在这种情况下，中国共产党最早举起抗日民族统一战线的大旗，大力倡导国共第二次合作和全民族共同御敌。国内抗日救亡运动不断掀起高潮，1936 年的西安事变意味着国内民众对蒋介石政策的极度不满。西安事变的和平解决，成为扭转中国抗战局势的关键。十年内战结束，以国共合作为基础的全民族全国性抗战由此开始。教材配有东北人民抗日、日军侵华战争和制造种族屠杀以及西安事变的新闻报道的照片，还在历史纵横栏目中安排了有关《八一宣言》和“瓦窑堡会议”的相关叙述，这些内容对史实起到了补充说明作用，教师在教学中可充分利用这些内容。

第 24 课主要讲述了国共两党坚持抗战的基本史实。教材阐述了国民党组织的一系列大型会战，展现了国民党爱国将领在战争中的爱国热忱和英雄主义精神，肯定了国民党为全民族抗战作出的重大贡献。教材用较大篇幅突出体现了中国共产党在全民族抗战中的“中流砥柱”作用。共产党开辟敌后抗日根据地，开展游击战，不仅配合了正面战场的抗战，牵制了日军在华的大量兵力。同时，共产党提出全面抗战路线、持久战的战略思想，为抗战胜利提供了思想保障，在政治上起到引领作用。在抗战的相持阶段，国民党制造了一系列反共摩擦和矛盾，中国共产党始终坚持抗战、团结、进步，反对妥协、分裂、倒退，一面从政治上打退国民党的反共高潮，努力维护抗日民族统一战线；一面在敌后战场坚持抗战，不断巩固和扩大抗日民主根据地，进行根据地建设。八路军、新四军和根据地人民武装的壮大，为抗战的胜利提供了重要的条件；根据地的发展和壮大，为抗战的最终胜利奠定了重要基础。但是这些史实的相关叙述在教材中较为分散，教师需要在教学过程中补充大量史料，引导学生梳理并整合相关史实，帮助学生准确把握“中流砥柱”一词的内涵，并深刻理解中国共产党在全民族抗战中的突出贡献。教材中还安排了多幅地图，教师可充分利用抗日形势图，帮助学生梳理抗战相关史实，并形成时空观念。

1945 年，中国人民经过 14 年浴血奋战，终于取得了抗日战争的伟大胜利，这是中国近代史上第一次完全胜利的反侵略战争，大大增长了中国人民的民族自尊心、自信心，提高了中国的国际地位。中华民族的抗战，不仅是中华民族伟大复兴的转折点，也是世界反法西斯战争的重要组成部分。

【知识体系】

- 日军侵华
  - 原因：大陆政策，经济危机，国内、国际形势
  - 表现
    - 军事：九一八事变、一·二八事变、进犯长城沿线、华北事变、七七事变
    - 社会：南京大屠杀、“三光”政策、轰炸重庆、细菌战、“慰安妇”
    - 政治：以华制华，扶植伪政权
    - 经济：以战养战，野蛮经济掠夺
    - 思想：奴化教育
  - 影响：民族危机不断加剧，激发了中华民族誓死抗争的民族精神
- 中华民族抗战
  - 局部抗日
    - 1931 年九一八事变后，东北人民革命军抗战
    - 1932 年一·二八事变后，上海十九路军抗战
    - 1933 年，中国军队抵抗日军进犯长城沿线
    - 1935 年，中共发表“八一宣言”，召开瓦窑堡会议；一二·九运动
    - 1936 年，东北抗日联军；西安事变
  - 全面抗日
    - 政治：抗日民族统一战线的建立
    - 军事
      - 正面战场
        - 防御阶段：淞沪会战、平型关大捷、太原会战、徐州会战、武汉会战
        - 相持阶段：第三次长沙会战、中国远征军赴缅作战
        - 反攻阶段：1945 年 8 月解放区全面反攻
      - 敌后战场
        - 建立敌后抗日根据地，开展游击战
        - 1940 年百团大战
        - 1941 年“皖南事变”后，中共坚持抗战
    - 思想：1938 年，毛泽东发表《论持久战》
    - 经济文化——东部沿海工业内迁；华北华东高校内迁
- 抗战胜利
  - 概况：1945 年 8 月 15 日，日本宣布无条件投降；9 月 2 日，日本投降仪式
  - 意义：抗日战争的胜利是近代以来中国抗击外敌入侵所取得的第一次完全胜利，是中华民族伟大复兴的转折点；中国战场是世界反法西斯战争的东方主战场，为世界反法西斯战争的胜利作出巨大贡献。

【学情分析】

抗日战争史专题内容在统编初中历史教材中共占五课时，因此高中学生对九一八事变、西安事变、七七事变、南京大屠杀、正面战场和敌后战场的主要战役等基本史实已有较详尽的了解，这为他们学习高中历史知识

打下了一定的基础。统编高中历史教材的抗日战争史专题内容只占两课时，为避免与初中教学简单重复，教师应注意在初中知识的基础上有所拓展和提升，要使学生“进一步认识中国共产党在抗日战争中的中流砥柱作用以及进一步认识中国抗战在世界反法西斯战争中作为东方主战场的地位和作用”①，“使学生拓宽历史视野，强化历史思维，提高历史学科核心素养”②。

【重点难点】

重点：了解正面战场和敌后战场的抗战史实；认识中国共产党坚持抗战，积极促成、维护和坚持抗日民族统一战线的基本史实。

难点：理解中国共产党在全民族抗战中的中流砥柱地位，感悟中华民族在维护国家尊严和抵御外来侵略中表现出来的民族精神，理解14年抗战胜利对中华民族复兴的伟大意义。

【教学目标】

对中国的14年抗战形成基本时空概念，认识日本军国主义的侵略本质，了解全民族抗战的必要性。

了解正面战场和敌后战场的抗战史实，感悟中华民族英勇抗争的民族精神；初步形成证据意识，培养史料实证素养；认识中国共产党在全民族抗战中的突出贡献，培养历史解释素养。

理解抗战胜利对中华民族复兴的伟大意义，认识中国战场是世界反法西斯战争的东方主战场，培养民族精神，形成国际视野，涵养家国情怀。

【教学建议】

统编高中历史教材以高度浓缩的叙述方式，囊括了人类社会历史发展的基本进程。因此教师不可能按照传统教学思维，对史实进行详细梳理。为提高教学效率，更好地完成教学任务，教师必须对教材内容进行适当整合。

1. 围绕主旨、整合内容、构建框架

教学内容的选择和整合，要求教师深谙课程内容的真谛，把握课文内容的中心主旨，并围绕主旨，掌握历史现象之间的内在联系，构建融会贯

---

① 普通高中历史课程标准修订组：《普通高中历史课程标准(2017年版)解读》，82页，北京，高等教育出版社，2018。

② 普通高中历史课程标准修订组：《普通高中历史课程标准(2017年版)解读》，81页，北京，高等教育出版社，2018。

通的知识体系。教材第23课和第24课共7个子目中，有5个子目围绕中华民族的抗战展开，因此教学的重点是中华民族英勇抗战的史实。但这些史实并非课程的最终目的，其用意在于使学生真正理解和体会在抗日战争中全民族团结一致、共同抗敌的意义。教师如以此为教学主旨，就会顺理成章地生成3个主要教学内容：第一，为什么要全民族团结抗战？第二，怎样进行全民族团结抗战？第三，全民族团结抗战的结果如何？问题二是核心和重点；问题一介绍背景并作铺垫；前两个问题得以解决后，问题三自然迎刃而解，学生的历史认识由此得以提升。

本专题常用的导入方式是直接给学生呈现侵华日军在中国犯下的滔天罪行，如展示记录南京大屠杀的令人触目惊心的新闻照片、描述大屠杀中血腥场面的细节史料。这种导入方式能够给学生带来强烈的刺激和冲击，教师进而设问，如："你还知道日军在中国犯下的哪些侵略罪行?""日军为何要对中国发动侵略战争?"从而展开教学。对于教材提供的图片和史料，教师可加以充分利用，还可以补充博物馆展品、纪念馆展品、口述史等乡土史资源，拉近历史与现实的距离。

以小人物的际遇、某个历史细节引出大的时代背景是导入的另一种方式，比如展示夏淑琴一家在南京大屠杀中的遭遇、左权将军在抗战期间留给家人的十几封信等。教师可以以战争亲历者的命运起伏为缩影，展现抗日战争的全景；还可以采取倒叙手法，创设情境来跨越时空回溯抗日战争。教师无论采取哪一种导入方式，都应紧扣教学主旨。

目前，有关日军侵略罪行的史料相当丰富，教师可选取典型例子来着重阐发，主要突出日本军国主义凶残的侵略本质。从日军暴行的残忍程度来看，南京大屠杀、生化武器的试验与应用、"三光"作战、大轰炸等都属于反人类的种族灭绝行为。① 教师要引导学生通过列表梳理，认识到日本侵华的罪行涉及军事、政治、经济、社会和思想等多个领域，以及日寇企图全面灭亡中国。其中，对于思想上日军在占领区进行奴化教育，教材未曾涉及，教师可适当补充。教师还有必要补充有关中日军事实力对比的数据(见表10.1)，使学生直观地感受到中日之间实力悬殊，进而深刻理解国共

---

① [日]石田勇治：《日德两国种族屠杀研究之比较》，载《江海学刊》，2001(6)。

两党尽快停止内战、团结合作并且建立抗日民族统一战线的必要性。

表 10.1 "七七事变"前中日国力、军力对比简表①

项目		中国	日本
国力	工业总产值	13.6 亿美元	60 亿美元
	生铁产量	95.9 万吨(含东北)	239.7 万吨
	钢产量	55.6 万吨(含东北)	635 万吨
	石油产量	0.02 万吨	39.3 万吨
	现代工业在国民经济中所占比重	10%	80%
军力	总兵力	202.9 万人	60 余万人
	有训练的后备兵源	50 万人	409.7 万人
	军舰	66 艘	200 艘
	军舰总吨位	5.9 万吨	77.1 万吨
	飞机	600 架(作战飞机仅 305 架)	2625 架

教师对于"怎样团结抗战"的教学，关键在于以点面结合的方式全景展现全民族浴血抗战，使学生感悟中华民族英勇不屈的精神。这应该是第 24 课的第一个重点内容。首先要明确全民族团结抗战的具体内涵。教材"东方主战场"部分说"在抗日民族统一战线的旗帜下，中国各民族、各政党、各政治派别求同存异，共同抗敌。"连海外华侨也积极捐款捐物，回国参战。②这是面的全覆盖。教师如能补充相关典型的例子，如川军抗战、南侨机工等，则效果更佳。其次要明确国共合作抗战的具体战例，这是点的深入。毫无疑问，以国共联合为核心的抗日民族统一战线是全民族抗战的支柱，是中华民族能最终取得抗日战争胜利的重要保证。

其实，教材第 24 课所述平型关战役、忻口会战乃至太原会战都是国共合作抗战的典型，学界对此早有共识，教师可以补充一些史料。

① 军事科学院军事历史研究部：《中国抗日战争史》中卷，563 页，北京，解放军出版社，1994。

② 教育部组织编写：《普通高中教科书・历史・必修・中外历史纲要(上)》，143 页，北京，人民教育出版社，2019。

材料一　平型关战役由阎锡山、周恩来等为首的中国第二战区司令部统一部署，投入总兵力约10万人，八路军4个团共12000人参战，约为中国方面投入平型关会战总兵力的1/8，国民党军队主力负责正面阻敌，八路军第115师抄袭敌后。“(平型关战役)是在国共两党达成军事互信、战役上协同御侮、默契配合的情况下展开实施的”，共产党领导人“大力赞助阎锡山制定平型关作战方略，主动提出八路军用运动战、游击战来配合围歼日军的作战计划”。①

材料二　平型关大捷之后的忻口战役，“不仅有战役上的密切配合，而且有战斗上的紧密协同，还出现了共同制定作战计划，两党军队相互指挥的团结局面……是国共两党团结一致协同作战的典范”。②

平型关大捷属于太原会战中平型关战役的一个组成部分，平型关战役以及随后的忻口战役乃至整个太原会战都是国共协同作战的典型。事实上，自1937年8月中共中央将红军主力改编为国民革命军第八路军后，便陆续派遣八路军奔赴抗日前线，平型关战役是国共统一战线建立后中国方面对日的第一战。八路军全程参与了太原会战，主要承担侧翼配合的任务，始终与国民党军队密切协作。教师通过对史料的解读，可以加深学生对“全民族抗战”的准确理解，培养学生的史料实证素养。

关于“全民族抗战的结果”，教师主要讲述抗战的胜利，深入探讨抗战胜利对国内国际两个层面的意义并从中归纳出抗战胜利的主要原因。通过对上述“怎样进行全民族抗战”的深入分析，学生能够充分认识到以国共合作为核心的抗日民族统一战线下的全民族团结奋战是14年抗战取得胜利的根本原因，抗战的胜利是我国近代百年以来抗击外敌入侵所取得的第一次完全胜利，中华民族的民族凝聚力达到空前高度。教师可以提问：“为什么说抗战胜利是中华民族伟大复兴的转折点?”学生回答后，教师再进行补充，使之深刻理解民族团结对国家富强、民族复兴的重要意义。

---

①　马仲廉：《国共两党军队协同作战之典型一役——忻口战役之研究》，载《抗日战争研究》，1996(1)。

②　马仲廉：《国共两党军队协同作战之典型一役——忻口战役之研究》，载《抗日战争研究》，1996(1)。

把抗日战争放在世界史的坐标上来看，日本侵华是其称霸全球战略的一部分，中国的抗战从一开始就具有世界意义。作为第二次世界大战中亚洲地区最大的战场，中国战区的抗战拖住日本法西斯在其他战区进攻的步伐，不仅为英美盟军"先欧后亚"大战略的实施提供了有力支持，也为苏联从远东抽调兵力战胜德国、取得莫斯科保卫战的胜利解决了后顾之忧。另外，中国还是对日作战的基地，是同盟军进攻日本本土的桥梁，为同盟国共同抗击日寇提供了重要的军事保障。中国战场毫无疑问是世界反法西斯战争的东方主战场。教师可以把抗战史与第二次世界大战相关内容有机联系起来，以便从整体上理解和把握专题教学。在教师的引导下，学生得出认识——中国抗战不仅为中华民族的命运而战，也在为整个人类的命运而战。[①] "认识中国战场是世界反法西斯战争的东方主战场"是新课程标准在抗日战争专题教学中突出强调的教学内容，因此教师对学生的认知要求不能停留在浅表层面，而要进一步提升学生的历史认识，使之深入理解"东方主战场"的内涵，并认识到中华民族在世界历史发展中作出了重要贡献，从而更好地涵养家国情怀。

2. 衔接教学、深化认识、准确理解

统编初高中历史教材的抗日战争史部分有很多内容是重复的。想要解决好初高中教学衔接，达到新课标"既避免对初中内容简单重复，又避免教学内容脱节"的要求，教师就需要在充分了解初中生学识和素养的基础上，凸显高中教学的拓展和提升作用。初中阶段，学生了解了九一八事变、西安事变、七七事变、南京大屠杀等基本史实，认识了军国主义凶残的侵略本质，体会了中国军民在抗战中英勇不屈的精神。高中阶段学生就应在此基础上，拓宽历史视野，深化历史认识并提高思维能力。新课程标准突出了"认识中国共产党是全民族团结抗战的中流砥柱"，但是国民党作为当时中国执政党，从形式上领导和组织了全国抗战，进行了一系列重大的战役。如何理解在全民族团结抗战中中国共产党发挥中流砥柱的作用，是教学的难点。

---

① 普通高中历史课程标准修订组：《普通高中历史课程标准（2017年版）解读》，226页，北京，高等教育出版社，2018。

在正面战场和敌后战场的抗战史实教学中，教师要突出中国共产党在各方面、各阶段坚持斗争的表现，引导学生认识到中国共产党最早举起全民族抗战的大旗。1935 年 8 月，中国共产党发表《八一宣言》，呼吁“停止内战，一致抗日”；12 月，瓦窑堡会议确立了抗日民族统一战线的策略方针；同年中共领导广大民众发起“一二·九”运动，掀起全国抗日救亡的高潮，促进了中华民族的新觉醒。中共还以各种形式组建抗日统一战线。

材料三　首先与东北军、第十七路军等实现西北联合抗日，同时努力争取国民党当局和地方实力派联合抗日。到 1936 年 12 月前，中国共产党与晋、绥、察、冀、滇、桂、川、新、甘、陕等地方实力派初步建立联系。……西安事变发生后，中国共产党为和平解决西安事变做了大量卓有成效的工作。……1937 年 9 月，在中国共产党积极努力和推动下，以国共两党合作为基础，中国各族人民、各民主党派、各爱国军队、各阶层爱国人士以及海外华侨的抗日民族统一战线形成并发展起来。①

共产党领导的敌后游击战，不仅配合了正面战场的抗战，而且迫使日军将原先用于进攻的大量兵力转为防守，从而对停止日军的战略进攻、稳定全国战局，以及使抗战由战略防御阶段转入战略相持阶段起了重要的作用。

材料四　从 1937 年 9 月到 1938 年 10 月，八路军、新四军同日、伪军作战 1600 余次，毙伤俘敌 5.4 万余人，八路军发展到 15.6 万余人，新四军发展到 2.5 万人，敌后抗日根据地(包括游击区)总人口达 5000 万以上。②

---

① 中共中央党史研究室：《中国共产党是全民族抗战的中流砥柱》，载《人民日报》，2014-09-03。

② 中共中央党史研究室：《中国共产党历史》第 1 卷(下册)，508 页，北京，中共党史出版社，2011。

在抗战中，中国共产党积极倡导、促成、维护抗日民族统一战线，凝聚团结了中华民族的抗日力量以及以爱国主义为核心的民族精神。尤其是在抗战相持阶段，面对国民党不断萌生的反共企图和摩擦，共产党始终坚持团结合作，努力维护抗日民族统一战线。学生在初中阶段学习过皖南事变，教师可以让学生讲一讲它的经过，然后教师再讲述中共作出坚持团结抗战抉择的深明大义，让学生体会中共在全民族抗战中发挥的维系抗日民族统一战线的突出作用。

中国共产党在极其艰难的环境下，一面打退国民党的反共高潮，一面坚持着艰苦的敌后抗战。1941 年以后中共领导的敌后战场逐渐上升为抗日主战场，担负起抗击大部分侵华日军主力的作战任务。① 教师可以提供丰富的史料，呈现敌后战场在相持阶段进行的战役、歼敌人数、战斗成果等的数据资料，让学生直观地体会。

材料五　1940 年 8 月至 12 月，八路军发动“百团大战”，攻克日伪军据点 2993 个，破坏铁路 474 公里、公路 1502 公里，毙伤俘日伪军 4 万余人。此役给了日军以沉重打击，进一步坚定了全国军民持久抗战的信心，对于抑制国民党顽固派的投降危险，争取时局好转，都起了重要作用。②

材料六　1941 年至 1942 年，日军更加强调集中力量打击共产党，使用其侵华兵力的 70%左右约 40 余万人(不含东北)，对敌后各抗日根据地实施“扫荡”、“清乡”，两年间，日军对敌后解放区进行了数千人兵力的“扫荡”共 132 次，1 万人至 7 万人兵力的“扫荡”27 次……1943 年冬美英军在太平洋战场上对日军转入战略反攻时，敌后解放区战场还抗击侵华日军 58%的兵力，约 35 万人，同时抗击伪军 90%的兵力，约 73.5 万人。1945 年……侵华日军 69%和伪军 95%的兵力，仍为敌后解放区战场所抗击，而国民党正面战场所担负的不过是日军 31%和伪军 5%的兵力而已。……在全面抗战的 8 年中，中国共产党领导的人

① 步平、荣维木主编：《中华民族抗日战争全史》，258 页，北京，中国青年出版社，2010。

② 刘庭华：《论抗日敌后战场的历史地位》，载《求是》，2005(17)。

民军队和敌后解放区人民对日伪军作战共12.5万余次，歼灭日伪军170多万，八路军、新四军和华南抗日游击队也付出了很大的代价，伤亡近60万人。[①]

材料七 八路军、新四军等中共部队以及它所领导的民兵游击队，已经代替国民党军而成长为抗战的主力了。事实上，这一时期的国民党军几乎是退出了抗日战线而主要从事反共，同时还相继出现了投降者，因此，日军的作战完全以消灭解放区和“扫荡”共产军为目标了。[②]

材料八 蒋介石的权力只及于西南一隅，华中和华东仍被日本占领着。长江以北则连中央政府的影子也没有……假如我们让日本人立即放下他们的武器，并且向海边开去，那末整个中国就将会被共产党人拿过去。[③]

共产党坚持全面抗战路线、持久战的战略总方针，为抗战胜利提供了思想保障，在政治上起到了引领作用。此外，中国共产党创建的敌后民主政权，使八路军、新四军和人民武装力量迅速崛起壮大，并逐渐成为抗战的中坚力量，所有这些都为抗战胜利奠定了重要的基础和保障。

在提供丰富的图片、文字和视频资料的基础上，教师可组织学生课堂讨论“你认为中国共产党在全民族抗战中有哪些重要的贡献”等问题，鼓励学生大胆表达自己的看法，教师适时进行点拨，最终使学生深刻理解中国共产党是全民族抗战的“中流砥柱”的内涵。学生不能单纯从出兵数量、战斗规模等传统意义来衡量中国共产党在全民族抗战中的表现，而是要综合地从政治主张、战略思想、作战效率、守土为民的成果等角度来理解。“中流砥柱”一词，并非否定了国民党在抗战中的地位和作用，而是非常科学和理性地指出了中国共产党在抗日战争中的突出贡献。

新课程标准强调“深度学习”，即要在教学中引导学生对知识进入探讨，或把学生的思维“聚焦”，引向问题深处；或把学生的思维“发散”，使学生

① 刘庭华：《论抗日敌后战场的历史地位》，载《求是》，2005(17)。

② 日本历史学研究会：《太平洋战争史》第4卷，44页，北京，商务印书馆，1962。

③ [美]杜鲁门：《杜鲁门回忆录》第2卷，72页，上海，生活·读书·新知三联书店，1974。

多角度、多层次地分析问题，不断提升学生的思维能力。① 教师应引导学生对历史事物进行理性分析，完整、准确地把握历史概念，探求历史事物的本质，从而使之深化历史认识，提升历史思维。

统编高中历史教材的使用是对教师教学水平和智慧的极大考验。对于抗日战争史部分的教学，教师所面临的最大的困难在于既要照顾到具体史实，又要体现思维的深度和广度。新教材要求教师树立课程观，教材只是历史课程的主要载体，而并非唯一。教师可以立足大视野构建知识框架，选择教学重点内容和概念，重构教学内容，在拓展学生思维，深化学生的历史认识的同时落实对学生的历史学科核心素养的培养。

第二节 《中外历史纲要(下)》教材分析及示例

一、整体教材分析

《普通高中教科书·历史·必修·中外历史纲要(下)》一共分为 9 个单元，主要涉及由古至今的世界历史。课程设计者特别注重揭示世界历史发展的大趋势，这有助于学生理解唯物史观关于人类历史纵向发展与横向发展，以及它们之间相辅相成的辩证关系。纵向发展描述社会发展阶段，即我们通常所说的社会生产力的发展引起生产关系变化从而引起社会形态变化；横向发展描述人类从原始的相对孤立的分散的人群发展到今天全球密切联系的整体的过程，即世界历史的形成过程；纵向发展与横向发展相辅相成，共同推动历史前进。

二、单元教材分析

1. 古代文明的产生与发展

本单元设置两课内容，分别是第 1 课“文明的产生与早期发展”和第 2 课“古代世界的帝国与文明的交流”。单元内容的设计突出了纵横联系的特点。

---

① 普通高中历史课程标准修订组：《普通高中历史课程标准(2017 年版)解读》，193 页，北京，高等教育出版社，2018。

从纵向上看，本单元以时间为序介绍了世界各主要文明发源的历史，其中第 1 课叙述到公元前 10 世纪中后期，第 2 课主要叙述公元前 10 世纪中后期到 5 世纪左右的世界各主要文明的演进史。从横向上看，本单元突出了在生产力发展的影响下，区域文明间相互接触和交流的状况。学生通过学习本单元，可以了解各文明古国发展的不同特点，并分析、认识形成这些特点的不同时空条件；认识古代各大帝国的区域性影响和不同文明之间的早期联系。

2. 中古时期的世界

本单元包括 3 课内容，分别是第 3 课“中古时期的欧洲”、第 4 课“中古时期的亚洲”和第 5 课“古代非洲与美洲”。本单元突出了世界各地区文明发展的多样性特点，欧洲文明部分主要介绍西欧；亚洲文明部分突出了阿拉伯文明的影响；非洲文明受阿拉伯文明影响较深，而美洲文明相对独立。学生可以通过了解中古时期欧亚地区的不同国家、民族、宗教和社会变化，以及世界其他地区的社会状况，认识这一时期世界各区域文明发展的多元面貌。

3. 走向整体的世界

本单元包括第 6 课“全球航路的开辟”以及第 7 课“全球联系的初步建立与世界格局的演变”，二者具有明显的因果关系。第 6 课主要介绍新航路开辟的动因及过程，第 7 课主要介绍新航路开辟引发的种种世界性变化及其影响。本单元主要围绕新航路开辟带来的全球联系以及以此为契机出现的世界性变化展开。学生可以通过了解新航路开辟所引起的全球性流动、人类认识世界的视野和能力的改变，以及新航路开辟对世界各区域文明的不同影响，理解新航路开辟是人类历史从分散走向整体过程中的重要节点。学生通过学习大航海时代的历史，着重理解马克思主义唯物史观关于人类历史的横向发展与纵向发展之间的辩证关系，理解全球联系的建立，从而培养全局眼光和国际视野。

4. 资本主义制度的确立

本单元包括第 8 课“欧洲的思想解放运动”以及第 9 课“资产阶级革命与资本主义制度的确立”。欧洲的思想解放运动是资本主义萌芽和发展的产物，为新兴资产阶级利益服务，有利于资本主义的发展。西欧封建社会后期，资本主义开始萌芽，新兴资产阶级出现在历史舞台上。为了反抗封建专制统治和教会禁锢，14—18世纪，新兴资产阶级掀起了声势浩大的历时长久的思想解放运动，先后出现了文艺复兴、宗教改革和启蒙运动。与此同时，近代科学的兴起也极大地促进了思想解放。思想解放是社会变革的先导。17—19世纪，资产阶级在一些国家相继进行了不同规模、不同形式的社会革命和改革，打碎了封建秩序，实现了国家独立和统一，确立了资本主义制度。在这一历程中，英国、美国和法国走在前列。随着资本主义的扩展，俄国、日本、意大利和德国等也逐渐走上了资本主义道路。

5. 工业革命与马克思主义的诞生

本单元包括第10课"影响世界的工业革命"和第11课"马克思主义的诞生与传播"。工业革命促使工人阶级队伍迅速壮大，为马克思主义诞生奠定了阶级基础；工业革命在促进资本主义的发展的同时也凸显了资本主义的弊端，使得无产阶级和资产阶级的矛盾日益尖锐。工业革命极大地提高了社会生产力，但是资本主义制度带来的弊端引发人们的思考，空想社会主义产生，这为马克思主义诞生提供了理论条件。随着工业革命的进行，工人阶级与资产阶级的对立日益突出，工人运动蓬勃开展，工人需要先进理论作为指导，这促使马克思主义诞生。工业革命提高社会生产力，改变了人们的生产和生活方式，影响世界发展进程。工人运动和社会主义思潮兴起，马克思、恩格斯创立了科学社会主义，使无产阶级斗争有了强大的思想武器，无产阶级革命进入了新的发展阶段。

6. 世界殖民体系与亚非拉民族独立运动

本单元包括2课内容，分别是第12课"资本主义世界殖民体系的形成"和第13课"亚非拉民族独立运动"。欧洲殖民体系的建立过程是西方霸权主义主导下的资本主义全球体系的建立过程，西方在对世界其他地区的侵略扩张中，凭借其政治、经济、军事和文化的优势建立了近代殖民体系，进一步改变了世界面貌。亚非拉的民族独立运动是对殖民体系的积极抗争，也推动了各国和各地区的社会变革，是推动世界历史进一步发展的进步力量。学生应注意了解西方列强建立世界殖民体系的基本过程，以及亚非拉人民的抗争，理解殖民地半殖民地的民族独立运动对世界历史发展的重要影响。

7. 两次世界大战、十月革命与国际秩序的演变

本单元包括 4 课内容，分别是第 14 课“第一次世界大战与战后国际秩序”、第 15 课“十月革命的胜利与苏联的社会主义实践”、第 16 课“亚非拉民族民主运动的高涨”及第 17 课“第二次世界大战与战后国际秩序的形成”。本单元主要围绕两次世界大战展开。以战争与革命(包括十月革命、亚非拉斗争及中国革命)为主题，世界从战争走向和平，革命继续发展，国际秩序从无序走向有序，两种社会制度并存，资本主义世界殖民体系开始瓦解。学生应重点了解两次世界大战导致的国际秩序的重要变化，以及十月革命的世界性历史意义，理解两次大战之间的民族民主运动对国际秩序的影响。

8. 20 世纪下半叶世界的新变化

本单元包括 4 课内容，分别是第 18 课“冷战与国际格局的演变”、第 19 课“资本主义国家的新变化”、第 20 课“社会主义国家的发展与变化”、第 21 课“世界殖民体系的瓦解与新兴国家的发展”。本单元内容反映了 20 世纪下半期的历史发展主流与大趋势。“冷战”取代了“热战”，在和平环境中资本主义和社会主义都有发展与改革，非殖民化进程加快，世界走向和平与发展，国际格局从两极走向多极，经济全球化趋势加强。本单元的重点是了解第二次世界大战后世界发生的各种新变化，如资本主义、社会主义、发展中国家的变化，以及“冷战”的基本特征及其发生、发展与国际格局变化之间的相互关系。

9. 当代世界发展的特点与主要趋势

本单元包括 2 课内容，分别是第 22 课“世界多极化与经济全球化”及第 23 课“和平发展合作共赢的时代潮流”。本单元主要围绕当代世界发展的特点与主要趋势展开。当代世界发展的主要特点为“四化”：经济全球化、世界多极化、社会信息化和文化多样化。和平、发展、合作、共赢是时代潮流。与此同时，世界面临的不稳定性、不确定性突出，人类面临许多共同的挑战，这需要各国携手解决。中国倡导并坚持推动构建人类命运共同体，是中国对世界和平与发展、对全球治理体系改革和建设提供的中国方案、中国智慧和中国力量。

三、课时教材分析案例

案例 6　中古时期的欧洲

【课标要求】

了解中古时期欧洲地区的不同国家、民族、宗教和社会变化，认识这一时期世界各区域文明的多元面貌。

【学情分析】

本课要求学生掌握西欧封建制度的确立、基督教的传播与兴起、西欧城市的兴起等相关内容，初中历史教材对此已有所介绍，但其内容相对较简单，并且对很多关键问题没有进行深入分析，尤其是西欧封建等级制度、罗马教会和拜占庭帝国的兴衰。

初中历史教材强调对基础知识框架的掌握，内容较浅，范围较窄。教师需要创设情境，引导学生进行深度学习，培养学生的历史思维能力。

【知识体系】

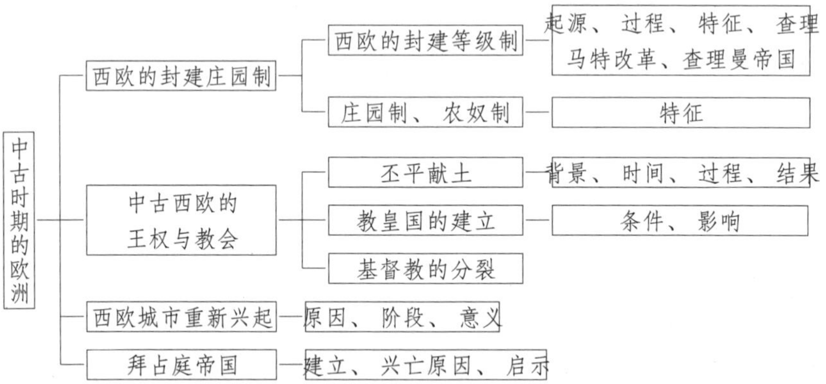

【重点难点】

教学重点：西欧封建等级制度的特点，宗教神权对西欧社会的影响。

教学难点：中古欧洲基督教文明成为西方文明主流。

【教学目标】

了解西欧封建等级制度及西欧城市兴起的时空定位。

运用唯物史观基本原理，分析拜占庭帝国衰落的原因。

通过史料研习，理解西欧封建等级制度的特点，理解西欧城市兴起的历史意义。

了解中古时期欧洲地区的不同国家、民族、宗教和社会变化，培养宽广的国际视野。

【教学建议】

第一，导入新课。相较于世界史，学生们对中国史更加熟悉。在世界历史上，中古史为5—14世纪时期的历史。教师可以让学生对中国分封制与西欧的封君封臣制进行对比，给学生3分钟时间阅读教材中的相关知识，并让学生思考中国分封制与西欧的封君封臣制有哪些区别。让学生带着对问题的思考进入新课的学习，这样既有利于他们复习旧知识也有利于他们对新知识的理解，即"顺向迁移"。

第二，本课内容对于学生而言相对生僻，教师需要充分运用图片、地图、史料等，同时结合教材创设历史情境，让学生感受历史发展的进程，深入理解历史事件的特征。

第三，教师在授课过程中要将重点讲细讲透，将难点深入浅出，使学生理解。

关于封君封臣制度，艾因哈德的《查理大帝传》中有一段史料："凭那份进款或那份地产……我就可以使得某个臣属效忠，而他也会像随便哪个主教或伯爵一样好，或者还要好些。"依据史料，学生能够较容易地分析出封君封臣制度的特点：一是土地是封君与封臣之间的纽带；二是封臣绝对效忠于封君。

学生容易将西欧封君封臣制与中国古代分封制进行类比，教师可以适当利用思维冲突来帮助学生进行问题探究。例如严复在翻译《原富》时曾用一段按语评价西欧封君封臣制："顾分土因而分民，于是乎有拂特之俗……用拂特之制，民往往知有主而不必知有王。故地大民众者，王力不足以御临之也。"教师可依据史料并结合西周分封制，引导学生分析封君封臣制度与西周分封制的不同之处：西周分封制和宗法制相结合，以血缘为纽带，各等级之间存在大宗与小宗的关系，它们共同形成拱卫王室的局面，这有利于统一；西欧封君封臣制度中的各级封建主只服从自己的上级封建主，与其他封建主没有依附关系，这不利于统一。

对于此消彼长的王权与教权关系，教师可以通过表格10.2引导学生对其进行比较。

表10.2　王权与教权的关系

时间	王权与教权关系	背　　景
5—11世纪	互相利用，互为依存	国王期望为自己的统治披上合法的外衣，强化王权；教会期望获得国家的大力支持，以发展和壮大自己的势力
11—13世纪	相互斗争，教权高于王权	教会权势膨胀，王权衰微
13世纪以后	相互斗争，王权上升，教权衰微	13世纪末叶，商品经济发展和市民阶层的支持，使王权得以加强

表10.2直观地展示出王权与教权演化的关系，但是这种演化关系的本质对学生而言却是难点。教师可以利用吕嘉《世界中世纪政治史》中的一段材料："封建割据制约了商业的发展，领主之间的私战导致了社会的不安定。因此，适应市场经济发展的趋势，消除封建割据，在政治上实现国家的统一，(必须)建立以王权为代表的中央集权的政府，是这一时期政治发展的重要内容。"结合这段材料，教师设置探究问题"依据材料指出王权与教权的发展趋势"，并让学生分析其原因。学生通过综合分析可以得出教权与王权关系的演化趋势，即教权由盛转衰，依附于世俗政权，王权逐步加强；并指出其历史原因则在于当时西欧商品经济的发展以及国家统一稳定的需要。

第四，针对本节课教学内容中的西欧城市部分，教师可以以"追逐自由的城市"为主题组织探究教学。

教师可以引导学生从"唯物史观"角度来认识城市复兴与自治的影响因素。英王亨利二世授予林肯城的特许状就曾规定："任何人在林肯城之居留期已达一年零一日，且已照章纳税……则予亦将准许彼等与过去一样，继续以市民身份居住于予之林肯城中。"学生依据史料可以分析推动城市复兴与自治的因素：生产力的提高和商品经济的发展；在经济利益的诱惑下，封建主以提供土地、政治庇护、直接参与市政管理的机会等形式推动城市复兴。

教师可以从“历史解释”角度来帮助理解城市复兴对西欧的历史意义。教师引用钱乘旦《现代文明的起源和演进》中的一段材料：“在一个庞大的封建农村社会旁边，就站起了一个弱小的市民社会，这个社会虽然弱小，却充满了生机，它是在封建社会主流体制外不断发展的，形成了新的价值标准，创造了新的文化。正是从这个体制外的力量中，孕育出早期的资本主义。”学生依据材料可以分析出城市复兴的历史意义：政治上，城市的兴起使欧洲出现了新的等级——市民阶级。城市与王权结盟，促使王权加强，而市民阶级参与政治，则促进了议会制度的出现；经济上，城市推动了商品经济的发展，促使旧制度瓦解，孕育了资本主义的萌芽；思想上，在西欧城市市民争取自治的过程中，自由、平等、民主、权利的意识逐步觉醒，追求自我价值、实现人性解放、谋求人生幸福等思想观念得以张扬；文化上，随着城市的出现，社会上产生了市民日常需要的世俗文化和世俗教育，它们为日后的文艺复兴和宗教改革作了准备。

第三节　《国家制度与社会治理》教材分析及示例

一、整体教材分析

本模块由 6 个单元组成，叙述国家制度和社会治理的相关内容，揭示人类政治生活的发展。国家统治依赖一系列制度建设活动，包括建立组织和制定规则。以权力分配、机构设置和运行为主的政治体制，规定了国家制度的基本框架。人事管理、法律、外交、财政都是国家制度不可或缺的重要组成部分，社会治理则是国家关注的重点。自古及今，西方各国的制度建设和社会治理经历了漫长而曲折的发展历程，积累了丰富的经验和深刻的教训，我们不能脱离特定社会政治条件和历史文化传统来对其进行抽象评判。学习这些内容，有助于学生认识国家治理体系和治理能力现代化的重要性。

二、单元教材分析

1. 政治体制

本单元分 4 课，分别是第 1 课“中国古代政治体制的形成与发展”、第 2 课“西方国家古代和近代政治制度的演变”、第 3 课“中国近代至当代政治制度的演变”、第 4 课“中国历代变法和改革”。东西方政治体制各有其漫长曲折的发展过程，由于各国国情不同，每个国家的政治体制往往有其独特性。不同国家和地区应当在坚持自身优秀传统的基础上，从社会实际状况出发，在制度建设上可以互相取长补短。

2. 官员的选拔与管理

本单元分 3 课，分别是第 5 课“中国古代官员的选拔与管理”、第 6 课“西方的文官制度”及第 7 课“近代以来中国的官员选拔与管理”。中国历史上的官员选拔与管理经历了不同阶段。西方近代文官制度有其自身的特点，它的建立有利于资本主义国家的管理，并对近现代中国公务员制度产生一定影响。中华人民共和国成立后，中国共产党坚持党管干部原则，并逐步建立与推行国家公务员制度。

3. 法律与教化

本单元分 3 课，分别是第 8 课“中国古代的法治与教化”、第 9 课“近代西方的法律与教化”、第 10 课“当代中国的法治与精神文明建设”。中国古代法律最早成文于春秋时期，确立于秦，成熟于隋唐，最终形成法律、礼教并用的中华法系。西方法律有其自身的制度渊源和演变路径，在罗马法的基础上，欧美国家分别发展出了英美法系与大陆法系。了解当代中国的法治建设和精神文明建设成就，有助于增强学生对当今中国法治建设与发展的自信心和责任感。

4. 民族关系与国家关系

本单元分 4 课，分别是第 11 课“中国古代的民族关系与对外交往”、第 12 课“近代西方民族国家与国际法的发展”、第 13 课“当代中国的民族政策”、第 14 课“当代中国的外交”。中国作为统一多民族国家的发展历程，充分表明民族团结、民族交融是中国历史的主流。伴随着世界范围内的民族大迁徙，近代西方民族国家逐渐形成，国际法也逐渐形成并成熟。教师应引导学生认识中国民族区域自治制度建立的内涵及历史意义，了解独立自主的和平外交政策的主要成就。

5. 货币与赋税制度

本单元分 2 课，分别是第 15 课“货币的使用与世界货币体系的形成”、第 16 课“中国赋税制度的演变”。中外历史上货币的演变以及货币体系的形成是一个漫长的过程，有其复杂的背景。中国古代赋税制度的演变有其特点。教师要引导学生认识关税、个人所得税制度的产生及其作用，并认识该制度在当时及以后的影响。

6. 基层治理与社会保障

本单元包含第 17 课“中国古代的户籍制度与社会治理”及第 18 课“世界主要国家的基层治理与社会保障”。中国古代的基层治理以户籍管理与基层组织构建为基础。西方国家传统的基层治理以庄园和城市为中心，近代以来强调基层自治。现代社会保障制度的产生及其运行保证了社会的稳定与发展，具有非常重要的意义。

三、课时教材分析案例

案例 7 近代以来中国的官员选拔与管理制度

【课标要求】

了解中国科举与西方近代文官制度的渊源关系，知道西方近代文官制度的特点，以及对近现代中国公务员制度的影响。

【内容分析】

本课为统编高中历史教材选择性必修一第二单元“官员的选拔与管理”第 7 课。官员的选拔与管理是国家制度的重要组成部分，社会形态不同、政治体制不同、国情不同，官员的选拔与管理的方式也不同。近代以来中国的官员选拔与管理经历了不同的阶段，在政治文明创新与建设方面取得了一定的成就，累积了一些经验。教材重点介绍了晚清选官制度的变革、民国时期的官员选拔制度、中华人民共和国的干部制度和公务员制度。

【知识体系】

- 近代以来中国的官员选拔与管理制度
  - 晚清选官制度的变革
    - 西学传播和洋务运动开展
    - 戊戌变法时期：加设经济特科
    - 清末新政时期
      - 废除科举
      - 选官制度改革
  - 中华民国时期的官员选拔制度
    - 南京临时政府时期
      - 孙中山的文官考试思想
      - 出台了一系列的法规草案
    - 北洋政府时期
      - 文官考试制度的建立
      - 铨叙局
      - 考试和甄别
    - 南京国民政府时期
      - 考试院
      - 考试法
      - 公务员制度的建立
  - 中华人民共和国的干部制度和公务员制度
    - 干部和公务员概念
    - 干部制度
      - 建国初期
      - “文化大革命”时期
      - 改革开放以后
    - 建立、推行公务员制度

【学情分析】

高二学生对于历史脉络已有整体印象，但官员的选拔与管理制度距离学生的生活世界比较遥远，他们在理解方面有不少困难。虽然统编高中历史教材必修中的戊戌维新运动、清末新政等相应知识内容为学生理解本课内容作了一些铺垫，但民国时期和中华人民共和国时期的选官制度都是新知识。教师可以选择典型史料，拓展学生史料解读能力，从而提高其分析问题和解决问题的能力。在教学上，教师可以采用灵活多样的教学方式，激发学生主动参与历史学习的兴趣，鼓励学生自主探索历史知识。

【重点难点】

重点：中华人民共和国的干部制度和公务员制度。

难点：理解近代不同时期政府官员选拔与管理的背景及公务员制度的演变，尤其是民国时期的官员选拔制度、中华人民共和国的干部制度和公务员制度。

【教学目标】

按时间顺序梳理近代以来中国的官员选拔与管理制度的变革，了解不同时期政府在官员选拔与管理上采取的相应措施。(时空观念)

拓展研读史料，分析近代以来官员选拔与管理的制度变迁，采取比较分析方法理解中国近代政治文明演进的特点，客观分析不同时期制度生成的历史渊源与影响，辩证客观地理解制度变化，并揭示其背后深层次的原因。(唯物史观、史料实证)

了解近代中国文官制度和新中国公务员制度建立的过程，知道古代选官制度以及西方文官制度对近代中国的影响，认识到优秀文明成果的交互作用，认知和认同中国社会主义制度创新与制度自信。(家国情怀)

【教学建议】

1. 晚清选官制度

教师在讲授本课时可以用一个近代科举士子的命运进行导课，比如刘大鹏[参见关晓红:《科举停废与近代乡村士子——以刘大鹏、朱峙三日记为视角的比较考察》，载《历史研究》，2005(5)]。

教师也可以用教材的序言部分进行导入。序言部分讲述了学部的设立及其历史意义，还插入了《学部官报》书影，该官报是学部的机关报，即清末教育系统的行政公报，内容包括谕旨、奏章及文牍等方面。1912 年南京临时政府成立后即设立教育部。再往前追溯，即是清末统管全国教育的行政部门学部的设立。清末停废科举、设立学部这一系列的举措意味着什么？为何要废除延续上千年的科举制度？晚清选官用人制度发生了怎样的变化？对于这些设问，教师可以让学生自由讨论，也可以让学生阅读选自《立停科举推广学校折》的史料，让学生通过研读节选的内容来了解清末时期统治者已意识到科举制的弊端和建立新学校的趋势。

晚清选官制度的变革这一部分内容以时间为序，层层递进，讲述了晚清选官制度的变化过程。但是对于这一部分，教师依然有不少需要深入讲解的地方。

首先，晚清时期具有深厚传统的科举制度受到了很大的冲击。为帮助学生完整理解这个知识点，教师需要补充相应背景知识。

第一，鸦片战争爆发后，近代中国被迫卷入世界资本主义市场，加快融入世界经济全球化的过程，中国自然经济逐渐解体，进行商战、提倡实业救国成为时代呼声。随着社会变革及经济基础的变化，以科举制度为核心的选官制度难以满足时代要求。

第二，晚清政府领导集团在甲午战败以及庚子之变后，对变法图存的必要性和紧迫性也有所认识，洋务运动期间曾派遣留学生出国学习，清末新政时期派出大臣出洋进行学习考察。这些为选官制度的变革提供了效法经验。

第三，传统科举制弊端日益显露。

材料一　夫近代官人，皆由科举……邑聚千数百童生，擢十数人为生员；省聚万数千生员，而拔百数十人为举人；天下聚数千人举人，而拔百数人为进士；复于百数进士，而拔数十人入翰林。此其选之精也。然内政外交，治兵理财，无一能举者，则以科举之试以诗文楷法取士，学非所用，用非所学故也。①

材料二　科举为抡才大典，我朝沿用前明旧制……乃行之二百余年，流弊日深，士子但视为弋取科名之具，剿袭庸滥，于经史大义无所发明。急宜讲求实学，挽回积习。况近各国通商，智巧日辟，尤贵博通中外，储为有用之材，所有各项考试不得不因时变通，以资造就。②

从这两则史料，我们不难看出全国数百万童生，仍以“诗文楷法”考选，科举制度的选拔方法不仅制约学子们的创造性，而且培养出来的人才也难以适应新时代的要求。晚清政府已意识到科举制度的弊病日益显露，在内外交困的形势下，选拔人才的方式也必须因时而变。

其次，科举制度的废除是一个渐进发展的过程。早在鸦片战争时期，两广总督祁贡就曾提出变革科举考试的内容，梁启超、张之洞、刘坤一、袁世凯等人相继提出变革科举的主张，可见废除科举制度是历史的选择。

① （清）梁启超等：《公车上书请变通科举折》。

② 《中华大典》工作委员会、《中华大典》编纂委员会：《中华大典·理化典·中西会通分典》，74页，济南，山东教育出版社，2018。

课文讲述了科举制度废除之后，清政府采用学堂选官制度和留学毕业生选官制度作为选拔官员的主要方式，教师需要强调的是“主要”2个字，因为晚清还沿袭其他旧有的选官途径，如捐纳。虽然1901年清政府诏谕停止捐纳实官，但实际上捐纳继续存在并影响着晚清的官员选拔。

最后，教材正文未提及晚清选官制度变革带来的影响，教师可以补充相应的知识，比如学堂教育开始有所发展；新式知识分子群体开始生成并有所壮大，这些新式知识分子在一定程度上影响了清末民国的政局演变。另外，科举制度的废除虽然符合历史发展的大趋势，但给当时的社会也带来了极大的影响，比如科举废除后，科举士子失去了原有晋升的途径，维系传统社会秩序和支撑官僚系统的制度根基崩解。教师对于这一部分深化讲解，实际上也是为学生对文末“学习拓展”理解作铺垫。

2. 民国时期的官员选拔制度

(1)孙中山文官考试制度的构想与文官考试委员会

旧的科举制度废除，新的选官制度尚未成熟，孙中山从中国实情出发，结合中国旧有的选官制度和西方文官制度，构想文官考试思想。孙中山认为应在五权宪法框架之中，在国家层面设置考试院，由它主管文官的选拔、任用和考绩。考试权独立是文官考试思想的核心；为国举才、德才兼备是文官考试思想的理念；考试、选举和委任制度是选拔文官的主要途径。

南京临时政府成立后，颁布了有关文官考试的法律法规，设置文官考试委员会，这一时期属于文官考试思想的初期实施阶段。孙中山开始与相关部门制定考试的法律法规，使选官有了明确的依据，选官开始走向制度化，这体现了为国举才、选取德才兼备的文官的理念。当然，组织文官考试，必须由专门的机构负责，文官考试委员会就是负责文官考试的专门的组织机构，这是后来考试院的前身。

(2)北洋政府时期的铨叙局与文官考试制度的正式建立

这一时期文官考试制度有了一定的发展，体系较为完善，包括负责考试的管理机构、文官考试制度的建立与推行，尤为重要的是考试与甄别的制度化。该时期是文官考试制度的重要建设阶段。

①选拔官员的专门机构——铨叙局

铨叙局的职责大致相当于古代的吏部，铨叙局在南京临时政府时已设置，其后经过几次变化。铨叙局直属国务院，后来一度改属总统府政事堂。铨叙局掌管文官任免、文官考试、恩给和抚恤、荣典授予、文官考绩与奖惩、文官升转等方面。此外，仅存在几年的考绩司，隶属于内务部，主要负责地方文官的有关事宜。考绩司的职能涉及地方行政官的任用、叙等晋级、褒奖恤赏、惩戒，以及土司承袭事项。

②文官考试制度建立的标志——《典试委员会编制法草案》、《文官考试法草案》

《典试委员会编制法草案》规定，设置掌管文官考试的典试委员会，不过它不是常设机构，每次考试前临时组成，考试结束后即行解散。典试委员会分为高等典试委员会、中央普通典试委员会、地方普通典试委员会 3 种。各典试委员会由委员长、主试委员、监试委员组成。委员长监督委员工作，管理一切事务；主试委员受委员长的监督，管理考试事务；监试委员受委员长的监督，管理监试事宜。《文官考试法草案》则主要对考试资格、考试种类、考试科目等作了严格的要求，使考试更加规范、制度化，考试主要分为两类，即文官高等考试和文官普通考试 2 种。

③甄别与甄用

教师在这里需要向学生解释清楚"甄别"与"甄用"的不同。"甄别"是指对已经在文官职位上工作的人，通过检验毕业文凭、调查经历、检查工作成绩等决定其能否留任。"甄用"是指不经过文官考试，而以保荐的方法任用官吏。北洋政府通过这种方式管理官员在一定程度上保持了行政的连续性与稳定性，但也催生出了官员徇私枉法、营私舞弊的弊端，官场上任人唯亲变得公开化、合法化。

(3)南京国民政府时期的考试院与公务员制度的建立

这一时期，文官考试制度更为健全，包括《考试法》及相关法规的颁布、考试院的设置与沿革以及公务员制度的推行。考试院的正式建立标志着考试权真正独立。该时期是文官考试制度的成熟阶段。

(1)考试院的设置与考试法的颁布

考试院作为南京国民政府最高考试机关，与行政院、立法院、司法院、监察院同属于五院制的一个平级部门。1930 年 1 月，考试院正式成立，其基本部门有 2 个：其一为考选委员会，类似于古代的礼部，掌管文官的录取；其二为铨叙部，类似于古代的吏部，负责文官的任免、考核、甄别、升迁、抚恤等事项。除此之外，考试院还有一个临时机构——典试委员会，它掌管考试日程的排定、命题标准及评分标准的决定、拟题及阅卷的分配、应考人各试成绩的审查决定等事项。所有公务员均须依法律，经考试院考选、铨叙，方得任用。

1929年8月，南京国民政府公布第一部《考试法》，这是文官考试制度的最基本法规。内容包括：规定考试资格，如积极的考试资格、消极的考试资格；考试种类，如普通考试、高等考试、特等考试；考试科目、时间、地点、人员安排等。

材料三　1928年10月3日，国民党中央执行委员会政治会议第157次会议通过《中华民国国民政府组织法》，列考试院为第5章，规定了考试院之职能。这是南京国民政府决定实践孙中山先生“考试权”的开始。1928年10月20日，国民政府公布《考试院组织法》。1929年8月1日，推行文官考试制度的最基本的法律《考试法》公布，同时被公布的还有《考选委员会组织法》。①

通过这则史料，我们可以看出南京国民政府以法律条文的形式将孙中山关于文官考试的主张确立下来，使得该时期的文官制度得以完善。尽管其制度规定严密，但在实施过程中任用私人的现象始终无法禁绝。各类公务员考试对应考者是否必须有国民党党籍并未作出明确规定，这表现出一种吸纳人才、开放行政的姿态。然而在国民党“党国”体制下，考试机制中各类考试必考党义课目的规定，导致党员或多或少会受到特殊照顾。

(2)公务员制度的建立

南京国民政府成立初期，官吏、公务员、公务人员、文官等概念的使用较为混乱。1928年3月，《中华民国刑法》首次使用“公务员”这一概念。翌年10月，南京国民政府公布《公务员任用条例》，1933年《公务员任用法》的颁布则标志着公务员制度的建立。该法对于公务员的任用、公务员的考

① 孔庆泰等：《国民党政府政治制度史》，合肥，安徽人民出版社，1998年，第245～246页。

绩、公务员的奖惩、公务员的培训、公务员的薪俸、公务员的服务与保障等都作了严格的规定。

总体来说，民国时期的官员选拔体现了新的人事制度建设的不断完善，其间政权虽多次更迭，但选官制度的变革代表着历史发展的方向。

3. 新中国干部制度与公务员制度

教材中的中华人民共和国的干部制度与公务员制度部分，分别讲述了中华人民共和国成立之后建立的干部制度、改革开放后初步建立的干部管理制度、公务员制度的建立与推行、近年来公务员制度的发展情况。针对这部分内容，教师需要重点讲解干部与公务员概念，帮助学生在理解概念的过程中把握干部制度的发展演变、党管干部原则以及公务员制度。

(1)干部与公务员概念

“干部”属于外来词。欧美国家的“干部”一词多指军队中的骨干。苏联把“干部”界定为，根据任命、选举或其他法定程序在国家组织中任职，享有相应职权，受国家委托为国家完成任务并取得劳务报酬的公民。在我国，毛泽东较早在新民主主义革命时期提出“干部”是“领导者”、“群众领袖”。《中国共产党章程》提出干部是党的事业的骨干，是人民的公仆。我们现在所说的“干部”、“国家干部”，泛指处于管理国家公共事务岗位上的工作者。

“公务员”也是外来词。欧美国家的公务员制度是资本主义政治、经济和社会发展的直接产物。各国公务员概念的外延不尽一致，小的仅限执行国家政策的人员，大的则将从中央到地方的所有公职人员统称为公务员。在我国，公务员是指在各级政府机关中，行使国家行政职权、执行国家公务的人员。2005年，全国人大常务委员会通过《中华人民共和国公务员法》，法律界定的公务员，是指依法履行公职、纳入国家行政编制，由国家财政负担工资福利的工作人员。

(2)中华人民共和国干部制度的演变

中华人民共和国成立后，沿用新民主主义革命时期的管理体制，所有干部都由中共中央及各级党委组织部门统一管理。同时，国家在政务院及内务部等单位设立人事机构，协助中共中央组织部管理政府机关及有关系统的干部。党管干部的原则是和党的建立相伴而生的，中华人民共和国成立后，党管干部的原则体现党的执政地位，是干部工作的根本原则，是党的领导在干部工作中的重要体现。

“文化大革命”时期，干部制度经历了曲折发展的阶段。总体来说，该时期党的干部政策是一条偏“左”的路线，标准也是因时而异。

改革开放以来，干部制度进入改革和完善阶段，国家在干部选拔、任用、考核、奖惩、离休、退休等方面都进行了一系列改革。这首先体现为干部制度的恢复和初步改革，主要包括落实干部政策，逐步恢复干部选拔制度；废除领导职务终身制，实施干部离退休制度；大力选拔中青年干部。其次干部改革制度建设进入突破阶段，包括正式建立国家公务员制度、公开选拔领导干部；人事制度改革进入全面规划的新阶段。2018 年 12 月 29 日，第十三届全国人民代表大会常务委员会第七次会议审议通过了《中华人民共和国公务员法(修订草案)》。新修订的《中华人民共和国公务员法》于 2019 年 6 月 1 日起正式实施。

教材设置一处思考点，即“为什么在干部人事制度改革中，要建立国家公务员制度?”对于这一思考点，教师可以组织学生讨论，帮助学生认识国家公务员制度所具有的非常重要的现实意义。

《中华人民共和国公务员法》总则

第四节　《经济与社会生活》教材分析及示例

一、整体教材分析

本模块由 6 个单元组成，从经济与社会生活的角度，揭示人类社会的发展，有助于学生充分认识生产方式的变革对人类社会发展所具有的革命性意义。

在人类社会发展进程中，劳作与经济活动是人们赖以生存和发展的基础。了解自古以来中外不同人群的生产活动、经济活动和日常生活方式的变迁，将有利于学生认识经济与社会、经济与生活的互动关系，深化学生对人类社会发展历程的认识。

教师在教学过程中需要引导学生从历史发展的多个角度对人类经济发展与社会生活进行考察，以不同的特殊的领域作为考察的视角，深入了解经济与社会生活不断发展变化的历史轨迹。

二、单元教材分析

1. 食物生产与社会生活

本单元分 3 课，分别是第 1 课“从食物采集到食物生产”、第 2 课“新航路开辟后的食物物种交流”、第 3 课“现代食物的生产、储备与食品安全”。伴随着人类由食物采集者向食物生产者的演进过程，人类开始定居生活，人类早期文明产生；新航路开辟后的食物物种交流，促进了人口增长与经济发展；近代以来农业、渔业进入快速发展，消除饥饿和保障食品安全在人类历史上具有重大意义。

2. 生产工具与劳作方式

本单元分 3 课，分别是第 4 课“古代的生产工具与劳作”、第 5 课“工业革命与工厂制度”、第 6 课“现代科技革命与人类社会发展”。历史上劳动工具的变化和主要劳作方式的变化充分体现了生产力与生产关系的互动；近代以来，大机器生产、工厂制度、智能技术等的出现为人们劳作方式及生活方式带来深刻的影响；生产方式的变革对人类社会发展具有革命性意义。

3. 商业贸易与日常生活

本单元分 3 课，分别是第 7 课“古代的商业贸易”、第 8 课“世界市场与商业贸易”、第 9 课“20 世纪以来人类的经济与生活”。伴随着商业贸易的起源，商贸活动、货币、信贷、商业契约开始出现；世界市场的形成对商业贸易具有重大意义，20 世纪以来贸易、金融的变化对人类生活产生了翻天覆地的影响。

4. 村落、城镇与居住环境

本单元分 2 课，分别是第 10 课“古代的村落、集镇和城市”及第 11 课“近代以来的城市化进程”。古代的村落、集镇和城市构成了聚落的地理空间特征；近代以来的城市化进程中，人们居住条件和生活环境得以改善，但同时也存在不少问题。

5. 交通与社会变迁

本单元包含第 12 课“水陆交通的变迁”及第 13 课“现代交通运输的新变化”。水陆交通建设及交通工具的改进是人类生活、生产交流的需要；工业革命以来，交通获得快速发展，20 世纪交通运输的新变化对民众生活及社会变迁具有重要的意义。

6. 医疗与公共卫生

本单元分 2 课，分别是第 14 课“古代的疫病与医学成就”与第 15 课“现代医疗卫生体系与社会生活”。古代历史上疫病的流行给人类带来消极影响的同时也促进了公共卫生与医疗的进步，中国中医药文化博大精深；近代以来，西医理念与医疗手段传入中国；现代医疗卫生体系的建立、发展对社会生活产生积极的影响。

三、课时教材分析案例

案例 8　世界市场与商业贸易

【课标要求】

认识世界市场的形成对商业贸易的意义。

【内容分析】

本课属于《普通高中教科书・历史・选择性必修 2・经济与社会生活》第三单元“商业贸易与日常生活”。该单元共设 3 课：“古代的商业贸易”“世界市场与商业贸易”“20 世纪以来人类的经济与生活”。3 节课按时序排列，讲述了从古至今国内外商业贸易发展与日常经济生活。“世界市场与商业贸易”一课讲述新航路开辟后世界逐渐连为一体及近代世界商业贸易迅速发展的状况。如何“认识世界市场的形成对商业贸易的意义”，或者说理清世界市场与商业贸易的关系对学生而言至关重要。世界市场的形成和商业贸易的发展体现了世界由分散走向整体的变化过程，学生需要从时序上由点连面认识世界市场的形成过程，认识近代商业贸易的丰富变化，以及两者之间的互动关系。从内容结构上说，本课包括世界市场的形成与近代商业贸易的变化两大部分内容。世界市场的形成与近代商业贸易的发展相互影响，共同推动世界成为一个真正的整体。

【知识体系】

- 世界市场与商业贸易
  - 世界市场的形成
    - 新航路开辟后→开始形成
    - 第一次工业革命后→基本形成
    - 第二次工业革命后→最终形成
  - 近代商业贸易的变化
    - 商业贸易中心转移
    - 新型商业经营方式出现
    - 商品流通数量和品种增多
    - 国际贸易格局变化
    - 国际贸易的规模不断扩大

【学情分析】

高二年级学生已经有比较丰富的历史知识储备，但对于经济贸易相关知识点的溯源、拓展及它们之间的关联则缺乏了解，尤其是一些学生缺乏相应的经济史的知识。本课主要从时间上梳理世界市场的形成过程及横向空间上分析世界市场的形成及其对中国产生的影响。这些知识的整合对很多学生来说有难度。

【重点难点】

重点：新航路开辟后，随着资本主义在全球的扩张，世界市场开始逐步形成，商贸活动的内容、形式都发生了巨大变化。

难点：殖民扩张对世界商业贸易的影响；生产力作为人类社会发展的根本动力，极大地推动着世界市场的扩大。

【教学目标】

理解新航路开辟及世界市场形成的原因。理解殖民扩张、商业贸易变化、世界市场形成与资本主义之间的关系。从生产力和生产关系、经济基础和上层建筑的矛盾辩证关系中理解世界资本主义制度形成的根本原因。(唯物史观)

运用世界地图、历史地图等教辅资料，展示新航路开辟前后世界市场中心的转移及西方与中国商业经营所产生的变化，理解历史事件发展的时间联系和空间联系。(时空观念)

利用史料实证的方法分析并解释近代商贸所发生的具体变化及其原因，

如最早的一家商品交易所在安特卫普开业这一现象背后的原因。(史料实证)

从纵向上理解近代中国商业经营方式的发展变化，从横向上理解近代中国与荷兰、英国、葡萄牙、西班牙等国家所存在本质上的不同。从历史的角度认识近代中国的国情，培养家国情怀。(家国情怀)

【教学建议】

对于本课内容的教学，教师可以从两个方面来把握：一是抓住世界市场的3个形成阶段，二是重点掌握近代商业贸易变化的突出表现。为提升理论水平，教师可以组织学生精细阅读《共产党宣言》的部分内容。

1. 世界市场形成的3个阶段

教师在导入时可以选取17世纪荷兰的阿姆斯特丹港口的历史图片，这些图片描绘了阿姆斯特丹港口的繁忙景象。港口汇聚了挪威的木材、丹麦的鱼类、波兰的粮食、俄国的毛皮，还有来自东南亚、印度和中国的货物。阿姆斯特丹港口作为17世纪的著名港口，既可以体现新航路开辟后商业贸易中心向大西洋沿岸的转移，又可以展示当时世界商业贸易的规模已有所扩大。展现在学生面前的历史图片与简短文字介绍，赋予学生充分的历史想象空间，为学生理解掌握本节课的整体内容提供了历史情境。

(1)世界市场开始形成

教师可以通过一张15世纪的欧洲人绘制的世界地图，展现当时的欧洲人认为世界就是欧洲、北非以及亚洲的一些地方，世界各地孤立的状态限制着人类的认知与联系。

新航路开辟后，葡萄牙和西班牙在东西两个半球开始大规模殖民掠夺。教师在这里需要补充新航路开辟的相关内容，带领学生回忆新航路开辟的原因和条件，温习学生原有知识，诸如资本主义萌芽；欧洲人对黄金、白银的渴望；奥斯曼土耳其控制了东西方之间的陆路商路，欧洲人需要打通新航道；葡萄牙和西班牙王室对航海活动的支持；基督教徒向海外传教的精神动力；欧洲航海技术和造船技术的发展。教师可以利用斯塔夫里阿诺斯的《全球通史》中的插图进行直观展示。比如16世纪阿兹特克人绘制的描绘墨西哥城之战的绘画作品，直观反映了西班牙的殖民掠夺活动。

世界市场的突然扩大、流通商品种类的增多，促进荷兰、英国、法国等国家加入殖民掠夺行列，世界逐渐结束相对孤立的状态。

整体来看，新航路的发现对于欧洲经济生活产生了巨大影响。这直接表现为世界市场的扩大、流通商品种类的增多、商路贸易中心的转移。世界上原来互相隔绝的地区开始联通起来，这可以说是世界各地区之间联系加强的第一步。

(2)世界市场基本形成

教师对于这部分内容需要重点讲解第一次工业革命的推动作用及其引发的连锁反应。工业革命后，大机器工厂取代手工工场，工厂的产品不再只满足于国内市场，还需要销往更广阔的世界市场；工厂所需的原料也需从世界各地获取。工业革命使生产力飞跃发展，并且急需更大的市场。

材料一　随着英国在北美殖民以及北美种植园的拓展，北美成为棉织品的新市场。另外，棉织品还成为欧洲殖民者交换黑奴的重要商品。同时欧洲生活方式的变化，为棉织品在欧洲开辟了广阔的市场。而棉纺织工业作为一种新兴工业，受到封建行会以及政府法规的约束相对较少，加之可以自由雇用工人、应用机器生产各类产品，因此，新技术和新发明能够更加容易地在棉纺织工业中得到应用与发展。①

材料二　这些工业所加工的，已经不是本地的原料，而是来自极其遥远的地区的原料；它们的产品不仅供本国消费，而且同时供世界各地消费。②

——《共产党宣言》

材料三　总之，由于蒸汽机的发明，机器登上了历史舞台，成为改造世界的强大动力。从此，人类由几千年的农业文明时代开始步入了新的工业文明时代。③

国际市场对工业品的需求量激增是世界市场形成的动力。英国蒸汽机的广泛利用，使西欧国家到处建立起大工厂。最发达的资本主义国家英国

① 夏东：《棉纺织业成为英国工业革命起点原因探究》，载《合作经济与科技》，2013(2)。

② 马克思、恩格斯：《共产党宣言》，见《马克思恩格斯选集》第1卷，404页，北京，人民出版社，2012。

③ 王渝生：《瓦特·水壶·蒸汽机》，载《科技导报》，2008(5)。

号称日不落帝国，它已经成为世界工厂，也是世界贸易中心。来自美洲、亚洲和非洲等地的原料在英国工厂里被加工成商品，这些商品又被销往世界各地。越来越多的地区被纳入资本主义世界市场之中。宽广世界的联系则需要交通条件的改变，于是出现了新式交通——火车与轮船。

在世界市场的形成过程中，世界殖民体系也开始形成，欧美国家凭借着工业革命带来的强大经济和军事实力，在亚洲、非洲和拉丁美洲等地建立殖民地和半殖民地。

(3)世界市场最终形成

同样，伴随着第二次工业革命，人类迈入“电气时代”，世界市场最终形成。这一时期帝国主义加紧了对外侵略扩张，开始输出资本、分割世界。亚非拉绝大多数国家沦为欧美国家的殖民地、半殖民地或附属国，这一国际政治体系实际上是国际经济体系在政治领域的反映。

材料四　在第二次工业革命期间，列强加快了争夺殖民地的步伐。1876年，欧洲列强只控制了非洲不超过十分之一的地方。而在随后的十年中，他们控制了6000万以上人口和500万平方英里的非洲土地。到1900年，非洲大陆十分之九已在欧洲的控制之下。在亚洲，法国于1883年占领了越南，英国于1886年吞并了缅甸。19世纪的最后10年，列强展开了对中国的瓜分。德国起步晚，但也在非洲和太平洋岛屿获得了总面积113.5万平方英里的殖民地。美国也确实没有放弃这条道路，美国第一步行动目标是夏威夷群岛，1898年美国正式兼并了夏威夷。同时，美国对西班牙宣战，占领波多黎各、关岛、马里亚纳群岛和菲律宾，并确立对古巴的保护关系。总之，1898年后，全球都处于欧洲征服者的支配下，甚至包括北极地区。欧洲列强及日本等主要资本主义国家在19世纪末20世纪初完成了向帝国主义阶段的过渡。①

为了抢占更多的原料产地、销售市场和投资场所，主要资本主义国家

① 尹海峰：《第二次工业革命和帝国主义对世界历史发展的作用》，载《潍坊教育学院学报》，2011(3)。

掀起瓜分世界的狂潮。20世纪初，世界市场最终形成。需要说明的是，在世界市场形成过程中，各大洲的各地区在世界走向整体的过程互相影响、互相碰撞乃至互相冲突。这一世界市场体系是不平衡的，市场的瓜分与经济争夺中也隐含着一些危机。

整体而言，新航路开辟后世界市场开始形成；第一次工业革命之后，世界市场基本形成，越来越多的地区被卷入资本主义世界市场之中；第二次工业革命后，资本主义世界市场最终形成。准确把握整个世界市场的形成过程是非常重要的。

2. 近代商业贸易变化的突出表现

这一部分主要讲述新航路的开辟及欧洲人的殖民扩张使得商业贸易发生了巨大的变化，即商业贸易中心的转移、新型商业经营方式的出现、商品流通的数量和品种增多、国际贸易格局变化、国际贸易规模不断扩大。

(1)贸易中心的转移

新航路开辟之前，欧洲传统的贸易区域地中海是一个自成一体的世界。新航路的开辟后，欧洲的贸易中心从地中海转移到大西洋沿岸。

材料五　16世纪末，在国际分工出现萌芽的基础上，世界市场的中心区、边缘区和半边缘区基本形成。16世纪末，世界市场的中心处于西北欧，它们是荷兰和泽兰、伦敦、东英格兰、法国北部和西部，边缘区已经扩及美洲、亚洲等地，半边缘区也主要是在欧洲。17世纪，世界市场的中心区是英国和联合省；缓慢发展的是法国、斯堪的纳维亚、德意志、波希米亚以及除了波兰以外的东欧和中欧的其他国家；停滞或倒退的地区有西班牙、葡萄牙、意大利以及波兰。[①]

19世纪中期时英国成为世界贸易中心，到20世纪初世界贸易已形成多中心的格局。教材列举了一些城市的衰落、一些城市的兴起，教师可以利用世界经济地理学的相关内容予以补充。

---

① 高德步：《中外经济史(第二版)》，78页，北京，中国人民大学出版社，2017。

(2)新型贸易公司——股份制公司

为了有效地控制国内外贸易，英国和荷兰分别成立东印度公司。

材料六 东印度公司的目的不仅仅是商业的，同时也具有很大的政治和外交因素。公司的地位取决于英国政府的政策和态度，詹姆士一世时期公司得到了皇室的大力支持，1623年授予公司任命官员、审判和惩罚下属的权利。1661年查理二世进一步扩大了公司的权利，公司从此可以宣战、媾和、维持军队、设立法庭和独立处理与印度及其他国家的关系。[①]

可见，英国东印度公司逐渐变成了一个殖民统治的工具，开始偏重在印度征服领土，其所作所为已经大大超过了商人实体的职责。另外，教师也要让学生了解到股份制公司是商业发展的必然，它不仅对于资本原始积累起到重要作用，而且具有权责分离、快速集资、化解风险等特点。教材中的史料展示了东印度公司经营的特许情况，这是对于正文中出现的东印度公司的有效补充，可以使学生更为直接地感受这种新型股份贸易公司所具有的特权及其垄断力度。

(3)新式金融机构——银行

鸦片战争后，随着西方列强的入侵，新的商业经营形式被引入中国，比如银行。英国汇丰银行是较早在中国建立的外资银行。1897年，盛宣怀等筹办中国人第一家银行——中国通商银行。中国创办银行的主要背景为：一是为了满足发展实业的需要；二是为了满足争夺利权的需要；三是解决财政困难；四是传统金融机构钱庄、票号具有局限性；五是国人自主意识增强。

(4)垄断组织的出现

第二次工业革命后，随着科学技术的巨大进步、工业生产的迅速发展，特别是重工业的兴起，企业的规模越来越大。垄断组织开始出现，它们不但控制本国贸易，还控制落后国家或后起工业化国家的贸易，形成经营品

---

① 赵伯乐：《从商业公司到殖民政权——英国东印度公司的发展变化》，载《华中师范大学学报(哲社版)》，1986(6)。

种无所不包的大型贸易组织。对于垄断组织，学生理解有限，教师需要给予更多的知识补充。

垄断组织一般是指资本主义大企业间为了独占生产和市场，以攫取高额利润而联合组成的垄断经济同盟。垄断组织既是一种旨在攫取高额利润的独占生产与市场的经济联合，又是生产高度社会化的超大型企业或企业集团。

垄断组织形式主要有卡特尔、辛迪加、托拉斯、康采恩。它们在产品价格、销售市场、生产规模、采购原料等方面达成协定，并且协调与大金融资本集团的关系。不论垄断组织采取何种形式，它们都是在生产集中、个别企业规模越来越大的前提下形成的，卡特尔和辛迪加都是一些大型企业；托拉斯和康采恩则是大型企业合并组成的规模极大的企业群。到19世纪末20世纪初，垄断组织在所有发达资本主义国家普遍地发展起来并成为全部经济生活的基础。垄断组织作为高度社会化的超大型企业或企业集团，有其弊端，但它的出现也是生产力发展的结果。

3. 重视史料阅读与理论把握

本课设置了一个思考题——世界市场的形成对商业贸易的发展有什么意义。这一思考点完全对应本节课的课程标准内容，即认识世界市场的形成对商业贸易的意义。理解世界市场的形成与商业贸易的发展的互动关系是把握本节课主线的关键。想要解决这个问题，就需要相应史料作为支撑。

课文中的一则史料来自马克思经典著作《共产党宣言》。另外，问题探究部分也提供了马克思、恩格斯《共产党宣言》中对于世界市场形成的两段论述，试分析世界市场与商业贸易的关系。此部分是对课程标准以及本课重点的再次思索与强化。由“认识世界市场的形成对商业贸易的意义”、“思考世界市场的形成对商业贸易的发展有什么意义”到“分析世界市场与商业贸易的关系”的转变是历史思维的进一步深化，对这些问题的把握需要理论水平的提升。

《共产党宣言》全文贯穿着马克思主义的历史观，全面系统地阐述了马克思主义的基本原理，特别是历史唯物主义和科学社会主义理论，是一部揭示人类社会发展规律的经典著作。在一定程度上，我们可以说，读懂《共产党宣言》，也就弄清了唯物史观理论视野下的世界历史的书写。有条件的学生可以对这一经典文献进行深入阅读，深度学习相关片段。

《世界市场形成的时代背景》

第五节　《文化交流与传播》教材分析及示例

一、整体教材分析

本模块由 6 个单元组成，主要论述人类历史上的文化交流的历程。本单元从人类历史上文化交流与传播的不同方式入手，展现不同文明、不同人群之间的联系与互动，主要内容包括"源远流长的中华文化""多样发展的世界文化""人口迁徙、文化交融与认同""商路、贸易与文化交流""战争与文化交锋""文化的传承与保护""信息革命与人类文化共享"。

通过本模块的学习，学生能够了解人类文化交流与传播的基本方式、途径和手段；能够扩大视野，拥有博大的胸怀，树立爱国主义和关怀人类共同命运的观念；能够认识到世界各国、各地区、各民族都为创造人类文化作出了贡献，不同文化之间要相互尊重、平等对待，加强交流互鉴，进而促进共同发展。

人类文化自古至今，在时间上呈现出古代、近代、现代的差异，在空间上呈现出亚洲、欧洲、非洲、美洲等的差异，在传播方式上呈现出交流（和平商贸）与碰撞（侵略战争）的差异等特点。通过学习本模块，学生需要把握以上三条线索，在对比中思考，从整体上掌握民族文化和区域文化的发展脉络，同时又要关注特定文化类型在特定阶段的独特性。

二、单元教材分析

1. 源远流长的中华文化

本单元分为两课，分别是第1课“中华优秀传统文化的内涵与特点”、第2课“中华文化的世界意义”。黄河流域是中华文化的重要发源地，同时，从辽河流域到长江、珠江流域的广大区域在不同程度上奠定了中华文化后来发展的基础。历经了一个相当长的历史阶段，中华优秀传统文化的内涵逐渐形成，其中的“天人合一”“人文关怀”“刚健有为”等至今仍然影响着人们的思维方式、价值取向、审美情趣和道德风尚等。中华文化的这些内涵为东亚乃至整个世界提供了滋养，为世界文化多元化发展提供了重要内容，从而具有独特的世界意义。正如习近平指出：“优秀传统文化是一个国家、一个民族传承和发展的根本，如果丢掉了，就割断了精神命脉。”①

2. 世界文化的多元传统

本单元共分3课，分别是第3课“古代西亚、非洲文化”、第4课“欧洲文化的形成”及第5课“南亚、东亚与美洲的文化”。世界文化的区域性是文化多元化的前提，同时，各区域自然条件的差异是区域文化独特性的重要基础。因此，尽管同为农耕文明，古代西亚、非洲、东亚、南亚的文化呈现出了各自的特征，而欧洲以商业文化为主，美洲以丛林文化为要。它们在各自的文化传承过程中，都对世界文化的繁荣发展作出了极为重要的贡献。

3. 人口迁徙、文化交融与认同

本单元分3课，分别是第6课“古代人类的迁徙和区域文化的形成”、第7课“近代殖民活动和人口的跨地域转移”及第8课“现代社会的‘移民’和多元文化”。人口迁徙对于文化传承与传播有着重要的影响，而古代、近代、现代的人口迁徙形式多有差异。古代的游牧民族的迁徙直接导致了不同地域文化之间的碰撞与融合；近代殖民扩张过程中的人口迁徙，不仅改变了区域人口结构，对原有的地域文化产生了极大冲击，客观上也使得非洲、美洲等地区的文化进入近代化阶段；现代社会的移民在推动经济全球化进程的同时，也使得世界文化呈现出多元化共存的局面。

---

① 习近平：《习近平谈治国理政》第二卷，355页，北京，外文出版社，2017。

4. 贸易与文化交流

本单元共分 2 课，分别是第 9 课“古代的商路、贸易与文化交流”及第 10 课“近代以来的世界贸易与文化交流的扩展”。和平时期的文化传播的重要的形式是商业贸易。古代的“丝绸之路”，一方面是东西方物质交换的通道，另一方面则有力地促进了东西方文化的交流；近代以来，在经济全球化浪潮的推动下，不仅商业贸易之间的交流变得频繁，文化之间的交流也日益频繁。可以说，商贸交流的繁荣对文化交流的促进程度是超越前代的。

5. 战争与文化碰撞

本单元分 3 课，分别是第 11 课“古代战争与地域文化的演变”、第 12 课“近代战争与西方文化的扩张”及第 13 课“现代战争与不同文化的碰撞和交流”。与第四单元相对应，本单元从战争的角度探讨文化交流。战争，尤其近现代大规模的战争，给人类带来了深重灾难，但同时也在客观上推动了异域文化之间的交流。无论是古代战争、近代战争，还是 20 世纪的两次世界大战，客观上都加速了区域文化的交流以及世界文化的融合。

6. 文化的传承与保护

本单元包括第 14 课“文化传承的多种载体及其发展”及第 15 课“文化遗产：全人类共同的财富”。学校教育和书籍出版是文化传承的重要方式，博物馆、图书馆是文化保护得以实现的重要载体。但族群战争、自然灾害的发生，对文化的传承和遗产的保护都产生了极大的危害。降低战争发生的概率、减小自然灾害产生的影响，在文化传承和遗产保护中有重要的现实价值，在促进世界文化多元化繁荣和人类社会可持续发展过程中也占有重要地位。

《〈文化交流与传播〉教学提示》

三、课时教材分析案例

案例 9　中华优秀传统文化的内涵与特点

【课标要求】

了解中华优秀传统文化的内涵。

【内容分析】

本课属于《普通高中教科书·历史·选择性必修 3·文化交流与传播》第一单元"源远流长的中华文化"，本单元分设"中华优秀传统文化的内涵与特点"和"中华文化的世界意义"2 课。它们按照由内而外的思路，讲述了中华优秀传统文化的发展历程，以及在此基础上逐渐形成的中华优秀传统文化的内涵；中华文化走出国门，与西学东渐过程中的西方文化相互影响，进而对世界文化的发展产生了深远影响。

学生需要从历史的角度认识到：中华优秀传统文化的形成经历了一个相当长的积淀阶段，它本身形成了一种稳定的、有独特价值的文化，并且影响了西方文化的发展，也为世界文化的多元化局面的形成作出了独有贡献。本课包括两部分内容，一方面阐述中华优秀传统文化的发展历程，及其在不同阶段呈现出的阶段性差异，这些差异共同组成了中华优秀传统文化的多元化内涵。中华文化也是当今世界上唯一没有明显断裂时期的文化。另一方面，本课从多元化的角度去理解和评价中华优秀传统文化，这也为学生们进行下一课"中华文化的世界意义"的学习奠定了重要基础。

本课与其他单元的内容存在一定的关联性。在第四单元"商路、贸易与文化交流"中，古代的商路是文化交流的重要平台，内涵稳定的中华文化正是通过以"丝绸之路"为代表的商路传播至西方，从而产生了重要影响的。在第六单元"文化的传承与保护"中的第 15 课"文化遗产：全人类共同的财富"中，文化遗产的重要内容就是文化遗产本身的文化内涵和价值，这一点与中华优秀传统文化的内涵有直接的关系。学生通过学习本课，掌握中华优秀传统文化的内涵和基本特征，这有助于对其他章节内容的理解。

【知识体系】

- 中华优秀传统文化的内涵和特点
  - 中华文化的发展历程
    - 奠基时期
    - 传承时期
    - 转折时期
  - 传统优秀文化的内涵
    - 人本主义
    - 天人合一
    - 崇德尚贤
    - 和而不同
  - 优秀文化特点与价值
    - 特点
      - 本土性
      - 包容性
      - 连续性
      - 多样性
      - 凝聚性
    - 价值
      - 思想源泉
      - 道德理念
      - 精神动力
      - 行为规范

【学情分析】

高二学生已经积累了比较丰富的历史学习经验，对中外历史演变的脉络有了一定的了解，但在从宏观和微观两个方面深入探讨中华文化的内涵、价值等抽象的理论方面还存在一定困难。理解中华优秀传统文化的特点与价值，对于高二学生是一种挑战。

【重点难点】

重点：中华优秀传统文化的发展历程。

难点：中华优秀传统文化内涵与价值。

【教学目标】

理解中华文化产生和发展的社会历史背景，理解农业生产是中华文化的基础，以及不同阶段的优秀文化对民族心理、道德风尚、行为规范等起到了重要影响。(唯物史观)

学会在具体的时空中去评价中华文化，认识中华文化在特定阶段的内涵是有差异的，任何文化都是特定阶段中的文化。(时空观念)

通过史料阅读和分析，理解中华文化在不同阶段所体现出来的各自主要的特征，能用较为严谨的语言表达阐述自己的个人观点。（史料实证、历史解释）

通过对中华优秀传统文化内涵形成历程以及特点的阐释，培养民族文化认同感与自豪感。（家国情怀）

【教学建议】

本课内容可以从3个方面来把握：一是认识中华优秀传统文化内涵的形成经历了长期的积累，二是认识中华优秀传统文化具有多元化的特征，三是应从历史和现实两个角度对中华优秀传统文化的价值进行判断。

教师在导入部分可以选取北京中山公园的社稷坛图片，通过对“社稷”一词原本含义的解读，指出“社稷”是怎样由一种祭祀行为演变为具有文化意蕴的词汇。这样导入，可以拉近历史（文化）与现实之间的距离，使学生认识到现实与历史（文化）之间的紧密联系，为接下来对中华优秀传统文化的演变历程和文化内涵的解读奠定了基础。

1. 中华文化的发展历程

(1)中华民族的起源

该部分从中华文明的多元化起源入手，提到了中华文明的诸多起源地，其中中原地区是中华文明的核心区域，黄河流域是中华文明的摇篮。教师可利用“中国重要文化遗址分布图”等，使学生能够对黄河流域、长江流域、珠江流域、辽河流域等的诸多文化遗存有直观认识。

任何一种文明的起源，都必须与考古发现相结合，教材提供了相关的丰富的考古资料。从考古的角度而言，以生产工具为主要标志，青铜时代前有石器时代，后有铁器时代，它们都有相应的文明成果，也都在各自的阶段孕育了相应的文明形态。一般认为，夏商周时代，中华文明处于青铜文明时期，其代表也是以青铜为主的生产工具和一系列文化器具（如四羊方尊、后母戊鼎等礼器）。青铜时期，也被称为青铜文明时期，往往被认为是文明①出现的标志。关于这一部分内容，学生可参阅相关研究的成果，如

① 有关“文明”的标志，学界多有阐释，一般认为，文字、青铜器、城市、建筑（宗教）是文明出现的4个要素，可参见[美]路易斯·亨利·摩尔根：《古代社会》，北京，商务印书馆，2009；张光直：《中国青铜时代》，北京，生活·读书·新知三联书店，2013。

《中国文明起源新探》、《中国考古通论》等，以便对中华文明起源于青铜时代有一定理解。

(2)中华民族的发展

中华优秀传统文化的奠基时期是先秦，也就是通常意义上的“诸子百家”时代。先秦诸子阐发的思想涵盖人文社会学科的诸多领域，如经济、政治、哲学、历史、社会、管理、心理等，并且取得了辉煌的成就。它们对中国后世思想文化的发展影响深远，“我国民今日之思想，试默察之，盖无不有先秦学术之成分在其中者，其人或不自知，其事不可诬也。不知本原者，必不能知支流。欲知后世之学术思想者，先秦诸子之学，固不容不究心矣”①。

孔子是儒家学派的代表人物，他的思想以“仁”为中心，并认为“克己复礼为仁”，围绕“礼”建构起儒家的秩序观，其后，孟子、荀子及其各自的门徒，继承孔子衣钵，把儒家思想发扬光大，使其成为“世之显学”，儒家思想对中华文明中的“礼”文化、秩序观等产生深远影响。教师在教学时可以补充以下材料。

材料一　入公门，鞠躬如也，如不容。立不中门，行不履阈。过位，色勃如也，足躩如也，其言似不足者。摄齐升堂，鞠躬如也，屏气似不息者。出，降一等，逞颜色，怡怡如也。没阶，趋进，翼如也。复其位，踧踖如也。”②

材料二　到了孔子的时代，儒者不仅懂得外在的仪礼的种种规则，而且更加重视其表现的思想和观念，以及这些思想观念对于社会秩序的意义，“非礼勿视，非礼勿听，非礼勿言，非礼勿动”，为的是培养一种遵循仪节的自觉习惯，“君君臣臣父父子子”，为的是形成整个社会井然有序的差序结构，并不只是一些动作姿态的规矩，也不只是一些牺牲乐舞的制度……当世上的每一个阶层、每一个阶层的每一个个人都按照这种礼仪来规范自己的行为和举止，那么就有了秩序，所以

① 吕思勉：《先秦学术概论》，2页，上海，上海三联书店，2014。

② 《论语·乡党》。

孔子非常厌恶那些越出规矩的人……[①]

材料三 早期儒家的代表孔子，其思想的核心是“仁”，要求现实生活中人与人之间要讲究仁爱。孔子所强调的“君君、臣臣、父父、子子”，也即是强调生活中的每个人要各正其位，做君主要像个君主样子，做臣子的要像个臣子的样子，做父亲的要像个父亲的样子，做儿子的也要履行自己的本位职责，总之，每个人都要正确认识自己在社会中的位置和担当的责任，不要越位。这既是一种社会分工的思想，也是为现实人伦关系确立秩序的思想。[②]

先秦时期礼崩乐坏、强权未兴，相对宽松的言论环境使得儒、墨、道、法、名、兵、农、阴阳、小说、杂等诸多流派“率其群徒，辩其谈说”，纷纷阐发自己的观点。百家争鸣的局面的形成，不仅使先秦成为中国思想史上极具原创味道的时代，成为中华文化的“轴心时代”[③]，也为后世思想的发展和文化的建构提供了取之不竭的资源库。

秦汉均为大一统王朝，与政治大一统相对应的是思想领域“罢黜百家，独尊儒术”的局面。儒家跃居思想领域中的主流，这一方面有助于巩固王朝统治、稳定社会秩序，另一方面儒学也逐渐陷入烦琐考证的泥淖。魏晋南北朝时期，是中国古代史上继先秦之后的又一个大分裂、大动荡时期，也是文化大发展的时期。面对战乱频仍、政权屡更的变局，同时在佛教思想的冲击下，满怀经邦济世之志的文人士大夫们吸收道家理念，融合佛教思想，从而衍生出魏晋南北朝时期的玄学，这是儒学在与佛教文化碰撞过程中进入的一个新阶段。玄学上承两汉，下启隋唐乃至宋明时代的文化思想，其潇洒飘逸的学风在中国传统文化形成过程中，展现出别样风采。

---

① 葛兆光：《中国思想史》第1卷，177页，上海，复旦大学出版社，1998。

② 王延信、刘太恒主编：《儒学与文明》第1辑，37页，郑州，大象出版社，2016。

③ “轴心时代”是德国哲学家卡尔·雅斯贝斯(Karl Jaspers)在《历史的起源与目标》(*The Origin and Goal of History*)中提出的概念，指的是公元前800—前200年，人类自我意识萌醒，古代世界主要的文化昌明之地古代巴比伦、古代中国、古代印度、古代希腊等，几乎同时出现了对人类文明影响深远的思想家和学术流派，这个时代产生了直至今天仍是我们思考范围的基本范畴，人类历史即处于这样一个轴心期，其中又以公元前500年前后为高峰。

材料四 魏正始中，何晏、王弼等祖述老庄，立论以为天地万物皆以无为本。无也者，开物成务，无往而不存者也。阴阳恃以化生，万物恃以成形，贤者恃以成德，不肖恃以免身。故无之为用，无爵而贵矣。①

材料五 “魏晋时代，无论在学术的研究上，文艺的创作上，人生的伦理道德上，有一个共同的特征，那便是解放与自由。这种特征，与其说是自然主义，不如说是浪漫主义。……浪漫主义是以热烈的怀疑与破坏精神，推倒一切前代的因袭制度、传统道德和缚住人心的僵化了的经典。用极解放自由的态度，发展自己的研究，寻找自己的归宿，建设新的思想系统。因为这样，经学、玄学、文艺及宗教都得到自由的发展，比起前代那种死气沉沉的空气来，魏晋是呈现着活泼清新的现象的。”②

佛教在两汉之际传入中国，中间经过魏晋南北朝300多年的发展，到隋唐之际进入鼎盛时期。隋唐之际，寺院经济发达，加之武则天等多位帝王崇佛，不仅诞生了中国佛教独有的“禅宗”，还有天台宗、三论宗、法相宗、华严宗、净土宗、律宗、密宗。这些佛教宗派之间因观点歧异而相互借鉴、渗透融合，使得佛学成为这一时期的重要文化，佛学对中国传统哲学、文学、史学、音乐、绘画等领域产生了深远影响。

材料六 隋唐佛学是中国哲学和思想第一次成功吸收和转化外来思想的典型代表，也是中国文化和思想史上极为重要的组成部分。以融合和创新为其主要特点，宗派的成立、传播和发展是其标志，在历代高僧的理论创作和宗教实践中，涌现出一大批优秀佛教学者和佛学著作，流传至今，世所尊崇。③

宋代理学融合了传统儒学，吸收了佛教思想，借鉴了道家理念，到南宋朱熹时期成为占主流地位的思想，通常意义上的儒释道三家合流在宋代

---

① 《晋书·王衍传》。

② 刘大杰：《魏晋思想论》，19页，上海，上海古籍出版社，1998。

③ 何锡蓉主编：《哲学理论前沿》，89页，上海，上海社会科学院出版社，2016。

正式形成。这一时期的理学思想通常具有以下特征。第一，以理为本。理学最根本目标是要“格物穷理”，这是一种探索事物现象本源的精神，同时也是宋元时期社会文化思潮和民族精神的显著标志。正是由于“格物穷理”的探索精神，宋元之际的科学发现、技术发明被大量应用于社会实践，使这一时期的科技水平发展到了巅峰。第二，以人为本。理学强调人与自然的和谐共存，注重文化“道统”的生生不息、内圣外王的至善之境。这一阶段文学、史学、艺术等诸多领域取得了极大成就。第三，担当意识。张载之“为天地立心，为生民立命，为往圣继绝学，为万世开太平”、范仲淹之“先天下之忧而忧，后天下之乐而乐”等构成了中华优秀传统文化的重要内涵，对后世影响深远。第四，务实意识。南宋之际，与程朱理学并立的还有浙东事功学派，代表人物如陈亮、陈傅良、叶适等讲实学、求实功的士人，他们针砭时弊，颇有建树，在中国思想史上留下了浓重一笔。

明清时期是中华传统文化的转型之际。一方面，《永乐大典》、《四库全书》的先后编纂，对中华传统文化进行了总结，集中华文化之大成；同时，文字狱愈演愈烈，君主专制制度的空前加强，钳制了文化的发展，也在很大程度上阻碍了中国自身的近代化的历程。另一方面，在西学东渐过程中，西方思想文化、科技发明的传入，对中华传统文化产生了冲击，促使中华传统文化逐渐向近代转型。

材料七　近代，西学与中学之间产生了明显的文化势差，表现为：中学仍植根于封建主义生产关系之中，西学已植基于资本主义生产关系之中；中学仍处于农耕文明阶段，西学已处于资本主义工商业文明阶段；中学仍以儒家的“四书”、“五经”为主要内容，西学已以科学技术为主要内容；中学的承继仍以传统学校教育和科举考试为中间，西学的传播则以新式学校教育为桥梁。因此，“西学东渐”的客观态势已经形成。而造成这种文化势差客观态势的主要原因，除了中、西学产生的社会条件与内容的差异之外，还与近代中西方在重大的历史转折时期所采取的文教政策与文化态度有直接的关系。[①]

① 王东屹：《中国近代哲学衍化与西学东渐探析》，36 页，长春，东北师范大学出版社，2018。

1840年鸦片战争的爆发，拉开了中国近代的帷幕。在这一过程中，中华文化向西方学习，同时反思自身。20世纪初新文化运动提出的“民主”与“科学”两大主题，时至今日也是中华文化复兴的重要内容。

2. 中华优秀传统文化的内涵

中华优秀传统文化的内涵就是能够反映中华优秀文化的最核心的要素。中华优秀传统文化的内涵属于观念形态的范畴，是历史上形成的、具有稳定的组织结构和思想要素的、前后相继的、至今仍然影响着人们特定的思维方式、价值观念、审美情趣、道德风尚等深层文化的社会心理和行为习惯，是推动民族文化不断发展前进的内在动力。[①] 中国文化基本精神的主体内容为“人本主义”、“天人合一”、“崇德尚贤”和“和而不同”。

(1)“人本主义”

“人本主义”就是对人的本体地位的强调，也就是说政治、经济、文化、宗教、艺术等都是人的活动，是人生存发展的一个方面，归根结底也都是为了人的生存发展。“人本主义”思想在中国传统文化中体现为民本思想，如孟子“民为贵，社稷次之，君为轻”的观点。

材料八　“惟天地万物父母，惟人万物之灵。”[②]

有物混成，先天地生。寂兮寥兮，独立而不改，周行而不殆，可以为天下母，吾不知其名，字之曰道，强为之名曰大。大曰逝，逝曰远，远曰反。故道大，天大，地大，人亦大。域中有四大，而人居其一焉。[③]

(2)“天人合一”

“天人合一”是中国优秀传统文化中的核心理念之一，建立在“天人相通”的基础之上。春秋战国时代，“天”的神学巫术色彩日渐淡化，并且呈现出向自然和人伦转化的趋势。比如，孟子将“天”视为道德的本原，即所谓“有天爵者，有人爵者。仁义忠信，乐善不倦，此天爵也；公卿大夫，此人

① 李清源，魏晓红：《中美文化与交际》，95页，上海，复旦大学出版社，2012。

② 《尚书·泰誓》。

③ 《道德经·第二十五章》。

爵也。古之人修其天爵，而人爵从之”①。一般认为，最早明确表述“天人合一”思想的是西汉董仲舒，他在《春秋繁露》中提出“天人之际，合而为一”的主张。此后，“天人合一”一直都是中国传统文化体系中的核心。时至今日，“天人合一”思想更多地成为人与自然和谐相处、人类社会可持续发展的理论源泉之一。

(3)“崇德尚贤”

中国传统文化“以人为本”，自然会注重培养人、教育人，注重对人的道德教化，推崇圣贤对社会的引导教化作用，由此逐渐形成了崇德尚贤的文化传统。中国传统文化所具有的这种浓厚的道德特征与道德色彩，对于调和人与人、人与社会以及人与自然之间的矛盾和冲突，以及维护社会稳定，具有重要价值。对于德行与德教的重视与强调，不仅在我国古代道德教育中产生了良好的影响，培育了一批又一批舍身忘我的志士仁人，还为我们当前构建和谐社会提供了良好的“以文化人”的文化语境。

(4)“和而不同”

儒家的主要观点之一是支持和而不同、反对同而不和。所谓“和”，即尽管事物包含种种矛盾，但要在对立中保持统一，这就是我们通常提到的对立统一的辩证关系。承认事物之内和不同事物之间的这些矛盾、差异，求得它们存在于统一体中，尽量协调矛盾之间的关系，从而达到一种动态的平衡。在社会领域中，人作为独立的个体而言，差异性是根本的，所以“求同存异”是在特定阶段维护社会稳定的重要原则，也是推动社会不断向前的动力。

材料九　景公至自畋，晏子侍于遄台，梁丘据造焉。公曰：“维据与我和夫。”晏子对曰：“据亦同也，焉得为和?”公曰：“和与同异乎?”对曰：“异。和如羹焉，水、火、醯、醢、盐、梅，以烹鱼肉，燀之以薪，宰夫和之，齐之以味，济其不及，以泄其过。君子食之，以平其心。君臣亦然。君所谓可，而有否焉，臣献其否，以成其可；君所谓否，而有可焉，臣献其可，以去其否。是以政平而不干，民无争心。

① 金良年：《孟子译注》，256页，上海，上海古籍出版社，2016。

故《诗》曰：‘亦有和羹，既戒且平。奏鬷无言，时靡有争。’先王之济五味，和五声也，以平其心，成其政也。”①

中华优秀传统文化是中华民族在长期的历史发展过程中创造的优秀文明成果逐渐积淀的结果。它体现着中华民族的精神，是中华民族凝聚力的纽带，是中华民族共同价值观的载体。对于当前而言，中华优秀传统文化的弘扬，有助于我们推进经济社会协调发展、构建人与自然的和谐相处的局面，这是历史的传承，也是传统文化的现代价值所在。

3. 中华优秀传统文化的特点和价值

中华优秀传统文化的特征有本土性、多样性、包容性、凝聚性和连续性。

(1)本土性

中华优秀传统文化尽管在不同历史时期呈现出一定的差异性，但都产生于本土，并且在本土由本民族世代相传。从时间线索来看，本土性指中国在漫长时代中形成的相对稳定而典型的文化，同时随着时代的变迁而不断地推陈出新，呈现出文化演变的与时俱进的特点。从空间线索来看，中华优秀传统文化在发展历程中也受到地域内外文化特质的冲击和影响，以传播、交流、整合等方式兼容汇通，形成具有本土特色的文化。

(2)多样性

中华优秀传统文化是由多种文化因子经过时代的洗礼，在历史中逐渐形成的。基于地域的不同，中华文化又有燕赵文化、荆楚文化、巴蜀文化、齐鲁文化、吴越文化等细分。

(3)包容性

所谓文化的包容性，一般是指主流文化接纳与自身世界观、价值观不同的文化形态，经过相互之间的交流，最终实现和而不同的融合。中华传统文化的包容性一以贯之，在中国历史的不同阶段都有体现。两汉之际，印度佛教传入中国，到隋唐年间衍生出有中国特质的“禅宗”。魏晋之际，儒学陷入烦琐考证的泥淖，吸收佛道文化后，玄学应运而出，并在中国传统文化体系中大放异彩。宋元之际，随着大规模佛经翻译的结束，佛教融

① 《晏子春秋·外篇第七》。

入中华文化，成为中华文化体系中与儒家、道家三足鼎立的重要分支。明清之际，西学东渐对中华传统文化产生了一定的冲击，乃至与中国传统伦理道德有根本性的冲突，但中华文化还是接纳了西学，并且在其推动之下逐渐开启了近代化的历程。海纳百川，有容乃大，正是由于中华传统文化的包容性，也才使得中华文化自古及今的连续性成为现实。

(4)凝聚性

文化的凝聚性是文化体系在形成、发展过程中不断积淀、塑造形成的一种向心特性。这既标志着一个国家和民族的发展状况，又是促进国家和民族发展的动力源泉。具备凝聚性的文化，能够激发人的主观能动性，在特定的历史阶段和社会条件下，创造出巨大的物质财富和精神财富。在中华传统文化积淀的千余年历史上，忠臣义士、名相良将、仁人志士数不胜数，先秦、两汉、魏晋、隋唐、宋元、明清皆有心怀天下者，他们为民族的兴盛奔走呼号，为文化的传承殚精竭虑。他们不仅是中华传统文化凝聚性的体现，也不断地强化着这种凝聚性，催生了一代又一代的中华民族的脊梁，推动中华传统文化发扬光大，传承不息。

(5)连续性

文化的连续性是指文化发展的传承性。中华民族的文化在时间的长河中没有中断过，它是一环扣一环的，是连续发展的。中华传统文化既具有连续的统一性，又具有一元的连续性，在所有古代文明中独树一帜。如果某一文化在时间上呈现间隔或跳跃，甚至在某一时期被其他系统的文化所代替，尽管后来又得到恢复和发展，这一文化也不具备连续性的特点，如古埃及、古巴比伦、古印度及古希腊的文化。

最后，教师还可以适当补充中华优秀传统文化的当代价值，引导学生从现实角度分析和评价中华优秀传统文化的现代意义。

其一，中华优秀传统文化的核心思想在于国家大一统和爱国情怀，它们是中华民族的精神支柱。弘扬这些精神有利于增强中华民族的凝聚力和向心力，进一步激发人们的爱国情怀，提高民族主体意识，进而实现维护民族团结平等和社会稳定和谐。

其二，中国传统文化历来讲求德行修养，这始终是中国人值得继承和弘扬的中华优秀传统文化的精华，并且有益于我们当前倡导的社会主义精神文明和核心价值观。传统文化中“舍生取义”、“君子爱财取之有道，用之有度”等价值观念，以及“穷则独善其身，达则兼济天下”的道德思想，有助于解决当前社会中的多个方面的问题、人际关系等问题，有指导人生、维护社会稳定的意义。

其三，中华优秀传统文化历来讲求宏观、整体地看待世界和社会，始终强调以人为本，把人放在具体环境中来理解和看待，同时非常重视“和谐”、“中庸”之道。弘扬“持中贵和”、“和而不同”等精神，有助于人与人、人与社会、人与自然以及人自身内部的和谐，实现人与社会的可持续发展。

案例 10　古代西亚、非洲文化

【课标要求】

了解世界各主要区域文化，理解世界文化的多样性；认识世界各国、各地区、各民族对人类文化发展所作出的贡献。

【内容分析】

本课为《普通高中教科书·历史·选择性必修 3·文化交流与传播》第二单元第 3 课，前一个单元阐述了中华传统文化的精神内涵和世界意义，本单元则着眼于全球，详细介绍了世界各地丰富多彩的地域文化，突出体现了世界文化的多样性。本课主要介绍了古代西亚地区的两河流域文化、北非地区的古埃及文化，以及阿拉伯文化。古代西亚和北非地区诞生了人类社会最早的文明，缔造了拥有独特魅力的传统文化，是世界多姿多彩的文化大花园中的重要组成部分。教材从文字、文学、建筑艺术、宗教信仰和科学技术等领域阐述了古代西亚和北非地区突出的文化成就。

各地区的人类在不同自然环境和社会条件的影响下，形成了不同的生产和生活方式，这使各地区文化体现出迥异的特征。古代两河流域文化的《汉谟拉比法典》体现出强烈的法治精神，古埃及人的“重视死亡，关心来世”的观念反映了宗教信仰在其社会、政治生活中的核心地位，阿拉伯人开放、自由、包容的文化态度体现在其社会生活的方方面面。

这些地域文化有的保持着旺盛的生命力，在历史的漫长进程中得到了传承，有的虽然遭到外族入侵，逐渐退出历史舞台，但一些重要的内容仍然融合到了其他的文化体系中，以另一种方式在历史上留下了它们的痕迹。古西亚地区的人们创造了辉煌灿烂的古代文化，虽然被波斯帝国占领后，古代两河流域文明走到了终点，但其周边的民族，如希伯来人、以色列人、犹太人及腓尼基人等，则根据自身的需要和利益，有选择地接受和发展了这些文化传统。古埃及文明在被希腊人和阿拉伯人征服后逐渐消失，但是古埃及文化对巴勒斯坦、两河流域、希腊地区的文化乃至现代世界文化的形成都产生了深远的影响。地处东西方之间的阿拉伯，继承和融合了许多民族的文化，形成了丰富多元的阿拉伯文化，架起了东西方文化交流的桥梁。世界上不同民族不同地区的人们都为世界文化的多元发展作出了自己的贡献。

西亚地区的古老文化错综复杂，涉及诸如两河流域、巴比伦、苏美尔、阿卡德、亚述、波斯等历史概念，教材对此并没有叙述，教师需要对学生阐述清楚。古代西亚和北非地区在历史上出现了一些大帝国，随着这些帝国的兴衰，各地区的传统文化处于不断发展和变化中，教师应注意运用好地图，帮助学生认清各地区文化所处的历史时期和地理位置，形成准确的“时空观念”。教材的历史叙述，多为阐述各地区传统文化的史实，没有历史结论性质的分析，所设置的问题思考也比较少，只在学思之窗和思考点中安排了两个问题。教师需要补充大量史料，设计有梯度的教学问题，引导学生深入思考，并学会从历史表象中探究隐藏的历史本质。

【知识体系】

- 古代西亚、北非文化
  - 古巴比伦文化（约公元前3500年）
    - 文字—楔形文字
    - 文学—史诗—《吉尔伽美什史诗》
    - 建筑、艺术—宫殿、雕刻—空中花园
    - 法律—《汉谟拉比法典》
  - 古埃及文化（约公元前3100年）
    - 文字—象形文字
    - 文学
      - 神话
      - 诗歌
      - 哲理、散文故事
    - 建筑、艺术—神庙、金字塔
    - 科技—历法—太阳历
  - 阿拉伯文化（7、8世纪）
    - 文学
      - 诗歌—悬诗
      - 散文故事—《天方夜谭》
    - 科学
      - 数学—积分与方程计算法
      - 天文学
        - 计算太阳和行星轨迹
        - 《萨比天文历表》
      - 医学—《医典》

【学情分析】

学生在初中学习过"四大文明古国"和阿拉伯帝国等相关知识，对《汉谟拉比法典》等史实有一定了解，这为他们在高中进一步深入学习奠定了基础。但古代西亚、北非地域文化涉及的时间、地理跨度都较大，对学生有较高的时空定位要求。并且文化这一概念本身较为抽象，几千年前的古老文化距现实生活非常遥远，易让学生产生空泛、虚无的感受。要想认识地理环境和生产方式与文化的多样性，理解文化多样性对于世界文化发展的重要意义等，就必须通过史料研习，以问题驱动的方式深入探究，这对学生思维能力提出了较高要求。

【重点难点】

教学重点：了解古代西亚文化、古埃及文化与阿拉伯文化，认识其对世界文化发展的贡献。

教学难点：形成对世界多样文化理解、尊重、学习和交流的态度，涵养正确的文化观。

【教学目标】

了解古代西亚两河流域文化、古埃及文化和阿拉伯文化的时空定位。

了解西亚、北非地区文化在文字、文学、建筑、艺术、法律、科技等领域的成就，认识世界文化具有多样性。

运用唯物史观基本原理，探究世界文化多样性形成的原因；通过史料研习，认识古代两河流域、古埃及和阿拉伯文化对世界文化发展的重要影响，涵养史料实证和历史解释素养。

形成对世界多样文化理解、尊重、学习和交流的态度，培养宽广的国际视野，涵养正确的文化观。

【教学建议】

本课阐述了古代西亚、北非地区不同时期出现的地域文化，不仅涉及很多地理概念，也包括一些政治概念，如亚述帝国、波斯帝国、巴比伦王国、阿拉伯帝国等。亚非地区文化的产生、发展、演变往往伴随着这些政权的兴衰，学生对此缺乏相应的知识储备，往往感到头绪众多，难以理解。教材的历史叙述多为对具体史实的铺陈，但是高中教学应以拓展学生历史思维、引导学生得出比史实更高层次的历史认知为教学目的，不能停留在对史实记忆的低层次要求上。基于以上考虑，对照新课标要求，教师可把本课教学分为两个主要环节：一是帮助学生了解古代西亚文化、古埃及文化和阿拉伯文化的具体成就；二是引导学生通过史料研习，提升历史思维，深化历史认识。

文化主题距现实生活较远，易使学生产生距离感，教师在导入中可运用图片、视频等资源，创设直观、感性的教学情境，引入教学内容。学生对被称为世界七大奇迹的长城、埃及胡夫金字塔等较为熟知，教师可以展示这些宏伟的建筑图片来导入，迅速抓住学生的兴趣点，从而进入新课。教师指出，在中华民族传统文化形成和发展的同时，世界其他地区也形成了各具特色的地域文化，亚洲、非洲、欧洲、美洲、大洋洲都出现了不同程度的人类文明，它们组成了世界文化大花园的奇观。通常意义上的"四大文明古国"是指其中诞生时间最早的首批古代文明，它们都取得了辉煌灿烂的文化成就。教师可以播放舒缓的背景音乐，让学生在美的氛围中感受世界各地区文化的独特魅力，体会世界文化的多样性。

1. 梳理史实，认识文化多样性

这一环节主要是帮助学生梳理教材，了解古代西亚、古埃及以及阿拉伯文化在文字、文学、科技、宗教、建筑艺术、法律等领域的具体成就，感受不同地域文化的独特魅力，初步认识古代西亚、北非地区对世界文化发展的主要贡献。教师在教学中要充分运用地图，帮助学生认识地域文化所处的历史时期和地理位置，了解各地域文化兴衰的基本线索，使学生形成准确的时空观念。由于亚非地域文化的具体成就较丰富，教师对每一个都详细阐述不仅没有必要，而且会冲淡主题，降低效率。因此，教师在教学中应择取较为突出的典型文化，结合图文史料，引导学生深入分析，形成结论，最后让学生自主整理，以表格的形式进行归纳。表格这种形式尽管不新颖，但是却非常实用且高效，能够帮助学生快速、完整地构建知识体系，并且提高自主学习的能力。

(1)古代西亚文化

教师展示地图，指出古代西亚是指两河流域、伊朗高原及周边广大地区。约公元前3500年，两河流域南部的苏美尔地区出现了最早的人类文明中心。在历史上，苏美尔人、阿卡德人、巴比伦人、亚述人、波斯人先后主宰和控制过这一地区。公元前539年，波斯人攻陷巴比伦，两河流域文明消亡。

古代西亚文化的成就突出表现在其文字、文学、建筑和艺术，以及法律上。教师展示楔形文字的图片，帮助学生了解楔形文字书写的特点。苏美尔人创造了迄今为止世界上最早的文字，其后楔形文字在西亚地区流行数千年，对后来的字母文字产生了影响。教师通过展示图片，体现波斯宫殿建筑的富丽堂皇、苏美尔王陵壁画中的王者权威，让学生直观地感受到西亚地区建筑和艺术的特色。

西亚文化在文学上最突出的成就是《吉尔伽美什史诗》，教师可以展示材料，帮助学生了解史诗歌颂了苏美尔地区的乌鲁克国王吉尔伽美什的英雄事迹，体现了西亚人民对生命的哲思。

材料一 讲述了这位英雄和他最珍爱的朋友恩基都在追求扬名立万的过程中的奇遇。他们杀死了罪恶的怪兽，将乌鲁克从公牛的蹂躏中解救出来，并与神较量智慧。但他们的英雄事迹却没能拯救恩基都，他冒犯了神灵，被神判处了死刑。恩基都的离去极大地刺激了吉尔伽美什，他努力找寻逃避死亡的方法已获得永生。最终，他找到了一株能够赋予他不死之身，具有魔力的植物，却不幸被一条毒蛇偷走，这让吉尔伽美什认识到死亡是所有人类的终极命运。因此，在集中叙述吉尔伽美什和恩基都英雄事迹的同时，史诗深入挖掘了他们之间的友谊、忠诚、雄心、对死亡的畏惧和对永生的渴望。①

古代西亚的社会统治体现出强烈的法治理念，出现过多部成文法典。学生在初中学习过《汉谟拉比法典》的相关知识，较为熟悉其内容，可将其作为古代西亚文化的典型深入分析。教材学思之窗中提供了一则法典前言的史料，表现了汉谟拉比借助神权加强专制王权，教学中可加以利用。展示内容节选：

材料二

如果一个人伤了贵族的眼睛，还伤其眼。如果一个人折了贵族的

① [美]杰里·本特利、赫伯特·齐格勒：《新全球史》(上)，36页，北京，北京大学出版社，2014。

手足，还折其手足。(《汉谟拉比法典》第196条、第197条)

如果贵族阶层的人打了贵族出身的人，须罚银一明那。如果任何人的奴隶打了自由民出身的人，处割耳之刑。(《汉谟拉比法典》第203条、第205条)

如果一个人盗窃了寺庙或商行的货物，处死刑；接受赃物者也应处死刑。(《汉谟拉比法典》第6条)

如果没有抓获拦路的强盗，遭抢劫者须以发誓的方式说明自己的损失，然后由发生抢劫案的地方或地区的市长或地方长官偿还损失。(《汉谟拉比法典》第23条)

如果她为人谨慎且从无过错，而她的丈夫已离家出走，且十分轻视她，那么她可以带着她的嫁妆回娘家去。……但是，如果她被发现为人不检点、离家出走、毁坏家庭、蔑视丈夫，她就将被淹死。(《汉谟拉比法典》第142条、第143条)①

教师提问："结合以上史料，思考《汉谟拉比法典》反映了古代西亚地区哪些思想观念?"之后在学生回答的基础上归纳，指出古代西亚社会君权神授、法律神圣、奴隶制度以及父权社会的特点。《汉谟拉比法典》是世界上现存的最完整、内容最丰富的古代法律，对研究两河流域的社会状况具有重要意义。

教师列出表格(表10.3)，让学生自行归纳整理。

表10.3　古代西亚地区文化成就归纳表

领域	表　现	地位或影响
文字	楔形文字	世界上最早的文字，在西亚地区被广泛使用
文学	史诗	《吉尔伽美什》是现存最早的史诗，反映两河流域人民对生活和生命的态度
建筑艺术	雕像、雕刻、壁画	生动有趣，反映专制王权
法律	《汉谟拉比法典》	反映两河流域的历史，对后世影响深远

① [美]斯塔夫里阿诺斯：《全球通史》(上)，62、64页，北京，北京大学出版社，2005。

(2)古代埃及文化

教师展示地图，指出古代埃及文明位于北非地区的尼罗河流域。约公元前3100年，那尔迈统一了上下埃及，古埃及进入王国时期。公元前16世纪到公元前11世纪，埃及南征北战，建立了地跨亚非的大帝国。公元前7世纪以后，埃及不断遭受外族入侵，利比亚人、努比亚人、亚述人、波斯人、希腊人先后征服了这片土地。公元前305年，希腊人在埃及建立托勒密王朝，埃及法老王朝灭亡。

古埃及人在语言文字、建筑和雕刻艺术、宗教信仰和自然科学方面取得了令人惊叹的文化成果。教师可以展示图片，帮助学生了解象形文字的基本特点，这种文字通常在仔细涂色后被应用在神庙、墓葬中作为装饰，它不仅具有文字的实用价值，还是一幅幅精美的彩色画。古埃及文学体裁多样，内容丰富多彩，学生可以通过学习教材史料阅读中的教谕文学的史料，认识古埃及提升个人修养、处理人际关系，以及为生活提供指导的文学主题。太阳历是古代世界中极为精确的历法之一，被罗马儒略历吸收和改进，最终形成今天的公历。古埃及外科学、解剖学发达，古埃及人掌握了血液的心脏循环关系，还能够计算截顶金字塔的体积。

古埃及的建筑成就是其他古代民族所望尘莫及的。教师通过展示古埃及金字塔的纪录片资料或图片，可以让学生来介绍并展现古埃及伟大的建筑艺术和神秘的丧葬习俗，引导学生了解宗教信仰对古埃及文化的深刻影响，即重视死亡、关心来世、重视王权威严，并认识到宗教是古埃及独特文化的核心。

教师列出表格(表10.4)，让学生自行归纳整理。

表10.4　古埃及文化成就归纳表

领域	表　现	地位或影响
文字	象形文字	兼具实用价值和审美价值
文学	神话、诗歌、哲理故事、散文故事	体裁、内容多样；反映古埃及人的生活态度
建筑艺术	金字塔、神庙	受宗教影响大
科学技术	历法、医学、数学	对后世影响深远

(3)阿拉伯文化

教师展示地图，指出阿拉伯文明位于亚洲西南部的阿拉伯半岛。7世纪，阿拉伯帝国建立，经过对周边地区的扩张征服，到8世纪时它已控制了从西班牙到印度北部的广大地区。1258年，阿拉伯帝国为蒙古大军所灭。

教师提问："你知道阿拉伯文化有哪些突出的成就?"《天方夜谭》是阿拉伯文化的突出代表，是世界文学史上的一座丰碑，具有旺盛的生命力。教师可以用这部文学作品作为学生了解阿拉伯文化特点和成就的突破口，让学生选择其中一两个小故事简要介绍其具体情节，然后师生进行交流。教师要引导学生认识阿拉伯文学特色：语言生动活泼，人物性格对比鲜明，情节曲折离奇，有浓郁的浪漫主义色彩，体现了下层民众对美好生活的向往。教师还要进一步引导学生认识《天方夜谭》反映了阿拉伯地区人民的生活，如航海、经商、宗教、民俗、艺术等。《天方夜谭》是研究阿拉伯地区历史的珍贵资料。

教师提问："阿拉伯还有哪些其他的文化成就？阿拉伯人对世界文化的发展有什么贡献?"在学生自由畅谈的基础上，教师要引导学生归纳概括，并认识到阿拉伯文化开放性、包容性的特点包括以下几点。

第一，阿拉伯人保存并传播了各地区的古代文化。(例如，把印度人发明的数字传播到欧洲，该数字后来被人称为"阿拉伯数字"；向欧洲传播了中国的印刷术、指南针和火药；吸收了波斯、埃及、伊拉克等地的民间故事，融合在民间文学著作《天方夜谭》中。)

第二，阿拉伯人成为东西方文化沟通的桥梁。(例如，通过丝绸之路，来往于东西方之间，为东西方文化交流提供了媒介)

第三，阿拉伯人融合了多种文化，结合本土传统风俗，创造了阿拉伯文化。(例如，阿拉伯人在文学、天文、数学和医学上都有自己的成就。)

教师列出表格(表10.5)，学生自行归纳整理。

表10.5　阿拉伯文化成就归纳表

领域	表　现	地位或影响
文学	诗歌(悬诗)、散文故事(《天方夜谭》)	对世界影响深远
数学	《积分与方程计算法》	代数发展为独立学科

续表

领域	表　现	地位或影响
天文	白塔尼修正了计算太阳和部分行星轨迹的方法，证明了发现日环食的可能；《萨比天文历表》	对欧洲天文学有很大影响
医学	伊本·西那的《医典》是一部医学百科全书	成为欧洲医学教科书

2. 深入探究，涵养正确文化观

这一环节主要是在学生了解古代西亚、北非地区文化的史实和初步认识世界文化多样性的基础上，教师借助史料研习的方式，引导学生深入探究，提升历史认识，涵养正确的文化观。

各地区自然环境的差异和人们生活、生产方式的不同，是形成世界文化多样性的重要因素。教师提供史料，要求学生思考古代西亚文化和古埃及文化特色的形成主要受哪些因素的影响。

材料三　经营地产时需要记账，如从佃耕的农人那里收到的地租、牧群的头数、牲畜所需的饲料的量、下次播种所需的种子的量，以及关于灌溉设施和灌溉计划的一切复杂的细节，都得上账或记录。管理事项和账目，是用削成三角尖头的芦苇秆当笔，刻写在泥板上；然后将泥板烘干，以便于保存。这种最早的文字形式被称为楔形文字，它显然是经营管理的一种工具，而不是为了智力游戏或文学活动才发明的。①

材料四　由于生产活动的需要，古埃及人很早就对各种天象进行了观测，积累了较多的天文历法知识，并把这些知识应用于生产活动中。……埃及最早的历法是太阴历，一年分为 3 个季度，分别为泛滥季、播种季和收获季。②

材料五　对每年洪水泛滥的恐惧，加之永远存在的外族入侵的威胁，使苏美尔人深深地感到，仿佛自己正无依无靠地面对着许多无法控制的力量。有一首苏美尔人的诗写道：“只有人，他的寿命不会很长，无论他做什么，只是一场虚无。”美索不达米亚人的人生观带有恐

① ［美］斯塔夫里阿诺斯：《全球通史》(上)，59 页，北京，北京大学出版社，2005。

② 王斯德主编：《世界通史》，97、98 页，上海，华东师范大学出版社，2018。

惧和悲观的色彩，这反映了自然环境的不安全。①

材料六　埃及独特的地理环境也有利于古埃及人形成死而复生的来世观。太阳每天从东方升起、西方落下，尼罗河每年有规律的泛滥与消退，植物每年的茂盛与枯萎，这些自然现象的周而复始给古埃及人树立起生命永恒的思想。其他万物可以死而复生，作为万物之灵的人，当然也可以死而复生，可以不朽。②

对材料的分析要以唯物史观为根本立场，教师要让学生正确认识地理环境对历史和文化的影响。尽管地理环境对各地区独特文化的形成具有重要作用，但它是通过生产方式来影响人和人的文化的。人类的生产活动不能脱离地理环境，不同的地理环境使人类的历史和文化呈现出多样化的特征。但是随着生产力水平的提高和生产方式的多样化发展，人类开始能动地利用地理环境，地理环境对文化的影响力开始减弱，文化特点的影响因素趋向多样化。

古巴比伦和埃及创造了辉煌灿烂的文化，但却在历史上逐渐消失了，在世界文化发展史上留下了巨大的遗憾。教师提供材料，引导学生思考这些文化消亡的原因。

材料七　诸古典文明衰落的基本原因在于其生产技术相对停滞不前，而生产技术停滞不前又使生产率低下……意味深长的是，唯有战争才能将古典文明从其生产技术的昏睡中唤醒。③

材料八

表 10.6　后期埃及时期及巴比伦王国大事记④

后期埃及时期大事记		巴比伦王国大事记	
前 1069—前 664 年	利比亚人征服埃及	前 1595 年	赫梯人征服巴比伦
	努比亚人征服埃及	前 9 世纪	阿拉米亚人征服巴比伦

① [美]斯塔夫里阿诺斯：《全球通史》(上)，61 页，北京，北京大学出版社，2005。
② 王斯德主编：《世界通史》，95 页，上海，华东师范大学出版社，2018。
③ [美]斯塔夫里阿诺斯：《全球通史》(上)，171～172 页，北京，北京大学出版社，2005。
④ 本表依据斯塔夫里阿诺斯的《全球通史》和王斯德的《世界通史》整理。

续表

后期埃及时期大事记		巴比伦王国大事记	
前7世纪	亚述多次征服埃及	前729年	亚述人征服巴比伦
前525年	波斯人征服埃及	前539年	波斯人征服巴比伦
前332年	希腊人征服埃及		

欧亚大陆是人类最早的文明中心，其中以古代西亚的苏美尔文明和古埃及文明最为久远。古代的两河流域、古埃及地区自然条件优渥、土地适宜耕种，是人类最早进入农业社会的地区，这说明生产方式的优越性是建立先进文明的先决条件。而一个文明衰亡的原因往往是生产技术的停滞不前而导致自身生产力水平低下，最终在外族入侵下文明遭到践踏。教师应在史料探究中帮助学生理解“社会生产力是推动历史前进的根本动力”这一唯物史观基本原理，引导学生认识战争与冲突对人类历史和文化具有的毁灭和重建的双重作用。

相较于古西亚文化和古埃及文化，阿拉伯人最初的文化十分落后，被其北边的波斯人和拜占庭人所鄙视，但是它在7—8世纪时迅速成长为“整个中世纪高举文明火炬的民族”。教师提供材料，引导学生思考阿拉伯文化勃兴的主要原因，认识文化间的交流、借鉴是维持文化生命力的重要因素。

材料九　阿拉伯帝国的哈里发一方面组织力量大力翻译研究古代希腊、波斯和印度的文化典籍，另一方面鼓励穆斯林远游各方，搜集古典著作，访求学问。哈里发麦蒙(813—833年在位)是一位博学多才的学者，极为重视各民族的文化遗产，特别爱好古希腊哲学。为使翻译工作有组织、有计划地进行，麦蒙于830年在巴格达建立了一所集图书馆、科学院、翻译局为一体的联合机构——“智慧馆”。由于麦蒙广泛招揽各种人才，并予以优厚的待遇，允许学者自由研究、自由探讨，因而“智慧馆”中人才荟萃，数百名基督教、犹太教、萨比教以及伊斯兰教的学者，在这个场所从事着希腊文、叙利亚文、波斯文和梵文典籍的翻译工作。正因为如此，翻译运动才能迅猛发展并在麦蒙时期达到鼎盛。①

世界上各地区、各国、各民族对世界文化的发展都作出了重要的贡献。尽管古代西亚与古埃及两大文化已相继消亡，但它们却极大地影响了周边地区的文化，被融进了新的文化体系中，以另一种形式为世界留下了非常珍贵的文化遗产。教师提供材料，请学生说一说古代两河流域文化和古埃及文化对世界文化发展的影响。

材料十　埃及制定了太阳历，一个月有 30 天，12 个月共 360 天，额外的五天宗教节日，这样每年 365 天。公元前 45 年，罗马恺撒引进埃及的太阳历，对罗马晦涩的太阴历进行了根本性的改造，形成了儒略历。经教皇格利高里修订后，成为我们现在的公历。②

材料十一　洪水伴随着风暴，几乎在一夜之间淹没了大陆上所有的高山，只有居住在山上和逃到山上的人才得以生存。③

“洪水泛滥地上 40 昼夜，水往上涨，把方舟从地上漂起。”“水势在地上极其浩大，山岭都淹了。”“5 个月后，方舟停在拉腊山上；又过 4 个月后，诺亚离开了方舟，地已全干了。”④

学生通过解读史料，意识到文化并未根本消亡，而是通过传播、重构而得到发展。教师应培养学生的史料实证意识，使学生深刻把握世界文化“多样性”的内涵，它不仅包括古西亚、北非地区早期人类文化，也包括不同地区文化之间互相交流、融合而产生的“多样”以及地区文化在历史前进中不断发展演变的“多样”。世界文化的“多样”，并非孤立静止的，而是互相融合、演变的。文化的多样性既是人类文化延续和保存的重要前提，也是人类文化得以保持自身活力的重要条件。

在学生对上述问题产生一定史论的基础上，教师应进一步引导学生形

① 丁瑞忠：《阿拉伯帝国翻译运动的成因》，载《烟台师范学院学报(哲学社会科学版)》，2002(2)。

② 王斯德主编：《世界通史》，98 页，上海，华东师范大学，2018。

③ 《吉尔伽美什》，4 页，南京，译林出版社，2018。

④ 《圣经·创世纪》。

成对世界不同地区的文化的正确态度。教师可对学生进行分组，让他们自行组织课堂讨论，并且根据上述材料，谈一谈他们对世界文化多样发展的认识。教师应鼓励学生大胆表达自己的看法，引导学生对多样的世界文化形成正确的文化观和态度，也即，尊重和理解世界文化的多样性；保护世界文化多样性，反对文化封闭主义和文化霸权主义倾向；坚持在和平、平等、开放的环境下，通过与不同地区文化之间的交流、借鉴，推动本民族文化的发展。

本章小结

统编高中历史教材具有总体容量大、新增教学内容多、内容涵盖面广、知识点密度大等特点，这就需要教师有较高的学科素养，深入研究教材教学，对教材进行合理的整合与重构。本章分别对《普通高中教科书·历史·必修·中外历史纲要(上)》《普通高中教科书·历史·必修·中外历史纲要(下)》《普通高中教科书·历史·选择性必修1·国家制度与社会治理》《普通高中教科书·历史·选择性必修2·经济与社会生活》《普通高中教科书·历史·选择性必修3·文化交流与传播》5本教材逐一进行了整体教材分析、单元教材分析，帮助读者从宏观和微观上把握统编高中历史教材。本章还为每本教材提供了1～2个课时教材分析案例，以便读者借鉴参考。

学习思考

1. 任选一本高中历史教材进行整体教材分析。
2. 任选一本高中历史教材进行单元教材分析。
3. 选择统编高中教材的1～3课，进行详细的课时教材分析。

拓展阅读

1. 薛伟强：《以中国现代外交为例的专题教学设计》，载《历史教学(上半月刊)》，2017(8)。

2. 张海鹏：《统编高中历史教科书的学科体系和学术体系——适应和掌握统编高中历史教材〈中外历史纲要〉(上)的意见》，载《课程·教材·教法》，2019(9)。

3. 宋景田:《研读教材编写特点 落实立德树人任务——统编版高中历史教材使用与教学策略建议》,载《基础教育论坛》,2019(30)。

4. 於以传:《统编高中历史教材〈中外历史纲要〉的教研实施策略》,载《课程·教材·教法》,2019(11)。

5. 李帆:《统编〈中外历史纲要〉教材中国近现代史部分的编写特点》,载《人民教育》,2019(21)。

6. 郭井生、赵艳兵:《主线·结构·问题·史料——统编高中历史教材教学中的点滴思考》,载《北京教育(普教版)》,2019(12)。

7. 杨梅:《寓家国情怀于史料实证的探索与实践——以统编高中历史教材"社会主义建设在探索中曲折发展"教学为例》,载《辽宁教育》,2020(5)。

8. 董晓炜:《删繁就简 化零为整——统编高中历史教材实施中的整合资源策略研究》,载《辽宁教育》,2020(5)。

9. 赵启佳:《统编高中历史教材特点及使用策略刍议》,载《贵州教育》,2020(6)。

10. 束鹏芳:《释统编普通高中历史教材的"统"》,载《江苏教育研究》,2020(11)。

11. 鲍丽倩:《服务统编教材教学 致力核心素养落地——以〈中外历史纲要〉(上)沪版配套〈历史地图册〉的编写为例》,载《历史教学问题》,2020(2)。

12. 谈娟:《思维能力导向的初高中教学衔接——以统编高中教材抗日战争史教学为例》,载《历史教学(上半月刊)》,2020(4)。

13. 葛兆光:《古代中国文化讲义》,上海,复旦大学出版社,2006。

14. [美]R. R. 帕尔默等:《现代世界史》,北京,世界图书出版公司北京公司,2009。

15. [美]斯塔夫里阿诺斯:《全球通史》(上、下),上海,上海社会科学出版社,1999。

16. [美]霍布斯鲍姆:《极端的年代》,南京,江苏人民出版社,1998。

17. [法]米歇尔·博德:《资本主义史(1500—1980)》,北京,东方出版社,1986。

18. 陈茂同:《中国历代选官制度》,北京,昆仑出版社,2013。

19. 房列曙：《中国近现代文官制度》，北京，商务印书馆出版，2016。

20. 周伟：《中国公务员制度概论》，北京，中国科学技术大学出版社，2017。

21. 高德步、王珏：《世界经济史》，北京，中国人民大学出版社，2011。

22. 任世江：《高中历史必修课程专题解析》，北京，北京师范大学出版社，2016。